Die unmittelbare Anwendbarkeit des WTO-Rechts in der Schweiz

Studies in Global Economic Law
Studien zum globalen Wirtschaftsrecht
Études en droit économique mondial

edited by Thomas Cottier

Volume 7

PETER LANG
Bern · Berlin · Bruxelles · Frankfurt am Main · New York · Oxford · Wien

Lukas Engelberger

Die unmittelbare Anwendbarkeit des WTO-Rechts in der Schweiz

Grundlagen und Perspektiven im Kontext internationaler Rechtsentwicklungen

PETER LANG
Bern · Berlin · Bruxelles · Frankfurt am Main · New York · Oxford · Wien

Bibliografische Information Der Deutschen Bibliothek
Die Deutsche Bibliothek verzeichnet diese Publikation in der Deutschen Nationalbibliografie; detaillierte bibliografische Daten sind im Internet über ‹http://dnb.ddb.de› abrufbar.

ISSN 1423-9531
ISBN 3-03910-351-2

Hochfeldstrasse 32, Postfach 746, CH-3000 Bern 9
info@peterlang.com, www.peterlang.com, www.peterlang.net

Dank

Diese Arbeit ist über einen Zeitraum von rund drei Jahren entstanden. Viele Personen haben mich in diesen drei Jahren grosszügig unterstützt. Ihnen allen möchte ich an dieser Stelle danken.

Zunächst möchte ich meinen Eltern Alexander und Marie-Claude Engelberger-Sudan von Herzen meinen Dank aussprechen. Sie haben mich ausserordentlich grosszügig und nachsichtig auf meinem bisherigen Lebensweg unterstützt und begleitet.

Besonderer Dank gebührt meinem Doktorvater, Prof. Dr. Thomas Cottier, dem ich mein Interesse an den Fragestellungen des WTO-Rechts verdanke, und der mir ein wertvoller Lehrer und Betreuer gewesen ist.

Herrn Prof. Dr. Walter Kälin danke ich für die Erstellung des Zweitgutachtens.

Herrn Prof. Dr. Stephan Breitenmoser möchte ich für seine wohlwollende Begleitung während meiner gesamten juristischen Ausbildung danken.

Im weiteren bin ich Herrn Regierungsrat Dr. Carlo Conti, Vorsteher des Sanitätsdepartements des Kantons Basel-Stadt, dankbar für die Freiheiten, die er mir als früherer Vorgesetzter immer wieder in aussergewöhnlich grosszügiger Weise gewährt hat.

Dank schulde ich auch dem Schweizerischen Nationalfonds zur Förderung der wissenschaftlichen Forschung, dessen Unterstützung mir erlaubt hat, meine Kenntnisse des WTO-Rechts im Rahmen eines Postgraduate-Studiums an der University of London zu vertiefen. Dort ist auch der rechtsvergleichende Teil der Arbeit entstanden.

Ebenfalls danken möchte ich meinem derzeitigen Vorgesetzten, Dr. Peter J. Kienast, der meinen persönlichen Projekten gegenüber vielfach Verständnis und Entgegenkommen gezeigt hat.

Das Manuskript ist Ende Januar 2004 abgeschlossen worden.

Inhaltsübersicht

Vorwort XV

Abkürzungsverzeichnis XVII

Literaturverzeichnis XXI

Materialienverzeichnis LXI

Teil 1: Grundlagen

1 Einleitung 3

2 Grundlagen zur unmittelbaren Anwendbarkeit völkerrechtlicher Verträge in der Schweiz 11

3 Grundlagen des WTO-Rechts 39

2. Teil: GATT/WTO in der Rechtspraxis der Schweiz, der USA und der EU

4 Der WTO-Beitritt der Schweiz 77

5 Schweizerische Rechtsprechung zur Frage der unmittelbaren Anwendbarkeit des WTO-Rechts 89

6 Die Stellung des WTO-Rechts in den USA 137

7 Die Stellung des WTO-Rechts in der EG 151

3. Teil: Diskussion und Schlussfolgerungen

8 Gründe für und wider die direkte Anwendbarkeit 175

9 Unmittelbare Anwendbarkeit des WTO-Rechts in der Schweiz – Ausblick 223

10 Zusammenfassung und Schlussfolgerungen 233

Inhaltsverzeichnis

Vorwort XV

Abkürzungsverzeichnis XVII

Literaturverzeichnis XXI

Materialienverzeichnis LXI

Teil 1: Grundlagen

1 *Einleitung* 3

1.1 Fragestellung 3
1.2 Relevanz 3
1.2.1 Einführung 3
1.2.2 Rechtliche Relevanz 4
1.2.3 Relevanz im Kontext der Globalisierung 5
1.3 Vorgehen 8

2 *Grundlagen zur unmittelbaren Anwendbarkeit völkerrechtlicher Verträge in der Schweiz* 11

2.1 Unmittelbare Anwendbarkeit und Invokabilität 11
2.2 Das Problem der Inländer-Diskriminierung 13
2.3 Abgrenzungen 15
2.3.1 Völkerrechtliche Verbindlichkeit 16
2.3.2 Innerstaatliche Geltung 17
2.3.3 Völkerrechtskonforme Auslegung des Landesrechts 20
2.3.4 Innerstaatlicher Rang völkerrechtlicher Normen 22
2.4 Die unmittelbare Anwendbarkeit als Frage des Landes- und des Völkerrechts – das zweistufige Prüfungsverfahren 24
2.4.1 Konzept 24
2.4.2 Prüfung erster Stufe 26
2.4.3 Prüfung zweiter Stufe 28

3 *Grundlagen des WTO-Rechts* 39

3.1 Universalität der WTO 39
3.2 Historische Bemerkungen 39
3.3 Struktur des WTO/GATT-Vertragsgefüges 43
3.4 Die WTO als institutioneller Rahmen 46

3.4.1 Organisationsrechtliche Grundzüge ... 46
3.4.2 Das verrechtlichte Streitbeilegungsverfahren ... 47
3.4.3 Politisch-diplomatische Elemente ... 51
3.5 Grundzüge des materiellen WTO-Rechts ... 53
3.5.1 Vorbemerkung ... 53
3.5.2 Gemeinsame Zielsetzung ... 53
3.5.3 Garantien des gleichberechtigten Marktzugangs ... 54
3.5.4 Materielle Liberalisierungsnormen ... 63
3.5.5 Freihandels- und andere Politikziele ... 67

2. Teil: GATT/WTO in der Rechtspraxis der Schweiz, der USA und der EU

4 *Der WTO-Beitritt der Schweiz* ... 77
4.1 Vorgeschichte ... 77
4.2 Legislatorische Umsetzungsakte ... 79
4.3 Haltung des Bundesrates zur Frage der unmittelbaren Anwendbarkeit des WTO-Rechts ... 82
4.3.1 GATT 1947 ... 82
4.3.2 GATT/WTO 1994 ... 83
4.4 Stellungnahmen in der Bundesversammlung ... 87

5 *Schweizerische Rechtsprechung zur Frage der unmittelbaren Anwendbarkeit des WTO-Rechts* ... 89
5.1 Einleitende Bemerkungen ... 89
5.2 Praxis zum GATT 1947 ... 90
5.2.1 Praxis des Bundesgerichts ... 90
5.2.2 Praxis weiterer richterlicher Behörden ... 99
5.2.3 Zusammenfassung ... 101
5.3 Praxis zum GATT 1994 inkl. den weiteren Multilateralen Handelsübereinkünften des Anhangs 1A zum WTO-Rahmenübereinkommen ... 102
5.3.1 Praxis des Bundesgerichts ... 102
5.3.2 Praxis weiterer richterlicher Behörden ... 106
5.3.3 Zusammenfassung ... 108
5.4 Praxis zum GATS ... 109
5.4.1 Praxis des Bundesgerichts ... 109
5.5 Praxis zum TRIPS ... 114
5.5.1 Praxis des Bundesgerichts ... 114

5.5.2 Praxis der Eidgenössischen Rekurskommission für geistiges Eigentum 117
5.5.3 Praxis kantonaler Gerichte 118
5.5.4 Zusammenfassung 120
5.6 Praxis zum GPA 120
5.6.1 Vorbemerkungen 120
5.6.2 Praxis des Bundesgerichts 122
5.6.3 Praxis der Eidgenössischen Rekurskommission für das öffentliche Beschaffungswesen 125
5.6.4 Praxis der kantonalen Gerichte 127
5.6.5 Zusammenfassung 130
5.7 Exkurs: Rechtsprechung zu anderen Handelsabkommen 131
5.7.1 Einleitung 131
5.7.2 EFTA-Übereinkommen 132
5.7.3 FHA 132
5.8 Würdigung 133

6 *Die Stellung des WTO-Rechts in den USA* 137

6.1 Einleitung 137
6.2 Geltung und Anwendbarkeit von Staatsverträgen in den USA 138
6.2.1 Allgemeines 138
6.2.2 „Treaties" 139
6.2.3 „Executive Agreements" 140
6.3 Das GATT 1947 im Recht der USA 141
6.3.1 GATT und Bundesrecht 141
6.3.2 GATT 1947 und State law 146
6.4 GATT 1994 und WTO im Recht der USA 146
6.4.1 Einleitung 146
6.4.2 Die Uruguay Round Agreements Act von 1994 147
6.5 Zusammenfassung 149

7 *Die Stellung des WTO-Rechts in der EG* 151

7.1 Grundlagen zum Verhältnis von EG und WTO 151
7.1.1 Einleitung 151
7.1.2 Die EG als WTO-Mitglied 152
7.1.3 Das WTO-Recht und die Kompetenzordnung in der EG 152
7.1.4 Geltung, Anwendbarkeit und Rang völkerrechtlicher Verträge im Gemeinschaftsrecht 154
7.2 Die Rechtsprechung des EuGH zum GATT 1947 156

7.2.1 Einleitung 156
7.2.2 Der Grundsatzentscheid International Fruit Company 158
7.2.3 Die Entscheide Fediol III und Nakajima 159
7.2.4 Der „Bananen"-Entscheid: Deutschland/Rat 160
7.3 Die Rechtsprechung des EuGH zu GATT 1994/WTO 163
7.3.1 Einleitung 163
7.3.2 Der Entscheid Hermès International 163
7.3.3 Der Entscheid Portugal/Rat 165
7.3.4 Der Entscheid Dior 167
7.3.5 Der Entscheid OGT Fruchthandelsgesellschaft mbH 169
7.3.6 Zusammenfassung 170
7.4 Rechtsvergleichende Zusammenfassung 171

3. Teil: Diskussion und Schlussfolgerungen

8 *Gründe für und wider die direkte Anwendbarkeit* 175
8.1 Einleitung 175
8.2 Aussagen des Völkerrechts 176
8.2.1 Allgemeines Völkervertragsrecht 176
8.2.2 GATT vor Abschluss der Uruguay-Runde 176
8.2.3 WTO-Recht nach Abschluss der Uruguay-Runde 177
8.3 Justiziabilität wichtiger Normen des WTO-Rechts 182
8.3.1 Einleitung 182
8.3.2 Garantien des gleichberechtigten Marktzugangs 184
8.3.3 Materielle Liberalisierungsnormen 187
8.3.4 Spezifika des TRIPS 190
8.3.5 GPA 191
8.3.6 Ergebnis 191
8.4 Organeignung und -legitimation 191
8.5 Das Streitbeilegungsverfahren und die Frage der unmittelbaren Anwendbarkeit 193
8.5.1 Die Verrechtlichung des Streitbeilegungsverfahrens durch das DSU 193
8.5.2 Verhandlungs- und Flexibilitätselemente der neuen Regelung 194
8.5.3 Exkurs: Unmittelbare Anwendbarkeit von DSB-Entscheidungen? 198
8.5.4 Problem der Kompensationszahlungen und Aussetzung von Konzessionen (Art. 22) 199

8.5.5 Ergebnis ... 201
8.6 Unmittelbare Anwendbarkeit als Postulat der Konstitutionalisierung des Wirtschaftsvölkerrechts ... 202
8.6.1 Einleitung ... 202
8.6.2 Zum Begriff der Konstitutionalisierung ... 203
8.6.3 Konstitutionalisierung des Wirtschaftsvölkerrechts ... 205
8.6.4 Kritik und Stellungnahme ... 215
8.7 Rechtspolitische Argumente gegen die unmittelbare Anwendbarkeit des WTO-Rechts ... 216
8.7.1 Einleitung ... 216
8.7.2 Diplomatisch-pragmatische Argumente gegen die unmittelbare Anwendbarkeit ... 217
8.7.3 Argumente der Demokratie und der Gewaltenteilung ... 218
8.7.4 Souveränitäts- und Subsidiaritätsargumente ... 220
8.8 Stellungnahme ... 221

9 *Unmittelbare Anwendbarkeit des WTO-Rechts in der Schweiz – Ausblick* ... 223

9.1 Einleitung ... 223
9.2 Mögliche Anwendungsfälle ... 223
9.2.1 Richterliche Überprüfung kantonaler Rechtsakte ... 223
9.2.2 Richterliche Überprüfung von Rechtsakten des Bundes ... 224
9.3 Mögliche Konsequenzen der unmittelbaren Anwendbarkeit von WTO-Recht ... 226
9.3.1 Einleitung ... 226
9.3.2 Normenkonflikte ... 226
9.3.3 Denkbare Ausnahmekonstellationen ... 228
9.3.4 Mögliche Verschiebungen im Staatsgebilde und mögliche Gegengewichte ... 229

10 *Zusammenfassung und Schlussfolgerungen* ... 233

Vorwort

Das Aussenwirtschaftsrecht im Verfassungsstaat war während Jahrzehnten primär eine Angelegenheit von Exekutive und Verwaltung. Das gilt auch für die Schweiz. Die Gesetzgebung beschränkte sich auf Grundsätze und Grundzüge, und den Gerichten war entweder die Kontrolle verwehrt oder sie übten dabei in der Regel grösste Zurückhaltung aus. Die Verfassung zeichnete sich diesbezüglich durch eine introvertierte Tradition aus, welche die Aussenbeziehungen kaum oder nur am Rande ins Recht fasste. Dieser Tradition entspricht es, dass das GATT Recht wie auch der Freihandelsvertrag mit der EG seitens schweizerischer Gerichte nicht unmittelbar Anwendung fand und seine Umsetzung allein Gesetz und Verordnung überlassen wurde.

Mit der zunehmenden Regionalisierung und Globalisierung des Rechts und der damit verbundenen Unmöglichkeit, Wirtschaftsrecht im Inneren und im Äusseren zu trennen, wird die introvertierte Tradition zunehmend in Frage gestellt. Immer mehr zeigt sich die Notwendigkeit eines stärkeren Rechtsschutzes auch in den Aussenwirtschaftsbeziehungen. Die wissenschaftliche Literatur beschäftigte sich so in den letzten Jahren eingehend mit der Frage der unmittelbaren Anwendbarkeit staatsvertraglicher Normen des Wirtschaftsrechts. Während Antworten in den USA zurückhaltend ausfallen, vertritt die Lehre in bezug auf die EG eine offenere Haltung; am offensten vielleicht ist sie in der Schweiz, aufbauend auf einer starken Tradition unmittelbarer Anwendbarkeit und der starken Auslandverflechtung ihrer Wirtschaft. Indessen fehlte bis heute eine eingehende und systematische Analyse der schweizerischen Rechtsprechung zu GATT und WTO Recht. Dr. Lukas Engelberger schliesst diese Lücke. Eingehend untersucht der Autor die einschlägige und sich in Bewegung und Entwicklung befindende Rechtsprechung schweizerischer Gerichte zum GATT- und WTO Recht. Dabei ergibt sich ein vielseitiges Bild. Während sich im Rahmen des GATT 1994 und seiner Zusatzverträge in bezug auf die unmittelbare Anwendung die Bereitschaft des Bundesgerichts einer eingehenden Prüfung der Rechtslage abzeichnet, ist sie im Bereich des GATS durch eine apodiktische und unbegründete Negierung gekennzeichnet. Umgekehrt sind die Berührungsängste zum TRIPs Abkommen gering und das Abkommen über das öffentliche Beschaffungswesen wird unmittelbar angewendet. Die noch wenig konsistente Rechtsprechung wird mit den Erkenntnissen der Rechtswissenschaft konfrontiert. Dem Autor gelingt es auf kohärente Weise, Möglichkeiten und Grenzen der unmittelbaren Anwendbarkeit aufzuzeigen. Für die Praxis ist die Darstellung und Aufarbeitung der Gerichtspraxis sowie die Herausarbeitung der relevanten Kriterien von hohem Nutzen. Das klare Werk trägt so wesentlich zur praktischen Rezeption dieses noch jungen Rechtsbereiches bei. Darüber hinaus stellt es die Entwicklung aber auch in den Rahmen neuerer Entwicklungen der Konstitutionalisierung des Völkerrechts, deren Implikationen gerade im Rahmen der vorliegenden Fragestellung überzeugend dargestellt werden.

Nach dem Studium in Basel und London legt Dr. Engelberger mit seiner Berner Dissertation einen wissenschaftlichen Beitrag vor, mit der die Studien zum globalen Wirtschaftsrecht eine wesentliche Bereicherung erfahren dürfen. Dahinter stehen nicht nur Wochen einsamer Arbeit, sondern auch zahlreiche lebhafte Gespräche und Diskussionen, für die ich Dr. Engelberger dankbar bin.

Thomas Cottier
Bern, Februar 2004

Abkürzungsverzeichnis

a.a.O.	am angegebenen Ort;
ABl.	Amtsblatt der Europäischen Gemeinschaften;
Abs.	Absatz;
aBV	Bundesverfassung der Schweizerischen Eidgenossenschaft vom 29. Mai 1874;
a. E.	am Ende;
a. F.	alter Fassung;
AJIL	American Journal of International Law;
AJP	Aktuelle Juristische Praxis;
a. M.	am Main, anderer Meinung;
Amt. Bull. NR	Amtliches Bulletin (ehemals Stenographisches Bulletin) – Nationalrat;
Amt. Bull. StR	Amtliches Bulletin (ehemals Stenographisches Bulletin) – Ständerat;
AöR	Archiv des öffentlichen Rechts;
ASA	Archiv für schweizerisches Abgaberecht;
Aufl.	Auflage;
BBl	Bundesblatt der schweizerischen Eidgenossenschaft;
Bd./ Bde	Band/ Bände;
BG	Bundesgesetz;
BGE	Entscheidungen des Schweizerischen Bundesgerichts;
BGer	Bundesgericht;
BISD	GATT – Basic Instruments and Selected Documents;
BISD Supp.	GATT – Basic Instruments and Selected Documents (Supplement);
BLVGE	Basellandschaftliche Verwaltungsgerichtsentscheide;
BTJP	Berner Tage für die juristische Praxis;
BV	Bundesverfassung der Schweizerischen Eidgenossenschaft vom 18. April 1999 (SR 101);
BVerfG	Bundesverfassungsgericht (der Bundesrepublik Deutschland);
ch.	chapter;

cl.	clause, Absatz (USA);
CMLR	Common Market Law Review;
Ct. Int'l Trade	Court of International Trade (USA);
D.C.	District of Columbia;
d.h.	das heisst;
Ders.	Derselbe;
Dies.	Dieselbe;
Diss.	Dissertation;
DSR	WTO Dispute Settlement Reports;
EG	Europäische Gemeinschaft;
EGV	Vertrag zur Gründung der Europäischen Gemeinschaft vom 25. März 1957 (Konsolidierte Fassung mit den Änderungen durch den Vertrag von Amsterdam vom 2. Oktober 1997);
EJIL	European Journal of International Law;
ELRev.	European Law Review;
EPIL	Encyclopedia of Public International Law, published under the auspices of the Max Planck Institute for Comparative Public Law and International Law under the direction of Rudolf Bernhardt, 13 Bde;
et al.	et alii, und weitere;
EuGEI	Gericht erster Instanz des EuGH;
EuGH	Gerichtshof der Europäischen Gemeinschaften;
EuR	Europarecht;
EuZW	Europäische Zeitschrift für Wirtschaftsrecht;
F.(2nd/3rd/Suppl.)	Federal Reporter (USA);
GATS	General Agreement on Trade in Services;
GATT	General Agreement on Tariffs and Trade;
GPA	Government Procurement Agreement;
GRUR Int.	Gewerblicher Rechtsschutz und Urheberrecht, Internationaler Teil;
GYIL	German Yearbook of International Law. Jahrbuch für internationales Recht;
Hrsg.	Herausgeber;
ibid.	Am gleichen Ort;
i.Brsg.	im Breisgau;
i.Ü.	im Üechtland;
ICJ	International Court of Justice;
IGH	Internationaler Gerichtshof;
ILC	International Law Commission;

JIEL	Journal of International Economic Law;
JWIP	Journal of World Intellectual Property;
JWT	Journal of World Trade;
MA	Massachusetts;
m.E.	meines Erachtens;
Mich J Intl L	Michigan Journal of International Law;
MTN	Multilateral Trade Negotiations;
m.w.H.	mit weiteren Hinweisen;
N	Randnote(n);
NFP	Nationales Forschungsprogramm;
NGO	Non-Governmental Organization;
NJW	Neue Juristische Wochenschrift;
NLYBIL	Netherlands Yearbook of International Law;
NZZ	Neue Zürcher Zeitung;
PCIJ	Permanent Court of International Justice (Cour Permanente de Justice Internationale);
Pet.	Peters Reports on the U.S. Supreme Court Jurisdiction;
P.L.	Public Law (USA);
RdC	Recueil des Cours de l'Académie de Droit International;
RIW	Recht der Internationalen Wirtschaft. Betriebs-Berater International;
RMUE	Revue du Marché Unique Européen;
Rs.	Rechtssache (EuGH);
Rz.	Randziffer;
S.Ct.	Supreme Court (USA);
SBVR	Schweizerisches Bundesverwaltungsrecht (Loseblattsammlung);
SGS BL	Systematische Gesetzessammlung des Kantons Basel-Landschaft;
SIWR	Schweizerisches Immaterialgüter- und Wettbewerbsrecht;
SJIR	Schweizerisches Jahrbuch für internationales Recht;
SJK	Schweizerische Juristische Kartothek;
SJZ	Schweizerische Juristenzeitung, Zürich;
Slg.	Sammlung der Urteile von EuGH und EuGEI;
SMI	Schweizerische Mitteilungen über Immaterialgüterrecht (bis 1984: Schweizerische Mitteilungen

	über gewerblichen Rechtsschutz und Urheberrecht, ab 1997: sic!);
StIGH	Ständiger Internationaler Gerichtshof;
SZIER	Schweizerische Zeitschrift für internationales und europäisches Recht;
TRIPS	Agreement on Trade-related Intellectual Property Rights;
u.a.	und andere;
ÜoeB	Übereinkommen über das öffentliche Beschaffungswesen;
UNO	United Nations Organization;
URP	Umweltrecht in der Praxis;
U.S.Const.	United States Constitution (USA);
USC	United States Codes;
USCA	United States Codes Annotated;
v.	versus, gegen;
verb. Rs.	Verbundene Rechtssachen (EuGH und EuGEI);
Vol.	Volume;
VPB	Verwaltungspraxis der Bundesbehörden;
WTO	World Trade Organisation;
WVRK	Wiener Vertragsrechtskonvention (Wiener Übereinkunft über das Recht der Verträge; SR. 0.111);
ZaöRV	Zeitschrift für ausländisches öffentliches Recht und Völkerrecht;
ZBJV	Zeitschrift des Bernischen Juristenvereins;
ZBl	Schweizerisches Zentralblatt für Staats- und Verwaltungsrecht;
ZGRG	Zeitschrift für Gesetzgebung und Rechtsprechung in Graubünden;
zit.	zitiert als;
ZÖR	Zeitschrift für öffentliches Recht;
ZSR	Zeitschrift für Schweizerisches Recht.

Literaturverzeichnis

ABI-SAAB, GEORGES, Whither the International Community? EJIL 9 (1998), S. 248 ff. (zit. ABI-SAAB);

ACHERMANN, ALBERTO, Der Vorrang des Völkerrechts im schweizerischen Recht, in: COTTIER, THOMAS/ ACHERMANN, ALBERTO/ WÜGER, DANIEL/ ZELLWEGER, VALENTIN, Der Staatsvertrag im schweizerischen Verfassungsrecht, Beiträge zu Verhältnis und methodischer Angleichung von Völkerrecht und Bundesrecht, Bern 2001 (zit. ACHERMANN, Staatsvertrag);

ADAMANTOPOULOS, KONSTANTINOS (Hrsg.), An Anatomy of the World Trade Organization, London et al. 1997 (zit. ADAMANTOPOULOS);

ALTERMATT, URS/ GARAMVÖLGYI, JUDIT, Innen- und Aussenpolitik: Primat oder Interdependenz, Festschrift zum 60. Geburtstag von Walther Hofer, Bern/Stuttgart 1980 (zit. ALTERMATT/ GARAMVÖLGYI);

AMOROSO, BRUNO, On globalization: capitalism in the 21st century, Basingstoke 2001 (zit. AMOROSO);

ANDRICH, WILLIAM ELIO, Die Wirtschaftsfreiheit im schweizerischen Aussenwirtschaftsrecht, Diss. St. Gallen 1995 (zit. ANDRICH);

ANZILOTTI, DIONISIO, Lehrbuch des Völkerrechts (Corso di diritto internazionale), Bd. 1. Vom Verfasser durchgesehene und autorisierte Übertragung nach der 3., erweiterten und revidierten italienischen Auflage von BRUNS, CORNELIA/ SCHMID, KARL, Berlin/ Leipzig 1929 (zit. ANZILOTTI);

ARPAGAUS, REMO, Das schweizerische Zollrecht, in: COTTIER, THOMAS/ ARPAGAUS, REMO, Schweizerisches Aussenhandels- und Binnenmarktrecht, SBVR, Basel 1999 (zit. ARPAGAUS);

ARZT, GUNTHER, Einführung in die Rechtswissenschaft, 2. Aufl., Basel/Frankfurt a.M. 1996 (zit. ARZT);

AUBERT, JEAN-FRANÇOIS, La hiérarchie des règles, ZSR 94-2 (1974), S. 193 ff. (zit. AUBERT, Hiérarchie);

AUBERT, JEAN-FRANÇOIS, Traité de droit constitutionnel suisse, 2 Bde, 1967, Nachtrag 1991-1994 (zit. AUBERT, Traité);

AUBERT, JEAN-FRANÇOIS, L'autorité, en droit interne, des traités internationaux, ZSR 1962 I, S. 265 ff. (zit. AUBERT, L'autorité);

AUER, ANDREAS, Der Richter und das Bundesgesetz: Variationen zu einem gestörten Verhältnis, ZGRG 4/2001, S. 161 ff. (zit. AUER, Der Richter);

AUER, ANDREAS, Les caprices de la nature cassatoire du recours de droit public – Réflexions sur l'arrêt Hegetschweiler, in: HALLER, WALTER et al., Festschrift für Ulrich Häfelin zum 65. Geburtstag, Zürich 1989, S. 33 ff. (zit. AUER, Caprices);

AUER, ANDREAS/ MALINVERNI, GIORGIO/ HOTTELIER, MICHEL, Droit constitutionnel suisse, 2 Bde, Bern 2000 (zit. AUER/MALINVERNI/ HOTTELIER);

BAAB, HEINER, GATT und WTO im Recht der USA. Die Integration des Völkervertragsrechts in die Rechtsordnung der USA am Beispiel der GATT-Abkommen und der WTO-Übereinkommen, Frankfurt a.M. 2001 (zit. BAAB);

BALDI, MARINO, Zur Rechtsnatur des Freihandelsabkommens Schweiz-EWG, Wirtschaft und Recht 1984, S. 83 ff. (zit. BALDI);

BARFIELD, CLAUDE E., Free Trade, Sovereignty, Democracy. The Future of the World Trade Organization, Washington D.C. 2001 (zit. BARFIELD);

BARTH, DIETRICH, Das Allgemeine Übereinkommen über den internationalen Dienstleistungshandel (GATS), EuZW 15 (1994), S. 455 ff. (zit. BARTH);

BAUMANN, HANS, Sozialdumping durch Liberalisierung des Welthandels? – Die sozialen und ökologischen Folgen der Uruguay-Runde, in: THÜRER/KUX, GATT 94 und die Welthandelsorganisation, Herausforderung für die Schweiz und Europa, Zürich 1996, S. 295 ff. (zit. BAUMANN);

BECKER-ÇELIK, ASTRID, EG-Marktordnungsrecht im Konflikt mit den GATT-Vorschriften und deutschem Verfassungsrecht, Frankfurt a.M. u.a. 1996 (zit. BECKER-ÇELIK);

BEHRENS, PETER, Weltwirtschaftsverfassung, Jahrbuch für neue politische Ökonomie 19 (2000) – Globalisierung und Weltwirtschaft, S. 5 ff. (zit. BEHRENS);

BEISE, MARC, Die Welthandelsorganisation (WTO) – Funktion, Status, Organisation, Baden-Baden 2000 (zit. BEISE);

BENEDEK, WOLFGANG, Die Welthandelsorganisation (WTO), Textausgabe, München 1998 (zit. BENEDEK, WTO-Textausgabe);

BENEDEK, WOLFGANG, Einführung in die Ergebnisse der Uruguay-Runde, in: THÜRER, DANIEL/ KUX, STEPHAN, GATT 94 und die Welthandelsorganisation, Herausforderung für die Schweiz und Europa, Zürich 1996, S. 17 ff. (zit. BENEDEK, Einführung);

BENEDEK, WOLFGANG, Die Rechtsordnung des GATT aus völkerrechtlicher Sicht, Beiträge zum ausländischen öffentlichen Recht und Völkerrecht, Band 100, Berlin u.a. 1990 (zit. BENEDEK, Rechtsordnung des GATT);

BENEDEK, WOLFGANG, Developing the Constitutional Order of the WTO, the Role of NGOs, in: BENEDEK, WOLFGANG/ ISAK, HUBERT/ KICKER, RENATE: Development and Developing International and European Law, Essays in Honour of KONRAD GINTER on the Occasion of his 65th Birthday, Frankfurt a.M. u. a. 1999, S. 228 ff. (zit. BENEDEK, Developing);

BERKEY, JUDSON OSTERHOUDT, The European Court of Justice and Direct Effect for the GATT: A Question Worth Revisiting, EJIL 9 (1998), S. 626 ff. (zit. BERKEY);

BIAGGINI, GIOVANNI, Wirtschaftsfreiheit, in: THÜRER, DANIEL/ AUBERT, JEAN-FRANÇOIS/ MÜLLER, JÖRG PAUL (Hrsg.), Verfassungsrecht der Schweiz, Zürich 2001, S. 779 ff. (zit. BIAGGINI, Wirtschaftsfreiheit);

BIAGGINI, GIOVANNI, Die Idee der Verfassung – Neuausrichtung im Zeitalter der Globalisierung? ZSR 119 I (2000), S. 445 ff. (zit. BIAGGINI, Idee der Verfassung);

BIAGGINI, GIOVANNI, Das Verhältnis der Schweiz zur internationalen Gemeinschaft – Neuerungen im Rahmen der Verfassungsreform, AJP 1999, S. 722 ff. (zit. BIAGGINI, Verhältnis);

BIAGGINI, GIOVANNI, Die Öffnung des Verfassungsstaates als Herausforderung für Verfassungsrecht und Verfassungslehre, in: EHRENZELLER, BERNHARD et al. (Hrsg.), Der Verfassungsstaat vor neuen Herausforderungen, Festschrift für YVO HANGARTNER, St. Gallen/ Lachen SZ 1998, S. 957 ff. (zit. BIAGGINI, Öffnung);

BIAGGINI, GIOVANNI, Verfassung und Richterrecht, Verfassungsrechtliche Grenzen der Rechtsfortbildung im Wege der bundesgerichtlichen Rechtsprechung, Basel/ Frankfurt a.M., 1991 (zit. BIAGGINI, Verfassung und Richterrecht);

BINDSCHEDLER, RUDOLF L., Zum Primat der Aussenpolitik, in: ALTERMATT, URS/ GARAMVÖLGYI, JUDIT, Innen- und Aussenpolitik: Primat oder Interdependenz, Festschrift zum 60. Geburtstag von Walther Hofer, Bern/Stuttgart 1980 (FS HOFER), S. 27 ff. (zit. BINDSCHEDLER);

BLACKSTONE, WILLIAM, Commentaries on the Laws of England, London 1765-1769, Facsimile of the 1st edition, Chicago/London 1979 (zit. BLACKSTONE, Commentaries on the Laws of England);

BLECKMANN, ALBERT, Völkerrecht, Baden-Baden 2001 (zit. BLECKMANN, Völkerrecht);

BLECKMANN, ALBERT, Self-Executing Treaty Provisions, in: BERNHARDT, RUDOLF (Hrsg.), Encyclopedia of Public International Law, Band 7, S. 414 ff.; Amsterdam et al. 1984 (zit. BLECKMANN, EPIL);

BLECKMANN, ALBERT, Begriff und Kriterien der innerstaatlichen Anwendbarkeit völkerrechtlicher Verträge, Versuch einer allgemeinen Theorie des self-executing treaty auf rechtsvergleichender Grundlage, Berlin 1970 (zit. BLECKMANN, Begriff und Kriterien);

BOCK, CHRISTIAN, Das WTO-Übereinkommen über das öffentliche Beschaffungswesen und seine Umsetzung ins schweizerische Submissionsrecht, AJP 1995, S. 709 ff. (zit. BOCK);

BOLLINGER, ERWIN, Die Regelung der Parallelimporte im Recht der WTO, sic! 1998, S. 541 ff. (zit. BOLLINGER);

BORER, THOMAS, Das Legalitätsprinzip und die auswärtigen Angelegenheiten, Diss. Basel, 1986 (zit. BORER);

BOURGEOIS, JACQUES H. J., The Uruguay Round of GATT: Some General Comments from an EC Standpoint, in: EMILIOU, NICHOLAS/ O'KEEFFE, DAVID (Hrsg.) The European Union and World Trade Law After the GATT Uruguay Round, Chichester u.a. 1996, S. 81 ff (zit. BOURGEOIS);

BRAND, RONALD A., Direct Effect of International Economic Law in the United States and the European Union, 17 Northwestern Journal of International Law and Business (1997), S. 556 ff. (zit. BRAND);

BREINING-KAUFMANN, CHRISTINE, Ein Sieg für die Umwelt? – Der Entscheid der WTO im Asbest-Streit zwischen Kanada und der Europäischen Union, AJP 2001, S. 1169 ff. (zit. BREINING-KAUFMANN);

BREITENMOSER, STEPHAN/ HUSHEER, ANDRÉ, Europarecht, 2. Aufl., Zürich 2002 (zit. BREITENMOSER/HUUSHEER);

BREITENMOSER, STEPHAN, Die globale und regionale Interdependenz des schweizerischen Aussenwirtschaftsrechts, in: COTTIER, THOMAS/ KOPŠE, ALWIN R. (Hrsg.), Der Beitritt der Schweiz zur Europäischen Union. Brennpunkte und Auswirkungen, Zürich 1998, S. 49 ff. (zit. BREITENMOSER, Interdependenz);

BREITENMOSER, STEPHAN, unter Mitarbeit von BÜHLER, STEFAN P., Praxis des Europarechts, Zürich 1996 (zit. BREITENMOSER, Praxis des Europarechts);

BUCHS, GABI, Unmittelbare Anwendbarkeit völkerrechtlicher Vertragsbestimmungen: am Beispiel der Rechtsprechung der Gerichte Deutschlands, Österreichs, der Schweiz und der Vereinigten Staaten von Amerika, Baden-Baden 1993 (zit. BUCHS);

CAFLISCH, LUCIUS, La pratique suisse en matière de droit international public 1998, in SZIER 4/5/99, S. 639 ff. (zit. CAFLISCH, pratique 1998);

CAFLISCH, LUCIUS, La pratique suisse en matière de droit international public 1997, in: SZIER 4/98, S. 615 ff. (zit. CAFLISCH, pratique 1997);

CAFLISCH, LUCIUS, La pratique suisse en matière de droit international public 1988, in: SJIR XLVI (1989), S. 187 ff. (zit. CAFLISCH, pratique 1988);

CARREAU, DOMINIQUE/ JUILLARD, PATRICK, Droit international économique, Paris 1998 (zit. CARREAU/JUILLARD);

CARRILLO-SALCEDO, JUAN-ANTONIO, Droit international et souveraineté des états, Académie de droit international, Receuil des Cours, Band 257, S. 35 ff., Den Haag 1996 (zit. CARRILLO-SALCEDO);

CASTILLO DE LA TORRE, FERNANDO, The Status of GATT in EC Law, Revisited. The Consequences of the Judgment on the Banana Import Regime for the Enforcement of the Uruguay Round Agreements, JWT 29 (1995) Nr. 1, S. 53 ff. (zit. CASTILLO DE LA TORRE);

CAVES, RICHARD E./ FRANKEL, JEFFREY A./ JONES, ROLAND W., World Trade and Payments: an Introduction, 7. Aufl., New York 1996 (zit. CAVES/FRANKEL/JONES);

CHARNOVITZ, STEVE, WTO and Social Issues, 28 JWT (1994) Nr. 5, S. 17 ff. (zit. CHARNOVITZ);

CLERC, EVELYNE, L'ouverture des marchés publics: Effectivité et protection juridique, Freiburg i.Ü. 1997 (zit. CLERC);

COOPER, RICHARD N., Trade Policy as Foreign Policy, in: STERN, ROBERT M. (Hrsg,), U.S. Trade Policies in a Changing World Economy, Cambridge (MA) 1987, S. 291 ff. (zit. COOPER);

COTTIER, MICHAEL, Die Anwendbarkeit von völkerrechtlichen Normen im innerstaatlichen Bereich als Ausprägung der Konstitutionalisierung des Völkerrechts, SZIER 4/5 (1999), S. 405 ff. (MICHAEL COTTIER, Anwendbarkeit);

COTTIER, THOMAS, A Theory of Direct Effect in Global Law, in: VON BOGDANDY, ARMIN/ MAVROIDIS, PETROS C./ MÉNY, YVES (Hrsg.), European Integration and International Co-ordination, Studies in Transnational Economic Law in Honour of CLAUS-

DIETER EHLERMANN, Den Haag u.a. 2002, S. 99 ff. (zit. COTTIER, A Theory of Direct Effect);

COTTIER, THOMAS, Limits to International Trade: The Constitutional Challenge, Address before the Annual Meeting of the American Society of International Law, American Society of International Law Proceedings 94 (2000), S. 220 ff. (zit. COTTIER, Limits to International Trade);

COTTIER, THOMAS, Dispute Settlement in the World Trade Organization: Characteristics and Structural Impliciations for the European Union, CMLR 35 (1998), S. 325 ff. (zit. COTTIER, Dispute Settlement);

COTTIER, THOMAS, The Impact of the TRIPS Agreement on Private Practice and Litigation, in: CAMERON, JAMES/ CAMPBELL, KAREN (Hrsg.), Dispute Resolution in the World Trade Organisation, London 1998, S. 111 ff. (zit. COTTIER, Impact);

COTTIER, THOMAS, WTO and Environmental Law: Three Points for Discussion, in: FIJALKOWSKI, ANGELA/ CAMERON, JAMES (Hrsg.), Trade an the Environment: Bridging the Gap, Den Haag 1998, S. 56 ff. (zit. COTTIER, WTO and Environmental Law);

COTTIER, THOMAS, Die Globalisierung des Rechts – Herausforderungen für Praxis, Ausbildung und Forschung, ZBJV 133 (1997), S. 217 ff. (zit. COTTIER, Globalisierung);

COTTIER, THOMAS, Das Abkommen über handelsrelevante Aspekte der Rechte an geistigem Eigentum (TRIPS), in: THÜRER, DANIEL/ KUX, STEPHAN (Hrsg.), GATT 94 und die Welthandelsorganisation, Herausforderung für die Schweiz und Europa, Zürich 1996, S. 193 ff. (zit. COTTIER, TRIPS);

COTTIER, THOMAS, Das Problem der Parallelimporte im Freihandelsabkommen Schweiz-EG und im Recht der WTO-GATT, SMI 1995, S. 37 ff. (zit. COTTIER, Parallelimporte);

COTTIER, THOMAS, Constitutional Trade Regulation in National and International Law: Structure-Substance Pairings in the EFTA Experience, in: HILF, MEINRAD/ PETERSMANN, ERNST-ULRICH (Hrsg.), National Constitutions and International Economic Law, Deventer 1993, S. 409 ff. (zit. COTTIER, Structure-Substance Pairings);

COTTIER, THOMAS, Die Verfassung und das Erfordernis der gesetzlichen Grundlage, 2. Aufl., Chur/Zürich 1991 (zit. COTTIER, Erfordernis der gesetzlichen Grundlage);

COTTIER, THOMAS, The Prospects for Intellectual Property in GATT, CMLR 28 (1991), S. 383 ff. (zit. COTTIER, Prospects);

COTTIER, THOMAS, Die Bedeutung des GATT im Prozess der europäischen Integration. Eine Untersuchung aus schweizerischer Sicht, in: JACOT-GUILLARMOD, OLIVIER/ SCHINDLER, DIETRICH; COTTIER, THOMAS (Hrsg.), EG-Recht und schweizerische Rechtsordnung, Beihefte zur ZSR, Heft 10, Bern 1990, S. 139 ff. (zit. COTTIER, Bedeutung);

COTTIER, THOMAS/ ACHERMANN, ALBERTO/ WÜGER, DANIEL/ ZELLWEGER, VALENTIN, Der Staatsvertrag im schweizerischen Verfassungsrecht, Beiträge zu Verhältnis und methodischer Angleichung von Völkerrecht und Bundesrecht, Bern 2001 (zit. AUTOR, Staatsvertrag);

COTTIER, THOMAS/ ARPAGAUS, REMO/ KOPSE, ALWIN, Schweizerisches und Europäisches Aussenhandelsrecht im Rahmen der WTO/ GATT, NFP 42 Synthesis 20, Bern 2000 (zit. COTTIER/ APAGAUS/ KOPSE);

COTTIER, THOMAS/ ARPAGAUS, REMO (Hrsg.), Schweizerisches Aussenwirtschafts- und Binnenmarktrecht, KOLLER, HEINRICH/ MÜLLER, GEORG/ RHINOW, RENÉ/ ZIMMERLI, ULRICH (Hrsg.), Schweizerisches Bundesverwaltungsrecht, Helbing & Lichtenhahn, Basel und Frankfurt a.M., 1999 (zit. COTTIER/ARPAGAUS);

COTTIER, THOMAS/ ARPAGAUS, REMO, Einleitung, in: COTTIER/ ARPAGAUS, Schweizerisches Aussenwirtschafts- und Binnenmarktrecht (zit. COTTIER/ARPAGAUS, Einleitung);

COTTIER, THOMAS/ EVTIMOV, ERIK, Die sektoriellen Abkommen der Schweiz mit der EG: Anwendung und Rechtsschutz, ZBJV 139 (2003), S. 77 ff. (zit. COTTIER/EVTIMOV);

COTTIER, THOMAS/ GERMANN, CHRISTOPHE, Bedeutung und Wirkung der Staatsverträge im Immaterialgüterrecht, SIWR I/1, 2. Aufl., Basel u.a. 2002 (zit. COTTIER/GERMANN);

COTTIER, THOMAS/ HERTIG, MAYA, Das Völkerrecht in der neuen Bundesverfassung: Stellung und Auswirkungen, in: ZIMMERLI, ULRICH (Hrsg.), Berner Tage für die juristische Praxis (BTJP) 1999, Bern 1999, S. 1 ff. (zit. COTTIER/HERTIG, Das Völkerrecht in der neuen Bundesverfassung);

COTTIER, THOMAS/ HERTIG, MAYA, The Prospects of 21st Century Constitutionalism, 7 Max Planck Yearbook of United Nations Law (2003), S. 261 ff. (COTTIER/HERTIG, The Prospects of 21st Century Constitutionalism);

COTTIER, THOMAS/ KOPŠE, ALWIN R. (Hrsg.), Der Beitritt der Schweiz zur Europäischen Union. Brennpunkte und Auswirkungen, Zürich 1998 (zit. COTTIER/ KOPŠE, Beitritt);

COTTIER, THOMAS/ MAVROIDIS, PETROS C. (Hrsg.), The Role of the Judge in International Trade Regulation. Experience and Lessons for the WTO, The World Trade Forum, Vol. 4, Ann Arbour 2003 (zit. COTTIER/MAVROIDIS);

COTTIER, THOMAS/ MERKT, BENOÎT, Die Auswirkungen des Welthandelsrechts der WTO und des BGBM auf das Submissionsrecht der Schweiz, in: VON BÜREN, ROLAND/COTTIER, THOMAS (Hrsg.), Die neue schweizerische Wettbewerbsordnung im internationalen Umfeld, Bern 1997, S. 35 ff. (zit. COTTIER/MERKT, Auswirkungen);

COTTIER, THOMAS/ MERKT, BENOÎT, La fonction fédérative de la liberté du commerce et de l'industrie et la loi sur le marché intérieur suisse: l'influence du droit européen et du droit international économique, in: ZEN-RUFFINEN, PIERMARCO/ AUER, ANDREAS (Hrsg.), De la Constitution, Etudes en l'honneur de JEAN-FRANÇOIS AUBERT, Basel und Frankfurt a. M. 1996, S. 449 ff. (zit. COTTIER/MERKT, fonction fédérative);

COTTIER, THOMAS/ NADAKAVUKAREN SCHEFER, KRISTA, The Relationship between World Trade Organization Law, National and Regional Law, JIEL 1 (1998), S. 1 ff. (zit. COTTIER/NADAKAVUKAREN, Relationship);

COTTIER, THOMAS/ NADAKAVUKAREN SCHEFER, KRISTA, Switzerland: The Challenge of Direct Democracy, in: JACKSON, JOHN. H./ SYKES, ALAN O. (Hrsg.), Implementing the Uruguay Round, Oxford 1997, S. 333 ff. (zit. COTTIER/NADAKAVUKAREN, Challenge);

COTTIER, THOMAS/PANIZZON, MARION, Die sektoriellen Abkommen und das Recht der WTO: Grundlagen und Spannungsfelder, in: FELDER, DANIEL/ KADDOUS, CHRISTINE (Hrsg.), Accords bilatéraux Suisse-UE (Commentaires)/ Bilaterale Abkommen Schweiz-EU (Erste Analysen), Bruylant 2001, S. 43 ff. (zit. COTTIER/ PANIZZON);

COTTIER, THOMAS/ PANNATIER, SERGE, Staatsverträge, Schweizerische Juristische Kartothek, Ersatzkarten 384, 385, 386, Genf 1996 (zit. COTTIER/PANNATIER, SJK Nr.);

COTTIER, THOMAS/ PLUESS DANIEL, Derecho OMC y Derechos internos: una relación difícil, in BROTÓNS, ANTONIO RAMIRO/ ESPOSITO, CARLOS (Ed.), La Organización Mondial del Comercio y el Regionalismo Europeo, Madrid 2001 (zit. COTTIER/PLUESS);

COTTIER, THOMAS/ WAGNER, MANFRED, Grundzüge der Weltwirtschaftsordnung, in: MÜLLER, JÖRG PAUL/ WILDHABER, LUZIUS,

Praxis des Völkerrechts, 3. Aufl., Bern 2001, S. 895 ff. (zit. COTTIER/ WAGNER, Praxis);

COTTIER, THOMAS/ WÜGER, DANIEL, Auswirkungen der Globalisierung auf das Verfassungsrecht: Eine Diskussionsgrundlage, in: SITTER-LIVER, BEAT (Hrsg.): Herausgeforderte Verfassung: Die Schweiz im globalen Kontext, Freiburg i.U., 1999, S. 241 ff. (zit. COTTIER/WÜGER);

CRAIG, PAUL/ DE BURCA, GRÁINNE, EU Law – Text, cases, and materials, 3. Aufl., Oxford 2002 (zit. CRAIG/DE BURCA);

CRAMERI, ALBERTO, Neuerungen im öffentlichen Beschaffungswesen, ZGRG 15/1996, S. 13 ff. (zit. CRAMERI);

CROLEY STEVEN P./JACKSON, JOHN H., WTO Dispute Procedures, Standard of Review, and Deference to National Governments, AJIL 90 (1996), S. 193 ff. (zit. CROLEY/JACKSON);

DAHM, GEORG/ DELBRÜCK, JOST/ WOLFRUM, RÜDIGER, Völkerrecht, Band I/1: Die Grundlagen. Die Völkerrechtssubjekte, 2. Aufl., Berlin/ New York 1989 (zit. DAHM/DELBRÜCK/WOLFRUM);

DAVEY, WILLIAM J./ PAUWELYN, JOOST, MFN Unconditionally: A legal Analysis of the Concept in View of its Evolution in the GATT/WTO Jurisprudence with Particular Reference to the Issue of „Like Product“, in: COTTIER, THOMAS/ MAVROIDIS, PETROS C. (Hrsg.), Regulatory Barriers and the Principle of Non-Discrimination in World Trade Law, University of Michigan Press, Michigan 1999, S. 13 ff. (zit. DAVEY/PAUWELYN);

DE BROCA, HUBERT, Article 133 (ex-article 113), in: LÉGER, PHILIPPE (Hrsg.), Commentaire article par article des traités UE et CE, Basel u.a. 2000 (zit. DE BROCA);

DE BURCA, GRÁINNE/ SCOTT, JOANNE (Hrsg.), The EU and the WTO: Legal and Constitutional Issues, Oxford 2001 (zit. DE BURCA/ SCOTT);

DELBRÜCK, JOST, Wirksameres Völkerrecht oder neues „Weltinnenrecht“? Perspektiven der Völkerrechtsentwicklung in einem sich wandelnden internationalen System, in: KÜHNE, WINRICH, Blauhelme in einer turbulenten Welt, Baden-Baden 1993, S. 101 ff. (zit. DELBRÜCK);

DICKE, KLAUS, Erscheinungsformen und Wirkungen von Globalisierung in Struktur und Recht des internationalen Systems auf universaler und regionaler Ebene sowie gegenläufige Renationalisierungstendenzen, in: DICKE, KLAUS et al., Völkerrecht und Internationales Privatrecht in einem sich globalisierenden internationalen System – Auswirkungen der Entstaatlichung transnationaler Rechtsbeziehungen, Heidelberg 2000, S. 13 ff. (zit. DICKE, Erscheinungsformen und Wirkungen);

DICKE, DETLEV/ PETERSMANN, ERNST-ULRICH (Hrsg.), Foreign Trade in the Present and a New Internaitonal Economic Order, Fribourg 1988 (zit. DICKE/PETERSMANN);

DIDIER, PIERRE, Les principaux accords de l'OMC et leur transposition dans la Communauté européenne, Brüssel 1997 (zit. DIDIER, Principaux accords);

DIDIER, PIERRE, WTO Trade Instruments in EU Law, London 1999 (zit. DIDIER, WTO Trade Instruments);

DINH, NGUYEN QUOC/ DAILLIER, PATRICK/ PELLET, ALAIN, Droit international public, 6. Aufl., Paris 1999 (zit. DINH/DAIILIER/ PELLET);

DOMINICÉ, CHRISTIAN/VOEFFREY, FRANÇOIS, L'application du droit international général dans l'ordre juridique interne, in: EISEMANN, PIERRE MICHEL (Hrsg.), L'intégration du droit international et communautaire dans l'ordre juridique national, étude de la pratique en Europe, Developments in International Law 25, The Hague u.a., 1996, S. 51 ff. (zit. DOMINICÉ/VOEFFREY, L'application);

DOMINICÉ, CHRISTIAN/VOEFFREY, FRANÇOIS, Suisse/Switzerland, in: EISEMANN, PIERRE MICHEL (Hrsg.), L'intégration du droit international et communautaire dans l'ordre juridique national, étude de la pratique en Europe, Developments in International Law 25, The Hague u.a., 1996, S. 529 ff. (zit. DOMINICÉ/VOEFFREY, Suisse);

DREXL, JOSEF, Unmittelbare Anwendbarkeit des WTO-Rechts in der globalen Privatrechtsordnung, in: GROSSFELD, BERNHARD et al. (Hrsg.), Festschrift für WOLFGANG FIKENTSCHER zum 70. Geburtstag, Tübingen 1998, S. 822 ff. (zit. DREXL, Unmittelbare Anwendbarkeit);

DREXL, JOSEF, Nach „GATT und WIPO": Das TRIPS-Abkommen und seine Anwendung in der Europäischen Gemeinschaft, GRUR Int. 1994, S. 777-798 (zit. DREXL, TRIPS);

DUGGAL, ROUL, TRIPs-Übereinkommen und internationales Urheberrecht, Köln u.a. 2001 (zit. DUGGAL);

DUNKEL, ARTHUR, Politique commerciale de la Suisse: les négociations multilatérales du GATT, in: FREYMOND, JACQUES et al. (Hrsg.), La Suisse et la diplomatie multilatérale, Genf 1976, S. 195 ff. (zit. DUNKEL);

DUNKLEY, GRAHAM, The Free Trade Adventure. The WTO, the Uruguay Round and Globalism – A Critique, London/New York 2000 (zit. DUNKLEY);

DUNOFF, JEFFREY L., The Death of the Trade Regime, EJIL 10 (1999), S. 733 ff. (zit. DUNOFF);

DUPUY, PIERRE-MARIE, Torn between Coexistence, Cooperation and Globalization – General Conclusions, EJIL 1998, S. 278 ff. (zit. DUPUY, Torn between Coexistence, Cooperation and Globalization);

DUPUY, PIERRE-MARIE, The Constitutional Dimension of the Charter of the United Nations Revisited, Max Planck Yearbook of United Nations Law I (1997), S. 1 ff. (zit. DUPUY, Constitutional Dimension);

DURIC, HANS-PETER, Die Freihandelsabkommen EG/EFTA, Baden-Baden 1991 (zit. DURIC);

DÜRR, DAVID, Vorbemerkungen zu Art. 1 und 4 ZGB, in: GAUCH, PETER/ SCHMID, JÖRG (Hrsg.), Kommentar zum Schweizerischen Zivilgesetzbuch (Zürcher Kommentar), Bd. I 1, Zürich 1998, S. 117 ff. (zit. DÜRR);

DUVIGNEAU, JOHANN LUDWIG, Die Konstitutionalisierung des WTO-Rechts – Zur juristischen Diskussion über Verfassungsstrukturen im Bereich des Handelsvölkerrechts, Aussenwirtschaft 56 (2001), S. 295 ff. (zit. DUVIGNEAU);

EECKHOUT, PIET, The Domestic Legal Status of the WTO Agreements: Interconnecting Legal Systems, 34 CMLR (1997), S. 11 ff. (zit. EECKHOUT);

EGLIN, RICHARD, Reconciling Free Trade and Environment Concerns: A Multilateral Perspective, in: COTTIER, THOMAS (Hrsg.), GATT-Uruguay Round, Bern 1995, S. 123 ff. (zit. EGLIN);

EHRENZELLER, BERNHARD, Legislative Gewalt und Aussenpolitik, Basel/Frankfurt a.M. 1993 (zit. EHRENZELLER);

EICHENBERGER, KURT, Zur Einleitung: Von der Rechtssetzungsfunktion im heutigen Staat, in: Probleme der Rechtssetzung, Referate zum Schweizerischen Juristentag 1974, ZSR 93-2 (1974), S. 7 ff. (zit. EICHENBERGER, Rechtssetzungsfunktion);

ELEFTHERIADIS, PAVLOS, The Direct Effect of Community Law. Conceptual Issues, Yearbook of European Law 16 (1996), S. 205 ff. (zit. ELEFTHERIADIS);

EMILIOU, NICHOLAS/ O'KEEFFE, DAVID (Hrsg.), The European Union and World Trade Law After the GATT Uruguay Round, Chichester u.a. 1996 (zit. EMILIOU/O'KEEFFE);

EPINEY, ASTRID, Zur Stellung des Völkerrechts in der EU. Zugleich Besprechung von EuGH, EuZW 1998, 572 – Hermès und EuGH

1998, 694 – Bracke, EuZW 1999, S. 5 ff. (zit. EPINEY, Zur Stellung des Völkerrechts in der EU);

EPINEY, ASTRID, Umgekehrte Diskriminierungen: Zulässigkeit und Grenzen der discrimination à rebours nach europäischem Gemeinschaftsrecht und nationalem Verfassungsrecht, Köln u.a. 1995 (zit. EPINEY, Umgekehrte Diskriminierungen);

EPINEY, ASTRID, Das Primat des Völkerrechts als Bestandteil des Rechtsstaatsprinzips: ein Diskursbeitrag zur Stellung des Völkerrechts im Verhältnis zum innerstaatlichen Recht, ZBl 95 (1994), S. 537 ff. (zit. EPINEY, Primat);

ERMACORA, FELIX, General Problems of Relations between Constitutional Law and International Law, in: The New Constitutional Law, International Association of Constitutional Law, Second World Congress, Freiburg i.Ü. 1991 (zit. ERMACORA, General Problems);

ESTY, DANIEL C., We the People: Civil Society and the World Trade Organization, in: BRONCKERS, MARCO/ QUICK, REINHARD (IIrsg.), New Directions in International Economic Law. Essays in Honour of JOHN H. JACKSON, Den Haag/London/Boston 2000, S. 87 ff. (zit. ESTY);

ETTER, CHRISTIAN, Das Dienstleistungsabkommen der Uruguay-Runde und seine Bedeutung für die Schweiz, in: COTTIER, THOMAS (Hrsg.), GATT-Uruguay Round, Bern 1995, S. 91 ff. (zit. ETTER);

FALK, RICHARD, The Coming Global Civilization: Neo-Liberal or Humanist? In: ANGHIE, ANTHONY/STURGESS, GARRY, Legal Visions of the 21st Century: Essays in Honour of Judge CHRISTOPHER WEERAMANTRY, The Hague/London/Boston 1998, S. 15 ff. (zit. FALK);

FASSBENDER, BARDO, UN Security Council Reform an the Right of Veto, A Constitutional Perspective, Den Haag u.a. 1998 (zit. FASSBENDER);

FELDER, DANIEL/ KADDOUS, CHRISTINE (Hrsg.), Accords bilatéraux Suisse-UE (Commentaires)/ Bilaterale Abkommen Schweiz-EU (Erste Analysen), Bruylant 2001, (zit. FELDER/KADDOUS);

FIJALKOWSKI, ANGELA/ CAMERON, JAMES (Hrsg.), Trade an the Environment: Bridging the Gap, Den Haag 1998 (zit. FIJALKOWSKI/ CAMERON);

FILLIEZ, FABRICE, Application des accords sectoriels par les juridictions suisses: quelques repères, in: FELDER, DANIEL/ KADDOUS, CHRISTINE (Hrsg.), Accords bilatéraux Suisse-UE (Commentaires)/ Bilaterale Abkommen Schweiz-EU (Erste Analysen), Bruylant 2001, S. 184 ff. (zit. FILLIEZ);

FLEINER, FRITZ/GIACOMETTI, ZACCARIA, Schweizerisches Bundesstaatsrecht, 2 Bde, Zürich 1949 (zit. FLEINER/GIACOMETTI);

FONTANA, PIETRO, Ergebnisse der Uruguay-Runde: Zollsenkungen, Zollbindungen und Tarifizierungen, in: THÜRER, DANIEL/ KUX, STEPHAN, GATT 94 und die Welthandelsorganisation, Zürich 1996, S. 227 ff. (zit. FONTANA);

FRIEDMANN, WOLFGANG, The Changing Structre of International Law, London 1964 (zit. FRIEDMANN);

FROWEIN, JOCHEN ABRAHAM, Konstitutionalisierung des Völkerrechts, in: DICKE, KLAUS et al. (Hrsg.), Völkerrecht und Internationales Privatrecht in einem sich globalisierenden internationalen System – Auswirkungen der Entstaatlichung transnationaler Rechtsbeziehungen, Heidelberg 2000, S. 247 ff. (zit. FROWEIN, Konstitutionalisierung);

FROWEIN, JOCHEN ABRAHAM, Wesentliche Elemente einer Verfassung, in: BIEBER, ROLAND/ WIDMER, PIERRE (Hrsg.), Der europäische Verfassungsraum, Zürich 1995, S. 71 ff. (zit. FROWEIN, Wesentliche Elemente);

GADOLA, ATTILIO R., Rechtsschutz und andere Formen der Überwachung der Vorschriften über das öffentliche Beschaffungswesen, AJP 1996, S. 967 ff. (zit. GADOLA);

GALLI, PETER, Rechtsprechung der Eidgenössischen Rekurskommission für das öffentliche Beschaffungswesen (BRK): Die ersten Entscheide und ihre Tragweite, in: MICHEL, NICOLAS/ZÄCH, ROGER (Hrsg.), Submissionswesen im Binnenmarkt Schweiz. Erste praktische Erfahrungen und Entwicklungen, Zürich 1998, S. 103 ff. (zit. GALLI);

GALLI, PETER/ LEHMANN, DANIEL/ RECHSTEINER, PETER, Das öffentliche Beschaffungswesen in der Schweiz, Zürich 1996 (zit. GALLI/ LEHMANN/RECHTSTEINER);

GARDNER, RICHARD NEWTON, Sterling-Dollar-Diplomacy, Oxford 1956 (zit. GARDNER);

GAUCH, PETER, Das öffentliche Beschaffungsrecht der Schweiz. Ein Beitrag zum neuen Vergaberecht, recht 1997, S. 165 ff. (zit. GAUCH);

GIRARD, PIERRE-LOUIS, De Punta del Este à Marrakech: le processus de négociation 1986-1993, in: COTTIER, THOMAS (Hrsg.), GATT-Uruguay Round, Bern 1995, S. 1 ff. (zit. GIRARD);

GOLDSTEIN, J., Creating the GATT Rules: Politics, Institutions and American Policy, in: HOWSE, ROBERT (Hrsg.), The World Trading System, Critical Perspectives on the World Economy, Vol. I – Historical and Conceptual Foundations, London/ New York 1997, S. 22 ff. (zit. GOLDSTEIN);

GRABER, CHRISTOPH BEAT, Förderung der Angebotsvielfalt in den Schweizer Kinos: Der Entwurf zu einem neuen Filmgesetz im Lichte welthandelsrechtlicher Rahmenbedingungen, sic! 2000, S. 3 ff. (zit. GRABER);

GRABITZ, EBERHARD/ HILF, MEINRAD (Hrsg.), Das Recht der Europäischen Union, 3 Bde, Loseblattsammlung, München, (zit. GRABITZ/HILF);

GRISEL, ETIENNE, Das Verhältnis zwischen direkter Demokratie und völkerrechtlichen Verträgen, ZBl 96 (1995), S. 437 ff. (zit. ETIENNE GRISEL, Verhältnis);

GRISEL, ANDRÉ, A propos de la hiérarchie des normes juridiques, ZBl 1987, S. 377 ff. (zit. GRISEL, Hiérarchie);

GURUSWAMY, LAKSHMAN, Environment and Trade: Competing Paradigms in International Law, in: ANGHIE, ANTHONY/STURGESS, GARRY, Legal Visions of the 21st Century: Essays in Honour of Judge CHRISTOPHER WEERAMANTRY, The Hague/London/Boston 1998, S. 543 ff. (zit. GURUSWAMY);

GWARTNEY, JAMES D./ WAGNER, RICHARD E. (Hrsg.), Public Choice and Constitutional Economics, Greenwich (CT)/London 1988 (zit. GWARTNEY/WAGNER);

HAAS, GIULIO C., Verfassungsrechtliche Aspekte der schweizerischen Aussenwirtschaftspolitik, Basel/Frankfurt a.M. 1989 (zit. HAAS);

HÄBERLI, CHRISTIAN, Das GATT und die Entwicklungsländer, in: COTTIER, THOMAS (Hrsg.), GATT Uruguay-Round, Bern 1995, S. 135 ff. (zit. HÄBERLI);

HAEFLIGER, ARTHUR, Alle Schweizer sind vor dem Gesetze gleich, Zur Tragweite des Artikels 4 der Bundesverfassung, Bern 1985 (zit. HAEFLIGER, Alle Schweizer);

HÄFELIN, ULRICH/ HALLER, WALTER, Schweizerisches Bundesstaatsrecht, 5. Aufl., Zürich 2001 (zit. HÄFELIN/HALLER);

HÄFELIN, ULRICH/ MÜLLER, GEORG, Allgemeines Verwaltungsrecht, 4. Aufl., Zürich 2002 (zit. HÄFELIN/MÜLLER, 4. Aufl.);

HÄFELIN, ULRICH/ MÜLLER, GEORG, Grundriss des Allgemeinen Verwaltungsrechts, 3. Aufl., Zürich 1998 (zit. HÄFELIN/MÜLLER, 3. Aufl.);

HAHN, MICHAEL J., Die einseitige Aussetzung von GATT-Verpflichtungen als Repressalie, Berlin u.a. 1996 (zit. HAHN);

HALLER, WALTER/ KÖLZ, ALFRED/ MÜLLER, GEORG/ THÜRER, DANIEL (Hrsg.), Im Dienst an der Gemeinschaft. Festschrift für DIETRICH SCHINDLER zum 65. Geburtstag, Basel 1989 (zit. FS SCHINDLER);

HAMMERL, CHRISTOPH, Inländerdiskriminierung, Berlin 1997 (zit. HAMMERL);

HANGARTNER, YVO, Kommentar zu Art. 5 BV, in: EHRENZELLER, BERNHARD/ MASTRONARDI, PHILIPPE/ SCHWEIZER, RAINER J./ VALLENDER, KLAUS A. (Hrsg.), Die Schweizerische Bundesverfassung, Kommentar, Zürich 2002 (zit. HANGARTNER, in: BV-Kommentar, Art. 5);

HANGARTNER, YVO, Völkerrecht und schweizerisches Landesrecht, in: SCHLUEP, WALTER R. et al. (Hrsg.), Recht, Staat und Politik am Ende des zweiten Jahrtausends, Festschrift zum 60. Geburtstag von Bundesrat ARNOLD KOLLER, Bern/Stuttgart/Wien 1993, S. 651 ff. (zit. HANGARTNER, Völkerrecht und schweizerisches Landesrecht);

HAUSER, HEINZ, Foreign Trade Policy and the Function of Rules for Trade Policy Making, in: DICKE, DETLEV/ PETERSMANN, ERNST-ULRICH (Hrsg.), Foreign Trade in the Present and a New International Economic Order, Fribourg 1988, S. 18 ff. (zit. HAUSER, Foreign Trade Policy);

HAUSER, HEINZ, Domestic Policy Foundation and Domestic Policy Function of International Trade Rules, Aussenwirtschaft 41 (1986), S. 171 ff. (zit. HAUSER, Domestic Policy Foundation);

HAUSER, HEINZ/ SCHANZ, KAI-UWE, Das neue GATT. Die Welthandelsordnung nach Abschluss der Uruguay-Runde, 2. Aufl., Wien/ München 1995 (zit. HAUSER/SCHANZ);

HEINEMANN, INGO, Public Choice und moderne Demokratietheorie, Frankfurt a.M. 1999 (zit. HEINEMANN);

HENKIN, LOUIS, Foreign Affairs and the United States Constitution, 2. Aufl., Oxford, 1996 (zit. HENKIN);

HERDEGEN, MATTHIAS, Europarecht, 4. Aufl., München 2002 (zit. HERDEGEN, Europarecht);

HERDEGEN, MATTHIAS, Internationales Wirtschaftsrecht, 3. Aufl., München 2002 (zit. HERDEGEN, Internationales Wirtschaftsrecht);

HILF, MEINRAD, Power, Rules and Principles – Which Orientation for WTO/GATT Law? JIEL 4 (2001), S. 111 ff. (zit. HILF, Power, Rules and Principles);

HILF, MEINRAD, The Role of National Courts in International Trade Relations, 18 Mich J Intl L 18 Nr. 2 (1997), S. 321 ff. (zit. HILF, The Role of National Courts);

HILF, MEINRAD, Die Anwendung des GATT im deutschen Recht, in: HILF, MEINRAD/ PETERSMANN, ERNST-ULRICH (Hrsg.), GATT und Europäische Gemeinschaft, Baden-Baden 1986 (zit. HILF, GATT im deutschen Recht);

HILF, MEINRAD/ SCHORKOPF, FRANK, WTO und EG: Rechtskonflikte vor den EuGH? Anmerkung zum Urteil des EuGH vom 23.11.1999 – Rs. C-149/96, Portugal/Rat, EuR, 2000, S. 74 ff. (zit. HILF/SCHORKOPF);

HILPOLD, PETER, Die EU im GATT/WTO-System. Aspekte einer Beziehung „sui generis", 2. Aufl., Frankfurt a.M. 2000 (zit. HILPOLD);

HILTY, RETO M., Verbot von Parallelimporten – Heimatschutz oder Schildbürgerstreich? sic! 2000, S. 231 ff. (zit. HILTY);

HINGST, ULLA, Auswirkungen der Globalisierung auf das Recht der völkerrechtlichen Verträge, Berlin 2001 (zit. HINGST);

HIPPLER BELLO, JUDITH, The WTO Dispute Settlement Understanding: Less is more, AJIL 90 (1996), S. 416 ff. (zit. HIPPLER BELLO);

HOEKMAN, BERNARD M./ KOSTECKI, MICHEL M., The Political Economy of the World Trading System – From GATT to WTO, Oxford 1995 (zit. HOEKMAN/KOSTECKI);

HOFSTETTER, JOSEF, Die Bedeutung rechtlicher Normen in der Aussenpolitik, Eine Darstellung anhand der schweizerischen Nord-Süd-Politik, Basel und Frankfurt a.M. 1990 (zit. HOFSTETTER);

HÖHN, ERNST, Praktische Methodik der Gesetzesauslegung, Zürich 1993 (zit. HÖHN);

HOHMANN, HARALD, Der Konflikt zwischen freiem Handel und Umweltschutz in WTO und EG, RIW 46 (2000), S. 88 ff. (zit. HOHMANN);

HOLZER, PATRICK EDGAR, Die Ermittlung der innerstaatlichen Anwendbarkeit völkerrechtlicher Vertragsbestimmungen, Zürich 1998 (zit. HOLZER);

HORBER, RUDOLF, Die Liberalisierung des Agrarhandels: Beweggründe, Auswirkungen und Massnahmen, in: COTTIER, THOMAS/ ARPAGAUS, REMO, Schweizerisches Aussenhandels- und Binnenmarktrecht, SBVR, Basel 1999 (zit. HORBER);

HORN, HENRIK/ MAVROIDIS, PETROS, Economic and Legal Aspects of the Most Favoured Nations Clause, London 2001 (zit. HORN/ MAVROIDIS);

HOWSE, ROBERT/ NICOLAÏDIS, KALYPSO, Legitimacy and Global Governance: Why Constitutionalizing the WTO is a Step Too Far, in: PORTER, ROBERT B./ SAUVÉ, PIERRE/ SUBRAMANIAN, ARVIND/ BEVIGLIA ZAMPETTI, AMERICO (Hrsg.), Efficiency, Equity, and Legitimacy. The Multilateral Trading System at the Millennium, Washington D.C. 2001, S. 227 ff. (zit. HOWSE/ NICOLAÏDIS);

HUDEC, ROBERT E., The Role of Judicial Review in Preserving Liberal Foreign Trade Policies, in: HILF, MEINRAD/ PETERSMANN, ERNST-ULRICH (Hrsg.), National Constitutions and International Economic Law, Deventer 1993, S. 503 ff. (zit. HUDEC, The Role of Judicial Review);

HUDEC, ROBERT E., Das GATT in der Rechtsordnung der Vereinigten Staaten von Amerika, in: HILF, MEINRAD/ PETERSMANN, ERNST-ULRICH (Hrsg.), GATT und Europäische Gemeinschaft, Baden-Baden 1986, S. 243 ff. (zit. HUDEC, Das GATT in der Rechtsordnung der Vereinigten Staaten von Amerika);

HUMMER, WALDEMAR/ SIMMA, BRUNO/ VEDDER, CHRISTOPH, Europarecht in Fällen. Die Rechtsprechung des EuGH, des EuG und deutscher und österreichischer Gerichte, 3. Aufl., Baden-Baden 1999 (zit. HUMMER/SIMMA/VEDDER);

HYETT, STEPHEN, The Uruguay Round of the GATT: The United Kingdom Standpoint, in: EMILIOU, NICHOLAS/ O'KEEFFE, DAVID (Hrsg.) The European Union and World Trade Law After the GATT Uruguay Round, Chichester u.a. 1996, S. 91 ff. (zit. HYETT);

IYNEDJIAN, MARC, Les moyens à disposition des particuliers en cas de violation par la Suisse des règles de l'OMC, AJP 2003, S. 1353 ff. (zit. IYNEDJIAN);

IPSEN, KNUT, Völkerrecht, 4. Aufl., München 1999 (zit. IPSEN);

ISAAC, GUY, Effet direct du droit communautaire, in: GAVALDA, CHRISTIAN/ KOVAR, ROBERT/ BÉCAM, JOËL/ BERNARD, ANNICK, Répertoire de droit communautaire, Band II, Loseblatt, Paris 1997 (zit. ISAAC);

JACKSON, JOHN H., The WTO „Constitution" and proposed Reforms: Seven „Mantras" Revisited, JIEL 2001, S. 67 ff. (zit. JACKSON, The WTO „Constitution");

JACKSON, JOHN H., The Jurisprudence of GATT and the WTO. Insights on treaty law and economic relations, Cambridge 2000 (zit. JACKSON, Jurisprudence);

JACKSON, JOHN H., The World Trade Organization, Constitution and Jurisprudence, London/ New York 1999 (zit. JACKSON, World Trade Organization);

JACKSON, JOHN H., The WTO Dispute Settlement Understanding – Misunderstandings on the Nature of Legal Obligation, AJIL 91 (1997), S. 60 ff. (zit. JACKSON, Misunderstandings);

JACKSON, JOHN H., The World Trading System, 2. Aufl., Cambridge (MA)/ London, 1997 (zit. JACKSON, World Trading System);

JACKSON, JOHN H., From GATT to the Word Trade Organization: Implications for the World Trading System, in: COTTIER, THOMAS (Hrsg.), GATT-Uruguay-Round, Bern 1995, S. 29 ff. (zit. JACKSON, Implications);

JACKSON, JOHN H., US Constitutional Principles and Foreign Trade Law and Policy, in: HILF, MEINRAD/ PETERSMANN, ERNST-ULRICH (Hrsg.), National Constitutions and International Economic Law, Deventer 1993, S. 65 ff. (zit. JACKSON, US Constitutional Principles);

JACKSON, JOHN H., National Constitutions, Transnational Economic Policy and International Economic Law, Some Summary Reflections, in: HILF, MEINRAD/ PETERSMANN, ERNST-ULRICH (Hrsg.), National Constitutions and International Economic Law, Deventer 1993, S. 569 ff. (zit. JACKSON, National Constitutions);

JACKSON, JOHN H., Status of Treaties in Domestic Legal Systems: A Policy Analysis, 86 AJIL (1992), S. 310 ff. (zit. JACKSON, Status = JACKSON, Jurisprudence, S. 328 ff.);

JACKSON, JOHN H., Strengthening the International Legal Framework of the GATT-MTN System: Reform Proposals for the New GATT-Round, in PETERSMANN, ERNST-ULRICH/ HILF, MEINRAD, The New GATT Round of Multilateral Trade Negotiations: Legal and Economic Relations, 2. Aufl., Den Haag 1991, S. 3 ff. (zit. JACKSON, Strengthening the International Legal Framework);

JACKSON, JOHN H., Restructuring the GATT System, Royal Institute of International Affairs, Great Britain 1990 (zit. JACKSON, Restructuring the GATT System);

JACKSON, JOHN H., World Trade and the Law of GATT, Indianapolis 1969 (zit. JACKSON, World Trade);

JACKSON, JOHN H., The General Agreement on Tariffs and Trade in United States Domestic Law, 66 Michigan Law Review (1967), S. 249 ff. (zit. JACKSON, GATT in US Domestic Law; auch abgedruckt in JACKSON, Jurisprudence, S. 195 ff., ohne Anhänge);

JACKSON, JOHN H./ DAVEY, WILLIAM J./ SYKES, ALAN O., Legal Problems of International Economic Relations. Cases, Materials and Text on the National and International Regulation of Transnational Economic Relations, 4. Aufl., St. Paul (Minnesota) 2002 (zit. JACKSON/DAVEY/SYKES);

JACKSON, JOHN H./ SYKES, ALAN O., Implementing the Uruguay Round, Oxford 1997 (zit. JACKSON/SYKES);

JACOT-GUILLARMOD, OLIVIER, Le juge national face au droit européen, Basel u.a. 1993 (zit. JACOT-GUILLARMOD, Juge national);

JACOT-GUILLARMOD, OLIVIER, L'applicabilité directe des traités internationaux en Suisse: Histoire d'un détour inutile, in: Schweizerisches Jahrbuch für internationales Recht, Jubililäumsband 1989, XLV, S. 129 ff. (zit. JACOT-GUILLARMOD, Détour);

JACOT-GUILLARMOD, OLIVIER, La primauté du droit international face à quelques principes directeurs de l'Etat fédéral suisse, RDS – ZSR 104 I (1985), S. 383 ff. (zit. JACOT-GUILLARMOD, Primauté);

JACOT-GUILLARMOD, OLIVIER, Fondements juridiques internationaux de la primauté du droit international, ZBJV 120 (1984), S. 227 ff. (zit. JACOT-GUILLARMOD, Fondements);

JÄGER, THOMAS, Streitbeilegung und Überwachung als Mittel zur Durchführung des GATT, Basel 1992 (zit. JÄGER);

KADDOUS, CHRISTINE, Le droit des relations extérieures dans la jurisprudence de la Cour de justice des CE, Basel/ Frankfurt a.M. 1998 (zit. KADDOUS);

KADELBACH, STEFAN, Zwingendes Völkerrecht, Berlin 1992 (zit. KADELBACH);

KÄLIN, WALTER, Das Verfahren der staatsrechtlichen Beschwerde, 2. Aufl., Bern 1994 (zit. KÄLIN, Staatsrechtliche Beschwerde);

KÄLIN, WALTER, Schubert und der Rechtsstaat, oder: Sind Bundesgesetze massgeblicher als Staatsverträge, ZSR 134 (NF 112), 1993, S. 73 ff. (zit. KÄLIN, Schubert und der Rechtsstaat);

KÄLIN, WALTER, Der Geltungsgrund des Grundsatzes „Völkerrecht bricht Landesrecht", ZBJV 124bis (1988), S. 54 ff. (zit. KÄLIN, Geltungsgrund);

KÄLIN, WALTER, Verfassungsgrundsätze der schweizerischen Aussenpolitik, ZSR 1986, S. 249 ff. (zit. KÄLIN, Verfassungsgrundsätze);

KÄLIN, WALTER/ EPINEY, ASTRID, Völkerrecht, Eine Einführung, Bern 2003 (zit. KÄLIN/EPINEY);

KÄLIN, WALTER/ MALINVERNI, GIORGIO/ NOVAK, MANFRED, Die Schweiz und die UNO-Menschenrechtspakte, 2. Aufl., Basel/ Brüssel 1997 (zit. KÄLIN/MALINVERNI/NOVAK);

KELLER, HELEN, Rezeption des Völkerrechts. Eine rechtsvergleichende Studie zur Praxis des U.S. Supreme Court, des Gerichtshofes der Europäischen Gemeinschaften und des schweizerischen Bundesgerichts in ausgewählten Bereichen, Berlin u.a. 2002 (zit. KELLER, Rezeption des Völkerrechts);

KELLER, HELEN, Rechtsvergleichende Aspekte zur Monismus-Dualismus-Diskussion, SZIER 1999, S. 225 ff. (zit. KELLER, Rechtsvergleichende Aspekte);

KELLER, HELEN/STOCKER, WERNER, WTO und GATT 94 aus umweltrechtlicher Sicht, URP 1994, S. 457 ff. (zit. KELLER/STOCKER);

KELSEN, HANS, Die Einheit von Völkerrecht und staatlichem Recht, in ZaöRV 19 (1958), S. 234 ff. (zit. KELSEN, Einheit);

KEOHANE, ROBERT O./ NYE, JOSEPH S., The Club Model of Multilateral Cooperation, Problems of Democratic Legitimacy, in: PORTER, ROBERT B./SAUVÉ, PIERRE/ SUBRAMANIAN, ARVIND/ BEVIGLIA ZAMPETTI, AMERICO (Hrsg.), Efficiency, Equity, and Legitimacy. The Multilateral Trading System at the Millennium, Washington D.C. 2001, S. 264 ff. (zit. KEOHANE/ NYE);

KESSIE, EDWINI, Enhancing Security and Predictability for Private Business Operators under the Dispute Settlement System of the WTO, JWT 34 (2000), S. 1 ff. (zit. KESSIE);

KILIAN, WOLFGANG, Europäisches Wirtschaftsrecht. EG-Wirtschaftsrecht und Bezüge zum Deutschen Recht, München 1996 (zit. KILIAN);

KIRCHGÄSSNER, GEBHARD, Globalisierung: Herausforderung für das 21. Jahrhundert, Aussenwirtschaft 53 (1998), S. 29 ff. (zit. KIRCHGÄSSNER);

KNAPP, BLAISE, Les particuliers et les traités internationaux devant les tribunaux internes, ZSR 88 I (1969), S. 259 ff. (zit. KNAPP, Les particuliers);

KÖCK, HERIBERT FRANZ, Zur Interpretation völkerrechtlicher Verträge, ZÖR 53 (1998), S. 217 ff. (zit. KÖCK, Interpretation);

KÖCK, HERIBERT FRANZ, Die „implied powers" der Europäischen Gemeinschaften als Anwendungsfall der „implied powers" internationaler Organisationen überhaupt, in: BÖCKSTIEGEL, KARL-HEINZ et al. (Hrsg.), Recht der Internationalen Organisationen, Weltwirtschaftsrecht, Festschrift für Ignaz Seidl-Hohenveldern, Köln et al. 1988, S. 279 ff. (zit. KÖCK, Implied powers);

KÖCK, HERIBERT FRANZ, Zur Interpretation völkerrechtlicher Verträge, ZÖV 53 (1998), S. 217 ff. (zit. KÖCK, Interpration);

KOEHLER, MATTHIAS, Das Allgemeine Übereinkommen über den Handel mit Dienstleistungen (GATS), Berlin 1999 (zit. KOEHLER);

KOLLER, ARNOLD, Die unmittelbare Anwendbarkeit völkerrechtlicher Verträge und des EWG-Vertrages im innerstaatlichen Bereich, Bern 1971 (zit. KOLLER);

KOLLER, HEINRICH, Der schweizerische Gesetzgeber vor der internationalen Herausforderung: Erfahrungen mit „EUROLEX“ – „SWISSLEX“ – „GATTLEX“, ZBl 6/1994, S. 241 (zit. HEINRICH KOLLER, Der schweizerische Gesetzgeber);

KOPŠE, ALWIN R., Der Beitritt zur Europäischen Union: Ein neuer Rahmen für die Aussenwirtschaftsbeziehungen der Schweiz, in: COTTIER, THOMAS/ KOPŠE, ALWIN R. (Hrsg.), Der Beitritt der Schweiz zur Europäischen Union. Brennpunkte und Auswirkungen, Zürich 1998 (zit. KOPŠE);

KRAJEWSKI, MARKUS, Democratic Legitimacy and Constitutional Perspectives of WTO Law, JWT 35 (2001) Nr. 1, S. 167 ff. (zit. KRAJEWSKI, Democratic Legitimacy);

KRAJEWSKI, MARKUS, Verfassungsperspektiven und Legitimation des Rechts der Welthandelsorganisation (WTO), Berlin 2000 (zit. KRAJEWSKI, Verfassungsperspektiven);

KRENZLER, HORST GÜNTER, Das Recht der Europäischen Union, Sekundärrecht, Aussenwirtschaftsrecht, E.1: Einleitung zum EG-Aussenwirtschaftsrecht, in: GRABITZ/HILF, Das Recht der Europäischen Union, Band III, München 2001 (zit. KRENZLER);

KUIJPER, PIETER JAN, The New WTO Dispute Settlement System: The Impact on the Community, 29 JWT Nr. 6 (1995), S. 49 ff. (auch abgedruckt in BOURGEOIS, JACQUES H. J./ BERROD, FRÉDÉRIQUE/ GIPPINI FOURNIER, ERIC (Hrsg.), The Uruguay Round Results. A European Lawyers' Perspective, Brüssel 1995, S. 87 ff.) (zit. KUIJPER, Impact);

KUIJPER, PIETER JAN, The Law of GATT as a Special Field of International Law, NLYBIL 25 (1994), S. 227 ff. (zit. KUIJPER, The Law of GATT);

KUILWIJK, KEES JAN, The European Court of Justice and the GATT Dilemma: Public Interest versus Individual Rights? Beuningen 1996 (zit. KUILWIJK);

KUNNERT, GERHARD, WTO-Vergaberecht. Genese und System sowie Einwirkungen auf das EG-Vergaberegime, Baden-Baden 1998 (zit. KUNNERT);

KUSCHEL, HANS-DIETER, Die EG-Bananenmarktordnung vor deutschen Gerichten. Anmerkungen zu dem Beschluss des FG Hamburg (EuZW 1995, 413), EuZW 20 (1995), S. 689 ff. (zit. KUSCHEL);

KUX, STEPHAN, WTO und Umwelt, in: THÜRER, DANIEL/ KUX, STEPHAN (Hrsg.), GATT 94 und die Welthandelsorganisation, Zürich 1996, S. 277 ff. (zit. KUX);

LANGER, STEFAN, Grundlagen einer internationalen Wirtschaftsverfassung. Strukturprinzipien, Typik und Perspektiven anhand von Europäischer Union und Welthandelsorganisation, München 1995 (zit. LANGER);

LARENZ, KARL/CANARIS, CLAUS-WILHELM, Methodenlehre der Rechtswissenschaft, 3. Aufl., Berlin u.a. 1995 (zit. LARENZ/ CANARIS);

LAUWAARS, RICHARD H., Interpretations of International Agreements by National Courts: An EC View, in: BRONCKERS, MARCO/ QUICK, REINHARD (Hrsg.), New Directions in International Economic Law. Essays in Honour of JOHN H. JACKSON, Den Haag/London/Boston 2000, S. 509 ff. (zit. LAUWAARS);

LEE, PHILIP/ KENNEDY, BRIAN, The Potential Direct Effect of GATT 1994 in European Community Law, JWT 30, Nr. 1 (1996), S. 67 ff. (zit. LEE/KENNEDY);

LEEBRON, DAVID W., Implementation of the Uruguay Round Results in the United States, in: JACKSON, JOHN H./ SYKES, ALAN O., Implementing the Uruguay Round, Oxford 1997, S. 175 ff. (zit. LEEBRON);

LONG, OLIVIER, La place du droit et ses limites dans le système commercial multilatéral du GATT, Académie de droit international, Recueil des Cours, tome 182 (1983 IV), Den Haag u.a. 1984 (zit. LONG);

LOUIS, JEAN-VICTOR, Some Reflections on the Implementation of WTO Rules in the European Community Legal Order, in: BRONCKERS, MARCO/ QUICK, REINHARD (Hrsg.), New Directions in International Economic Law. Essays in Honour of JOHN H. JACKSON, Den Haag/London/Boston 2000, S. 493 ff. (zit. LOUIS);

LUKAS, MARTIN, The Role of Private Parties in the Enforcement of the Uruguay Round Agreements, JWT 29, Nr. 5 (1995), S. 181 ff. (zit. LUKAS);

MARCEAU, GABRIELLE, A Call for Coherence in International Law, Praises for the Prohibition Against „Clinical Isolation“ in the WTO Dispute Settlement, JWT 33, Nr. 5 (1999), S. 87 ff. (zit. MARCEAU);

MARCEAU, GABRIELLE/ PEDDERSEN, PETER N., Is the WTO Open and Transparent? 33 JWT, Nr. 1 (1999), S. 5 ff. (zit. MARCEAU/ PEDDERSEN);

MARCEAU, GABRIELLE/ TRACHTMAN, JOEL P., The Technical Barriers to Trade Agreement, the Sanitary and Phytosanitary Measures Agreement, and the General Agreement on Tariffs and Trade. A Map of the World Trade Organization Law of Domestic Regulation of Goods, JWT 36, Nr. 5 (2002), S. 811 ff. (zit. MARCEAU/ TRACHTMAN);

MARTIN, HANS-PETER/ SCHUMANN, HARALD, Die Globalisierungsfalle: der Angriff auf Demokratie und Wohlstand, 17. Aufl., Reinbek bei Hamburg 1998 (zit. MARTIN/SCHUMANN);

MAUDERER, SABINE, Der Wandel vom GATT zur WTO und die Auswirkungen auf die Europäische Gemeinschaft unter besonderer Berücksichtigung der unmittelbaren Anwendbarkeit des primären WTO-Rechts, Osnabrück 2001 (zit. MAUDERER);

MCGINNIS, JOHN O./ MOVSESIAN, MARK L., The World Trade Constitution, Reinforcing Democracy through Trade, Harvard Law Review 114 (2000), S. 511 ff. (zit. MCGINNIS/MOVSESIAN);

MCGOVERN, EDMUND, International Trade Regulation, Exeter 1996 (zit. MC GOVERN);

MENG, WERNER, Verfahrensrechtliche Rechtsstellung der Individuen in Bezug auf das WTO-Recht, in: ARNDT, HANS-WOLFGANG et al. (Hrsg.), Völkerrecht und Deutsches Recht, Festschrift für WALTER RUDOLF zum 70. Geburtstag, München 2001, S. 65 ff. (zit. MENG, Verfahrensrechtliche Rechtsstellung);

MENG, WERNER, Gedanken zur Frage unmittelbarer Anwendung von WTO-Recht in der EG, in: BEYERLIN et al., Recht zwischen Umbruch und Bewahrung, FS R. BERNHARDT, Berlin 1995, S. 1063 ff. (zit. MENG, Gedanken);

MERKT-MATTHEY, NINA, Les entraves non tarifaires au commerce: les obstacles techniques et les mesures sanitaires et phytosanitaires, in: COTTIER, THOMAS/ ARPAGAUS, REMO, Schweizerisches Aussenhandels- und Binnenmarktrecht, SBVR, Basel 1999 (zit. MERKT-MATTHEY);

METZ, MARKUS/SCHMID, GERHARD, Rechtsgrundlagen des öffentlichen Beschaffungswesens, ZBl 99/1998, S. 44 ff. (zit. METZ/ SCHMID);

MICHEL, NICOLAS, L'imprégnation du droit étatique par l'ordre juridique international, in: THÜRER, DANIEL/ AUBERT, JEAN-

FRANÇOIS/ MÜLLER, JÖRG PAUL (Hrsg.), Verfassungsrecht der Schweiz, Zürich 2001, S. 63 ff. (zit. MICHEL, L'imprégnation);

MICHEL, NICOLAS, Droit public de la construction, Beiträge aus dem Seminar für schweizerisches Baurecht, Universität Freiburg, Freiburg i.Ü., 2. Aufl. 1997 (zit. MICHEL, Droit public de la construction);

MONCAYO VON HASE, ANDRÉS, The Application and Interpretation of the Agreement on Trade-Related Aspects of Intellectual Property Rights, in: CORREA, CARLOS M./YUSUF, ABDULQAWI A. (Hrsg.), Intellectual Property and International Trade: The TRIPs Agreement, London/Den Haag/Boston 1998, S. 93 ff. (zit. MONCAYO VON HASE);

MOSER, ANDRÉ, Überblick über die Rechtsprechung 1998/1999 zum öffentlichen Beschaffungswesen, AJP 2000, S. 682 ff. (zit. MOSER);

MOSLER, HERMANN, Völkerrecht als Rechtsordnung, ZaöRV 36 (1976), S. 6 ff. (zit. MOSLER, Völkerrecht als Rechtsordnung);

MUELLER, DENNIS C., Public Choice, 2. Aufl., Cambridge 1997 (zit. MUELLER);

MÜLLER, GEORG, Elemente einer Rechtssetzungslehre, Zürich 1999 (zit. GEORG MÜLLER, Rechtssetzungslehre);

MÜLLER, GEORG, Reservate staatlicher Willkür – Grauzonen zwischen Rechtsfreiheit, Rechtsbindung und Rechtskontrolle, in: MÜLLER, JÖRG PAUL et al. (Hrsg.), Recht als Prozess und Gefüge, Festschrift für HANS HUBER zum 80. Geburtstag, Bern 1981, S. 109 ff. (zit. GEORG MÜLLER, Reservate);

MÜLLER, GEORG, Inhalt und Formen der Rechtsetzung als Problem der demokratischen Kompetenzordnung, Basel/Stuttgart 1979 (zit. GEORG MÜLLER, Inhalt und Formen);

MÜLLER, JÖRG PAUL, Grundrechte in der Schweiz, 3. Auflage, Bern 1999 (zit. JÖRG PAUL MÜLLER, Grundrechte);

MÜLLER, JÖRG PAUL, Unentbehrliche Elemente einer Verfassung, in: BIEBER, ROLAND/ WIDMER, PIERRE (Hrsg.), Der europäische Verfassungsraum, Veröffentlichungen des Schweizerischen Instituts für Rechtsvergleichung, Nr. 28, Zürich 1995, S. 113-132 (zit. JÖRG PAUL MÜLLER, Unentbehrliche Elemente);

MÜLLER, JÖRG PAUL/ WILDHABER, LUZIUS, Praxis des Völkerrechts, 3. Auflage, Bern 2001 (zit. MÜLLER/WILDHABER, Praxis);

NAGEL, BERNHARD, Wirtschaftsrecht der Europäischen Union. Eine Einführung, 3. Aufl., Baden-Baden 2001 (zit. NAGEL);

NATER, HANS/KELLERHALS, ANDREAS, Zur Freizügigkeit der Rechtsanwälte in der Schweiz unter besonderer Berücksichtigung des GATS, SJZ 91 (1995), S. 85 ff. (zit. NATER/KELLERHALS);

NETTESHEIM, MARTIN, Von der Verhandlungsdiplomatie zur internationalen Verfassungsordnung: Überlegungen zum Entwicklungsstand des internationalen Wirtschaftsrechts, Jahrbuch für neue politische Ökonomie 19 (2000) – Globalisierung und Weltwirtschaft, S. 48 ff. (zit. NETTESHEIM);

NOWAK, JOHN E./ ROTUNDA, RONALD D., Constitutional Law, 6. Aufl., St. Paul (Minnesota) 2000 (zit. NOWAK/ROTUNDA);

ONUF, NICHOLAS, The Constitution of International Society, EJIL 5 (1994), S. 1 ff. (zit. ONUF, The Constitution of International Society);

OPPERMANN, THOMAS, Europarecht, 2. Aufl., München 1999 (zit. OPPERMANN, Europarecht);

OPPERMANN, THOMAS, Die Europäische Gemeinschaft und Union in der Welthandelsorganisation (WTO), RIW 1995, S. 919 ff. (zit. OPPERMANN, Die Europäische Gemeinschaft und Union);

OTT, ANDREA: GATT und WTO im Gemeinschaftsrecht, Köln 1997 (zit. OTT);

OTTEN, ADRIAN, Improving the Playing Field for Exports, The Agreement on Intellectual Property, Investment Measures and Government Procurement, in COTTIER, GATT-Uruguay Round, S. 67 ff. (zit. OTTEN);

PANEBIANCO, MASSIMO, Die Anwendung des GATT im italienischen Recht, in: HILF, MEINRAD/ PETERSMANN, ERNST-ULRICH (Hrsg.), GATT und Europäische Gemeinschaft, Baden-Baden 1986 (zit. PANEBIANCO);

PANNATIER, SERGE, Commerce et environnement: les perspectives suisses, AJP 1998, S. 417 ff. (Zit. PANNATIER, Commerce et environnement);

PANNATIER, SERGE, Die Meistbegünstigungsklausel, SJK 656 (Ersatzkarte), Genf 1998 (zit. PANNATIER, Meistbegünstigungsklausel);

PEERS, STEEVE, Fundamental Right or Political Whim? WTO Law and the ECJ, in: DE BURCA, GRÁINNE/ SCOTT, JOANNE (Hrsg.), The EU and the WTO: Legal and Constitutional Issues, Oxford 2001, S. 111 ff. (zit. PEERS);

PERRIN, GEORGES J., Droit international public, Zürich 1999 (zit. PERRIN);

PESCATORE, PIERRE, The Doctrine of „Direct Effect": An Infant Disease of Community Law, ELRev. 8 (1983), S. 155 ff. (zit. PESCATORE);

PETERS, ANNE, The Bananas Decision (2000) of the German Federal Constitutional Court: Towards Reconciliation with the European Court of Justice as Regards Fundamental Rights Protection in Europe, GYIL 43 (2000), S. 276 ff. (zit. PETERS, The Bananas Decision);

PETERSMANN, ERNST-ULRICH, Human Rights and International Economic Law in the 21st Century. The Need to Clarify Their Interrelationships, JIEL 4 (2001), S. 3 ff. (zit. PETERSMANN, Human Rights);

PETERSMANN, ERNST-ULRICH, The WTO Constitution and the Millennium Round, in: BRONCKERS, MARCO/ QUICK, REINHARD (Hrsg.), New Directions in International Economic Law. Essays in Honour of JOHN H. JACKSON, Den Haag/London/Boston 2000, S. 111 ff. (zit. PETERSMANN, Millennium Round);

PETERSMANN, ERNST-ULRICH, From „negative" to „positive" Integration in the WTO: Time for Mainstreaming Human Rights into WTO Law? CMLR 37 (2000), S. 1363 ff. (zit. PETERSMANN, From „negative" to „positive" Integration);

PETERSMANN, ERNST-ULRICH, The WTO Constitution and Human Rights, JIEL 3 (2000), S. 19 ff. (zit. PETERSMANN, WTO Constitution);

PETERSMANN, ERNST-ULRICH, How to promote the international rule of law? Contributions by the WTO Appellate Review System, in: CAMERON, JAMES/ CAMPBELL, KAREN (Hrsg.), Dispute Resolution in the World Trade Organisation, London 1998, S. 75 ff. (zit. PETERSMANN, How to promote);

PETERSMANN, ERNST-ULRICH, Trade Policy as a Constitutional Problem: On the „Domestic Policy Functions" of International Trade Rules, in: HOWSE, ROBERT, The World Trading System, Vol. I – Historical and Conceptual Foundations, London/New York 1997, S. 121 ff. (zit. PETERSMANN, Trade Policy);

PETERSMANN, ERNST-ULRICH, Darf die EG das Völkerrecht ignorieren? EuZW 1997, S. 325 ff. (zit. PETERSMANN, Darf die EG das Völkerrecht ignorieren?);

PETERSMANN, ERNST-ULRICH, GATT/WTO-Recht: Duplik, EuZW 1997, S. 651 ff. (zit. PETERSMANN, Duplik);

PETERSMANN, ERNST-ULRICH, The GATT/WTO Dispute Settlement System – International Law, International Organizations and Dispute Settlement, London u.a. 1997 (zit. PETERSMANN, Dispute Settlement);

PETERSMANN, ERNST-ULRICH, International and European Trade and Environmental Law after the Uruguay Round, London u.a. 1996 (zit. PETERSMANN, Trade and Environmental Law);

PETERSMANN, ERNST-ULRICH, Rights and Duties of States and Rights and Duties of Their Citizens, in: BEYERLIN, ULRICH et al. (Hrsg.), Recht zwischen Umbruch und Bewahrung, Festschrift für RUDOLF BERNHARDT, Berlin 1995, S. 1087 ff. (zit. PETERSMANN, Rights and Duties);

PETERSMANN, ERNST-ULRICH, The Dispute Settlement Settlement System of the World Trade Organization and the Evolution of the GATT Dispute Settlement System since 1948, CMLR 1994, S. 1157 ff. (zit. PETERSMANN, Evolution);

PETERSMANN, ERNST-ULRICH, National Constitutions and International Economic Law, in: HILF, MEINRAD/ PETERSMANN, ERNST-ULRICH (Hrsg.), National Constitutions and International Economic Law, Deventer 1993, S. 3 ff. (zit. PETERSMANN, National Constitutions);

PETERSMANN, ERNST-ULRICH, Limited Government and Unlimited Trade Policy Powers? Why Effective Judicial Review of Foreign Trade Restrictions Depends on Individual Rights, in: HILF, MEINRAD/ PETERSMANN, ERNST-ULRICH (Hrsg.), National Constitutions and International Economic Law, Deventer 1993, S. 537 ff. (zit. PETERSMANN, Limited Government);

PETERSMANN, ERNST-ULRICH, Strengthening the Domestic Legal Framework of the GATT Multilateral Trade System: Possibilities and Problems of Making GATT Rules effective in Domestic Legal Systems, in: PETERSMANN, ERNST-ULRICH/ HILF, MEINRAD, The New GATT Round of Multilateral Trade Negotiations: Legal and Economic Relations, 2. Aufl., Den Haag 1991, S. 33 ff. (zit. PETERSMANN, Strengthening);

PETERSMANN, ERNST-ULRICH, Constitutional Functions and Constitutional Problems of International Economic Law, Freiburg i.Ü. 1991 (zit. PETERSMANN, Constitutional Functions);

PETERSMANN, ERNST-ULRICH, Die Verfassungsentscheidung für eine völkerrechtskonforme Rechtsordnung als Strukturprinzip der Schweizer Bundesverfassung, AöR 115 (1990), S. 537 ff. (zit. PETERSMANN, Verfassungsentscheidung);

PETERSMANN, ERNST-ULRICH, Die EWG als GATT-Mitglied. Rechtskonflikte zwischen GATT-Recht und Europäischem Gemeinschaftsrecht, in: HILF, MEINRAD/ PETERSMANN, ERNST-ULRICH (Hrsg.), GATT und Europäische Gemeinschaft, Baden-Baden 1986, S. 119 ff. (zit. PETERSMANN, Die EWG als GATT-Mitglied);

PETERSMANN, ERNST-ULRICH/ JAENICKE, GÜNTHER, Adjudication of International Trade Disputes in International and National Economic Law, Freiburg i.Ü. 1992 (zit. PETERSMANN/JAENICKE, Adjudication);

POLEDNA, THOMAS, Unbundling – Stolpersteine auf der „letzten Meile“, AJP 2002, S. 328 ff. (zit. POLEDNA);

POUNDSTONE, WILLIAM, Prisoner's Dilemma. John von Neumann, Game Theory, and the Puzzle of the Bomb, Oxford 1993 (zit. POUNDSTONE);

PRECHAL, SACHA, Does Direct Effect Still Matter? CMLR 37 (2000), S. 1047 ff. (zit. PRECHAL);

QURESHI, ASIF H., The World Trade Organization, Implementing International Trade Norms, Manchester/New York 1996 (zit. QURESHI);

RABE, HANS-JÜRGEN, Ausgerechnet Bananen, NJW 1996, S. 1320 ff (zit. RABE);

RETORNAZ, RENÉ, L'accès au marché horloger américain – Un souci constant de la diplomatie commerciale suisse, in: BRUNNER, EDOUARD/ MUHEIM, FRANZ E./ STÜCHELI, ROLF/ WIDMER, PAUL (Hrsg.), Einblick in die schweizerische Aussenpolitik. Zum 65. Geburtstag von Staatssekretär RAYMOND PROBST, Zürich 1984, S. 305 ff. (zit. RETORNAZ);

RHINOW, RENÉ, Grundzüge des Schweizerischen Verfassungsrechts, Basel 2003 (zit. RHINOW, Grundzüge);

RHINOW, RENÉ: Rechtsetzung und Methodik. Rechtstheoretische Untersuchungen zum gegenseitigen Verhältnis von Rechtsetzung und Rechtsanwendung, Basel/Stuttgart 1979 (zit. RHINOW, Rechtsetzung und Methodik);

RHINOW, RENÉ/ SCHMID, GERHARD/ BIAGGINI, GIOVANNI, Öffentliches Wirtschaftsrecht, Basel 1998 (zit. RHINOW/SCHMID/ BIAGGINI);

RHINOW, RENÉ/ KOLLER, HEINRICH/ KISS, CHRISTINA, Öffentliches Prozessrecht und Justizverfassungsrecht des Bundes, Basel/ Frankfurt a.M. 1996 (zit. RHINOW/KOLLER/KISS);

RICHLI, PAUL/ MÜLLER, GEORG/ JAAG, TOBIAS, Wirtschaftsverwaltungsrecht des Bundes, 3. Aufl., Basel/Genf/München 2001 (zit. RICHLI/MÜLLER/JAAG);

ROESSLER, FRIEDER, The Constitutional Function of the Multilateral Trade Order, in: HILF, MEINRAD/ PETERSMANN, ERNST-ULRICH (Hrsg.), National Constitutions and International Economic Law, Deventer 1993, S. 53 ff. (zit. ROESSLER);

ROSAS, ALLAN, Portugal v. Council, CMLR 37 (2000), S. 797 ff. (zit. ROSAS);

ROTH, URS P./ JOSI, ADRIAN, Allgemeines Dienstleistungsabkommen (GATS), in: BODMER, DANIEL/ KLEINER, BEAT/ LUTZ, BENNO (Hrsg.), Kommentar zum Bundesgesetz über die Banken und Sparkassen, Loseblattausgabe, Zürich 1976-2002, Vorbemerkungen zum Kommentar, N 31-100, Ausgabe Juni 1997 (zit. ROTH/JOSI);

RUGGIERO, RENATO, Whither the Trade System Next, in: BHAGWATI, JAGDISH/ HIRSCH, MATHIAS (Hrsg.), The Uruguay Round and Beyond, Essays in Honour of ARTHUR DUNKEL, Berlin/Heidelberg 1998 (zit. RUGGIERO);

SACERDOTI, GIORGIO/ VENTURINI, GABRIELLA, GATT as a self-executing Treaty in the Italian Case Law, in: PETERSMANN, ERNST-ULRICH/ JAENICKE, GÜNTHER, Adjudication of International Trade Disputes in International and National Economic Law, Freiburg i.Ü. 1992, S. 339 ff. (zit. SACERDOTI/VENTURINI);

SACK, JÖRN, Von der Geschlossenheit und den Spannungsfeldern in einer Weltordnung des Rechts, EuZW 1997, S. 650 f. (zit. SACK, Von der Geschlossenheit und den Spannungsfeldern);

SACK, JÖRN, Noch einmal: GATT/WTO und europäisches Rechtsschutzsystem, EuZW 1997, S. 688 (zit. SACK, Noch einmal);

SALADIN, PETER, Völkerrechtliches ius cogens und schweizerisches Landesrecht, in: Die Schweizerische Rechtsordnung in ihren internationalen Bezügen, Festgabe zum Schweizerischen Juristentag 1988, ZBJV 124bis (1988), S. 67 ff. (zit. SALADIN, Völkerrechtliches ius cogens und schweizerisches Landesrecht);

SCELLE, GEORGES, Droit international public, Manuel élémentaire avec les textes essentiels, Paris, 1944 (zit. SCELLE);

SCHAEFER, MATTHEW, U.S. States, Sub-Federal Rules, and the World Trading System, in: BRONCKERS, MARCO/ QUICK, REINHARD (Hrsg.), New Directions in International Economic Law. Essays in Honour of JOHN H. JACKSON, Den Haag/London/Boston 2000, S. 525 ff. (zit. SCHAEFER, U.S. States, Sub-Federal Rules);

SCHAEFER, MATTHEW, Are Private Remedies in Domestic Courts Essential for International Trade Agreements to Perform Constitutional Functions with Respect to Sub-Federal Governments?

17 Northwestern Journal of International Law and Business (1997), S. 609 ff. (zit. SCHAEFER, Private Remedies);

SCHÄFERS, ALFONS, Normsetzung zum geistigen Eigentum in internationalen Organisation: WIPO und WTO – ein Vergleich, GRUR Int 1996, S. 763 ff. (zit. SCHÄFERS);

SCHERRER-JOST, RENATE, Öffentliches Beschaffungswesen, in: COTTIER, THOMAS/ ARPAGAUS, REMO, Schweizerisches Aussenhandels- und Binnenmarktrecht, SBVR, Basel 1999 (zit. SCHERRER-JOST);

SCHINDLER, ALEX, Der Status von DSB-Entscheidungen im nationalen und regionalen Recht, unveröffentlichtes Manuskript 2002 (zit. ALEX SCHINDLER);

SCHINDLER, DIETRICH, Der Weg vom „geschlossenen" zum „offenen" Verfassungsstaat, in: EHRENZELLER, BERNHARD et al. (Hrsg.), Der Verfassungsstaat vor neuen Herausforderungen, Festschrift für YVO HANGARTNER, St. Gallen/ Lachen SZ 1998, S. 1027-1041 (zit. SCHINDLER, Weg);

SCHINDLER, DIETRICH, Kommentar zu Art. 89 Abs. 3 bis Abs. 5 BV, in: AUBERT, JEAN-FRANÇOIS et al.: Kommentar zur Bundesverfassung der Schweizerischen Eidgenossenschaft vom 29. Mai 1874, Basel/Bern/Zürich 1996 (zit. SCHINDLER, Art. 89, Absatz, BV-Komm);

SCHINDLER, DIETRICH, Zwischenstaatliche Interdependenz und Demokratie, in: ZEN-RUFFINEN, PIERMARCO/ AUER, ANDREAS (Hrsg.): De la Constitution, Etudes en l'honneur de JEAN-FRANÇOIS AUBERT, Basel/ Frankfurt a. M. 1996, S. 283 ff. (zit. SCHINDLER, Zwischenstaatliche Interdependenz);

SCHINDLER, DIETRICH, Die Schweiz und das Völkerrecht, in: RIKLIN, ALOIS/ HAUG, HANS/ PROBST, RAYMOND (Hrsg.), Neues Handbuch der schweizerischen Aussenpolitik, Bern/Stuttgart/Wien 1992, S. 99 ff. (zit. SCHINDLER, Die Schweiz und das Völkerrecht);

SCHIRM, STEFAN A., Transnationale Globalisierung und regionale Kooperation. Ein politik-ökonomischer Ansatz zur Erklärung internationaler Zusammenarbeit in Europa und den Amerikas, Zeitschrift für internationale Beziehungen 4, Heft 1 (1997), S. 69 ff. (zit. SCHIRM);

SCHLACHTER, HEDWIG, Discrimination à rebours – die Inländerdiskriminierung nach der Rechtsprechung des EuGH und des französischen Conseil d'Etat, Diss. Mainz 1983 (zit. SCHLACHTER);

SCHLATTER, MARLIES, Die Sicherung der wirtschaftlichen Freiheits- und Gleichheitsrechte durch völkerrechtliche Verträge und deren

Verhältnis zum nationalen Wirtschaftsverfassungs- und Wirtschaftsverwaltungsrecht. Untersucht am Beispiel der Umsetzung der GATT/WTO-Übereinkommen (Uruguay-Runde) in das schweizerische Recht, Diss. St. Gallen 2000 (zit. SCHLATTER);

SCHLOEMANN, HANNES L./ OHLOFF, STEFAN, „Constitutionalization" and Dispute Settlement in the WTO: National Security as an Issue of Competence, 93 AJIL (1999), S. 424 ff. (zit. SCHLOEMMAN/OHLOFF);

SCHMID, CHRISTOPH U., Multi-Level Constitutionalism and Constitutional Conflicts. Interconnecting the National, European and International Economic Constitutions in the Banana Dispute (unveröffentlichtes Manuskript), Florenz 2001 (zit. CHRISTOPH SCHMID);

SCHMID, GERHARD, Verfassungsgebung in einer zusammenwachsenden Welt, in: EHRENZELLER, BERNHARD et al. (Hrsg.), Der Verfassungsstaat vor neuen Herausforderungen, Festschrift für YVO HANGARTNER, St. Gallen/ Lachen SZ 1998, S. 1043-1054 (zit. SCHMID, Verfassungsgebung);

SCHÖBI, FELIX, Art. 46 Vertragsrechtskonvention und der Monismus, BGE 120 Ib 360, recht 14 (1996), S. 214 ff. (zit. SCHÖBI);

SCHOLTE, JAN AART/ O'BRIEN, ROBERT/ WILLIAMS, MARC, The WTO and Civil Society, 33 JWT (1999) Nr. 1, S. 107 ff. (zit. SCHOLTE/O'BRIEN/WILLIAMS);

SCHÜRMANN, LEO, Wirtschaftsverwaltungsrecht, 3. Aufl., Bern 1994 (zit. SCHÜRMANN);

SCHWEIZER, RAINER J., Internationalrechtliche Einwirkungen auf Organisation und Verfahren der Justiz in Bund und Kantonen, in: MEIER-SCHATZ, CHRISTIAN J./ SCHWEIZER, RAINER J. (Hrsg.): Recht und Internationalisierung, Festgabe gewidmet dem Schweizerischen Juristenverein anlässlich des Juristentags 2000 in St. Gallen, Schulthess, Zürich 2000, S. 71 ff. (zit. SCHWEIZER);

SCHWÖDIAUER, GERHARD, Die Entstehungsgeschichte der „Theory of games and economic behaviour", Düsseldorf 2001 (zit. SCHWÖDIAUER);

SEIDL-HOHENVELDERN, IGNAZ, Völkerrecht, 9. Aufl., Köln u.a. 1997 (zit. SEIDL-HOHENVELDERN);

SEILER, HANSJÖRG, Die nationale Verfassung im Kontext von inter- und supranationalen politischen Regelwerken. Versuch einer Systematisierung aus demokratietheoretischer Sicht, in: SITTER-LIVER, BEAT (Hrsg.), Herausgeforderte Verfassung: Die Schweiz im globalen Kontext, Kolloquim der Schweizerischen Akademie der

Geistes- und Sozialwissenschaften, 16, 1997, Freiburg 1999 (zit. SEILER, Die nationale Verfassung);

SEILER, HANSJÖRG, Noch einmal: Staatsvertrag und Bundesgesetz. Replik auf den Diskussionsbeitrag von ASTRID EPINEY in ZBl 1994, 537-561, ZBl 1995, S. 451 ff. (zit. SEILER, Noch einmal);

SEILER, HANSJÖRG, Das völkerrechtswidrige Bundesgesetz; Art. 113 Abs. 3 BV im Verhältnis zu Völkerrecht, EG und EWR, SJZ 88 (1992), S. 377 ff. (zit. SEILER, Das völkerrechtswidrige Bundesgesetz);

SENTI, RICHARD, WTO – Die neue Welthandelsordnung nach der Uruguay-Runde, Zürich 2001 (zit. SENTI, Die neue Welthandelsordnung);

SENTI, RICHARD, WTO – System und Funktionsweise der Welthandelsordnung, Wien und Zürich 2000 (zit. SENTI, WTO);

SENTI, RICHARD, GATT-System der Welthandelsordnung, Zürich 1986 (zit. SENTI, GATT);

SENTI, RICHARD/ CONLAN, PATRICIA, WTO – Regulation of World Trade after the Uruguay-Round, Zürich 1998 (zit. SENTI/CONLAN);

SENTI, RICHARD/ WEBER, ROLF H., Das allgemeine Dienstleistungsabkommen (GATS), in: THÜRER, DANIEL/ KUX, STEPHAN (Hrsg.), GATT 94 und die Welthandelsorganisation, Zürich 1996, S. 129 ff. (zit. SENTI/WEBER);

SIEGENTHALER, PAUL, Völkerrecht und Landesrecht nach schweizerischer Rechtsordnung. Das Problem des Staatsvertragsrechts im Landesrecht, ZBJV 120 (1984), S. 201 ff. (zit. SIEGENTHALER);

SITTER-LIVER, BEAT (Hrsg.), Herausgeforderte Verfassung: Die Schweiz im globalen Kontext, Freiburg i. Ü. 1999 (zit. SITTER-LIVER);

SOROS, GEORGE, George Soros on globalization, Oxford 2002 (zit. SOROS);

STAEHELIN, ALESCH, Das TRIPS-Abkommen – Immaterialgüterrechte im Licht der globalisierten Handelspolitik, 2. Aufl., Bern 1999 (zit. STAEHELIN, TRIPS);

STAEHELIN, ALESCH, Zur Frage der unmittelbaren Anwendbarkeit der WTO/TRIPS-Normen, AJP 12/1996, S. 1488 ff. (zit. STAEHELIN, Zur Frage der unmittelbaren Anwendbarkeit);

STARCK, CHRISTIAN (Hrsg.), Constitutionalism, Universalism and Democracy – a comparative analysis, Baden-Baden 1999 (zit. STARCK);

STEGER, DEBRA P., The World Trade Organizaion: A New Constitution for the Trading System, in: BRONCKERS, MARCO/ QUICK,

REINHARD (Hrsg.), New Directions in International Economic Law. Essays in Honour of JOHN H. JACKSON, Den Haag/ London/Boston 2000, S. 135 ff. (zit. STEGER);

STEIN, TORSTEN, „Bananen-Split"? Entzweien sich BVerfG und EuGH über den Bananenstreit? EuZW 1998, S. 261 ff. (zit. STEIN, „Bananensplit"?);

STIEGER, WERNER, „Kodak" – Eine Momentaufnahme des Schnittbereichs von Immaterialgüter- und Kartellrecht aus helvetischer Sicht, sic! 2001, S. 89 ff. (zit. STIEGER);

STIEGLITZ, EDGAR, EuGH: GATT 1994 begründet keine Rechte des Einzelnen (Urteilsbesprechung), EuZW 2001, S. 529 ff. (zit. STIEGLITZ);

STIGLITZ, JOSEPH E., Die Schatten der Globalisierung, aus dem Englischen von Thorsten Schmidt, Berlin 2002 (zit. STIGLITZ);

STOLL, PETER-TOBIAS, Freihandel und Verfassung. Einzelstaatliche Gewährleistung und die konstitutionelle Funktion der Welthandelsordnung, ZaöRV 1997, S. 83 ff. (zit. STOLL);

STOLL, PETER-TOBIAS/ SCHORKOPF, FRANK, WTO – Welthandelsordnung und Welthandelsrecht, Köln u.a. 2002 (zit. STOLL/ SCHORKOPF);

TARULLO, DAVID K., The Relationship of WTO Obligations to Other International Arrangements, in: BRONCKERS, MARCO/ QUICK, REINHARD (Hrsg.), New Directions in International Economic Law. Essays in Honour of JOHN H. JACKSON, Den Haag/London/ Boston 2000, S. 155 ff. (zit. TARULLO);

TEUBAL DE ALHADEFF, EVELINA, Comments on Self Executing Treaties, in: BOTHE, MICHAEL/ VINUESA, RAUL E. (Hrsg.), International Law and Munical Law, Berlin 1982 (zit. TEUBAL DE ALHADEFF);

THÜRER, DANIEL, Recht der internationalen Gemeinschaft und Wandel der Staatlichkeit, in: THÜRER, DANIEL/ AUBERT, JEAN-FRANÇOIS/ MÜLLER, JÖRG PAUL (Hrsg.), Verfassungsrecht der Schweiz, Zürich 2001, S. 37 ff. (zit. THÜRER, Wandel);

THÜRER, DANIEL, Verfassungsrecht und Völkerrecht, in: THÜRER, DANIEL/ AUBERT, JEAN-FRANÇOIS/ MÜLLER, JÖRG PAUL (Hrsg.), Verfassungsrecht der Schweiz, Zürich 2001, S. 179 ff. (zit. THÜRER, Verfassungsrecht und Völkerrecht);

THÜRER, DANIEL, Völkerrecht und Landesrecht, Thesen zu einer theoretischen Problemumschreibung, SZIER 1999, S. 217 ff. (THÜRER, Völkerrecht und Landesrecht);

THÜRER, DANIEL, Bundesverfassung und Völkerrecht, in: AUBERT, JEAN-FRANÇOIS et al., Kommentar zur Bundesverfassung der Schweizerischen Eidgenossenschaft vom 29. Mai 1874, Basel/ Bern/Zürich 1996 (zit. THÜRER, Bundesverfassung und Völkerrecht);

THÜRER, DANIEL, WTO-Teilordnung im System des Völker- und Europarechts, in: THÜRER, DANIEL/ KUX, STEPHAN (Hrsg.), GATT 94 und die Welthandelsorganisation, Zürich 1996, S. 41 ff. (zit. THÜRER, Teilordnung);

THÜRER, DANIEL, Der Verfassungsstaat von aussen gesehen – eine Skizze, ZSR 114 I (1995), S. 273 ff. (zit. THÜRER, Der Verfassungsstaat von aussen gesehen);

THÜRER, DANIEL, Internationales Rule of Law – Innerstaatliche Demokratie, SZIER 5 (1995), S. 455 ff. (zit. THÜRER, Internationales Rule of Law);

THÜRER, DANIEL, Das Willkürverbot nach Art. 4 BV, ZSR 106-2 (1987), S. 417 ff. (zit. THÜRER, Willkürverbot);

THÜRER, DANIEL/ HILLEMANNS, CAROLIN, Allgemeine Prinzipien, in: THÜRER, DANIEL/ WEBER, ROLF H./ ZÄCH, ROGER (Hrsg.), Bilaterale Verträge Schweiz-EG, Ein Handbuch, Zürich 2002, S. 17 ff. (zit. THÜRER/HILLEMANNS);

THÜRER, DANIEL/ WEBER, ROLF H./ ZÄCH, ROGER (Hrsg.), Bilaterale Verträge Schweiz-EG, Ein Handbuch, Zürich 2002 (zit. THÜRER/WEBER/ZÄCH);

TOMUSCHAT, CHRISTIAN, International Law as the Constitution of Mankind, in: International Law on the Eve of the Twenty-first Century. Views from the International Law Commission, United Nations, New York, 1997, S. 37 ff. (zit. TOMUSCHAT, International Law as the Constitution of Mankind);

TOMUSCHAT, CHRISTIAN, Obligations arising for States without or against their will, Académie de droit international, Receuil des Cours, Band 241, Den Haag 1993, S. 195 ff. (zit. TOMUSCHAT, Obligations);

TOMUSCHAT, CHRISTIAN, Der Verfassungsstaat im Geflecht der internationalen Beziehungen, Berlin/New York 1978, S. 7 ff. (zit. TOMUSCHAT, Verfassungsstaat);

TRACHTMAN, JOEL P., Bananas, Direct Effect and Compliance, EJIL10 (1999), S. 655 ff. (zit. TRACHTMANN, Bananas);

TRACHTMAN, JOEL P., Trade and ... Problems, Cost Benefit Analysis and Subsidiarity, EJIL 9 (1998), S. 32 ff. (zit. TRACHTMANN, Trade and … Problems);

TREBILCOCK, ANNE M., Sei Fuji v. California, in: Bernhardt, Rudolf (Hrsg.), Encyclopedia of Public International Law, Band 7, S. 411 ff., Amsterdam u.a. 1984 (zit. TREBILCOCK, EPIL);

TREBILCOCK, MICHAEL J./ HOWSE, ROBERT, The Regulation of International Trade, 2. Aufl., London/New York 1999 (zit. TREBILCOCK/HOWSE);

TRIEPEL, HEINRICH, Les rapports entre le droit interne et le droit international, in: Académie de droit international, Recueil des Cours 1923, Paris 1925, S. 77 ff. (zit. TRIEPEL, Rapports);

TRIEPEL, HEINRICH, Völkerrecht und Landesrecht, Leipzig 1899 (zit. TRIEPEL, Völkerrecht und Landesrecht);

TUMLIR, JAN, GATT-Regeln und Gemeinschaftsrecht. Ein Vergleich wirtschaftlicher und rechtlicher Funktionen, in: HILF, MEINRAD/ PETERSMANN, ERNST-ULRICH (Hrsg.), GATT und Europäische Gemeinschaft, Baden-Baden 1986, S. 87 ff. (zit. TUMLIR, GATT-Regeln und Gemeinschaftsrecht);

TUMLIR, JAN, International Economic Order and Democratic Constitutionalism, ORDO – Jahrbuch für die Ordnung von Wirtschaft und Gesellschaft 34 (1983), S. 71 ff. (zit. TUMLIR, International Economic Order);

ULLRICH, HANNS, Technologieschutz nach TRIPS: Prinzipien und Probleme, GRUR Int 1995, S. 623 ff. (zit. ULLRICH);

VALLENDER, KLAUS, Wirtschaftsfreiheit und begrenzte Staatsverantwortung, 3. Aufl., Bern 1995 (zit. VALLENDER, Wirtschaftsfreiheit);

VERDROSS, ALFRED, Völkerrecht und einheitliches Rechtssystem, Zeitschrift für Völkerrecht XII (1923), abgedruckt in KLECATSKY, HANS/ MARCIC, RENÉ/ SCHAMBECK, HERBERT (Hrsg.), Die Wiener rechtstheoretische Schule. Schriften von Hans Kelsen, Adolf Merkl, Alfred Verdross, Wien 1968, 2 Bde, Bd. II, S. 2023 ff. (zit. VERDROSS, Völkerrecht und einheitliches Rechtssystem);

VERDROSS, ALFRED, Zur Konstruktion des Völkerrechts, Zeitschrift für Völkerrecht VIII (1914), S. 329 ff., abgedruckt in: KLECATSKY, HANS/ MARCIC, RENÉ/ SCHAMBECK, HERBERT (Hrsg.), Die Wiener rechtstheoretische Schule. Schriften von HANS KELSEN, ADOLF MERKL, ALFRED VERDROSS, Wien 1968, 2 Bde, Bd. II, S. 1995 ff. (zit. VERDROSS, Konstruktion);

VERDROSS, ALFRED/ SIMMA, BRUNO, Universelles Völkerrecht, Theorie und Praxis, 3. Aufl., Berlin 1984 (zit. VERDROSS/SIMMA);

VERHOEVEN, JOE, La notion d'„applicabilité directe" du droit international, Revue belge de droit international, Vol. XV (1980), S. 243 ff. (zit. VERHOEVEN);

VERLOREN VAN THEMAAT, PIETER, The Changing Structure of International Economic Law. A contribution of legal history, of comparative law and of general legal theory to the debate on a new international economic order, Den Haag/Boston/London 1981 (zit. VERLOREN);

VILLIGER, MARK E., Die Unterstellung eines Staatsvertrages unter das Referendum, in: HALLER, WALTER/ KÖLZ, ALFRED/ MÜLLER, GEORG/ THÜRER, DANIEL (Hrsg.), Im Dienst an der Gemeinschaft. Festschrift für DIETRICH SCHINDLER zum 65. Geburtstag, Basel 1989 (zit. VILLIGER);

VITZTHUM, WOLFGANG GRAF (Hrsg.), Völkerrecht, Berlin/ New York 1997 (zit. VITZTHUM);

VON BOGDANDY, ARNIM, Die Überlagerung der ZPO durch WTO-Recht. Zum Schutz geistigen Eigentums nach dem Hermès-Urteil des EuGH, NJW 1999, S. 2088 ff. (zit. VON BOGDANDY);

VON BOGDANDY, ARNIM/ MAKATSCH, TILMAN, Kollision, Koexistenz oder Kooperation? Zum Verhältnis vom WTO-Recht und europäischem Aussenwirtschaftsrecht in neueren Entscheidungen, EuZW 2000, S. 261 ff. (zit. VON BOGDANDY/MAKATSCH);

VON DANWITZ, THOMAS, Der EuGH und das Wirtschaftsvölkerrecht – ein Lehrstück zwischen Europarecht und Politik, Juristen-Zeitung 2001, S. 721 ff. (zit. VON DANWITZ);

VON TSCHARNER, BENEDIKT, Die Bedeutung des Allgemeinen Zoll- und Handelsabkommens (GATT) für das Völkerrecht, Diss. Basel 1961 (zit. VON TSCHARNER);

WAGNER, MANFRED, Bundesgesetz über den Binnenmarkt, in: COTTIER/ARPAGAUS, Schweizerisches Aussenwirtschafts- und Binnenmarktrecht (zit. WAGNER);

WASESCHA, LUZIUS, Die Auswirkungen der Uruguay-Runde (GATT/ WTO) auf Kantone und Länder, in: THÜRER, DANIEL/ KUX, STEPHAN (Hrsg.), GATT 94 und die Welthandelsorganisation, Zürich 1996, S. 117 ff. (zit. WASESCHA, Auswirkungen);

WASESCHA, LUZIUS, Öffentliches Beschaffungswesen und Umsetzung der Verhandlungsergebnisse der Uruguay-Runde in Bund und Kantonen, in: COTTIER (Hrsg.), GATT-Uruguay Round, Bern 1995, S. 173 ff. (zit. WASESCHA, Öffentliches Beschaffungswesen);

WASESCHA, LUZIUS, La Suisse et le GATT, in: RIKLIN, ALOIS/ HAUG, HANS/ PROBST, RAYMOND (Hrsg.), Neues Handbuch der schweizerischen Aussenpolitik, Bern/Stuttgart/Wien 1992, S. 801 ff. (zit. WASESCHA, La Suisse et le GATT);

WEBER, ALBRECHT, Die Bananenmarktordnung unter Aufsicht des BVerfG? EuZW 1997, S. 165 ff. (zit. WEBER, Bananenmarktordnung);

WEBER, KARL, Das Bundesgesetz über aussenwirtschaftliche Massnahmen, in: COTTIER, THOMAS/ ARPAGAUS, REMO, Schweizerisches Aussenhandels- und Binnenmarktrecht, SBVR, Basel 1999 (zit. WEBER, Das Bundesgesetz über aussenwirtschaftliche Massnahmen);

WEBER, ROLF H.,/SKRIPSKY, MARTIN, Verhältnis Bilaterale Verträge zum EU-Recht und WTO-Recht, in: THÜRER, DANIEL/ WEBER, ROLF H./ ZÄCH, ROGER (Hrsg.), Bilaterale Verträge Schweiz-EG, Ein Handbuch, Zürich 2002, S. 65 ff. (zit. WEBER/SKRIPSKY);

WEBER, ROLF H., „Interkonnektion V" – Besprechung des Urteils der II. Öffentlichrechtlichen Abteilung des Bundesgerichts vom 3. Oktober 2001, sic! 2002, S. 18 ff. (zit. WEBER, Interkonnektion V);

WEILER, J. H. H. (Hrsg.), The EU, the WTO and the NAFTA, Towards a Common Law of International Trade? Oxford 2000 (zit. WEILER);

WEITNAUER, ALBERT, Rechenschaft – Vierzig Jahre im Dienst des schweizerischen Staates, Zürich/München 1981 (zit. WEITNAUER);

WILDHABER, LUZIUS, Wechselspiel zwischen innen und aussen: Schweizer Landesrecht, Rechtsvergleichung, Völkerrecht, Basel/ Frankfurt a.M. 1996 (zit. WILDHABER, Wechselspiel);

WILDHABER, LUZIUS, Bemerkungen zum Fall Schubert, SJIR 30 (1994), S. 195 f. (zit. WILDHABER, Bemerkungen zum Fall Schubert);

WILDHABER, Aussenpolitische Kompetenzordnung im schweizerischen Bundesstaat, in: RIKLIN, ALOIS/ HAUG, HANS/ PROBST, RAYMOND (Hrsg.), Neues Handbuch der schweizerischen Aussenpolitik, Bern/Stuttgart/Wien 1992, S. 121 ff. (zit. WILDHABER, Aussenpolitische Kompetenzordnung);

WILDHABER, LUZIUS, Erfahrungen mit der Europäischen Menschenrechtskonvention, in ZSR 98 (1979 II), S. 235 ff. (zit. WILDHABER, Erfahrungen);

WILDHABER, LUZIUS, Treaty-Making Power and Constitution, Basel 1968 (zit. WILDHABER, Treaty-Making Power);

WILDHABER, LUZIUS/ BREITENMOSER, STEPHAN, The Relationship between Customary International Law and Municipal Law in

Western European Countries, ZaöRV 1988, S. 163 ff. (zit. WILDHABER/BREITENMOSER, Relationship);

WILHELM, CHRISTOPHE, Introduction et force obligatoire des traités internationaux dans l'ordre juridique suisse, Zürich 1993, (zit. WILHELM);

WINTER, J. A., Direct Applicability and Direct Effects. Two Distinct and Different Concepts in Community Law, CMLR 9 (1972), S. 425 ff. (zit. WINTER);

WRIGHT, QUINCY, National Courts and Human Rights – the Fuji Case, AJIL 45 (1951), S. 62 ff. (zit. WRIGHT);

WÜGER, DANIEL, Die direkte Anwendbarkeit staatsvertraglichen Rechts, in: COTTIER, THOMAS/ ACHERMANN, ALBERTO/ WÜGER, DANIEL/ ZELLWEGER, VALENTIN, Der Staatsvertrag im schweizerischen Verfassungsrecht, Beiträge zu Verhältnis und methodischer Angleichung von Völkerrecht und Bundesrecht, Bern 2001 (zit. WÜGER, Staatsvertrag);

WULLSCHLEGER, STEPHAN, Gesetzgebungsaufträge. Normativer Gehalt und Möglichkeiten richterlicher Intervention, Basel 1999 (zit. WULLSCHLEGER);

YÜKSEL, ALI SAIT, Welthandelsorganisation WTO (GATT) – Aufgaben/ Aktivitäten/ EU-Beziehungen, Frankfurt a. M. u.a. 2001 (zit. YÜKSEL);

YUSUF, ABDULQAWI A., TRIPs: Background, Principles and General Provisions, in: CORREA, CARLOS M./YUSUF, ABDULQAWI A. (Hrsg.), Intellectual Property and International Trade: The TRIPs Agreement, London/Den Haag/Boston 1998, S. 3 ff. (zit. YUSUF);

ZÄCH, ROGER, Parallelimporte patentrechtlich geschützter Güter nach Massgabe des Kartellgesetzes, sic! 2000, S. 275 ff. (zit. ZÄCH, Parallelimporte);

ZÄCH, ROGER (Hrsg.), Towards WTO Competition Rules, Stämpfli/ Kluwer, Bern et al. 1999 (zit. ZÄCH, Competition Rules);

ZELLER, WILLY, Die Welthandelsorganisation, in: THÜRER, DANIEL/ KUX, STEPHAN (Hrsg.), GATT 94 und die Welthandelsorganisation, Zürich 1996, S. 35 ff. (zit. ZELLER);

ZELLWEGER, VALENTIN, Die Legitimation staatsvertraglichen Rechts, in: COTTIER, THOMAS/ ACHERMANN, ALBERTO/ WÜGER, DANIEL/ ZELLWEGER, VALENTIN, Der Staatsvertrag im schweizerischen Verfassungsrecht, Beiträge zu Verhältnis und methodischer Angleichung von Völkerrecht und Bundesrecht, Bern 2001 (zit. ZELLWEGER, Staatsvertrag);

ZELLWEGER, VALENTIN, Völkerrecht und Bundesstaat, Mittel des Völkerrechts zur Vereinbarung von Staatsvertrags- und Bundesstaatsrecht, Berlin 1992 (zit. ZELLWEGER, Völkerrecht und Bundesstaat);

ZIEGLER, ANDREAS R., Bemerkungen zum Dior-Urteil des EuGH, AJP 2001, S. 1112 ff. (zit. ZIEGLER);

ZIMMERLI, ULRICH/ KÄLIN, WALTER/ KIENER, REGINA, Grundlage des öffentlichen Verfahrensrechts, Bern 1997 (zit. ZIMMERLI/KÄLIN/KIENER);

ZIPPELIUS, REINHOLD, Juristische Methodenlehre, 7. Aufl., München 1999 (zit. ZIPPELIUS, Methodenlehre);

ZIPPELIUS, REINHOLD, Allgemeine Staatslehre, 13. Auflage, München 1999 (zit. ZIPPELIUS, Allgemeine Staatslehre);

ZONNEKEYN, GEERT A., The latest on indirect effect of WTO law in the EC legal order. The Nakajima case law misjudged? JIEL 2001, S. 597 ff. (zit. ZONNEKEYN, The latest on indirect effect);

ZONNEKEYN, GEERT A., The Status of WTO Law in the EC Legal Order, The Final Curtain? JWT 34, Nr. 3 (2000), S. 111 ff. (zit. ZONNEKEYN, Status);

ZONNEKEYN, The Legal Status of WTO Panel Reports in the EC Legal Order, JIEL 2 (1999), S. 713 ff.

ZULEEG, MANFRED, Bananen und Grundrechte – Anlass zum Konflikt zwischen europäischer und deutscher Gerichtsbarkeit, NJW 1997, S. 1201 ff. (zit. ZULEEG, Bananen und Grundrechte);

ZULEEG, MANFRED, Die innerstaatliche Anwendbarkeit völkerrechtlicher Verträge am Beispiel des GATT und der Europäischen Sozialcharta, ZaöRV 35 (1975), S. 341 ff. (zit. ZULEEG, Innerstaatliche Anwendbarkeit).

Materialienverzeichnis

Agrarbericht 2000 des Bundesamtes für Landwirtschaft, Bern 2000 (zit. Agrarbericht 2000);

Antwort des Bundesrates auf das Postulat Alder (82.393) vom 8. Oktober 1982 „Beziehungen zur Europäischen Gemeinschaft", BBl. 1984, S. 457 ff.;

Bericht über die grenzüberschreitende Zusammenarbeit und die Mitwirkung der Kantone an der Aussenpolitik vom 10. Mai 1994, BBl 1944 II 620 ff.;

Bericht über die Stellung der Schweiz im europäischen Integrationsprozess vom 24. August 1988, BBl 1988 III S. 249 ff.;

Bericht zur Aussenwirtschaftspolitik 83/2 und Botschaft zu einer internationalen Wirtschaftsvereinbarung vom 11. Januar 1984, BBl 1984 I 373;

Botschaft des Bundesrates über das Römer Statut des Internationalen Strafgerichtshofs, das Bundesgesetz über die Zusammenarbeit mit dem Internationalen Strafgerichtshof und eine Revision des Strafrechts vom 15. November 2000, BBl 2001 I S. 391 ff. (zit. Botschaft Römer Statut);

Botschaft des Bundesrates betreffend das Übereinkommen über die Verhütung und Bestrafung des Völkermordes sowie die entsprechende Revision des Strafrechts vom 31. März 1999, BBl 1999 V S. 5327 ff. (zit. Botschaft Genozidkonvention);

Botschaft vom 23. Juni 1999 zur Genehmigung der sektoriellen Abkommen zwischen der Schweiz und der EG, BBl 1999, S. 6128 ff. (zit. Botschaft sektorielle Abkommen);

Botschaft des Bundesrates über eine neue Bundesverfassung vom 20. November 1996, BBl 1997 I S. 1 ff. (zit. Botschaft BV);

Botschaft des Bundesrates vom 23. August 1995 betreffend das Übereinkommen von 1979 zur Beseitigung jeder Form von Diskriminierung der Frau, BBl 1995 IV 2, S. 901 ff.;

Botschaft über die Volksinitiative „für eine vernünftige Asylpolitik", BBl 1994 III S. 1486 ff.;

Botschaft des Bundesrates zur Genehmigung der GATT/WTO-Übereinkommen (Uruguay-Runde) vom 19. September 1994, BBl 1994 IV 1 S. 1 ff. (zit. GATT-Botschaft 1994);

Botschaft des Bundesrates zur Genehmigung des Abkommens über den Europäischen Wirtschaftsraum vom 18. Mai 1992, BBl 1992 IV 1 S. 1 ff. (zit. EWR-Botschaft);

Botschaft über die in den Multilateralen Handelsverhandlungen unter der Ägide des GATT (Tokio-Runde) erzielten Ergebnisse vom 24. September 1979, BBl. 1979, Bd. III, S. 1 ff. (Botschaft Tokio-Runde);

Botschaft des Bundesrates über die Neuordnung des Staatsvertragsreferendums vom 23. Oktober 1974, BB. 1974 II 2, S. 1133 ff. (zit. Botschaft Staatsvertragsreferendum);

Botschaft des Bundesrates an die Bundesversammlung über die Genehmigung der im Rahmen der sechsten Handels- Zollkonferenz des GATT (Kennedy-Runde) abgeschlossenen Übereinkommen vom 15. September 1967, BBl. 1967, Bd. II, S. 605 ff. (Botschaft Kennedy-Runde);

Botschaft des Bundesrates an die Bundesversammlung über den Beitritt der Schweiz zum Allgemeinen Zoll- und Handelsabkommen (GATT) vom 10. Mai 1966, BBl 1966 I S. 713 ff. (zit. GATT-Botschaft 1966);

Botschaft des Bundesrates an die Bundesversammlung zur Zolltarifrevision und den dazugehörigen internationalen Vereinbarungen vom 20. März 1959, BBl 1959 I S. 625 ff. (zit. GATT-Botschaft 1959);

Botschaft des Bundesrates an die Bundesversammlung über die siebente Tagung der Internationalen Arbeitskonferenz vom 7. Juni 1926, BBl 1926 I, S. 795 ff.;

Dritter Bericht über die Schweiz und die Konventionen des Europarates, vom 22. Februar 1984, BBl 1984 II, 2, S. 784 ff.;

Eidgenössisches Volkswirtschaftsdepartement (EVD): GATT 1947 – WTO 1994, Grundlagendokumentation, 2. Aufl. Bern 1994;

GATS, Suisse: Liste d'engagements spécifiques (GATS/SC/83);

ILC-Draft on State Responsibility, ILC Yearbook 1977 Vol. II Part 2, S. 3 ff.;

OECD, Globalisation of Industrial Activities. Background Report, Paris 1994 (zit. OECD, Globalisation of Industrial Activities);

Organisation Mondiale du Commerce, Un commerce ouvert sur l'avenir, Genf 2000;

Organisations internationales. Statut juridique du GATT (Accord général sur les tarifs douaniers et le commerce) en Suisse. Direction du droit international public du Département politique fédéral, 18 avril 1977, VPB 42.36 (zit. Avis Statut juridique du GATT);

Rapports entre le droit international et l'ordre juridique suisse. Applicabilité directe de dispositions conventionelles sur le plan suisse. Avis de droit de la Direction du droit international public, 4 mars 1998, VPB 64 (2000), Nr. 20, S. 272 ff. (zit. Avis DDIP 1998);

Verhältnis zwischen Völkerrecht und Landesrecht im Rahmen der schweizerischen Rechtsordnung. Rechtliche Grundlagen und Konsequenzen des Vorrangs des Völkerrechts, (Gemeinsame Stellungnahme des Bundesamtes für Justiz und der Direktion für Völkerrecht, vom 26. April 1989, VPB 53 (1989) Nr. 54, S. 394 ff. (zit. Gemeinsame Stellungnahme BJ und DV);

World Trade Organization, Doha Declarations, Genf 2002;

World Trade Organization, Trade Policy Review: Switzerland & Liechtenstein 2000, Genf 2001;

World Trade Organization, 50th Anniversary of the Multilateral Trading System, Genf 1998.

Teil 1: Grundlagen

„Ne perdons jamais de vue que les rapports interindividuels sont la matière même de la sociabilité internationale, et que sans eux les institutions du Droit international public ne se concevraient même pas."

GEORGES SCELLE, Droit international public, Paris 1944, S. 410.

1 Einleitung

1.1 Fragestellung

Diese Arbeit befasst sich mit der Frage, ob das WTO-Recht in der Schweiz unmittelbar anwendbar ist oder nicht, d.h. ob sich Einzelpersonen vor schweizerischen Gerichten auf die Normen des WTO-Rechts berufen können. Unter dem Terminus des WTO-Rechts werden hier in erster Linie die unter der Regie der WTO abgeschlossenen Übereinkommen verstanden, also das Primärrecht der WTO, das in Kapitel 3 überblickartig dargestellt wird. Die landesrechtliche Stellung von Entscheidungen der WTO-Organe, die eine Art WTO-Sekundärrecht bilden, wird nur vereinzelt angesprochen[1]. Diesbezüglich kann auf die Arbeit von ALEX SCHINDLER verwiesen werden[2].

1.2 Relevanz

1.2.1 Einführung

Soll sich ein japanischer Maschinen-Hersteller oder sein schweizerischer Importeur vor Gericht auf den Grundsatz der Meistbegünstigung und das Verbot mengenmässiger Beschränkungen berufen dürfen? Ist es sinnvoll und wünschbar, dass bestehende Marktordnungen, etwa für Bananen, Weisswein oder Telephonie, auf gerichtlichem Weg unter Berufung auf völkerrechtliche Verträge angefochten werden können? Soll ein Subventionsregime, beispielsweise für biologischen Landbau, einer gerichtlichen Kontrolle unterstehen und am Massstab völkerrechtlicher Verträge gemessen werden können?

Diese mehr oder weniger imaginären Beispiele zeigen, dass die Frage nach der unmittelbaren Anwendbarkeit des WTO-Rechts als

1 Vgl. insbesondere unter 8.5.3.

2 ALEX SCHINDLER, 11. Kapitel.

Kristallisationspunkt unterschiedlicher Problemfelder angesehen werden kann, die einleitend ganz kurz beleuchtet werden sollen.

1.2.2 Rechtliche Relevanz

Die Frage nach der unmittelbaren Anwendbarkeit des WTO-Rechts interessiert zunächst mit Blick auf die Art und Effektivität der Umsetzung von Normen des WTO-Rechts im Landesrecht. Ob sich Einzelpersonen vor nationalen Gerichten auf Normen des internationalen Rechts berufen können, bestimmt den Stellenwert und das Gewicht dieser Normen im Rechtsalltag entscheidend. Damit sind neben dem klassischen Gegensatz von Monismus und Dualismus insbesondere auch Fragen der Legitimation und Eignung richterlicher Organe sowie der Koordination nationaler und internationaler Entscheidungsträger angesprochen.

Aus verfassungsrechtlicher Sicht stellen sich Fragen nach der demokratischen Legitimation des WTO-Rechts und der konstitutionellen Verschränkung von nationalem und internationalem Recht, insbesondere soweit dessen Vorrang vor entgegenstehendem Landesrecht zur Debatte steht[3]. Von verfassungsrechtlicher Relevanz ist insbesondere, wie und in welchem Umfang das nationale Verfassungsrecht seine Grundprinzipien wie Demokratie, Grundrechte, Föderalismus, Sozialstaatlichkeit etc. im internationalisierten Umfeld zu behaupten und durchzusetzen vermag[4]. Eng damit verbunden sind auch Fragen rund um das Verhältnis von Freihandelsnormen und anderen, landes- und völkerrechtlich determinierten Politikzielen.

Schliesslich berührt das Thema auch die rechtliche Stellung der Einzelperson im völkerrechtlichen Kontext, deren Stärkung unter anderem ein Anliegen der Vertreter der sogenannten Konstitutionalisierung des Völkerrechts ist[5].

Diese Themen, obwohl hinsichtlich aller Staatsverträge relevant, haben im Kontext der WTO-Übereinkommen aus zwei Gründen eine

3 BIAGGINI, Öffnung, S. 957 ff.; COTTIER/NADAKAVUKAREN, Relationship, S. 83 ff.; KRAJEWSKI, Verfassungsperspektiven, S. 53 ff.; LANGER, S. 17 ff.; STOLL, S. 83 ff.; THÜRER, Bundesverfassung und Völkerrecht, S. 22 ff.

4 ACHERMANN, Staatsvertrag, S. 86 ff.; COTTIER/WÜGER, Globalisierung, S. 252 ff.; FALK, S. 15 ff.; SCHINDLER, Zwischenstaatliche Interdependenz, S. 283 ff.; SEILER, Die nationale Verfassung, S. 283 ff.

5 vgl. unter 8.6. MICHAEL COTTIER, Anwendbarkeit, S. 403 ff.; FRIEDMANN, S. 234 ff; FROWEIN, Konstitutionalisierung, S. 427 ff.; STOLL, S. 116 ff.; PETERSMANN, Rights and Duties; DERS., Constitutional Functions.

besondere Brisanz. Erstens ergibt sich die besondere Bedeutung dieser Übereinkommen durch ihren umfassenden sachlichen Geltungsbereich, der sich über weite Bereiche des Wirtschaftsrechts erstreckt. Zweitens prallt das verfassungsrechtlich inspirierte Konzept der unmittelbaren Anwendbarkeit im Bereich des Aussenwirtschaftsrechts auf eine stark diplomatisch geprägte Tradition, nach welcher der Primat über die Aussenwirtschaftspolitik der Exekutive zusteht. Dies gilt nicht nur für die Aussenwirtschaftspolitik in der Schweiz, sondern auch für die internationale Ebene. Das GATT fusst auf einer eminent politisch-diplomatischen Tradition. Erst in der Uruguay-Runde hat der Gedanke der Juridifizierung des Welthandelssystems richtig Fuss fassen können. Somit ist die Frage der unmittelbaren Anwendbarkeit nicht nur in einer landesrechtlichen, sondern auch in einer internationalen Perspektive von Bedeutung: Landesrechtlich ist sie Dreh- und Angelpunkt für die Gewaltenteilung im Bereich des Aussenwirtschaftsrechts, international Nagelprobe für die Konstitutionalisierung des Wirtschaftsvölkerrechts.

1.2.3 Relevanz im Kontext der Globalisierung

Die Fragen rund um die Umsetzung von Normen des internationalen Wirtschaftsrechts müssen vor dem Hintergrund der Globalisierung gesehen werden. Es rechtfertigt sich aus diesem Grund, einleitend einige hier besonders interessierende Aspekte des Phänomens Globalisierung ganz kurz in Erinnerung zu rufen.

Die Globalisierung trägt zum einen Züge einer technologischen Revolution: Steigende Mobilität ermöglicht raschere und kostengünstigere Überwindung grosser Distanzen; moderne Kommunikationstechnologien machen Wissen global verfügbar; effizientere Produktionsmittel haben kürzere Produktionszyklen zur Folge. Damit stellen Raum und Zeit immer leichter überwindbare Hindernisse dar: Unternehmen werden von nationalen Märkten und damit Verfassungen weitgehend unabhängig und wandeln sich vermehrt zu multinationalen Gebilden, deren völkerrechtliche Einbindung schwierig und umstritten ist. Die Multinationalisierung des Wirtschaftsgeschehens wird sodann durch die heute weitgehend liberalisierten Kapital- und Finanzmärkte verstärkt, die völkerrechtlich ebenfalls schwach reglementiert sind[6].

Als wichtige Folge dieser Entwicklung ist der Bedeutungsverlust nationaler Instrumente zur Steuerung der Wirtschaftsabläufe zu nennen. Dieser geht einher mit einem Bedeutungsgewinn der Wirtschaft. RENATO RUGGIERO spricht in diesem Zusammenhang von einem *„fundamental shift in the international system from geopolitics to geoeconomics"*[7]. Ob diese Aussage in dieser Deutlichkeit auch angesichts der Ereignisse im Nachgang zu den Attentaten des 11. September 2001 Gültigkeit hat, wird sich allerdings erst weisen müssen.

Die Nationalstaaten, aber bereits auch supranationale Gebilde und die von ihnen geschaffenen Wirtschaftsräume befinden sich in einem gegenseitigen Standortwettbewerb. Obwohl rechtlich betrachtet „souverän" in der Ausgestaltung ihrer Aussenhandelspolitik, legt ihnen die fortschreitende Globalisierung enge Angeln um: Nichtteilnahme am Liberalisierungsprozess bringt einen Staat um deren Vorteile – Wettbewerbsfähigkeit sowohl hinsichtlich Exporten wie auch ausländischen Investitionen, höhere Produktionseffizienz, tiefere Preise – und verursacht dadurch sogenannte Opportunitätskosten[8].

Ein weiterer bedeutsamer Aspekt der Globalisierung ist die Verwischung der einst (vermeintlich) klaren Trennlinie zwischen innen und aussen. Mit der Zunahme transnationaler Wirtschaftskontakte ist ein immer dichteres Netz von Interdependenzen gewoben worden, das externe Geschehnisse rasch und unmittelbar am anderen Ende des Globus wirksam werden lassen kann. Es versteht sich, dass diese Entwicklungen gerade für ein international wirtschaftlich stark vernetztes Land wie die Schweiz von grosser Bedeutung sind.

Den geschilderten Herausforderungen wird unter anderem mit dem Versuch begegnet, tradierte Gleichgewichtsvorstellungen zwischen

6 Allgemein zum Phänomen der Globalisierung: OECD, Globalisation of Industrial Activities. Aus der ausserordentlich reichhaltigen Literatur zum Thema siehe etwa die Werke von AMOROSO; CAVES/FRANKEL/JONES, insbes. S. 497 ff.; MARTIN/SCHUMANN; SOROS; STIEGLITZ. Aus der juristischen Literatur vgl. BEHRENS, S. 13 ff.; CARREAU/JUILLARD, S. 31 ff., S. 557 ff.; COTTIER/WÜGER, 247 ff.; DICKE, Erscheinungsformen und Wirkungen, S. 14 ff.; DINH/DAILLIER/PELLET, S. 1003 ff.; HERDEGEN, Internationales Wirtschaftsrecht, S. 246 ff; HINGST, S. 23 ff.; KIRCHGÄSSNER, S. 29 ff.; RUGGIERO, S. 129; THÜRER, Wandel, S. 40 f.; VITZTHUM, S. 501 ff.

7 RUGGIERO, S. 124.

8 COTTIER/WÜGER, S. 251 ff. Zu den wohlstandsvermindernden Effekten insbesondere von Importbeschränkungen siehe auch PETERSMANN, National Constitutions, S. 28 ff.

Freihandel und anderen Politikzielen auf internationaler Ebene umzusetzen. So lässt sich etwa die insbesondere in Europa weit entwickelte regionale Integration unter anderem als Versuch der Absicherung bisheriger Erwartungen an den Nationalstaat durch regionale Harmonisierung begreifen. Durch die Schaffung gleich langer Spiesse und die Kumulation von *bargaining power* im Aussenhandelsverhältnis verspricht man sich eine wirkungsvollere Verteidigung einer gemeinsamen Gleichgewichtsvorstellung zwischen Freihandel und anderen Politikzielen wie etwa Umverteilung, Umweltschutz, Branchenschutz, „Service public", Innovationsschutz, etc.[9]

Neben, teilweise auch in Konkurrenz oder Opposition zu den angesprochenen regionalen Integrationsmodellen versuchen globale Integrationskonzepte, das Phänomen der Globalisierung auf der normativen Ebene zu erfassen, nachzuvollziehen und allenfalls steuerbar zu machen. Die WTO, deren Normen in dieser Arbeit auf ihre unmittelbare Anwendbarkeit untersucht werden sollen, stellt einen derartigen Integrationskomplex auf globaler Ebene dar – einen Komplex dazu, der in den vergangenen Jahren in den Mittelpunkt der in der Öffentlichkeit äusserst prominent und kontrovers geführten Globalisierungsdebatte gerückt ist und sich deswegen auch für eine Veranschaulichung rechts-politischer Fragen und Probleme eignet, die sich an der Schwelle von nationalem und internationalem Recht ergeben.

Die unmittelbare Anwendbarkeit ist im Zusammenhang mit der Globalisierung von besonderem Interesse, weil sie möglicherweise geeignet ist, die Globalisierung, d.h. die Internationalisierung der Wirtschaftsbeziehungen, die sehr direkte Auswirkungen für den Einzelnen hat, auf rechtlicher Ebene nachzuvollziehen. Die Rechtsschutzsysteme haben mit der tatsächlichen Entwicklung des Wirtschaftsgeschehens nämlich nicht in befriedigender Weise mitgehalten. Während man häufig von globalen Märkten spricht, gibt es im Bereich des WTO-Rechts kein globales Rechtsschutzsystem, zu welchem Einzelpersonen Zugang hätten. Vielmehr ist das Streitbeilegungsverfahren den Mitgliedstaaten vorbehalten und orientiert sich somit am klassischen Konzept der Mediatisierung und des diplomatischen Schutzes[10].

Dieses Defizit wiegt umso schwerer, wenn eine Verletzung der WTO-Übereinkommen vor den nationalen Rechtsschutzeinrichtungen

9 COTTIER/WÜGER, S. 252; COTTIER, WTO and Environmental Law, S. 56; GURUSWAMY, S. 543 ff.; MARCEAU, S. 87 ff.; SCHIRM, S. 69 ff.; SEILER, Die nationale Verfassung, S. 296 ff.; THÜRER, Teilordnung, S. 62 ff.; TRACHTMANN, Trade and ... Problems, S. 32 ff.

10 Zum Streitbeilegungsverfahren siehe unter 3.4.2.

mangels unmittelbarer Anwendbarkeit nicht gerügt werden kann. Mit anderen Worten: Der Mechanismus der unmittelbaren Anwendung der WTO-Übereinkommen könnte das Fehlen eines internationalen Rechtsschutzssystems für Einzelpersonen mindestens teilweise kompensieren, indem er den Weg zu den nationalen Rechtsschutzinstanzen öffnen würde. Diese These gilt es im folgenden mitsamt ihren weitreichenden Implikationen zu erörtern.

1.3 Vorgehen

In den beiden nachfolgenden Kapiteln werden die Grundlagen erarbeitet. Zunächst sollen in Kapitel 2 der Begriff und die Voraussetzungen der unmittelbaren Anwendbarkeit von völkerrechtlichen Verträgen im schweizerischen Recht rekapituliert werden. Kapitel 3 enthält eine Übersicht über die Geschichte der WTO sowie über die wichtigsten materiellen Regeln des WTO-Rechts, deren unmittelbare Anwendbarkeit geprüft werden soll.

Kapitel 4 zeichnet den Weg der Schweiz vom wirtschaftsvölkerrechtlichen „Sonderfall“ zum vollwertigen GATT- und später WTO-Mitglied nach und stellt insbesondere die Umsetzung der WTO-Übereinkommen von 1994 in das Landesrecht dar.

In Kapitel 5 wird diese Untersuchung in einer Analyse der Rechtsprechung schweizerischer Gerichte zum GATT und den WTO-Übereinkommen fortgeführt. Hier wird empirisch untersucht, ob dem GATT- und WTO-Recht in der schweizerischen Rechtsprechung unmittelbare Anwendbarkeit zuerkannt wurde oder nicht, und welche Argumente jeweils wegleitend waren. Zunächst wird die Rechtsprechung zum GATT 1947 chronologisch aufgearbeitet. Die Praxis schweizerischer Gerichte zum GATT 1994, dem GATS, dem TRIPS sowie dem GPA wird sodann in separaten Abschnitten untersucht. In dieser Analyse soll den Besonderheiten dieser Übereinkommen sowie ihres landesrechtlichen Umfelds Rechnung getragen werden.

Die Kapitel 6 und 7 bilden einen rechtsvergleichenden Exkurs, der sich um der besseren Verständlichkeit der Probleme rund um die unmittelbare Anwendbarkeit des WTO-Rechts willen aufdrängt. Zu diesem Zweck soll kurz die Rechtslage mit Bezug auf die landesrechtliche Geltung und Anwendbarkeit der WTO-Übereinkommen in den Vereinigten Staaten von Amerika (Kapitel 6) sowie in der Europäischen Gemeinschaft (Kapitel 7) dargestellt werden. Die Darstellung folgt im wesentlichen der Methodik, welche schon für die Erörterung der schweizerischen Verhältnisse bestimmend war. Nach einleitenden Bemerkungen zum Verhältnis zwischen Staatsverträgen und Landesrecht (Geltung, Anwendbarkeit, Rang) ist die Umsetzung und Anwendung der WTO-Übereinkommen näher zu untersuchen und anhand von Beispielen aus der Judikatur zu illustrieren.

Die Kapitel 8 und 9 richten Blick in die Zukunft. Kapitel 8 gibt einen systematisierten Überblick über die in Rechtsprechung und Literatur vertretenen Argumente für und gegen die unmittelbare Anwendbarkeit des WTO-Rechts und schliesst mit einer persönlichen Stellungnahme zugunsten der unmittelbaren Anwendbarkeit im Regelfall ab. In Kapitel 9 soll dargestellt werden, welche Konsequenzen von einer unmittelbaren Anwendbarkeit der WTO-Übereinkommen zu erwarten sind, und welche Ausnahmen sich gegebenenfalls aufdrängen.

Die Zusammenfassung und Schlussfolgerungen in Kapitel 10 schliessen die Arbeit ab.

2 Grundlagen zur unmittelbaren Anwendbarkeit völkerrechtlicher Verträge in der Schweiz

2.1 Unmittelbare Anwendbarkeit und Invokabilität

Die unmittelbare Anwendbarkeit von Normen des Völkervertragsrechts[11] hat in der schweizerischen Lehre und Rechtsprechung der vergangenen Jahrzehnte eine äusserst reichhaltige Behandlung erfahren. An dieser Stelle sollen im Sinne einer Einleitung lediglich einige wenige Grundsätze, Abgrenzungen und Zusammenhänge festgehalten werden. Für Einzelheiten ist auf die einschlägige Literatur zu verweisen[12].

11 Die unmittelbare Anwendbarkeit von Völkergewohnheitsrecht und allgemeinen Rechtsprinzipien ist weitgehend unbestritten, da hier eine legislative Umsetzung mangels eines fassbaren völkerrechtlichen Rechtssetzungsakts kaum denkbar ist, vgl. WILDHABER/BREITENMOSER, Relationship, S. 176 ff.

12 AUBERT, Hiérarchie, S. 193 ff.; DERS., L'autorité, S. 265 ff.; AUER/MALINVERNI/HOTTELIER, Vol. I, S. 431 ff.; BIAGGINI, Verhältnis, S. 722 ff.; BLECKMANN, EPIL, S. 414 ff.; DERS., Begriff und Kriterien, insbesondere S. 38 ff.; BUCHS, S. 26 ff.; COTTIER/HERTIG, Das Völkerrecht in der neuen Bundesverfassung, S. 1 ff.; COTTIER/ACHERMANN/WÜGER, Der Staatsvertrag im schweizerischen Verfassungsrecht; EPINEY, Primat, S. 537 ff.; GRISEL, ANDRÉ, Hiérarchie, S. 377; ETIENNE GRISEL, Verhältnis, S. 437 ff.; HÄFELIN/HALLER, S. 554 ff.; HANGARTNER, Völkerrecht und schweizerisches Landesrecht, S. 651 ff.; HANGARTNER, in: BV-Kommentar, Art. 5, Rn. 40 ff.; HOLZER, S. 3 ff; JACKSON, Status, S. 310 ff.; JACOT-GUILLARMOD, Détour, S. 129 ff.; DERS., Fondements, S. 227 ff.; KÄLIN, Geltungsgrund, S. 45 ff.; DERS., Schubert und der Rechtsstaat, S. 73 ff.; KÄLIN/EPINEY, S. 105 ff.; KELLER, Rechtsverglei-chende Aspekte, S. 225 ff.; DIES., Rezeption des Völkerrechts, S. 13 ff.; 348 ff.; KOLLER, S. 31 ff.; MICHEL, L'imprégnation, S. 63 ff.; MÜLLER/WILDHABER, Praxis, S. 153 ff.; PERRIN, S. 809 ff.; PETERSMANN, Verfassungsentscheidung, S. 537 ff.; RHINOW, Grundzüge, S. 571 f.; SCHINDLER, Die Schweiz und das Völkerrecht, Neues Handbuch, S. 99 ff.; SEILER, Das völkerrechtswidrige Bundesgesetz, S. 377 ff.; DERS., Noch einmal, S. 451 ff.; SIEGENTHALER, S. 201 ff.; VERHOEVEN, S. 243 ff.; WILDHABER, Wechselspiel, S. 197 ff.; DERS., Bemerkungen zum Fall Schubert, S. 195 ff.; TEUBAL DE ALHADEFF, Comments, S. 161 ff.; THÜRER, Verfassungsrecht und Völkerrecht, S. 186 ff.; DERS., Bundesverfassung und Völkerrecht, S. 1 ff.

Eine Norm, die unmittelbar anwendbar[13] ist, kann in einem konkreten Fall als Entscheidungsgrundlage dienen, ohne dass es weiterer Umsetzungsakte bedürfe[14]: „it operates of itself without the aid of any legislative provision“[15]. Sie kann somit grundsätzlich auch von einer Einzelperson vor Gericht angerufen werden. Die Invokabilität einer Norm ist insofern die regelmässige Folge ihrer unmittelbaren Anwendbarkeit, was auch aus der bundesgerichtlichen Praxis hervorgeht[16].

Demgegenüber unterscheiden etwa HOLZER und JACKSON zwischen unmittelbarer Anwendbarkeit und Invokabilität, die in diversen Fällen auseinanderfallen würden, so etwa durch Einschränkungen der Aktiv- resp. Passivlegitimation oder infolge der ausschliesslich vertikalen (Bürger-Staat) oder horizontalen (Bürger-Bürger) unmittelbaren Anwendbarkeit einer bestimmten völkerrechtlichen Norm[17]. Solche Einschränkungen sind zweifelsfrei denkbar. Sie können sich aus einem völkerrechtlichen Vertragstext selbst, einem Vorbehalt oder aus einem Transformationsakt ergeben. M.E. handelt es sich hierbei aber nicht um einen qualitativen Unterschied in der Normstruktur; das Auseinanderfallen von unmittelbarer Anwendbarkeit und Invokabilität ergibt sich in derartigen Fällen aus der Umschreibung der Berechtig-

13 Für die Zwecke dieser Arbeit werden die Begriffe „unmittelbar anwendbar“, „direkt anwendbar“ und „self-executing“ synonym verwendet. Vgl. auch BLECKMANN, EPIL, S. 414; BUCHS, S. 26 f.; HÄFELIN/HALLER, S. 555 f.; JACOT-GUILLARMOD, Détour, S. 132 f.; RHINOW, Grundzüge, S. 571; KÄLIN, Staatsrechtliche Beschwerde, S. 49; SCHINDLER, Die Schweiz und das Völkerrecht, Neues Handbuch, S. 111; WÜGER, Staatsvertrag, S. 98 f., mit Hinweisen auf Unterschiede in der Verwendung dieser Begriffe in der Lehre.

14 BBl 1926 I, S. 795, 815; AUER/MALINVERNI/HOTTELIER, S. 433 f., 452 ff.; BLECKMANN, EPIL, S. 414; BUCHS, S. 26 ff.; COTTIER/HERTIG, Das Völkerrecht in der neuen Bundesverfassung, S. 25; FLEINER/GIACOMETTI, S. 829, Fn 66 und S. 832; HÄFELIN/HALLER, S. 555 f.; HOLZER, S. 18; JACOT-GUILLARMOD, Détour, S. 132 f.; KÄLIN, Staatsrechtliche Beschwerde, S. 49; KOLLER, S. 72; PERRIN, S. 829 ff.; MÜLLER/WILDHABER, Praxis, S. 153; THÜRER, Bundesverfassung und Völkerrecht, S. 8; VERHOEVEN, S. 243; WILHELM, S. 129 f.; WÜGER, Staatsvertrag, S. 97.

15 *Foster and Elam v. Neilson*, 27 U.S. (Pet.) 253, 314 (1829).

16 BGE 124 IV 21, 31; 124 III 90, 91; 121 V 246, 248 f.; 120 Ia 1, 11; 118 Ia 112, 116 f.; 112 Ib 183, 184 f. *(„Maion G. Sprl.“)*; 98 Ib 385, 387 *(„Banque Internationale de Crédit“)*; AUER/MALINVERNI/HOTTELIER, S. 452; COTTIER, Staatsvertrag, S. 9 ff.; COTTIER/HERTIG, Das Völkerrecht in der neuen Bundesverfassung, S. 25; KOLLER, S. 31 ff.; RHINOW, Grundzüge, S. 571; MICHEL, L'imprégnation, S. 72 ff.; SCHINDLER, Die Schweiz und das Völkerrecht, Neues Handbuch, S. 111 f.; WÜGER, Staatsvertrag, S. 95 ff.

17 HOLZER, S. 20 ff.; JACKSON, Status, S. 317.

ten, des Anwendungsbereichs oder der Legitimationsvoraussetzungen einer bestimmten Norm. An ihrem Charakter als grundsätzlich unmittelbar anwendbarer Norm ändert sich dadurch nichts, weshalb die Unterscheidung in dieser Arbeit nicht aufgenommen wird.

2.2 Das Problem der Inländer-Diskriminierung

An dieser Stelle ist kurz auf das Problem der Inländer-Diskriminierung hinzuweisen. Die Rechtsfigur der Inländer-Diskriminierung ist im Europarecht entwickelt worden und hat in der schweizerischen Rechtsprechung und Doktrin noch kein grosses Interesse gefunden, was sich mit dem Inkrafttreten der sektoriellen Abkommen mit der EG, insbesondere des Abkommens zur Personenfreizügigkeit, jedoch ändern dürfte[18]. Zwei jüngere umstrittene Bundesgerichtsentscheide deuten diese Entwicklung bereits deutlich an[19].

Im Zusammenhang mit völkerrechtlichen Verträgen, welche wie zahlreiche Bestimmungen des WTO-Rechts (vgl. dazu unter 3.5) eine Öffnung der Märkte und die Gewährleistung des Marktzugangs von Ausländerinnen und Ausländern bezwecken, stellt sich die Frage der Anrufbarkeit der Übereinkommen durch Inländer, insbesondere auch in reinen Binnen-Konstellationen. Wird einem ausländischen Beschwerdeführer die Anrufung einer Übereinkommensbestimmung gestattet, dem Inländer hingegen verneint, so stellt sich das Problem der sogenannten Inländer-Diskriminierung, auch umgekehrte Diskriminierung oder *discrimination à rebours* genannt: der ausländische Wettbewerber würde besser gestellt als der inländische.

Derartige Konstellationen sind im WTO-Recht denkbar, so etwa im Bereich der Dienstleistungen oder des geistigen Eigentums. Hinzuweisen ist hier beispielhaft auf das TRIPS, das unmittelbar nur Angehörigen der Vertragspartner, nicht aber den Inländern Rechte ein-

18 Allgemein zur Inländerdiskriminierung vgl. EPINEY, Umgekehrte Diskriminierungen, S. 1 ff.; HAMMERL, S. 23 ff.; SCHLACHTER, S. 1 ff.

19 BGE 125 I 276 (betreffend die selbständige Berufsausübung als Zahnprothetiker) und BGE 129 II 249 (betreffend Nachzug von ausländischen Familienangehörigen eines Schweizers).

räumt[20] und punktuell ein höheres Schutzniveau vorsieht als das schweizerische Immaterialgüterrecht[21].

Das Thema der Inländer-Diskriminierung hat auch eine Bedeutung im Zusammenhang mit der richterlichen Überprüfung protektionistischer Marktordnungen, die u.U. auch und gerade inländische Wirtschaftssubjekte empfindlich treffen. So ist es denn nicht verwunderlich, dass beispielsweise die Zuteilungsnormen für Zollkontingente für Wein oder Fleischprodukte wiederholt von schweizerischen Importeuren gerichtlich angefochten wurden und sich die Beschwerdeführer unter anderem auf das GATT und das Übereinkommen über die Landwirtschaft beriefen[22]. Als weiteres Beispiel lassen sich auch Entscheide betreffend den ebenfalls stark regulierten Telekommunikationsmarkt anführen[23].

Wird einem Inländer nun die Möglichkeit verwehrt, sich gegen derartige Einschränkungen der Wirtschaftsfreiheit unter Berufung auf einen Staatsvertrag zu verweigern, so könnte die unbefriedigende Situation entstehen, dass sich beispielsweise ein ausländischer Telephonieanbieter gegen die Fernmeldediensteverordnung auf das GATS und dessen Anhang über Telekommunikation berufen könnte, dies einem schweizerischen Anbieter aber nicht möglich wäre. Dies würde dem Grundsatz der Rechtsgleichheit und der Gleichbehandlung der Gewerbegenossen gemäss Art. 8 Abs. 1 und Art. 27 BV widersprechen. Derartige Bedenken äussert auch das Bundesgericht in seinem „*Commcare*“-Entscheid: „Es kann wohl [...] nicht entscheidend sein, dass sich vorliegend zwei schweizerische Unternehmungen gegenüber stehen; könnten sich nämlich ausländische Fernmeldediensteanbieter auf das GATS berufen, wäre zu prüfen, ob dasselbe aus Gründen der Gleichbehandlung der Konkurrenten nicht auch für inländische Kon-

20 „Die Mitglieder gewähren die in diesem Übereinkommen festgelegte Behandlung den Angehörigen der anderen Mitglieder“ (Art. 1 Abs. 3 Satz 1 TRIPS), vgl. dazu unter 8.2.3.4.

21 HAMMERL, S. 104 ff.; STAEHELIN, TRIPS, S. 53, 98.

22 „*Bresaola*“-Entscheid des Bundesgerichts, BGer 2A.496/1996, keine BGE-Publikation, NZZ Nr. 177 vom 4. August 1997, S. 11; „*Schlachtvieh*“-Entscheid des Bundesgerichts, BGer 2A.295/2001; Entscheid der Rekurskommission EVD in Sachen J. vom 26. Juni 1996 (VPB 61.45); Entscheide der Rekurskommission EVD in Sachen L. SA und M. SA vom 25. September 1997 (VPB 62.69). Vgl. dazu die ausführliche Darstellung der Judikatur unter 5.3.

23 „*Sunrise*“-Entscheid des Bundesgerichts, BGE 125 II 293; „*Commcare*“-Entscheid des Bundesgerichts vom 3. Oktober 2001, 2A.503/2000 und 2A.505/2000; ausführlich dazu unter 5.4.

kurrenzbetriebe gälte." – was aber in casu offen bleiben könne[24]. In den beiden jüngeren Entscheiden zur Problematik der Inländer-Diskriminierung ist von einer derartigen Sensibilität jedoch nichts mehr zu spüren; vielmehr wurde dort die Inländer-Diskriminierung ausdrücklich in Kauf genommen[25].

Im Ergebnis ist zu fordern, dass sich bei Annahme von dessen unmittelbarer Anwendbarkeit auch Inländer auf die Normen der WTO-Übereinkommen berufen dürfen. Dies ergibt sich eindeutig aus dem Grundsatz der Rechtsgleichheit und insbesondere der Gleichbehandlung der Gewerbegenossen (Art. 8 Abs. 1 und Art. 27 BV). Auch in einer rechtspolitischen Optik erscheint dieser Schluss als zwingend, denn es sollte nicht als Absicht der vertragsschliessenden Gewalt angenommen werden, durch den Abschluss von Liberalisierungsübereinkommen ausländischen Anbietern einen Vorteil gegenüber den inländischen Konkurrenten einzuräumen. Vielmehr ist – gerade in einem monistischen System wie der Schweiz – davon auszugehen, dass die Übereinkommen die jeweils betroffenen Marktordnungen generell, sowohl für in- und ausländische Marktteilnehmer liberalisieren. Dies gilt insbesondere für diejenigen Normen der WTO-Übereinkommen, die über blosse Garantien des Marktzugangs hinausgehen und eine internationale Harmonisierung herbeiführen[26].

2.3 Abgrenzungen

Die Frage nach der unmittelbaren Anwendbarkeit einer völkerrechtlichen Norm im Landesrecht ist an dieser Stelle überblicksartig abzugrenzen und einzubetten in weitere Problemkreise an der Schnittstelle zwischen Völker- und Landesrecht.

Zunächst ist festzustellen, ob eine Norm für den betroffenen Staat überhaupt völkerrechtliche Verbindlichkeit erlangt hat. In einem zweiten Schritt ist zu klären, ob die in Frage stehende Völkerrechtsnorm innerstaatliche Geltung erlangt hat oder den Staat nur gegen aussen

24 Erwägung 9.c, S. 19. Siehe auch die ausführlichere Darstellung des Entscheids unter 5.4.1.3.

25 BGE 125 I 276, S. 281 ff. und BGE 129 II 249, S. 260 ff.

26 Für weitere Ausführungen zu diesen sogenannten positiven Integrationsnormen siehe unter 3.5.4.4.

bindet[27]. Ist die innerstaatliche Geltung erstellt, so ist die Frage nach der unmittelbaren Anwendbarkeit zu prüfen. Schliesslich muss der Rang der Völkerrechtsnorm im landesrechtlichen Kontext geklärt werden, was insbesondere dann von Relevanz ist, falls sich Völkerrecht und Landesrecht durch eine völkerrechtskonforme Auslegung des Letzteren nicht in Übereinstimmung bringen lassen.

2.3.1 Völkerrechtliche Verbindlichkeit

Die völkerrechtliche Verbindlichkeit einer Vertragsnorm entsteht grundsätzlich durch die Zustimmung der Signatarstaaten, durch einen Vertrag gebunden zu sein. Ob eine derartige Zustimmung vorliegt, richtet sich ausschliesslich nach Völkerrecht, insbesondere nach Art. 11 ff. der Wiener Übereinkunft über das Recht der Verträge (Wiener Vertragsrechtskonvention, WVRK)[28], für deren Darstellung auf die Literatur verwiesen werden kann[29].

Demgegenüber werden die Kompetenzen, Vertragsverhandlungen zu führen und abzuschliessen sowie die Zustimmung zu erklären, durch einen Vertrag gebunden zu sein, im Landesrecht geregelt. Insbesondere den Normen über die landesrechtliche Genehmigung völkerrechtlicher Verträge – in der Schweiz in Art. 140 Abs. 1 lit. b, Art. 141 Abs. 1 lit. d, Art. 141 Abs. 2, Art. 166 und Art. 184 BV sowie in Art. 47^{bis}b GVG niedergelegt – kommt eine bedeutsame Scharnierrolle zwischen nationalem und internationalem Recht zu[30]. In diesem Zusammenhang ist hier auf den neuen, im Rahmen der sogenannten Volksrechtsreform eingefügten Art. 141 Abs. 1 lit. d Ziff. 3 BV hin-

27 vgl. zu dieser Unterscheidung etwa BUCHS, S. 28 ff.; KOLLER, S. 58 ff.; VITZTHUM, S. 123.

28 SR 0.111.

29 DINH/DAILLIER/PELLET, S. 124 ff.; IPSEN, S. 92 ff.; MÜLLER/WILDHABER, Praxis, S. 123 ff.; PERRIN, S.85; SEIDL-HOHENVELDERN, S. 47 ff.; VITZTHUM, S. 74 ff.

30 Botschaft des Bundesrates über eine neue Bundesverfassung vom 20. November 1996, BBl 1997 I 416 ff., 470 ff.; Botschaft des Bundesrates über die Neuordnung des Staatsvertragsreferendums vom 23. Oktober 1974, BBl 1974 II 2, 1133 ff.; AUER/MALINVERNI/HOTTELIER, S. 438 ff.; ETIENNE GRISEL, Verhältnis, S. 437 ff.; HÄFELIN/HALLER, S. 557 ff.; MÜLLER/WILDHABER, Praxis, S. 114 ff.; SCHINDLER, Art. 89 BV-Komm.; THÜRER, Verfassungsrecht und Völkerrecht, in: THÜRER/AUBERT/MÜLLER, Verfassungsrecht der Schweiz, 186 ff.; VILLIGER, S. 799 ff.; WILDHABER, Wechselspiel, S. 178 ff.; WILDHABER, Aussenpolitische Kompetenzordnung, S. 135 ff.; ZELLWEGER, Staatsvertrag, S. 254 ff., insbes. S. 281 ff.

zuweisen, der das fakultative Staatsvertragsreferendum auf völkerrechtliche Verträge ausdehnt, die „wichtige rechtsetzende Bestimmungen enthalten oder deren Umsetzung den Erlass von Bundesgesetzen erfordert".

2.3.2 Innerstaatliche Geltung

Traditionell interessiert sich das Völkerrecht nicht für die Art der Umsetzung seiner Normen im landesrechtlichen Kontext. Es hält nur fest, dass es umgesetzt werden will und muss, andernfalls den völkerrechtswidrig handelnden Staat eine völkerrechtliche Verantwortlichkeit trifft. Die WVRK beschränkt sich darauf, das Prinzip *pacta sunt servanda* und einen allgemeinen Erfüllungsimperativ zu kodifizieren (Präambel, 3. Abschnitt; Art. 26 f.), äussert sich jedoch nicht zu den Durchsetzungsmodalitäten.

Es ist folglich jedem Staat überlassen, wie er dem Völkerrecht in seiner nationalen Rechtsordnung Geltung verschafft und insbesondere wie er völkerrechtswidriges nationales Recht mit dem Völkerrecht in Einklang bringt[31]. Diese Indifferenz des Völkerrechts hinsichtlich der Art seiner Umsetzung wird als Rechtsgrundsatz im Sinn von Art. 38 Abs. 1 lit. b des IGH-Statuts verstanden[32].

Die Frage nach dem Geltungsgrund völkerrechtlicher Normen im Landesrecht wird beherrscht durch das traditionelle Begriffspaar von Monismus und Dualismus[33]. Es geht darum, ob und wie das Völkerrecht Eingang findet in die Rechtssphäre des Landesrechts, ob dafür ein landesrechtlicher Übernahmeakt nötig ist und wie dieser gegebenenfalls beschaffen sein muss.

Der Monismus begreift Völkerrecht und Landesrecht als zwei Ebenen einer einheitlichen Rechtsordnung *(„The law of nations is held to be a part of the law of the land"*[34]*)*, wobei die völkerrechtliche Ebene

31 HOLZER, S. 3; MÜLLER/WILDHABER, Praxis, S. 153; PERRIN, S. 822 ff.; PETERSMANN, National Constitutions, S. 6; RHINOW, Grundzüge, S. 565; SCHINDLER, Die Schweiz und das Völkerrecht, S. 110 f.; THÜRER, Bundesverfassung und Völkerrecht, S. 7; ZELLWEGER, Völkerrecht und Bundesstaat, S. 80.

32 HOLZER, S. 3, m.w.H.

33 vgl. dazu nur AUER/MALINVERNI/HOTTELIER, S. 444 f.; BUCHS, S. 29; DAHM/DELBRÜCK/WOLFRUM, S. 99 ff.; HOLZER, S. 16 f.; JACKSON, Status, S. 313 ff.; KELLER, Rechtsvergleichende Aspekte, S. 225 ff.; MICHEL, L'imprégnation, S. 66 ff.; MÜLLER/WILDHABER, S. 153 ff.; VITZTHUM, S. 118 ff.; ZELLWEGER, Völkerrecht und Bundesstaat, S. 79 ff.

34 BLACKSTONE, Commentaries on the Laws of England, Book IV, Ch. 5.

als der landesrechtlichen grundsätzlich übergeordnet angesehen wird[35]. Das monistische System sieht die unmittelbare innerstaatliche Geltung des Völkerrechts vor; es ist kein Transformationsakt notwendig, die Integration des Völkerrechts vollzieht sich qua Adoption, nicht durch Transformation[36].

Demgegenüber trennt der Dualismus klar zwischen den Sphären des Völker- und des Landesrechts. Das Völkerrecht entfacht seine innerstaatliche Geltung nur mittelbar; es bedarf einer landesrechtlichen Umsetzung, die mittels Transformation bewerkstelligt wird. Ein Staat ist indessen bereits vor dieser Transformation an seine völkerrechtlichen Verpflichtungen gebunden und macht sich bei deren Verletzung völkerrechtlich verantwortlich[37].

Die Schweiz folgt traditionell monistischer Theorie. Mit Eintritt der völkerrechtlichen Verbindlichkeit erwachsen völkerrechtliche Normen auch in innerstaatliche Geltung. Weder im Staatsvertragsreferendum noch im Genehmigungsbeschluss der Bundesversammlung kann ein Transformationsakt gesehen werden; es handelt sich dabei bloss um Etappen des Entscheidfindungsprozesses, welcher der Zustimmungserklärung, durch einen Vertrag gebunden zu sein, vorangehen.

Im Zusammenhang mit der unmittelbaren Anwendbarkeit völkerrechtlicher Verträge ist jedoch auf Art. 10 Abs. 1 des Publikationsgesetzes hinzuweisen, wonach ein völkerrechtlicher Vertrag den Einzelnen nur zu verpflichten vermag, sofern er in der Gesetzsammlung publiziert worden ist, was indessen auch mittels Publikation eines blossen Verweises geschehen kann (Art. 4 des Publikationsgesetzes).

Der schweizerische Monismus ist seit langem auch ohne ausdrückliche Verfassungsgrundlage unbestritten. Er wurde früher als ungeschriebener Grundsatz aus dem Verfassungsganzen herausgelesen[38].

35 KELSEN, Einheit, S. 234 ff; SCELLE, S. 52 f., 734 ff.; VERDROSS, Konstruktion, S. 1995 ff., insbes. S. 2007 ff.; DERS., Völkerrecht und einheitliches Rechtssystem, S. 2023 ff.; VERDROSS/SIMMA, S. 53 ff. Vgl. auch HOLZER, S. 6 ff. m.w.H.; MÜLLER/WILDHABER, Praxis, S. 161 ff.

36 KOLLER, S. 62; PERRIN, S. 825 ff.; VITZTHUM, S. 122 f.

37 ANZILOTTI, Lehrbuch des Völkerrechts, Bd. 1, S. 36 ff.; TRIEPEL, Völkerrecht und Landesrecht, S. 11 ff.; DERS., Rapports, S. 77 ff.; vgl. auch BUCHS, S. 29; DINH/DAILLIER/PELLET, S. 94 f.; HOLZER, S. 9 ff.; MÜLLER/WILDHABER, Praxis, S. 154, 161; PERRIN, S. 824 f.; SCHINDLER, Die Schweiz und das Völkerrecht, S. 110 f.; SIEGENTHALER, S. 209; VITZTHUM, S. 122.

38 BGE 125 II 417, 424 *(„Propogandamaterial PKK“)*; 124 IV 23, 31; 112 Ib 183, 184 f. *(„Maison G. Sprl.“)*; 106 Ib 182, 187 *(„Henggeler“)*; 105 II 49, 57 f. *(„Omo“)*; 98 Ib 385, 387 *(„Banque de Crédit International“)*; 94 I 669, 672

In der neuen Verfassung kommt die Grundentscheidung zu Gunsten des Monismus nun in Art. 189 Abs. 1 lit. c BV (Staatsrechtliche Beschwerde wegen Verletzung von Staatsverträgen) und in Art. 191 BV (Staatsverträge als massgebliches Recht) zum Ausdruck. Ein Anklang an die monistische Tradition findet sich auch in Art. 5 Abs. 4 BV.

Auch die kürzlich von Volk und Ständen angenommene Reform der Volksrechte, die gewisse Änderungen im System des Staatsvertragsreferendums bringt, ändert nichts am Grundsatz des Monismus. Die neue Bestimmung in Art. 141a BV, wonach Verfassungsbestimmungen (im Falle eines dem obligatorischen Referendum unterstehenden Staatsvertrags) oder Gesetzesbestimmungen (im Falle eines dem fakultativen Referendum unterstehenden Staatsvertrags) zur Umsetzung eines Staatsvertrags in den Genehmigungsbeschluss aufgenommen werden können, dient lediglich der besseren Koordination der Ratifikation völkerrechtlicher Verträge einerseits und der Vornahme von Anpassungen im schweizerischen Landesrecht andererseits. Allein die Tatsache, dass es der Bundesversammlung freisteht, die Genehmigung eines Staatsvertrags und den Erlass von landesrechtlichen Bestimmungen zu dessen Umsetzung in einen einzigen oder in verschiedene Rechtsakte zu kleiden, zeigt, dass in dieser neuen Bestimmung keineswegs eine Abkehr vom monistischen System gesehen werden kann.

(„Frigerio“); 88 I, 86, 91 *(„Rossier“)*. Abweichend nur der für die weitere Rechtsprechung folgenlose Entscheid BGE 49 I 188 *(„Lepeschkin“)*.

Zum unzweideutigen Bekenntnis des Bundesrates zum Monismus vgl. dessen Darlegungen in der Botschaft zur Genozidkonvention (BBl 1999 V S 5327, S. 5344), in der Botschaft BV (BBl 1997 I S. 134 ff.) oder in seiner Antwort zu einer Interpellation von Nationalrat Samuel Schmid, der einen Wechsel zum Dualismus angeregt hatte (Amtl. Bull. 1997 NR S. 586 ff.), sowie bei mehreren früheren Gelegenheiten (BBl 1995 IV 2, S. 923; 1988 III S. 347; 1984 I 2, S. 791). Siehe auch die einschlägige Stellungnahme der Direktion für Völkerrecht vom 4. März 1988 (VPB 64/2000, Nr. 20, S. 272 ff.).

Aus der reichhaltigen Lehre siehe nur etwa Aubert, Autorité, S. 273 ff.; Cottier/Hertig, Das Völkerrecht in der neuen Bundesverfassung, S. 10 f.; Hangartner, Völkerrecht und schweizerisches Landesrecht, S. 653 ff.; Häfelin/Haller, S. 561; Jacot-Guillarmod, Détour, S. 131; Kälin, Geltungsgrund, S. 54 ff.; Ders., Staatsrechtliche Beschwerde, S. 90; Keller, Rezeption des Völkerrechts, S. 344 ff.; Müller/Wildhaber, Praxis, S. 164 ff.; Michel, L'imprégnation, S. 67; Perrin, S. 825 f.; Petersmann, Verfassungsentscheidung, S. 549 f.; Rhinow, Grundzüge, S. 565 f.; Schindler, Die Schweiz und das Völkerrecht, Neues Handbuch, S. 111; Thürer, Verfassungsrecht und Völkerrecht, S. 186 f.; Ders., Bundesverfassung und Völkerrecht, S. 7; Wilhelm, S. 83 ff.; Zellweger, Völkerrecht und Bundesstaat, S. 88, m.w.H.

Die Grundentscheidung der schweizerischen Rechtsordnung zu Gunsten des monistischen Modells ist hinsichtlich der Frage der unmittelbaren Anwendbarkeit völkerrechtlicher Verträge insofern von Bedeutung, als dass die unmittelbare Anwendbarkeit grundsätzlich nur in einem monistischen System möglich ist. Es obliegt den Gerichten, über die unmittelbare Anwendbarkeit völkerrechtlicher Vertragsnormen zu entscheiden, sofern die Frage nicht durch den Gesetzgeber positivrechtlich geklärt wird, etwa anlässlich der Genehmigung eines Staatsvertrags durch die schweizerische Bundesversammlung gemäss Art. 166 Abs. 2 BV[39].

Im weiteren ist das Bekenntnis zum Monismus m.E. vor allem mit Blick auf die Auslegung der für die Schweiz massgeblichen Völkerrechtsnormen von Bedeutung, die unabhängig von ihrer Geltung im Landesrecht nach völkerrechtlichen Regeln zu erfolgen hat, insbesondere nach Art. 31-33 WVRK. Weitere Erörterungen zur Monismus-Dualismus-Debatte, die teilweise als eher wirklichkeitsfern und heuristisch empfunden wird[40], erübrigen sich an dieser Stelle.

2.3.3 Völkerrechtskonforme Auslegung des Landesrechts

Eine völkerrechtliche Norm, der im schweizerischen Recht Geltung zukommt, beansprucht qua Völkerrecht ihre Befolgung im landesrechtlichen Kontext (Art. 26 f. WVRK). Zudem strahlt sie kraft des landesrechtlichen Grundsatzes der Einheit der Rechtsordnung auf das gesamte nationale Recht aus. Zwischen Landesrecht und Völkerrecht muss folglich eine Konkordanz hergestellt werden. Dies geschieht auf dem Weg der völkerrechtskonformen Auslegung des Landesrechts, indem Auslegungsspielräume des nationalen Rechts unter Berücksichtigung der einschlägigen völkerrechtlichen Norm (die ihrerseits wie gezeigt völkerrechtlichen Auslegungskriterien unterliegt) ausgeschöpft werden, so dass es gar nicht erst zu einem Widerspruch zwischen Völker- und Landesrecht kommt. Damit erscheint der Beizug des Völkerrechts auf dem Wege der völkerrechtskonformen Ausle-

39 Vgl. unter 2.4.3.2

40 DINH/DAILLIER/PELLET, S. 95; HOLZER, S. 14 ff.; MÜLLER/WILDHABER, Praxis, S. 162; PERRIN, S. 839 ff.; THÜRER, Völkerrecht und Landesrecht, S. 217 ff.; VITZTHUM, S. 121.

gung des Landesrechts als eine Art mittelbare Anwendung des Völkerrechts[41].

Die völkerrechtskonforme Auslegung kann einerseits direkt aus Art. 26 f. WVRK abgeleitet werden. Sie findet eine weitere, souveränitätsschonendere, jedoch ausnahmeanfälligere Begründung in der Vermutung, der Gesetzgeber habe das Völkerrecht gelten lassen wollen, jedenfalls „sofern er nicht ausdrücklich in Kauf nimmt, dass völkerrechtswidriges Landesrecht zustande komme“[42]. Das Element der Völkerrechtskonformität kann aber auch als Aspekt der systematischen Auslegungsmethode oder als eigenständiges „Strukturprinzip“ der schweizerischen Verfassung aufgefasst werden[43].

Die angestrebte Vermeidung von Widersprüchen zwischen Völker- und Landesrecht kann auch auf dem Weg der landesrechtskonformen Auslegung von Völkerrecht erreicht werden, falls die völkerrechtliche Norm dies ausdrücklich oder stillschweigend zulässt oder gar vorsieht[44].

Zwar trifft es wohl zu, dass mittels harmonisierender Auslegung die meisten Konflikte zwischen Völker- und Landesrecht im Einzelfall vermeidbar sind[45]. Ebenso ist aber auch darauf hinzuweisen, dass nicht überbrückbare Gegensätze zwischen völker- und landesrechtlichen Normen durchaus denkbar sind und vorkommen (vgl. nachstehend), in Zukunft angesichts der zunehmenden Menge und Dichte des

41 *Case concerning right of passage oven Indian territory (Portugal v. India), Preliminary objections*, ICJ Reports 1957, S. 142; BGE 126 III 129, 137 f. und 150 f. *(„Kodak“)*; 125 II 86, 100; 124 V 225, 228 *(„Arbeitslosenkasse des Kantons Zürich“)*; 123 IV 236, 248 *(„A.B.C. und TA-Media“)*; 122 II 234, 239 *(„Zollfreistrasse Lörrach-Weil“)*; 122 II 469, 480 *(„Chanel“)*; 118 IV 221, 224; 117 Ib 367, 373 *(„Eidg. Steuerverwaltung gegen Erben X.“)*; 112 IV 115, 120; 94 I 669, 679 f. *(„Frigerio“)*; AUER/MALINVERNI/HOTTELIER, S. 449; COTTIER/ARPAGAUS, Einleitung, S. 30 f.; COTTIER/NADAKAVUKAREN, Relationship, S. 88 ff.; HÄFELIN/HALLER, S. 49 f.; HANGARTNER, Völkerrecht und schweizerisches Landesrecht, S. 670 f.; SCHINDLER, Die Schweiz und das Völkerrecht, S. 114; SEIDL-HOHENVERLDERN, Völkerrecht, S. 79 f.; STAEHELIN, TRIPS, S. 228 ff.; WÜGER, Staatsvertrag, S. 142 ff.

42 BGE 94 I 669, 678 *(„Frigerio“)*.

43 Vgl. Art. 5 Abs. 4 BV, Botschaft BV, BBl 1997 I, S. 134 f.; HANGARTNER, Völkerrecht und schweizerisches Landesrecht, S. 671; PETERSMANN, Verfassungsentscheidung, S. 537 ff.

44 BGE 102 Ia 406, 409; HANGARTNER, Völkerrecht und schweizerisches Landesrecht, S. 672; KÄLIN, Staatsrechtliche Beschwerde, S. 32 ff.

45 BGE 94 I 669, 678; COTTIER/HERTIG, Das Völkerrecht in der neuen Bundesverfassung, S. 11; SCHINDLER, Die Schweiz und das Völkerrecht, Neues Handbuch, S. 114; THÜRER, Verfassungsrecht und Völkerrecht, S. 191.

Völkerrechts möglicherweise gar vermehrt. Aus diesem Grund führt kein Weg daran vorbei, zumindest im Einzelfall den innerstaatlichen Rang einer völkerrechtlichen Norm zu definieren.

2.3.4 Innerstaatlicher Rang völkerrechtlicher Normen

Die Frage des innerstaatlichen Rangs einer Völkerrechtsnorm wird relevant, sobald ihr unmittelbare Anwendbarkeit zuerkannt worden ist und sich Landes- und Völkerrecht nicht auf dem Weg der völkerrechtskonformen Auslegung in Übereinstimmung bringen lassen[46]. Es gilt dann, die Völkerrechtsnorm in das hierarchisch gegliederte landesrechtliche Normengefüge einzubetten, um so den Anwendungsvorrang der einen oder anderen Norm zu eruieren. Dies ist insbesondere im Verhältnis von Völkerrecht und Bundesgesetz – die gleichermassen vom Anwendungsgebot von Art. 191 BV erfasst sind – problematisch und hat zu zahlreichen komplexen, wechselvollen Auseinandersetzungen in Rechsprechung und Lehre geführt, die hier indessen nicht im einzelnen wiedergegeben werden können[47].

Nach heutigem Stand dürfte der generelle, d.h. unbeachtet der Grundsätze von „lex posterior“ und „lex specialis“ zu beachtende

46 Wohl nicht zu Unrecht weist indessen JACOT-GUILLARMOD darauf hin, dass die Frage der unmittelbaren Anwendbarkeit in der bundesgerichtlichen Rechtsprechung zuweilen erst dann überhaupt problematisiert wird, wenn die politisch heikle Rangfrage absehbar ist (Détour, S. 145).

47 BGE 125 II 417 *(„Propagandamaterial PKK“)*; 122 II 485; 122 II 234 *(„Zollfreistrasse Lörrach-Weil“)*; 119 V 171, 176 ff.; 112 II 1, 13 *(„Wohnbau AG Giswil“)*; 111 V 201, 203 *(„Courtet“)*; 109 Ib 165; 99 Ib 39 *(„Schubert“)*; 94 I 669 *(„Frigerio“)*; 93 II 197; 59 III 337 *(„Steenvorden“)*; EWR-Botschaft, BBl 1992 IV 1, S. 87-93; Gemeinsame Stellungnahme BJ und DV, S. 394 ff.; ACHERMANN, Staatsvertrag, S. 43 ff.; AUBERT, Traité, Bd. 2, Nachtrag 1994, S. 1019 ff.; DERS. Autorité, S. 277 ff.; AUER/MALINVERNI/HOTTELIER, S. 449 ff.; COTTIER/HERTIG, Das Völkerrecht in der neuen Bundesverfassung, S. 13 ff.; EPINEY, Primat, S. 537 ff.: GRISEL, ANDRÉ, Hiérarchie, S. 377; HÄFELIN/HALLER, S. 563 ff.; HANGARTNER, Völkerrecht und schweizerisches Landesrecht, S. 661; JACOT-GUILLARMOD, Fondements, S. 227 ff.; DERS., Primauté, S. 383 ff.; KÄLIN, Geltungsgrund, S. 54 ff.; DERS., Schubert und der Rechtsstaat, S. 73 ff.; KELLER, Rezeption des Völkerrechts, S. 354 ff.; MÜLLER/WILDHABER, Praxis S. 164 ff.; PERRIN, S. 833 ff.; RHINOW, Grundzüge, S. 566 ff.; SCHINDLER, Die Schweiz und das Völkerrecht, S. 99 ff., 113 ff.; SEILER, Das völkerrechtswidrige Bundesgesetz, S. 377 ff.; DERS., Noch einmal, S. 451 ff.; SIEGENTHALER, Völkerrecht und schweizerisches Landesrecht, S. 215 ff; THÜRER, Bundesverfassung und Völkerrecht, S. 9 ff.; WILDHABER, Bemerkungen zum Fall Schubert, S. 195 ff.; WILHELM, S. 173 ff.

Vorrang des Völkerrechts zwar weitherum als anerkannt gelten[48]; ein Rückgriff des Bundesgerichts auf seine „Schubert"-Rechtsprechung, wonach der Vorrang dem jüngeren Bundesgesetz zukommt, wenn der Gesetzgeber in einem politischen Entscheid bewusst eine Völkerrechtsverletzung in Kauf genommen hat[49], erscheint angesichts der wenig einheitlichen bundesgerichtlichen Praxis und zahlreicher expliziter Hinweise auf den „Schubert"-Entscheid jedoch auch heute noch als möglich[50].

Eine Sonderstellung geniessen diejenigen Normen, die dem völkerrechtlichen *ius cogens* zugerechnet werden. Diese Fundamentalnormen des Völkerrechts wie etwa das Gewaltverbot, der Kerngehalt der Menschenrechte, das Verbot der Folter oder des Völkermordes stellen einen „minimal world order" dar[51]. Sie sind in jedem Fall zu beachten und im schweizerischen Landesrecht nun ausdrücklich als Schranke der Verfassungsrevision verankert, und können so als der schweizerischen Rechtsordnung schlechthin vorbehalten gelten[52].

48 BGE 125 III 209, 218; 125 II 417, 425 *(„Propagandamaterial PKK")*; 122 II 485; 122 II 234, 239 *(„Zollfreistrasse Lörrach-Weil")*; 119 V 171, 176 ff.; 109 Ib 165, 173; AUER/MALINVERNI/HOTTELIER, S. 451; BIAGGINI, Verhältnis, S. 727 ff.; EPINEY, Primat, S. 537 ff., insbes. S. 548 ff.; HÄFELIN/HALLER, S. 565; JACOT-GUILLARMOD, Primauté, S. 383 ff., insbes. S. 426 ff.; MICHEL, L'imprégnation, S. 69; RHINOW, Grundzüge, S. 566 ff.; WILHELM, S. 182 ff., insbes. S. 235 f.

49 BGE 99 Ib 39.

50 vgl. BGE 120 II 384, 387; 119 IV 65; 118 Ib 277, 281; 117 IV 124, 128; 116 IV 262, 268; 112 II 1, 13; 111 V 201 *(„Courtet")*; ACHERMANN, Staatsvertrag, S. 79; AUBERT, Traité, Bd. 2, Nachtrag 1994, S. 1019 ff.; COTTIER/HERTIG, Das Völkerrecht in der neuen Bundesverfassung, S. 13 ff.; THÜRER, Völkerrecht und Landesrecht, S. 217 ff., insbesondere S. 222 ff.

51 Vgl. Art. 53 WVRK; HÄFELIN/HALLER, S. 509 f.; KADELBACH, S. 23; RHINOW, Grundzüge, S. 562 ff.; SALADIN, Völkerrechtliches ius cogens und schweizerisches Landesrecht, S. 67 ff.; THÜRER, Bundesverfassung und Völkerrecht, S. 12.

52 Art. 139 Abs. 3, Art. 193 Abs. 4 und Art. 194 Abs. 2 BV; Botschaft BV, S. 361 f. Vgl. zuvor bereits die Botschaft über die Volksinitiative „für eine vernünftige Asylpolitik", BBl 1994 III S. 1486 ff. sowie ihre Ungültigerklärung durch die Bundesversammlung, BBl 1996 I 1355.

2.4 Die unmittelbare Anwendbarkeit als Frage des Landes- und des Völkerrechts – das zweistufige Prüfungsverfahren

2.4.1 Konzept

Die Frage nach der unmittelbaren Anwendbarkeit einer Völkerrechtsnorm ist wie gezeigt[53] sowohl aus völker- wie aus landesrechtlicher Sicht von Relevanz. Vor diesem Hintergrund erklärt sich, dass die Frage nach der unmittelbaren Anwendbarkeit völkerrechtlicher Verträge je nach völker- oder landesrechtlicher Annäherung anhand von unterschiedlichen Kriterien beantwortet wird[54].

Aus einer völkerrechtlichen Optik stehen vor allem zwei Überlegungen im Vordergrund: das Abstellen auf den Parteiwillen[55] und der durch die Rechtsprechung des EuGH entwickelte funktionelle Integrationsansatz[56]. Demgegenüber stehen verfassungsrechtliche Aspekte wie Gewaltenteilung, demokratische Legitimation, Föderalismus und Rechtsstaatlichkeit im Zentrum einer landesrechtlichen Betrachtung[57].

Sowohl der landes-[58] wie auch der völkerrechtlichen[59] Perspektive zugänglich ist schliesslich das Modell der Justiziabilität, das auf dem berühmten Entscheid *Foster v. Neilson*[60] beruht und auch die schweizerische Rechtsprechung und Lehre wesentlich prägte[61].

53 Vgl. unter 1.2.2.

54 BLECKMANN, Begriff und Kriterien, S. 123 ff.; BUCHS, S. 41 ff.; HOLZER, S. 52 ff.; JACKSON, Status, S. 328; JACOT-GUILLARMOD, Détour, S. 147 f.; KOLLER, S. 114 ff.; WILDHABER, Erfahrungen, S. 334 ff.

55 *Gutachten des StIGH über die Zuständigkeit der Danziger Gerichte*, PCIJ, Ser. B, No. 15, 1928, S. 17 f.; KOLLER, S. 97 f.; MÜLLER/WILDHABER, Praxis, S. 183; WILDHABER, Erfahrungen, S. 335 f. Hierzu ist jedoch sogleich festzuhalten, dass es nach den heute massgeblichen Auslegungsregeln der Wiener Vertragsrechtskonvention in erster Linie um die Ermittlung des objektiven Parteiwillens resp. Vertragsinhaltes geht, vgl. unter 2.4.2 und bei HOLZER, S. 56 ff.

56 EuGH Rs. 26/62, *Van Gend & Loos*, Slg. 1963, S. 1 ff.; EuGH Rs. 6/64, *Costa / ENEL*, Slg. 1964, S. 1141 ff.; JACOT-GUILLARMOD, Détour, S. 134 f.; WILDHABER, Erfahrungen, S. 336.

57 BLECKMANN, Begriff und Kriterien, S. 124 ff.; COTTIER, A Theory of Direct Effect, S. 103 f.; KOLLER, S. 115 ff.; WILDHABER, Erfahrungen, S. 336.

58 BUCHS, S. 43; KOLLER, S. 115 f.

59 WILDHABER, Erfahrungen, S. 335.

60 U.S. Supreme Court Reports, Vol. 27 (1829), 253, 314; vgl. auch den berühmten Entscheid *Sei Fuji v. State of California*, California Dist. Ct. App. 2nd Dist., April 24, 1950, zusammengefasst in AJIL 44 (1950) S. 590 f. und kommentiert

In einer m.E. überzeugenden Synthese führt HOLZER diese verschiedenen Ansatzpunkte zu einem zweistufigen Prüfungssystem zusammen[62]. Demzufolge kann und soll die gerichtliche Prüfung einer völkerrechtlichen Norm auf ihre unmittelbare Anwendbarkeit hin in zwei Stufen gegliedert werden.

Die erste Stufe hat sich mit der Frage auseinanderzusetzen, ob sich die unmittelbare oder bloss mittelbare Anwendbarkeit einer völkerrechtlichen Vertragsbestimmung bereits aus dem Vertrag selbst ergibt oder nicht. Ist dies der Fall, so ist die Frage als durch das Völkerrecht abschliessend beantwortet zu betrachten, und zwar im Sinne eines Gebotes oder eben Verbotes der unmittelbaren Anwendung. Ergibt diese Prüfung aber, dass die Frage der unmittelbaren Anwendbarkeit nicht Gegenstand des Vertrags ist, so ist von Anwendungsfreiheit auszugehen. Diesfalls schliesst sich eine Prüfung zweiter Stufe an, in welcher aufgrund landesrechtlicher Kriterien abzuklären ist, in welchem Sinne das Gericht von seiner Anwendungsfreiheit Gebrauch zu machen habe[63].

Das schweizerische Bundesgericht folgt dieser Prüfungsmethodik zwar nicht *explicite*, HOLZER sieht indessen – m.E. zu Recht – in mehreren Entscheiden Ansatzpunkte eines derartigen zweistufigen Vorgehens[64].

Der Klarheit halber ist festzuhalten, dass sich die im folgenden näher darzustellende Prüfung der unmittelbaren Anwendbarkeit jeweils auf die einzelne Norm bezieht und nicht etwa auf einen ganzen Staatsvertrag[65].

---

bei WRIGHT, S. 62 ff., der durch den Entscheid des California Supreme Court vom 17. April 1952 jedoch aufgehoben wurde, California Supreme Court, *Sei Fuji v. State of California*, 242 P.2d 617 (1952), abgedruckt in AJIL 46 (1952), S. 559 ff.; vgl. dazu TREBILCOCK, EPIL, S. 411 ff.

61 BGE 124 III 90. 91; 118 Ia 112, 117; 98 Ib 387 *(„Banque de Crédit International")*, 100 Ib 230 *(„Wessely")*; KÄLIN, Staatsrechtliche Beschwerde, S. 119; WÜGER, Staatsvertrag, S. 127 ff., 145 ff.; siehe die ausführlichere Darstellung unter 2.4.3.1.

62 HOLZER, S. 55 ff.; WÜGER, Staatsvertrag, S. 96.

63 HOLZER, S. 61 ff.

64 BGE 105 II 49, 57 ff. *(„Omo")*; 104 IV 175, 179 ff. *(„Adams")*; 100 Ib 226, 229 ff. *(„Wessely")*; 98 Ib 385, 388 *(„Banque de Crédit International")*; HOLZER, S. 72 ff.

65 HOLZER, S. 18; MÜLLER/WILDHABER, Praxis des Völkerrechts, S. 117; WULLSCHLEGER, S. 81.

2.4.2 Prüfung erster Stufe

Die Prüfung erster Stufe wird von den völkerrechtlichen Auslegungsregeln beherrscht, die weitgehend dem objektiven Auslegungsansatz folgen und sich in erster Linie auf Treu und Glauben, Wortlaut, Zusammenhang, Sinn und Zweck des Vertrages sowie spätere Übereinkunft oder Übung der Vertragsparteien stützen, wobei dem „klaren" Wortlaut eine privilegierte Stellung zukommt[66]. Nur ergänzende Auslegungsmittel sind demgegenüber die für die Feststellung des subjektiven Parteiwillens ausserordentlich wichtigen *travaux préparatoires*[67].

Ergänzende Funktion kommt im Rahmen der teleologischen Auslegungselemente sodann zwei völkergewohnheitsrechtlichen Auslegungsgrundsätzen zu, nämlich dem Effektivitätsgrundsatz *(effet utile, „ut res magis valeat quam pereat"*[68]*)* und demjenigen der *„necessary implication"*. Das *effet utile*-Prinzip besagt, dass unter mehreren Auslegungsmöglichkeiten diejenige zu wählen ist, welche den durch den Vertrag intendierten Effekt auch tatsächlich eintreten lässt[69]. Ergänzend hierzu bedeutet der Grundsatz der *„necessary implication"* oder *„implied powers"*, dass den Signatarstaaten, resp. den Vertragsorganen die entsprechenden Befugnisse auch ohne ausdrückliche Vertragsgrundlage zustehen können, falls dies für die Vertragsverwirklichung notwendig ist[70]. Auf die besondere Bewandtnis, welche den beiden Rechtsinstituten im Recht der Europäischen Gemeinschaft zukommt, kann an dieser Stelle nicht eingetreten werden.

66 Art. 31 f. WVRK; DINH/DAILLIER/PELLET, S. 250 ff., insbes. 258 ff.; HOLZER, S. 56 ff.; IPSEN, S. 114 ff.; KÖCK, Interpretation, S. 218 ff.; KOLLER, S. 104; VITZTHUM, S. 78 ff.; WILHELM, S. 100 ff.; WÜGER, Staatsvertrag, S. 111, Fn 111.

67 Art. 32 WVRK; DINH/DAILLIER/PELLET, S. 262; IPSEN, S. 121 f.

68 ICJ, *Interpretation of Peace Treaties with Bulgaria, Hungary and Romania (Second Phase)*, Advisory Opinion, ICJ Rep. 1950, S. 229 *(obiter)*.

69 PCIJ, *Case of the S.S. „Wimbledon"*, PCIJ, Ser. A Nr. 1 (1923), S. 23 ff.; ICJ, *Corfu Channel Case*, ICJ Rep. 1949, S. 24 f.; ICJ, *Interpretation of Peace Treaties with Bulgaria, Hungary and Romania (Second Phase)*, Advisory Opinion, ICJ Rep. 1950, S. 229 *(obiter)*; DINH/DAILLIER/PELLET, S. 260 f.; IPSEN, S. 120.

70 ICJ, *Reparation for Injuries suffered in the Service of the United Nations*, Advisory Opinion, ICJ Rep. 1949, S. 182 f.; ICJ, *Effects of Awards of Compensation made by the United Nations Administrative Tribunal*, Advisory Opinion, ICJ Rep. 1954, S. 56 ff.; ICJ, *Certain Expenses of the United Nations*, Advisory Opinion, ICJ Rep. 1962, S. 167 ff.; IPSEN, S. 120 f.; KÖCK, Implied powers, S. 279 ff.

Entsprechend den hier ganz kurz skizzierten allgemeinen Auslegungsregeln ist folglich die Frage nach der unmittelbaren Anwendbarkeit einer Norm im Rahmen der (völkerrechtlichen) Prüfung erster Stufe vorwiegend nach objektiven Kriterien wie insbesondere Wortlaut, Systematik, Telos sowie Treu und Glauben zu beurteilen[71], wogegen der subjektive Parteiwillen nur ergänzend beigezogen werden sollte[72].

In der bundesgerichtlichen Rechtsprechung finden sich vor allem in denjenigen Fällen Bezugnahmen auf völkerrechtliche Auslegungselemente, in welchen das Bundesgericht zum Schluss kam, der Vertrag schliesse die unmittelbare Anwendbarkeit aus[73].

Im Rahmen der völkerrechtlich geprägten Prüfung erster Stufe ist auch in der bundesgerichtlichen Rechtsprechung das objektive Kriterium des Vertragstexts wesentlich bedeutsamer als dasjenige des subjektiven Parteiwillens[74], der nach den Analysen von BUCHS, KOLLER und WÜGER kaum ausführlich eruiert wird und keine entscheidende Rolle spielt[75]. Da der Wortlaut einer Bestimmung aber auch für das Kriterium der Justiziablität[76] zentral ist und das Bundesgericht keine zweigeteilte Prüfung vornimmt, wird in der höchstrichterlichen Rechtsprechung selten einzeln geprüft, ob bereits der Vertragstext den Signatarstaaten und ihren Rechtsanwendungsorganen die unmittelbare Anwendbarkeit vorschreibe oder verbiete. Dieser völkervertragsrechtliche Aspekt verschmilzt aber teilweise mit der Justiziabilitätsprüfung zweiter Stufe[77].

Als weiteres Kriterium der völkerrechtlichen Ebene wird in der schweizerischen Rechtsprechung und Lehre zum Teil das Vorhandensein resp. Fehlen eines völkerrechtlichen Entscheidungsorgans erwo-

71 Dem entspricht die bundesrätliche Sprachregelung (vgl. BBl 1995 IV 2, S. 923; 1988 III S. 347; 1984 I 2, S. 791).

72 BUCHS, S. 46 ff.; KOLLER, S. 102 ff.; WÜGER, Staatsvertrag, S. 122 ff.

73 BGE 124 IV 23, 32 *(„B. gegen Eidg. Zollverwaltung")*; 121 V 246 *(„T. c. caisse cantonale")*; 121 V 229, 232 ff. *(„B. c. caisse de compensation")*; 120 Ia 1, 11 ff. *(„Verband Studierender")*; 112 Ib 183, 184 ff. *(„Maison G. Sprl.")*; 106 Ib 182, 186 ff. *(„Henggeler")*; 105 II 49, 57 ff. *(„Omo")*; 103 Ia 517, 522 ff. *(„Loup")*; HOLZER, S. 72 ff.; WÜGER, Staatsvertrag, S. 122.

74 BGE 117 V 268, 269; 116 Ib 217, 221; 114 V 8, 11; 113 V 261, 265; 97 I 359, 363 ff.; 96 I 648, 748; 94 I 669, 673 *(„Frigerio")*; BUCHS, S. 78 ff.; DOMINICÉ/VOEFFREY, S. 556; KOLLER, S. 99 ff.

75 BUCHS, S. 52 ff.; KOLLER, S. 102 ff.; WÜGER, Staatsvertrag, S. 122 ff.

76 Vgl. unter 2.4.3.1.

77 BGE 124 IV 23, 32; 120 Ia 1, 11 ff. *(„Verband Studierender")*; 112 Ib 183, 184 ff. *(„Maison G. Sprl.")*; 106 Ib 182, 186 ff. *(„Henggeler")*; 103 Ia 517, 522 ff. *(„Loup")*; HOLZER, S. 52 ff.; WÜGER, Staatsvertrag, S. 126 f.

gen. So hat das Bundesgericht die unmittelbare Anwendbarkeit des EFTA-Übereinkommens im Entscheid *„Banque de Crédit International"* unter anderem mit dem Fehlen einer „juridiction commune accessible aux particuliers" begründet, was im Ergebnis einer *„effet utile"*-Argumentation gleichkommt[78].

Andererseits kann auch argumentiert werden, die Einrichtung eines völkerrechtlichen Streitschlichtungsprozesses sei als Entscheidung der Vertragsparteien gegen die unmittelbare Anwendbarkeit zu verstehen[79]. M.E. zu Recht relativiert BUCHS die Tragweite dieses Aspekts mit einem Verweis auf die Rechtsprechung zur EMRK, die beweist, dass sich unmittelbare Anwendbarkeit im Landesrecht und wirksamer Rechtsschutz auf internationaler Ebene keineswegs auszuschliessen brauchen[80]. Im Zusammenhang mit der unmittelbaren Anwendbarkeit des WTO-Rechts werden derartige Fragen eingehender zu behandeln sein, insbesondere angesichts des besonderen WTO-Streitschlichtungsmechanismus[81].

2.4.3 Prüfung zweiter Stufe

2.4.3.1 Justiziabilität

Die landesrechtlich determinierte Prüfung zweiter Stufe wird herkömmlicherweise massgeblich bestimmt vom Begriff der Justiziabilität, der auch die Rechtsprechung des schweizerischen Bundesgerichts in dieser Frage dominiert. Justiziabilität kann als Sammelbegriff mehrerer Normcharakteristika verstanden werden, die den Richter befähigen, eine Norm auf einen konkreten Sachverhalt anzuwenden: Justiziabel nach dem dieser Arbeit zugrunde liegenden Verständnis ist eine Norm, die als Entscheidungsgrundlage hinreichend klar und bestimmt ist und sich an den Rechtsanwender richtet[82].

78 BGE 98 Ib 385, 388; BUCHS, S. 105 f.

79 ZULEEG, Innerstaatliche Anwendbarkeit, S. 352 ff.

80 BUCHS, S. 106.

81 Vgl. unter 8.5.

82 BGE 124 IV 23, 31; 124 III 90, 91; 121 V 246, 248 f.; 120 Ia 1, 11; 119 V 171, 177 f.; 118 Ia 112, 116 f.; 112 Ib 183, 184 f. *(„Maison G. Sprl.")*; 111 Ib 68, 72; 106 Ib 182, 187 *(„Henggeler")*; 105 II 49, 57 f. *(„Omo")*; BBl 1995 IV 2, S. 923; 1988 III S. 347; 1984 I 2, S. 791; BLECKMANN, EPIL, S. 416; DERS., Begriff und Kriterien, S. 305 ff.; BUCHS, S. 27; HOLZER, S. 103 f.; KOLLER, S. 71 ff.; PETERSMANN, Verfassungsentscheidung, S. 558 ff.; WÜGER, Staatsvertrag, S. 129 ff.

Bereits hier ist anzumerken, dass die Justiziabilitätsprüfung alleine die Frage nach der unmittelbaren Anwendbarkeit nicht in allen Fällen befriedigend zu beantworten vermag, weshalb bei gegebener Justiziabilität in einem weiteren Schritt zusätzliche Überlegungen angestellt werden müssen, insbesondere über die Eignung und Legitimation der Gerichte[83].

Zu den klassischen Voraussetzungen der unmittelbaren Anwendbarkeit einer völkerrechtlichen Norm gehört zunächst, dass sie hinreichend klar und bestimmt ist, um im Einzelfall Grundlage einer Entscheidung bilden zu können[84], d.h. um als Obersatz eines Syllogismus dienen zu können[85].

HOLZER und WÜGER haben ausführlich nachgewiesen, dass das Bestimmtheitserfordernis für sich allein genommen die Frage der unmittelbaren Anwendbarkeit nicht zu beantworten vermag und auch in der Rechtsprechung des Bundesgerichts nicht allein entscheidend ist. Zu zahlreich sind die Fälle, in welchen staatsvertraglichen Normen trotz kaum bestreitbarer hinreichender Klarheit und Bestimmtheit die unmittelbare Anwendbarkeit versagt worden ist[86]; umgekehrt sind gerade die klassischerweise unmittelbar anwendbaren Freiheitsrechte teilweise sehr allgemein formuliert, so etwa auch die grundlegenden Bestimmungen der EMRK, die klarerweise *„self-executing"* sind[87]. Die unmittelbare Anwendbarkeit von Grundrechtsnormen liegt nicht

83 Vgl. unter 2.4.3.2.

84 BGE 125 I 182, 190; 124 III 90, 91; 122 II 234, 237 *(„Zollfreistrasse Lörrach-Weil")*; 120 Ia 1, 11; 118 Ia 112, 116 f.; 112 Ib 183, 184 *(„Maison G. Sprl.")*; 106 Ib 187; 105 II 49, 57 f. *(„Omo")*; BUCHS, S. 60 ff; COTTIER/HERTIG, Das Völkerrecht in der neuen Bundesverfassung, S. 25 f.; HÄFELIN/HALLER, S. 55 f.; HOLZER, S. 83 ff.; JACOT-GUILLARMOD, Détour, S. 140; KOLLER, S. 104 f.; WÜGER, Staatsvertrag, S. 127 ff.

85 BGE 98 Ib 385, 387 *(„Banque de Crédit International")*; BUCHS, S. 27; HOLZER, S. 83 f., 103 ff.; KOLLER, S. 71 f.; WÜGER, Staatsvertrag, S. 149 ff. Zur Methodik des klassischen Syllogismus und ihren Unzulänglichkeiten vgl. ARZT, S. 75 ff.; BIAGGINI, Verfassung und Richterrecht, S. 31 f.; LARENZ/CANARIS, S. 91 ff.; RHINOW, Rechtsetzung und Methodik, S. 17 ff.; ZIPPELIUS, Methodenlehre, S. 97 ff.

86 BGE 112 Ib 183, 189 f. *(„Maison G.")*; 111 V 201, 204 f. *(„Courtet")*; 105 II 49, 58 f. *(„Omo")*; 104 IV 175, 178 ff. *(„Adams")*; ANDRICH, S. 73 ff.; COTTIER/HERTIG, Das Völkerrecht in der neuen Bundesverfassung, S. 25 ff.; HOLZER, S. 113 f.; WÜGER, S. 139 f.; JACOT-GUILLARMOD, Détour, S. 136 ff.; PETERSMANN, Verfassungsentscheidung, S. 559 ff.

87 BGE 125 II 417 *(„Propagandamaterial der PKK")*; 117 Ib 367; 103 V 192; 102 Ia 463, 481; WÜGER, Staatsvertrag, S. 229 ff.

in ihrer Formulierung begründet, sondern darin, dass ihre Durchsetzung eine klassische Funktion der Gerichte darstellt.

Als zweite Voraussetzung der Justiziablität einer Norm gilt, dass sie sich an die rechtsanwendenden Behörden richten müsse. Dies bedeutet insbesondere, dass Adressat einer Norm nicht ausschliesslich der Gesetzgeber sein darf. Diese Voraussetzung ist bei den Freiheitsrechtsgarantien idealtypisch gegeben, sie wird hingegen von sogenannten Programmnormen nicht erfüllt[88].

In einem engen Zusammenhang dazu steht ein weiteres zuweilen genanntes Teilkriterium der Justiziabilität, das verlangt, eine Norm müsse Rechte und Pflichten des Einzelnen zum Inhalt haben, um unmittelbar anwendbar zu sein[89]. Darin ist m.E. nicht ein eigenständiges Kriterium zu sehen, denn die Rechtsstellung Privater wird regelmässig berührt, sobald sich eine Norm nicht ausschliesslich an den Gesetzgeber richtet[90]. Dies erhellt auch daraus, dass der Zugang zu gerichtlichem Rechtsschutz in rein landesrechtlichen Angelegenheiten ebenfalls nicht von der Gewährung subjektiver Rechte durch einen Rechtssatz abhängig gemacht wird. Wo weitergehende Rechtsschutzvoraussetzungen bestehen, wie insbesondere bei der staatsrechtlichen Beschwerde (wo die Verletzung von rechtlich geschützten Interessen verlangt wird), werden sie unter dem Titel der Legitimation des Beschwerdeführers geprüft[91]. Es gibt keinen Grund, von diesem Ansatz im Zusammenhang mit Normen des Völkervertragsrechts abzuweichen.

M.E. macht eine Justiziabilitätsprüfung nach den Teilkriterien Klarheit und Bestimmtheit der Norm und Rechtsanwender als Adressat durchaus Sinn. Sie beantwortet die Frage nach der unmittelbaren Anwendbarkeit einer Norm indessen nicht abschliessend, sondern ist lediglich der Ausgangspunkt der Untersuchung, ob eine Norm ihrem Charakter nach unmittelbar oder nur mittelbar anwendungsfähig ist. In beiden Fällen kann das Prüfungsergebnis nur ein vorläufiges sein. So hat das Beispiel der Freiheitsrechte gezeigt, dass ein offener Normtext die unmittelbare Anwendbarkeit etwa dann nicht ausschliesst, wenn

88 BGE 124 III 90; 119 V 171, 177 f.; 118 Ia 112, 116; AUER/MALINVERNI/HOTTELIER, S. 452 f.; kritisch BUCHS, S. 85 ff.; KOLLER, S. 68 ff.

89 BGE 124 III 90, 91; 118 Ia 112, 116 f.; 116 Ib 299, 302 f.; 112 Ib 183, 184 *(„Maison G. Sprl.“)*; BUCHS, S. 88 f.; KOLLER, S. 74 ff.; ZULEEG, Innerstaatliche Anwendbarkeit, S. 357 f.

90 Ablehnend auch BUCHS, S. 88 f.

91 HÄFELIN/HALLER, S. 591 ff.; KÄLIN, Staatsrechtliche Beschwerde, S. 223 ff.; RHINOW/KOLLER/KISS, S. 339 ff.; ZIMMERLI/KÄLIN/KIENER, S. 225 ff.

diese aufgrund der Schutzrichtung der Norm und der anerkannten Eignung und Zuständigkeit der Gerichte als geboten erscheint.

Wird eine völkerrechtliche Norm hingegen als justiziabel im beschriebenen Sinne und damit unmittelbar anwendungsfähig erkannt, so vermag dies m.E. erst eine Vermutung zu Gunsten der unmittelbaren Anwendbarkeit zu begründen. Aufgrund weiterer Kriterien mag sich nämlich ergeben, dass eine bestimmte Völkerrechtsnorm trotz unmittelbarer Anwendungsfähigkeit im landesrechtlichen Kontext einer legislatorischen Umsetzung bedarf, weil die Judikative im besonderen Fall zur landesrechtlichen Umsetzung der Völkerrechtsnorm trotz deren justiziablen Charakters als ungeeignet erscheint. Damit sind zum einen Aspekte der Gewaltenteilung und des Legalitätsprinzips, zum anderen aber auch Fragen der Legitimität sowie des Instrumentariums von Gerichten angesprochen. Es geht um die „organadäquate Funktionenverteilung“[92] im demokratischen Rechtsstaat. Diese Probleme sollen nachstehend unter den Oberbegriffen der Organlegitimation und -eignung besprochen werden[93].

2.4.3.2 Organlegitimation und -eignung

Ob ein Gericht in einem Einzelfall eine Völkerrechtsnorm unmittelbar und möglicherweise entgegen dem Landesrecht anwenden soll oder nicht, ist auch und gerade ein Problem der Gewaltenteilung und des Gesetzesvorbehalts. Es ist somit auch zu prüfen, ob das Gericht bezüglich einer bestimmten Frage zur Rechtsgestaltung als legitimiert und geeignet erscheint oder ob diese der gesetz- resp. verfassungsgebenden Gewalt vorzubehalten ist[94].

92 ZIPPELIUS, Allgemeine Staatslehre, S. 319.

93 COTTIER/HERTIG, Das Völkerrecht in der neuen Bundesverfassung, S. 27 ff. und WÜGER, S. 145 ff. nennen die Organeignung des Gerichts bereits als Element der Justiziabilität, was hier der Klarheit halber nicht übernommen werden soll. Das Kriterium der Organeignung beschlägt m.E. nicht so sehr den Normcharakter, sondern vielmehr die institutionelle und materiell-rechtliche Konstellation im Landesrecht.

94 COTTIER, A Theory of Direct Effect, S. 115 ff., DERS., Staatsvertrag, S. 19 ff.; COTTIER/HERTIG, Das Völkerrecht in der neuen Bundesverfassung, S. 27 ff.; COTTIER/GERMANN, S. 51; HOLZER, S. 87 f., 91 ff; WÜGER, Staatsvertrag, S. 146 ff. Allgemein zum Verhältnis von Legislative und Judikative vgl. nur Botschaft BV, BBl 1996 I S. 131 ff.; BIAGGINI, Verfassung und Richterrecht, S. 314 ff.; BORER, S. 197 ff.; COTTIER, Erfordernis der gesetzlichen Grundlage, insbes. S. XXIX ff.; DÜRR, insbes. S. 158 ff.; GEORG MÜLLER, Inhalt und Formen, S. 54 ff.; DERS., Rechtssetzungslehre, S. 19 ff.; RHINOW, Rechtsetzung und Methodik, S. 195 ff.; ZIPPELIUS, Allgemeine Staatslehre, S. 319 ff.

Für die Beurteilung der richterlichen Legitimation ist der in der neuen Bundesverfassung definierte materiale Gesetzesbegriff (Art. 164 BV) fruchtbar zu machen, der qualifizierte, als besonders wichtig oder einschneidend empfundene Rechtsschöpfungsakte dem Bundesgesetz vorbehält. Auch die Lehre hat versucht, den Gesetzesvorbehalt unter dem Gesichtspunkt der Wichtigkeit näher zu umschreiben. Dabei werden etwa die folgenden Kriterien hervorgehoben, die hier allerdings nicht vertieft werden können: Anzahl der zu regelnden Verhaltensalternativen, Breite des rechtspolitischen Regelungsermessens, Grösse des Adressatenkreises, Grundrechtsrelevanz und Eingriffsintensität einer Regelung, politische Tragweite[95], finanzielle Auswirkungen, organisatorisch-administrative Bedeutung, voraussichtliche Akzeptanz[96].

Auch soweit völkerrechtliche Normen resp. deren landesrechtliche Umsetzung in Frage stehen, muss der Vorbehalt der referendumspflichtigen Erlassform Gültigkeit haben. Diese Konkordanz herzustellen ist Sinn und Zweck der Verfassungsbestimmungen über die Genehmigung von Staatsverträgen und insbesondere über das Staatsvertragsreferendum, das jedoch in der nachgeführten Bundesverfassung 1999 nicht analog zur Neuregelung der Erlassformen ausgebaut worden ist. Dies mag man bedauern; in Übereinstimmung mit dem Bundesgericht kann m.E. die Lösung indessen nicht darin bestehen, diejenigen Staatsverträge nun nicht unmittelbar anzuwenden, welche inhaltlich zwar „gesetzeswesentlich" sind, dem Staatsvertragsreferendum aber nicht unterstanden[97]. Eine Angleichung von Innen- und Aussenverfassung müsste vielmehr *de lege ferenda* erfolgen. Ein erster Schritt dazu wurde im Rahmen der Reform der Volksrechte unternommen. So unterstehen seit dem 1. August 2003 auch Staatsverträge, die „wichtige rechtssetzende Bestimmungen enthalten oder deren Umsetzung den Erlass von Bundesgesetzen erfordert"[98], dem

95 In diesem Aspekt der Normwichtigkeit klingt auch die *political question*-Doktrin an, vgl. dazu BIAGGINI, Verfassung und Richterrecht, S. 200 f., m.w.H. Zur *political question*-Doktrin US-amerikanischer Gerichte vgl. den Entscheid des Supreme Courts *Baker v. Carr*, 82 S. Ct. 691; NOWAK/ROTUNDA, S. 238 f.

96 Vgl. dazu BIAGGINI, Verfassung und Richterrecht, S. 319 ff.; BORER, S. 315 ff.; COTTIER, Erfordernis der gesetzlichen Grundlage, S. 167 f.; EICHENBERGER, Rechtssetzungsfunktion, S. 21, Fn 22; GEORG MÜLLER, Inhalt und Formen, S. 110 ff.; WÜGER, Staatsvertrag, S. 202 ff.; ZIPPELIUS, Allgemeine Staatslehre, S. 319.

97 BGE 124 II 293, 307 f.; 120 Ib 360, 366; a.M. COTTIER/HERTIG, Das Völkerrecht in der neuen Bundesverfassung, S. 28 f.

98 Art. 141 Abs. 1 lit. d Ziff. 3 BV.

fakultativen Referendum. Für die Zwecke dieser Arbeit braucht dieses Problem allerdings nicht vertieft zu werden, da die einschlägigen Staatsverträge des WTO-Rechts dem fakultativen Referendum unterstanden, dieses jedoch nicht zustande gekommen ist[99].

Im Spannungsfeld von Gewaltenteilung und unmittelbarer Anwendbarkeit von völkerrechtlichen Verträgen ist hier aber auf zwei weitere Problempunkte einzugehen. Zum einen wird zuweilen die Ansicht vertreten, der Entscheid für oder wider die unmittelbare Anwendbarkeit sei für sich allein genommen derart bedeutsam, dass er durch den Gesetzgeber zu regeln sei[100]. Das Recht der Bundesversammlung, einen Anwendungsausschluss zu erlassen, ist unbestritten[101]. Damit ist allerdings Vorsicht geboten, denn eine derart pauschale legislatorische Normierung der Frage birgt die Gefahr einer zu schematischen Regelung[102]. Entsprechenden parlamentarischen Vorstössen zu einzelnen völkerrechtlichen Verträgen war bislang denn auch kein Erfolg beschieden[103]. Eine Normierung der Anwendbarkeit durch den Gesetzgeber ist m.E. im Grundsatz abzulehnen, denn das Gesetzgebungsorgan ist ungeeignet für eine artikelscharfe Rechtsauslegung, die für eine differenzierte generell-abstrakte Normierung des Problems erforderlich wäre. Das Parlament soll Normen erlassen, nicht auslegen. Denkbar wäre m.E. lediglich ein politisch motivierter genereller Ausschluss der unmittelbaren Anwendbarkeit für ein ganzes Vertragswerk analog zum Antrag von Ständerätin Josi Meier, etwa

99 AS 1995 II, S. 2115; BBl. 1995 II, S. 669; COTTIER/NADAKAVUKAREN, Challenge, S. 354 ff.

100 HOLZER, S. 116 ff.; KNAPP, Les particuliers, S. 299; SEILER, Die nationale Verfassung, S. 313; THÜRER, Internationales Rule of Law, S. 472.

101 COTTIER/PANNATIER, SJK 385, S. 5; HOLZER, S. 116 ff.; KNAPP, Les particuliers, S. 299; SCHINDLER, Die Schweiz und das Völkerrecht, Neues Handbuch, S. 112; SCHÖBI, Art. 46 WVRK, S. 217 Fn 8; THÜRER, Bundesverfassung und Völkerrecht, S. 9.

102 Zu entsprechenden Beispielen aus dem Ausland siehe MÜLLER/WILDHABER, Praxis, S. 190 f.

103 Antrag von Ständerätin Josi Meier vom 7.3.1984, die Europäische Sozialcharta sei unter Beifügung eines Art. 1a im entsprechenden Bundesbeschluss zu genehmigen: „Die Europäische Sozialcharta ist in der Schweiz nicht unmittelbar anwendbar", Amtl. Bull. SR 94 (1984), S. 44. Der Antrag wurde abgelehnt, die Sozialcharta damals nicht genehmigt. Ebenfalls abgelehnt wurde der Antrag von Ständerat Carlo Schmid vom 11.3.1996, der im Genehmigungsbeschluss zur Konvention über die Beseitigung jeder Form von Diskriminierung der Frau jede unmittelbare Rechtswirkung dieser Konvention ausschliessen wollte, Amtl. Bull. SR 106 (1996), S. 62.

– wie im genannten Fall – um die politische Akzeptanz einer Konvention zu fördern.

Verzichtet das Parlament auf eine Normierung der bloss mittelbaren Anwendbarkeit, ist im weiteren fraglich, ob die aus den einschlägigen verfassungsrechtlichen Bestimmungen und insbesondere dem Institut des Staatsvertragsreferendums erwachsene Geltungs-Legitimation einer Völkerrechtsnorm auch beliebige Anwendungsakte mitumfasst oder nicht. Kann und soll beispielsweise ein Gericht eine im weiter oben erläuterten Sinne justiziable Staatsvertragsnorm entgegen einem Bundesgesetz anwenden können und damit in der Sache Entscheidungen treffen, die im rein landesrechtlichen Kontext aufgrund von Art. 164 BV dem generell-abstrakten und referendumspflichtigen Bundesgesetz vorbehalten gewesen wären? M.E. ist dies ausgehend vom Anwendungsgebot des Art. 191 BV und im Lichte des prinzipiellen Vorrangs völkerrechtlicher Normen im Grundsatz zu bejahen.

Es ist indessen einzuräumen, dass es – vor allem in der Konstellation Staatsvertrag-Bundesgesetz – Rechtsanwendungsakte geben kann, denen der Charakter einer grundlegenden Weichenstellung für ganze legislatorische Komplexe zukommen würde. Derartige Entscheide wären unter Umständen problematisch, da hier rechtspolitisches Regelungsermessen ausgeübt und soziale Kompromisse geschmiedet werden müssten, wofür das öffentliche parlamentarische Verfahren als besser legitimiert und geeignet erscheint als das gerichtliche[104].

Problematisch ist in derartigen Ausnahmekonstellationen insbesondere, dass einem Gericht das Instrumentarium generell-abstrakter Normierung fehlt. So ist ein Gericht beispielsweise zur Normierung einer Marktordnung oder eines Steuersystems unter Umständen nicht geeignet[105].

In solchen Ausnahmefällen ist richterliche Selbstbeschränkung zu erwägen. Diese kann auf verschiedenen Wegen erreicht werden. Drei Modelle stehen im Vordergrund: der Appellentscheid, dem hier das Wort geredet werden soll, die Ablehnung der unmittelbaren Anwendbarkeit und der Rückgriff auf die *Schubert*-Praxis.

Ein Appellentscheid wäre in unserem Kontext ein Gerichtsurteil, welches zwar die Unvereinbarkeit von Völkerrecht und Landesrecht festhalten, dem völkerrechtswidrigen Landesrecht die Anwendung

104 ZIPPELIUS, Allgemeine Staatslehre, S. 319.

105 Vgl. aber etwa den Entscheid BGE 100 Ib 429 *(Denner AG gegen EVD)*, in welchem das Bundesgericht das Weinstatut vom 23. Dezember 1971 durchaus einer rechtlichen Überprüfung unterzog. Zum berühmten „Bananen"-Entscheid des EuGH siehe unter 7.2.4.

aber nicht versagen, sondern lediglich den Gesetzgeber zu Korrekturen aufrufen würde[106].

Die Figur des Appellentscheids ist für das schweizerische Recht im Rahmen der Normenkontrolle von kantonalen Erlassen im Verfahren der staatsrechtlichen Beschwerde entwickelt worden[107]. Als Beispiel mag der Entscheid *„Hegetschweiler"* dienen[108], in welchem das Bundesgericht im Verfahren der abstrakten Normenkontrolle auf staatsrechtliche Beschwerde hin zwar feststellte, das revidierte Zürcher Steuergesetz benachteilige Ehegatten gegenüber nicht verheirateten Paaren und verletze somit Art. 4 Abs. 1 aBV, die fraglichen Gesetzesbestimmungen aber dennoch nicht aufhob, wie dies die Beschwerdeführer verlangt hatten. Das Bundesgericht begründete dies damit, dass durch die Aufhebung der revidierten Bestimmungen das alte Recht wieder in Kraft treten und noch schwerwiegendere Rechtsungleichheiten geschaffen würden. Ferner führte es aus: „Das von den Beschwerdeführern anvisierte Ziel einer gerechteren Besteuerung lässt sich hier nicht durch die Aufhebung von Bestimmungen im Rahmen einer abstrakten Normenkontrolle erreichen, sondern nur durch Gesetzesänderung"[109]. Eine reine Feststellung der Rechtswidrigkeit, so das Bundesgericht weiter, würde sich im Fall einer Rechtsungleichbehandlung von bedeutendem Ausmass allerdings nicht mehr rechtfertigen lassen.

Der Appellentscheid könnte m.E. auch im Verhältnis Völkerrecht-Landesrecht in Ausnahmefällen einen Ausweg weisen. Allerdings kann nicht übersehen werden, dass der Appellentscheid dem Beschwerdeführer die effektive Durchsetzung seiner Ansprüche, beispielsweise aus Staatsvertragsbeschwerde gemäss Art. 189 Abs.1 lit. c BV, im Resultat vorenthält und somit rechtstaatlich nicht unbedenklich ist. Er sollte deshalb strikte auf Fälle begrenzt sein, in welchen dem Gericht das Instrumentarium zur unmittelbaren Herstellung recht-

106 Derartige Appellenscheide können auch als Ausdruck einer *political question*-Doktrin verstanden werden, vgl. BIAGGINI, Verfassung und Richterrecht, S. 455 ff.; BLECKMANN, Begriff und Kriterien, S. 262 ff.

107 BGE 117 V 318 *(Staatliche Pensionskasse Solothurn)*; BGE 113 Ia 61 f.; 112 Ia 314; 110 Ia 7, 26 *(Hegetschweiler)*; 109 Ib 81, 89; Urteil des Bundesgerichts vom 10. Oktober 1986, ZBl 1987, S. 306 ff. *(Börlin)*; Urteil des Bundesgerichts vom 8. November 1985, ZBl 1986, 485. Vgl. auch die teilweise kritischen Stellungnahmen in der Lehre, etwa bei AUER, Caprices, S. 33 ff.; BIAGGINI, Verfassung und Richterrecht, S. 455 ff.; HAEFLIGER, S. 93, 255; KÄLIN, Staatsrechtliche Beschwerde, S. 403; RHINOW/KOLLER/KISS, S. 364; THÜRER, Bundesverfassung und Völkerrecht, S. 10 Fn 35; THÜRER, Willkürverbot, S. 472.

108 BGE 110 Ia 7; vgl. dazu AUER, Caprices, S. 33 ff., m.w.H.

109 BGE 110 Ia 7, 26.

mässiger Verhältnisse klarerweise fehlt und durch die Nichtanwendung der als (völker)rechtswidrig erkannten Normen ein materiell noch unbefriedigenderer Zustand entstünde.

Das Institut des Appellentscheids als Instrument richterlicher Selbstbeschränkung berührt zwar formell das Problem der unmittelbaren Anwendbarkeit nicht. Im Einzelfall führt es indessen zu einem ähnlichen Resultat, wie wenn das Gericht einer staatsvertraglichen Bestimmung die unmittelbare Anwendbarkeit versagen würde.

Auf einer generell-abstrakten Ebene zeigen sich freilich Unterschiede zwischen den beiden Instituten. Zum einen macht der Appellentscheid eine klare, an den Gesetzgeber adressierte Aussage: Er ruft ihn dazu auf, zwischen Völker- und Landesrecht Konkordanz herzustellen. Derartige Aussagen werden hingegen in der Regel vermieden, wenn einer Norm die unmittelbare Anwendbarkeit aberkannt wird. Zweitens vermeidet der Appellentscheid die Kohärenzprobleme, die sich stellen würden, wenn eine Bestimmung wie beispielsweise Art. I GATT (Allgemeine Meistbegünstigung) in einem politisch unumstrittenen Fall unmittelbar angewendet würde, nicht hingegen in anderen, brisanteren Konstellationen.

Aus diesen Gründen ist der Appellentscheid als Mittel richterlicher Selbstbeschränkung im Ausnahmefall einer Ablehnung der unmittelbaren Anwendbarkeit der in Frage stehenden staatsvertraglichen Norm vorzuziehen.

Als eine weitere Konfliktvermeidungsstrategie wäre ein Rückgriff des Bundesgerichts auf seine *Schubert*-Praxis[110] denkbar. THÜRER etwa sieht darin eine willkommene Möglichkeit, in extremis bei einer Art *political question*-Doktrin Zuflucht zu nehmen[111]. Auch dieser Ausweg ist m.E. dem Appellentscheid unterlegen, denn die *Schubert*-Praxis ist geeignet, den Vorrang des Völkerrechts zu unterminieren, da sie sich einem völkerrechtswidrigen Bundesgesetz widerspruchslos beugt und keine Aufforderung an den Gesetzgeber enthält, die Unvereinbarkeiten zwischen Völker- und Landesrecht zu bereinigen.

2.4.3.3 Weitere Kriterien

Selbstverständlich kommen in Rechtsprechung und Doktrin auch weitere Kriterien zum Ausdruck. An erster Stelle ist hier eine topische Betrachtungsweise nach Gegenstand des betroffenen Staatsvertrags zu

110 BGE 99 Ib 39.

111 THÜRER, Teilordnung, S. 50 ff.; vgl. auch BIAGGINI, Verfassung und Richterrecht, S. 194, m.w.H.

nennen[112]. Als grundsätzlich unmittelbar anwendbar können unter anderem Abkommen auf den Gebieten des internationalen Zivil- und Zivilprozessrechts[113], der Doppelbesteuerung[114] sowie die Rechtshilfe- und Auslieferungsverträge[115] gelten. Unter den völkerrechtlichen Verträgen mit Grundrechtsgehalten sind insbesondere die EMRK und der Internationale Pakt über bürgerliche und politische Rechte unmittelbar anwendbar[116]. Auf einzelne handelsrechtlichen Verträge wird im Zusammenhang mit der ausführlichen Prüfung der unmittelbaren Anwendbarkeit von Normen des WTO-Rechts einzugehen sein[117].

Andere Kriterien, die in Rechtsprechung und Doktrin eher vereinzelt zu Tage treten, können hier nur kurz erwähnt werden, so das Gegenseitigkeitsprinzip[118], allfällige Vertragsvorbehalte und Notstandsklauseln[119], die Rücksichtnahme auf die Einschätzung anderer Staatsorgane[120] oder zwischenstaatlicher Instanzen[121]. Zudem ist offensichtlich, dass die unmittelbare Anwendbarkeit einer Völkerrechtsnorm vor allem dann thematisiert wird, wenn die Völkerrechtsnorm mit einer als wichtig erachteten landesrechtlichen Bestimmung kollidieren würde[122].

112 BLECKMANN, Begriff und Kriterien, S. 304 f.; BUCHS, S. 108; JACOT-GUILLARMOD, Détour, S. 145 f.; KÄLIN/EPINEY, S. 111 f.

113 BGE 124 III 90; 111 II 62; 87 I 191; BLECKMANN, Begriff und Kriterien, S. 39; JACOT-GUILLARMOD, Détour, S. 145 f.

114 BGE 110 Ib 287 ff.; 102 Ib 264 ff.; 116 Ib 217 ff.; 113 Ib 195 ff.; 97 I 359 ff.; BLECKMANN, Begriff und Kriterien, S. 39.

115 BGE 122 II 485; 115 Ib 197, 198; 111 Ib 132; 106 Ib 400, 403 *(„Bozano")*; 100 Ia 407 ff. *(„Thareau")*; 87 I 134 *(„Ktir")*.

116 Zum Ganzen WÜGER, Staatsvertrag, S. 229 ff. Zum besonderen Status der EMRK vgl. BGE 125 II 417 *(„Propagandamaterial der PKK")*; 117 Ib 367; 103 V 192; 102 Ia 463, 481; Dritter Bericht des über die Schweiz und die Konventionen des Europarates, BBl 1984, 785, 791. Zu den UNO-Menschenrechtspakten siehe BGE 120 Ia 247, 254 f. (UNO-Pakt II); BGE 121 V 229, 332 f.; 121 V 246; 120 Ia 1, 11 ff. (UNO-Pakt I); KÄLIN/MALINVERNI/NOWAK, S. 71 ff.

117 vgl. unter 5.7.

118 BUCHS, S. 101 ff.; HOLZER, S. 96 f., je mit Hinweisen auf die Relevanz von Gegenseitigkeitsüberlegungen in der Rechtsprechung von EuGH und US Supreme Court.

119 BGE 111 Ib 161, 165 *(„Stefanelli")*; 100 Ib 226, 230 f. *(„Wessely")*; BUCHS, S. 106.

120 BGE 111 V 202, 204 *(„Courtet")*, wo einem Gutachten des Bundesamtes für Sozialversicherungen grosses Gewicht beigemessen wurde; BUCHS, S. 90 f.

121 HOLZER, S. 97.

122 BGE 111 V 201; 105 II 49; JACOT-GUILLARMOD, Détour, S. 145.

2.4.3.4 Zusammenfassung

Zusammenfassend kann festgehalten werden, dass sich auch für die landesrechtlich determinierte Prüfung zweiter Stufe wiederum ein Vorgehen in zwei Schritten aufdrängt.

In einem ersten Schritt ist die Justiziabilität einer völkervertragsrechtlichen Norm zu prüfen. Eine Norm ist dann justiziabel, wenn sie als Grundlage eines konkreten Entscheids hinreichend klar und bestimmt ist und sich direkt an den Rechtsanwender wendet. Eine dergestalt justiziable Norm hat m.E. grundsätzlich als unmittelbar anwendbar zu gelten.

Es ist jedoch denkbar, dass Gesichtspunkte der Organlegitimation und -eignung, insbesondere Gründe der Gewaltenteilung und des nicht zuletzt demokratisch motivierten Gesetzesvorbehalts, richterliche Selbstbeschränkung nahe legen. Eine derartige Selbstbeschränkung verdammt das Gericht indessen nicht zum Schweigen; vielmehr bleibt es m.E. zu einer Überprüfung der Völkerrechtskonformität von landesrechtlichen Akten mittels Appellentscheid berechtigt und verpflichtet. Hingegen ist es dem Gesetzgeber zu überlassen, Unvereinbarkeiten zwischen Völker- und Landesrecht auf legislatorischem Wege zu beseitigen, falls jener aufgrund der besonderen Tragweite der Angelegenheit und im Lichte der zuvor erörterten Kriterien eindeutig besser zur Wiederherstellung von Konkordanz geeignet ist, was jedoch m.E. klarerweise die Ausnahme darstellen dürfte.

Diese Überlegungen sind in Kapitel 8 im einzelnen auf das WTO-Recht anzuwenden. Im Hinblick darauf werden nachstehend die wichtigsten Grundsätze des WTO-Rechts überblickartig dargestellt.

3 Grundlagen des WTO-Rechts

3.1 Universalität der WTO

Das Recht der WTO bildet einen quasi universellen Rahmen der Weltwirtschaftsordnung: Die WTO zählt 146 Mitglieder, ihr Recht ist für rund 97% des gesamten Welthandels mit Waren und Dienstleistungen massgebend; mit mehr als 30 weiteren Staaten laufen Beitrittsverhandlungen[123]. Das WTO-Recht regelt somit die Handelsbeziehungen fast sämtlicher bedeutsamer Handelsnationen, insbesondere auch der grossen Wirtschaftsblöcke EU, USA/ NAFTA und Japan. Der umfassende personale Anwendungsbereich verleiht dem WTO-Recht eine grosse Bedeutung als institutioneller Rahmen der Weltwirtschaftsordnung und macht es zu einem wichtigen *„Governing Globalization“*-Forum[124].

3.2 Historische Bemerkungen

Am 15. April 1994 wurde mit dem Abschluss der Uruguay-Runde in Marrakesch das Übereinkommen zur Errichtung der Welthandelsorganisation (World Trade Organization, WTO)[125] verabschiedet. Mit der Gründung der WTO wurde ein Ziel erreicht, das von dem Freihandel gewogenen Kreisen seit dem Ende des Zweiten Weltkriegs ohne Erfolg verfolgt worden war.

Die Bemühungen um die Gründung einer derartigen Organisation gehen zurück auf die demokratische Führungsschicht der USA zum Ende des Zweiten Weltkriegs, in welcher das Fehlen einer offenen Welthandelsordnung in den dreissiger Jahren als ein wichtiger Grund

123 Aktuelle statistische Daten zur WTO finden sich auf deren Website (http://www.wto.org); vgl. auch COTTIER/WAGNER, S. 895; SENTI, WTO S. 110.

124 RUGGIERO, S. 134 f.

125 SR 0.632.20.

für den Ausbruch des Krieges angesehen wurde[126]. Sie mündeten schliesslich in die *Havanna Charter for an International Trade Organization (ITO)* vom 24. März 1948, welche die Gründung einer Welthandelsorganisation mit umfassendem materiellem Anwendungsbereich einschliesslich Handel, Wettbewerb, Entwicklung und Arbeitsmarkt vorsah, jedoch schliesslich vor allem an Widerständen im US-Kongress scheiterte[127].

Realisiert wurde bloss ein Teil der Havanna-Charta, nämlich diejenigen materiellrechtlichen Regeln, die bereits im Allgemeinen Zoll- und Handelsabkommen vom 30. Oktober 1947 *(General Agreement on Tariffs and Trade, GATT 1947)*[128] vereinbart und als vertragliches Provisorium in Kraft gesetzt worden waren[129]. Ursprünglich war beabsichtigt, den provisorischen Vertragscodex in die neuzugründende ITO zu überführen, wozu es wegen des Scheiterns der Havanna-Charta aber nicht kam. Stattdessen verfestigte sich das GATT aufgrund seiner inneren Verfassung gewohnheitsrechtlich von einem bloss vertraglichen Gebilde hin zu einer *de facto*-Organisation[130].

Neben seiner bloss provisorischen Anwendung und seines unklaren institutionellen Charakters ist mit der *Grandfather clause* ein weiterer juristischer Schwachpunkt des GATT 1947 zu erwähnen. Gemäss Art. 1 lit. b des Protokolls über die Vorläufige Anwendung des GATT

126 COOPER, S. 291 ff.; GARDNER, Sterling-Dollar Diplomacy, S. 8 ff.; JACKSON, World Trading System, S. 13; DERS., Jurisprudence, S. 21; DERS., World Trade Organization, S. 15 f.; SENTI, WTO, S. 2 ff., 6; VON TSCHARNER, S. 3 ff.

127 BEISE, S. 36 ff.; BENEDEK, Rechtsordnung des GATT, S. 30 f.; HERDEGEN, Internationales Wirtschaftsrecht, S. 120; JACKSON, World Trade Organization, S. 12; JACKSON/DAVEY/SYKES, S. 211 ff.; KRAJEWSKI, Verfassungsperspektiven, S. 22 f.; SENTI, WTO, S. 14 ff; YÜKSEL, S. 26.

128 SR 0.632.21.

129 Protokoll von Genf über die Vorläufige Anwendung des Allgemeinen Zoll- und Handelsabkommens (GATT) vom 30. Oktober 1947, abgedruckt bei BENEDEK, WTO-Textausgabe, S. 131 f.; BEISE, S. 39 f.; BENEDEK, Rechtsordnung des GATT, S. 27 ff.; CARREAU/JUILLARD, S. 50 f.; HERDEGEN, Internationales Wirtschaftsrecht, S. 121; JACKSON, Jurisprudence, S. 24 ff.; JACKSON/DAVEY/ SYKES, S. 217 f.; KRAJEWSKI, Verfassungsperspektiven, S. 22 f.; SENTI, WTO, S. 20 ff. Allgemein zum Einfluss der US-amerikanischen Aussenwirtschaftspolitik auf das Welthandelsrecht vgl. GOLDSTEIN, S. 22 ff.

130 BEISE, S. 33, 53 ff.; CARREAU/ JUILLARD, S. 59; HERDEGEN, Internationales Wirtschaftsrecht, S. 121; HOEKMAN/KOSTECKI, S. 15; JACKSON, World Trade Organization, S. 11; DERS., Jurisprudence, S. 23 f.; DERS., World Trading System, S. 42; KRAJEWSKI, Verfassungsperspektiven, S. 23; QURESHI, S. 3; YÜKSEL, S. 26 f.; BENEDEK spricht gar vom GATT als einer „gewohnheitsrechtlich entstandenen internationalen Organisation“ (Rechtsordnung des GATT, S. 248 ff.).

war nämlich der gesamte Teil II (Art. III – Art. XXIII) des GATT nur unter dem Vorbehalt anzuwenden, dass sich die darin enthaltenen Normen im Übereinklang mit den damals in Kraft stehenden Gesetzgebung der Mitgliedstaaten befanden[131].

Der Inhalt des GATT 1947 ist geprägt vom Wunsch der Vertragsparteien, die hohen tarifären und nichttarifären Handelshemmnisse abzubauen, die während der Wirtschaftskrise und des Weltkriegs errichtet worden waren[132]. Es hält deshalb in Teil I das Prinzip der Meistbegünstigung fest (Art. I) und bindet die Vertragsstaaten an die Listen ihrer Zollzugeständnisse (Art. II), die formal Anhänge des Vertragswerks darstellen und an dessen Rechtskraft teilhaben[133]. Teil II (Art. III – Art. XXIII) enthält weitere Elemente eines Aussenhandelscodex wie namentlich den Grundsatz der Inländerbehandlung (Art. III) sowie Bestimmungen über Antidumping und Ausgleichszölle (Art. VI), über die Beseitigung mengenmässiger Beschränkungen (Art. XI), über Subventionen (Art. XVI), staatliche Handelsunternehmen (Art. XVII), staatliche Unterstützung der wirtschaftlichen Entwicklung (Art. XVIII) und Ausnahmebestimmungen (Art. XIX bis Art. XXI). Teil III (Art. XXIV bis Art. XXXV) regelt den Geltungsbereich sowie Organisations- und Verfahrensfragen. Teil IV über Handel und Entwicklung (Art. XXXVI bis XXXVIII) wurde 1965 hinzugefügt.

Das GATT 1947 wurde in bislang 8 Handelsrunden weiterentwickelt[134]. Zunächst standen Zollsenkungen im Vordergrund, ehe im

131 BEISE, S. 49 f.; BENEDEK, Rechtsordnung des GATT, S. 99 ff.; HERDEGEN, Internationales Wirtschaftsrecht, S. 121; JACKSON, World Trading System, S. 39 ff.; JÄGER, S. 82 f.

132 BENEDEK, Rechtsordnung des GATT, S. 27; COTTIER, Globalisierung, S. 225; JÄGER, S. 52 f.; SENTI, WTO, S. 20.

133 BEISE, S. 48 f.; JACKSON, World Trading System, S. 142 f.; SENTI, WTO, S. 21.

134 Diese seien nachstehend der Vollständigkeit halber aufgeführt:
- 1. Handelsrunde des GATT, 1947 (Genf);
- 2. Handelsrunde des GATT, 1949 (Annecy);
- 3. Handelsrunde des GATT, 1951 (Torquay);
- 4. Handelsrunde des GATT, 1955-56 (Genf);
- 5. Handelsrunde des GATT, 1960-61 („Dillon-Runde");
- 6. Handelsrunde des GATT, 1964-67 („Kennedy-Runde");
- 7. Handelsrunde des GATT, 1973-79 („Tokio-Runde");
- 8. Handelsrunde des GATT, 1986-1993 („Uruguay-Runde");
- aktuelle Handelsrunde der WTO, laufend seit November 2001 („Doha-Runde").

Zu Vor- und Nachteilen des diskontinuierlichen Vorgehens in Handelsrunden vgl. LANGER, S. 79 ff.; SENTI, WTO, S. 41 ff.

Rahmen der Tokio-Runde (1973-1979) die diversen Zusatzabkommen im Bereich der nichttarifarischen Handelshemmnisse *(Multilateral Trade Negotiations, MTN)* ins Zentrum des Interesses rückten, durch welche das GATT zum GATT/MTN-System ergänzt wurde[135].

Unter dem Recht des (mehrfach modifizierten und ergänzten) GATT 1947 konnte im Bereich des Güterverkehrs eine vergleichsweise diskriminierungsfreie, transparente und offene Welthandelsordnung etabliert werden[136]. Deutlich traten aber auch die Schwächen des alten Systems hervor. Einerseits war das GATT 1947 auf den Handel mit Gütern beschränkt; zum anderen bestanden Lücken insbesondere im Bereich der Subventionen und Grauzonenmassnahmen[137]; schliesslich war das System institutionell eher schwach – insbesondere der Streitschlichtungsmechanismus war stark auf politischen Ausgleich ausgerichtet, was seiner Akzeptanz zwar förderlich gewesen sein dürfte, ihn aber auch schwerfällig und obstruktionsanfällig machte[138].

Für die Zwecke dieser Arbeit gilt es insbesondere hervorzuheben, dass dem GATT bis zum Abschluss der Uruguay-Runde (1986-1994) der rechtliche Status einer internationalen Organisation *stricto sensu* fehlte[139]. Als vertragliche Interimslösung gedacht, stellte es keine unmittelbare Grundlage für eine Organstruktur dar. Eine solche ergab sich jedoch durch Beschlüsse der GATT-VERTRAGSPARTEIEN, die auf diesem Weg einen GATT-Rat, diverse Ausschüsse und ein Streitbeilegungsverfahren einrichteten, was hier indessen nicht im einzelnen darzustellen ist[140].

135 Zur Entwicklung des GATT vgl. etwa BENEDEK, Rechtsordnung des GATT, S. 104 ff.; HAUSER/SCHANZ, S. 42; HERDEGEN, Internationales Wirtschaftsrecht, S. 122; JACKSON, Jurisprudence, S. 34 ff.; DERS., World Trade Organization, S. 15 ff.; DERS., World Trading System, S. 72 ff.; JACKSON/DAVEY/SYKES, S. 226 ff.; KRAJEWSKI, Verfassungsperspektiven, S. 23; SENTI, WTO, S. 33 ff; YÜKSEL, S. 27 f.

136 HAUSER/SCHANZ, S. 47.

137 BENEDEK, Einführung, S. 18; HAUSER/SCHANZ, S. 47 f.; PETERSMANN, Rights and Duties, S. 1122.

138 BEISE, S. 55 f.; BENEDEK, Einführung, S. 18; CARREAU/JUILLARD, S. 52, 69 ff.; HAUSER/SCHANZ, S. 47 f.; JACKSON, World Trade Organization, S. 64 ff.; DERS., World Trading System, S. 112 ff.; JÄGER, S. 263 ff.; PETERSMANN, Strengthening, S. 329 ff.; DERS., Dispute Settlement, S. 66 ff.

139 Avis Statut juridique du GATT, S. 153 ff.; CARREAU/ JUILLARD, S. 59; JACKSON, World Trading System, S. 58 ff.; JACKSON, Jurisprudence, S. 17 f., 23 f.; KRAJEWSKI, Verfassungsperspektiven, S. 23; QURESHI, S. 3; YÜKSEL, S. 26 ff.

140 Näheres dazu bei BEISE, S. 51 ff.; BENEDEK, Rechtsordnung des GATT, S. 210 ff.; HAHN, S. 18 ff.; JACKSON, World Trading System, S. 41 ff., S. 62 ff.;

3.3 Struktur des WTO/GATT-Vertragsgefüges

Die heutige Struktur der WTO und der in ihrem Tätigkeitsbereich angesiedelten Verträge ist das Resultat einer mehr als fünfzigjährigen Geschichte und fand mit dem Abschluss der Uruguay-Runde zu ihrer heutigen Gestalt. Die WTO bleibt indessen in ständiger Entwicklung; so wurde an der Ministerkonferenz in Doha vom November 2001 eine neue Welthandelsrunde lanciert, nachdem dies 1999 in Seattle noch gescheitert war[141].

Die Uruguay-Runde, die achte Welthandelsrunde, war die bisher umfassendste und längste Verhandlungsrunde in der Geschichte des GATT. Ihre Ergebnisse sind umfangreich und bedeuten eine eigentliche Zäsur in der Entwicklung des multilateralen Handelssystems[142].

Diese Arbeit muss sich mit einer kurzen Übersicht über die Ergebnisse der Uruguay-Runde begnügen; Vorgeschichte und Hergang dieser Handelsrunde können nicht dargestellt werden[143].

Die Ergebnisse der Uruguay-Runde bestehen formell in einer Vielzahl von internationalen Verträgen[144]. Als Rahmen für sämtliche Verträge, gleichsam als „*chapeau* für das Gesamtpaket der Uruguay-Runde“[145] kann das Übereinkommen zur Errichtung der Welthandelsorganisation (World Trade Organization, WTO)[146] bezeichnet werden. Es stellt die Rechtsgrundlage der WTO dar. Die restlichen Verträge sind rechtstechnisch als dessen Anhänge konzipiert, vier an der Zahl. Die Anhänge 1 bis 3 enthalten multilaterale Übereinkommen, d.h. Verträge, die für alle Mitgliedstaaten der WTO verbindlich sind. Darin kommt der *„single agreement approach“*, das Prinzip des Einheitsabkommens zum Ausdruck: Die Vertragsstaaten müssen diese Verträ-

---

Jäger, S. 64 ff.; Krajewski, Verfassungsperspektiven, S. 23; Senti, WTO, S. 113.

141 Zur sogenannten Doha-Runde und zu den langfristigen Perspektiven der WTO siehe die entsprechenden Angaben auf www.wto.org und insbesondere die Doha-Declarations; Beise, S. 127 ff.; Senti, WTO, S. 683 ff.; Stoll/ Schorkopf, S. 267 ff.; Yüksel, S. 99 ff.

142 Benedek, Einführung, S. 17; Jackson, Implications, S. 29 ff.; Ders., World Trade Organization, S. 1 f.; Senti, WTO, S. 65; Yüksel, S. 28 ff.

143 vgl. hierzu etwa Beise, S. 63 ff.; Benedek, Einführung, S. 17 ff.; Girard, S. 1 ff.; Jackson, World Trading System, S. 44 ff.; Ders., World Trade Organization, S. 24 ff.; Senti, WTO, S. 64 ff.

144 vgl. auch die Übersicht bei Beise, S. 88 ff.

145 Beise, S. 89; Hauser/Schanz, S. 55.

146 SR 0.632.20, wo auch die Anhänge 1-3 publiziert sind.

ge *en bloc* übernehmen oder auf eine WTO-Mitgliedschaft generell verzichten[147]. Darin liegt eine Abkehr des in der Tokioter Runde praktizierten *„pick and choose approach"*, der den Vertragsstaaten die Möglichkeit eröffnete, sich ein *„GATT à la carte"* zusammenzustellen[148].

Der Anhang 1 lässt sich in drei Teile gliedern. In den drei Teilen dieses Anhangs lassen sich zugleich auch die „materiellrechtlichen Säulen" des GATT/WTO-Systems, nämlich Warenhandel, Dienstleistungshandel und Schutz geistiger Eigentumsrechte erblicken[149].

Anhang 1A enthält die folgenden multilateralen Handelsübereinkünfte:

- Allgemeines Zoll- und Handelsabkommen 1994: Dieses besteht aus einer *Introducary Note*, dem GATT 1947 einschliesslich der vor Inkrafttreten des WTO-Übereinkommens in Kraft stehenden Rechtsinstrumente[150], aus sechs Vereinbarungen zur Auslegung von einzelnen Artikeln des GATT 1947 (Anhang 1A.1) sowie aus dem Marrakesch-Protokoll zum GATT 1994 (Anhang 1A.2)
- Übereinkommen über die Landwirtschaft (Anhang 1A.3)
- Übereinkommen über die Anwendung gesundheitspolizeilicher und pflanzenschutzrechtlicher Massnahmen (Anhang 1A.4)
- Übereinkommen über Textilwaren und Bekleidung (Anhang 1A.5)
- Übereinkommen über technische Handelshemmnisse (Anhang 1A.6)
- Übereinkommen über handelsbezogene Investitionsmassnahmen (Anhang 1A.7)
- Übereinkommen zur Durchführung des Artikels VI des Allgemeinen Zoll- und Handelsabkommens 1994 (Antidumping-Übereinkommen; Anhang 1A.8)
- Übereinkommen zur Durchführung des Artikels VII des Allgemeinen Zoll- und Handelsabkommens 1994 (Anhang 1A.9)
- Übereinkommen über Vorversandkontrollen (Anhang 1A.10)
- Übereinkommen über Ursprungsregeln (Anhang 1A.11)
- Übereinkommen über Einfuhrlizenzverfahren (Anhang 1A.12)
- Übereinkommen über Subventionen und Ausgleichsmassnahmen (Anhang 1A.13)

147 BENEDEK, Einführung, S. 21 f.; HAUSER/SCHANZ, S. 56; JACKSON, Implications, S. 36; VITZTHUM, S. 505.

148 BEISE, S. 91 f.; CARREAU/JUILLARD, S. 59; JACKSON, Implications, S. 36; JACKSON, World Trade Organization, S. 7; SCHLATTER, S. 83 Fn 1.

149 BEISE, S. 105 ff.

150 Zur komplexen Struktur des GATT 1947 vgl. JACKSON, Jurisprudence S. 20 ff.

– Übereinkommen über Schutzmassnahmen (Anhang 1A.14)

Anhang 1B umfasst das Allgemeine Übereinkommen über den Handel mit Dienstleistungen (*General Agreement on Trade in Services*, GATS) und hat damit den Anwendungsbereich der zuerst nur im GATT niedergelegten Grundregeln auf den immer wichtigeren Bereich des Dienstleistungshandels ausgedehnt[151].

In Anhang 1C findet sich das Übereinkommen über handelsbezogene Aspekte der Rechte des geistigen Eigentums (*Trade Related Intellectual Property Rights*, TRIPS), wodurch der Regelungsbereich des WTO-Rechts in der Uruguay-Runde die zweite bedeutsame Ausdehnung erfuhr[152].

Anhang 2 enthält die Vereinbarung über Regeln und Verfahren zur Beilegung von Streitigkeiten *(Understanding on Rules and Procedures Governing the Settlement of Disputes, DSU)*[153].

Anhang 3 normiert den Mechanismus zur Überprüfung der Handelspolitik *(Trade Policy Review Mechanism, TPRM)*[154].

Anhang 4 bildet den Rahmen für vier plurilaterale Handelsübereinkünfte, wobei das Übereinkommen über das öffentliche Beschaffungswesen hervorzuheben ist[155]. Diese stehen insofern ausserhalb des WTO-Rahmens, als sie institutionell ihre eigene Existenz haben und

151 Allgemein zum GATS siehe etwa BARTH, S. 455 ff.; ETTER, S. 91 ff.; HAUSER/SCHANZ, S. 191 ff.; JACKSON, World Trading System, S. 306 ff.; JACKSON/DAVEY/SYKES, S. 853 ff.; KOEHLER, S. 1 ff.; ROTH/JOSI, N 30 ff.; SENTI, WTO, S. 563 ff.; SENTI/WEBER, S. 129 ff.; STOLL/SCHORKOPF, S. 177 ff.; TREBILCOCK/HOWSE, S. 275 ff.; YÜKSEL, S. 62 ff.

152 Siehe hierzu etwa COTTIER, TRIPS, S. 193 ff.; COTTIER/GERMANN, S. 68 ff.; DUGGAL, S. 42 ff., 63 ff.; HAUSER/SCHANZ, S. 210 ff.; JACKSON, World Trading System, S. 310 ff.; JACKSON/DAVEY/SYKES, S. 921 ff.; OTTEN, S. 72 ff.; SENTI, WTO, S. 607 ff.; STAEHELIN, TRIPS, S. 34 ff.; STOLL/SCHORKOPF, S. 203 ff.; TREBILCOCK/HOWSE, S. 307 ff.; YÜKSEL, S: 81 ff.; YUSUF, S. 3 ff.

153 Allgemein zum DSU siehe unter 3.4.2 und bei BEISE, S. 215 ff.; COTTIER, Dispute Settlement, S. 325 ff.; JACKSON, World Trading System, S. 124 ff.; DERS., World Trade Organization, S. 59 ff.; JACKSON/DAVEY/SYKES, S. 258 ff.; MAUDERER, S. 28 ff.; PETERSMANN, Dispute Settelement, S. 177 ff.; SENTI, S. 134 ff. Zur Bedeutung des DSU für die Frage der unmittelbaren Anwendbarkeit der WTO-Übereinkommen siehe unter 8.5.

154 BEISE, S. 214 f.; QURESHI, S. 108 ff.

155 ÜoeB, englisch Government Procurement Agreement, GPA; SR 0.632.231.422. Vgl. dazu etwa GALLI/LEHMANN/RECHSTEINER, S. 1 ff.; KUNNERT, S. 196 ff.; METZ/SCHMID, S. 44 ff.; RHINOW/SCHMID/BIAGGINI, S. 407 ff.; SCHERRER-JOST, S. 4 ff.; WASESCHA, Öffentliches Beschaffungswesen, S. 173 ff.

namentlich auch vom *„single package approach"* nicht erfasst sind (Art. II Abs. 3 WTO-Abkommen)[156].

3.4 Die WTO als institutioneller Rahmen

3.4.1 Organisationsrechtliche Grundzüge

Die Gründung der WTO durch das Übereinkommen zur Errichtung der Welthandelsorganisation vom 14. April 1994, das am 1. Januar 1995 in Kraft getreten ist, bedeutet eine wesentliche institutionelle Stärkung des Welthandelsrechts: Aus dem Vertragsprovisorium wurde eine internationale Organisation mit eigener Rechtspersönlichkeit (Art. VIII WTO-Übereinkommen); die Zersplitterung der vertraglichen Bindungen unter den Signatarstaaten wich einer einheitlichen Mitgliedschaft; der institutionelle Rahmen wurde durch die Etablierung einer neuen Organstruktur[157] und eines wirksameren Streitbeilegungsmechanismus[158] gestärkt.

Die institutionelle Struktur der WTO kann an dieser Stelle nicht näher beleuchtet werden[159]. Ein paar wenige Hinweise müssen genügen. Oberstes Organ ist die Ministerkonferenz (Art. IV Abs. 1 WTO-Übereinkommen), die mindestens alle zwei Jahre zusammentritt. Zwischen seinen Tagungen fungiert der Allgemeine Rat *(General Council)* als Hauptorgan (Art. IV Abs. 2 WTO-Übereinkommen). Beide Organe bestehen aus Vertretern sämtlicher Mitgliedstaaten. Formal im

156 BENEDEK, Einführung, S. 23; HAUSER/SCHANZ, S. 56; HERDEGEN, Internationales Wirtschaftsrecht, S. 126; JACKSON, Implications, S. 37.

157 BENEDEK, Einführung, S. 26 f.; CARREAU/JUILLARD, S. 58 ff.; HERDEGEN, Internationales Wirtschaftsrecht, S. 124 ff.; JACKSON, World Trading System, S. 58 ff.; DERS., World Trade Organization, S. 36 ff.; DERS., Implications, S 29 ff., 35 ff.; KRAJEWSKI, Verfassungsperspektiven, S. 23; QURESHI, S. 3 ff.; SENTI, WTO, S. 107 ff.; VITZTHUM, S. 504 f.

158 CARREAU/JUILLARD, S. 68 ff.; HOEKMAN/KOSTECKI, S. 44 ff.; JACKSON, World Trading System, S. 124 ff.; DERS., World Trade Organization, S. 59 ff.; KRAJEWSKI, Verfassungsperspektiven, S. 31; MAUDERER, S. 28 ff.; PETERSMANN, Dispute Settlement, S. 177 ff.; QURESHI, S. 97 ff.; SENTI, WTO, S. 134 ff.; YÜKSEL, S. 31 ff.

159 Für eine ausführliche Darstellung und normativ-funktionelle Analyse des Organisationsrechts der WTO vgl. den zweiten Teil der neueren Arbeit von BEISE, S. 156 ff.

Rahmen des Allgemeinen Rates bestehen das Streitbeilegungsorgan *(Dispute Settlement Body, DSB)*, das seinen Aufgaben in *Panels* und einer Berufungsinstanz *(Appellate Body)* nachkommt, sowie der *Trade Policy Review Body*, der unter eigenem Vorsitz für die Überprüfung der Handelspolitik gemäss *TRPM* zuständig ist.

Unterhalb der Ministerkonferenz und des Allgemeinen Rates sind die Räte des GATT, des GATS und des TRIPS für die Überwachung der Wirkungsweise der jeweiligen Vertragswerke eingerichtet worden (Art. IV Abs. 5 WTO-Übereinkommen). Als Exekutive fungiert das Sekretariat, dem ein Generaldirektor vorsteht (Art. VI WTO-Übereinkommen). Zahlreiche Ausschüsse und Arbeitsgruppen runden die verzweigte und komplexe Organisationsstruktur der WTO ab[160].

Bedeutsam für die Zwecke dieser Arbeit ist die Feststellung, dass der WTO nicht wie etwa der Europäischen Gemeinschaft die Kompetenz zum Erlass von generell-abstraktem Sekundärrecht zusteht[161]. Für eine detaillierte Darstellung der verschiedenen Beschlussarten sowie von Verfahren und Quora der Beschlussfassung muss wiederum auf die einschlägige Literatur verwiesen werden[162]. Hervorzuheben gilt es jedoch, dass die Beschlüsse im Rahmen der WTO wie in Art. IX des Übereinkommens zur Errichtung der WTO vorgesehen *in praxi* im Konsens gefällt werden[163].

3.4.2 Das verrechtlichte Streitbeilegungsverfahren

3.4.2.1 Einleitung

Unter den organisationsrechtlichen Neuerungen ist insbesondere der durch das DSU etablierte neue Streitbeilegungsmechanismus zu erwähnen, der als wesentlicher Schritt zur Verrechtlichung des Welthandelsrechts angesehen werden kann und in der wissenschaftlichen

160 Allgemein zur Organstruktur der WTO vgl. ADAMANTOPOULOS, S. 32 ff.; BEISE, S. 156 ff., insbesondere S. 185 ff.; CARREAU/JUILLARD, S. 60 ff.; JACKSON, World Trade Organization, S. 36 ff.; KRAJEWSKI, Verfassungsperspektiven, S. 27 ff.; QURESHI, S. 5 ff.; SENTI, WTO, S. 115 ff.; SENTI/CONLAN, S. 24 ff.; STAEHELIN, TRIPS, S. 28 ff.; STOLL/SCHORKOPF, S. 15 ff.; YÜKSEL, S. 30 ff.

161 CARREAU/JUILLARD, S. 63.

162 ADAMANTOPOULOS, S. 54 f.; JACKSON, World Trading System, S. 65 ff.; KRAJEWSKI, Verfassungsperspektiven, S. 30 f.; SENTI, WTO, S. 130 ff.; ZELLER, S. 35 ff., 39 f.

163 HERDEGEN, Internationales Wirtschaftsrecht, S. 125; SENTI, WTO, S. 133; ZELLER, S. 35 ff., 39.

Diskussion eine äusserst reichhaltige Bearbeitung erfahren hat[164]. Hier sollen nur die Grundzüge der neuen Regelung dargestellt werden.

Das DSU bezieht sich in Art. 3 Abs. 1 auf Art. XXII und Art. XXIII des GATT 1947, die es weiterentwickelt und abändert. Das DSU knüpft zwar am alten Streitschlichtungssystem an und steht insofern in dessen Tradition, bringt aber gewichtige Neuerungen.

Klarzustellen ist vorweg, dass das DSU dem Konzept der zwischenstaatlichen Streitbeilegung treu geblieben ist. Parteien sind also immer die Mitgliedstaaten (wobei die EU ihre Mitgliedstaaten vertritt); Einzelpersonen sind nicht parteifähig, sondern können ihre Interessen nur über den diplomatischen Schutz durch ihre Regierungen wahrnehmen. In gewissen Rechtsordnungen sind die Voraussetzungen und Verfahren dieser Vertretung privater Interessen durch die Regierung auf internationaler Ebene gesetzlich normiert. Musterbeispiel hierfür ist „Section 301“ des US-Handelsgesetzes, die in der „Handelshemmnis-Verordnung“ ihre Entsprechung im EU-Recht findet[165].

3.4.2.2 Einheitlichkeit des Verfahrens

Als erste wichtige Neuerung darf bereits der umfassende Anwendungsbereich des DSU gelten – erst das DSU schuf nämlich ein einheitliches Streitschlichtungssystem für sämtliche WTO-Übereinkommen[166], nachdem zuvor insbesondere in der Tokio-Runde eine starke Zersplitterung zu beobachten war. Die einzelnen Kodizes enthielten

164 Vgl. nur etwa GATT-Botschaft S. 339 ff.; ADAMANTOPOULOS, S. 59 ff.; BEISE, S. 215 ff.; BREITENMOSER/HUUSHEER, S. 691 ff.; CARREAU/JUILLARD, S. 68 ff.; CAMERON/CAMPBELL, S. 17 ff.; COTTIER, Dispute Settlement, S. 325 ff.; HILPOLD, S. 272 ff.; HOEKMAN/KOSTECKI, S. 44 ff.; JACKSON, World Trade Organization, S. 59 ff.; DERS., World Trading System, S. 107 ff.; KESSIE, S. 1 ff.; KRAJEWSKI, Verfassungsperspektiven, S. 115 ff.; MAUDERER, S. 28 ff.; OTT, S. 21 ff.; PETERSMANN, Evolution, S. 1157 ff.; DERS., Dispute Settlement, S. 177 ff.; QURESHI, S. 97 ff.; SENTI, WTO, S. 134 ff.; STOLL/SCHORKOPF, S. 145 ff.; TREBILCOCK/HOWSE, S. 51 ff.; YÜKSEL, S. 31 ff.
Eine interessante Diskussion neuer Reformvorschläge findet sich etwa im JIEL 6 Nr. 1 (März 2003).

165 *Trade Act* von 1974, Sec. 301, P.L. 93-618; *Trade and Tariff Act* von 1984, Sec. 301-306 und 100-418, P.L. 98-573; *Omnibus Trade and Competitiveness Act* von 1988, Sec. 301-310, P.L. 100-418; Verordnung (EG) Nr. 3286/94 des Rates vom 22.12.1994 zur Festlegung der Verfahren der Gemeinschaft im Bereich der gemeinsamen Handelspolitik zur Ausübung der Rechte der Gemeinschaft nach internationalen Handelsregeln (ABl. L 349, S. 71 ff.), geändert durch die Verordnung (EG) Nr. 156/95 vom 20.2.1995 (ABl. L 41, S. 3 ff.). Vgl. zum Ganzen etwa LUKAS, S. 181 ff.; SENTI, S. 206 ff.

166 Art. 1 i. V. m. Anhang 1 DSU.

jeweils eigene Streitschlichtungsmechanismen mit Gremien, welche die restlichen Abkommen nicht zur Anwendung bringen konnten, was zu einem *„Forum Shopping"* führte, das auch unter dem Begriff des *„GATT à la carte"* beklagt wurde[167].

3.4.2.3 Der Dispute Settlement Body

Die Schaffung eines zentralen Streitschlichtungsorgans für die unter der Ägide der WTO abgeschlossenen Verträge ist ebenfalls neu. Der DSB steht zwar formell in Personalunion mit dem Allgemeinen Rat, muss aber funktionell trotzdem als eigenständiges Organ angesehen werden.

Dem DSB obliegt gemäss Art. 2 Abs. 1 DSU die Verwaltung der Streitschlichtung; er setzt Panels ein, entscheidet über die Annahme oder Ablehnung der Berichte der Panels und des Appellate-Body, überwacht die Umsetzung der Entscheidungen und Empfehlungen und befindet über die Aussetzung von Zugeständnissen und sonstigen Verpflichtungen. Neu gilt für diese Entscheidungen das sogenannte umgekehrte Konsensprinzip: Auf Antrag eines Mitglieds wird ein Panel eingesetzt und andere Entscheidungen getroffen, sofern der DSB nicht durch Konsens (d.h. unter Zustimmung des antragstellenden Mitgliedstaats) gegenteilig beschliesst. So wird die Blockierung durch eine beteiligte Partei, die unter dem Konsensprinzip ursprünglicher Prägung noch möglich war, überwunden.

3.4.2.4 Das neue Verfahren

Am Anfang des Verfahrens stehen Konsultationspflichten gemäss Art. 4 DSU. Das gerichtsförmige erstinstanzliche Verfahren vor dem Panel ist in Art. 6 ff. DSU geregelt und findet seinen Abschluss in der Annahme des Panelberichts durch das DSB. Der Annahmeentscheid des DSB kann nur durch Konsensentscheid verweigert werden, wird aber ausgesetzt, wenn eine Partei Rechtsmittel einlegt (Art. 16 DSU).

Im letzteren Fall gelangt die Angelegenheit vor die Ständige Berufungsinstanz, das *Standing Appellate Body* (SAB). Dieses kann den Panelbericht aufheben, wonach das Verfahren wohl von neuem beginnen müsste, oder – allenfalls mit Modifikationen – mittels eines eigenen Berichts annehmen. Der SAB-Bericht kann vom DSB erneut nur durch Konsensus abgelehnt werden (Art. 17 DSU). Er bildet die

167 BEISE, S. 221 f.; BENEDEK, S. 324 f.; MAUDERER, S. 30 f.; PETERSMANN, Dispute Settlement, S. 90 f.

Grundlage für die Entscheidungen über Verletzungen des WTO-Rechts und Empfehlungen zu deren Behebung des DSB an das fehlbare WTO-Mitglied (Art. 19 f. DSU).

Das DSB wacht über die Umsetzung der Entscheidungen und Empfehlungen, wobei insbesondere für die Festlegung des Umsetzungszeitraums ein eigenes Verfahren festgelegt wurde. Für die Frage, ob seitens des fehlbaren Mitgliedstaats genügende Umsetzungsmassnahmen getroffen wurden, kann wiederum ein Panel eingesetzt werden (Art. 21 DSU).

Sind die Entscheidungen und Empfehlungen nicht innert angemessener Frist umgesetzt worden, kommt ein ebenso raffinierter wie komplizierter Sanktionsmechanismus in Gang, der unter dem Titel „Entschädigung und Aussetzung von Zugeständnissen“ steht (Art. 22 DSU). Wichtig ist die Klarstellung, dass derlei Sanktionen nur vorübergehend – also bis zur vollständigen Umsetzung der Entscheidungen und Empfehlungen des DSB – zulässig sind und den fehlbaren Mitgliedstaat ausdrücklich nicht von der Befolgung der DSB-Entscheidungen und -Empfehlungen befreien (Art. 22 Abs. 1 und 8 DSU)[168].

Die Sanktionen der Entschädigung zu Gunsten der im DSB-Bericht obsiegenden Partei oder die (retorsive) Aussetzung von Zugeständnissen durch diese Partei sollen zunächst von den betroffenen Mitgliedstaaten vereinbart werden. Ist dies nicht möglich, können diese Massnahmen durch den in seinen Rechten gemäss den WTO-Übereinkommen verletzten Mitgliedstaat dem DSB zur Genehmigung vorgeschlagen werden, wobei die Formulierung der Sanktionsmassnahmen nach bestimmten, in Art. 22 Abs. 3 DSU niedergelegten Kriterien vorzunehmen ist. Hier entscheidet das DSB grundsätzlich auch wieder nach dem umgekehrten Konsensprinzip. Der von der Sanktion betroffene Staat kann jedoch die Entschädigung oder die Aussetzung von Zugeständnissen in einem Schiedsverfahren anfechten, das endgültig ist (Art. 22 Abs. 6 DSU).

3.4.2.5 Zusammenfassung

Mit Blick auf die Frage der unmittelbaren Anwendbarkeit des WTO-Rechts sind die unter dem Stichwort der Verrechtlichung des Streitbeilegungsverfahrens insbesondere die folgendenden Neuerungen bedeutsam. Es wurde ein einheitliches Verfahren für sämtliche WTO-

168 Auf diesen Punkt ist im Zusammenhang mit der unmittelbaren Anwendbarkeit eingehend zurückzukommen, vgl. unter 8.5.4.

Übereinkommen etabliert, was die rechtliche Kohärenz des WTO-Systems fördert und der selektiven Anwendung der früheren Kodizes ein Ende setzt. Das Streitbeilegungsverfahren kann nicht mehr durch die Parteien blockiert werden; dies stärkt die Streitbeilegungsorgane und verleiht ihnen einen deutlicher judikativen Charakter. Die Gerichtsförmigkeit, Unabhängigkeit und Entpolitisierung des Verfahrens, ja ganz allgemein die Stärkung des *rule of law* wird zudem durch die Schaffung des SAB verdeutlicht[169].

Bedeutsam ist im weiteren, dass durch die Verfestigung und Verrechtlichung des Streitbeilegungsverfahrens die Voraussetzungen für die Entwicklung einer kohärenten und vorhersehbaren WTO-Rechtsprechung geschaffen wurden. So werden in Zukunft den nationalen Gerichten aussagekräftige Präjudizien der WTO-Streitbeilegungsorgane zur Verfügung stehen, was der Entwicklung hin zur unmittelbaren Anwendbarkeit des WTO-Rechts nur förderlich sein kann.

3.4.3 Politisch-diplomatische Elemente

Die Verfestigung und Stärkung der institutionellen Strukturen in der neuen WTO und die Verrechtlichung des Streitbeilegungsverfahrens dürfen nicht darüber hinweg täuschen, dass das Welthandelsgefüge, wie es sich unter dem GATT bis zur Gründung der WTO herausgebildet hat, stark von politisch-diplomatischen Elementen geprägt ist. So ist auch die WTO in erster Linie ein Forum für internationale Wirtschaftsverhandlungen. Im Rahmen dieser Verhandlungen ist insbesondere auf das Reziprozitätsprinzip hinzuweisen, das sich auch für die Frage der unmittelbaren Anwendbarkeit der WTO-Übereinkommen als bedeutsam herausstellen wird[170].

Das handelspolitische Prinzip der Reziprozität zieht sich wie ein roter Faden durch die multilaterale Welthandelsordnung der WTO. Es drückt aus, dass die Freihandelsziele „auf der Grundlage der Gegenseitigkeit und zum gemeinsamen Nutzen“[171], also unter wechselseiti-

169 BEISE, S. 220 ff.; COTTIER, Dispute Settlement, S. 334 ff.; MAUDERER, S. 62 ff.; PETERSMANN, Dispute Settlement, S. 182 ff.

170 Vgl. unter 8.7.2.

171 Präambel zum Übereinkommen zur Errichtung der WTO, Abs. 3.

gem Ausgleich von Vor- und Nachteilen, unter Wahrung der Verhältnismässigkeit anzustreben sind[172].

Das Reziprozitätsprinzip ist ein Leitgedanke des WTO-Systems und richtet sich in dieser Funktion an die Mitgliedstaaten. Einerseits bindet es die Mitgliedstaaten als Träger legislatorischer und exekutorischer Gewalt – etwa bei der Änderung von vertraglich notifizierten Handelsschranken[173], der Aussetzung von Zugeständnissen[174] oder bei der Festlegung von Antidumpingzöllen und Ausgleichsabgaben[175]. Andererseits weist es einen programmatischen Gehalt auf, indem es die Mitgliedstaaten als Akteure in Vertragsverhandlungen[176] zu *fair play* aufruft[177].

Als Grundregel für die Verhandlungsführung ist das Reziprozitätsprinzip mit rechtlichen Mitteln nicht durchsetzbar. Wird es trotzdem befolgt, so geschieht dies aus Überlegungen der Verhandlungslogik und -politik. Verträge basieren auch im Welthandelsrecht auf der *do ut des* – Maxime, wobei Leistung und Gegenleistung angesichts der unterschiedlichen Aussenhandelsstruktur der Partnerstaaten völlig verschiedenartig sein können[178] und die Reziprozität je nach politischer Gewichtung unterschiedlichen Kriterien zu genügen hat (Beschäftigungseffekte, Handelsbilanz, *Terms of Trade*, innenpolitische Prioritäten und Sensibilitäten)[179].

Von der eben angesprochenen multilateralen Reziprozität im Rahmen der WTO ist die unilaterale „Reziprozität" zu unterscheiden, unter welcher man die Politik eines Staats versteht, ausserhalb des WTO-Rahmens unter Androhung von Schutzmassnahmen auf eine Öffnung fremder Märkte hinzuwirken.

172 BEISE, S. 98 f.; HERDEGEN, Internationales Wirtschaftsrecht, S. 128 f.; LANGER, S. 86 ff.; PETERSMANN, Constitutional functions, S. 237 ff.; SENTI, WTO, S. 200 f; STOLL/SCHORKOPF, S. 40 ff.

173 Art. 4 Abs. 2 des Übereinkommens über Textilwaren und Bekleidung, SR 0.632.20, Anhang 1A.5.

174 Art. XIX Abs. 3 lit. a GATT.

175 Art. VI Abs. 2 und Abs. 3 GATT.

176 Art. XXVIIIbis Abs. 1 GATT; Art. XXI Abs. 2 lit. a GATS, Präambel des Übereinkommens über die Landwirtschaft, Abs. 2; YÜKSEL, S. 60 ff.

177 Ausführlich LANGER, S. 87 ff.; VITZTHUM, S. 507 f.

178 PETERSMANN, Constitutional functions, S. 239 ff.; SENTI, WTO, S. 203 f.

179 JACKSON, World Trading System, S. 147 ff.; SENTI, WTO, S. 204 ff.

3.5 Grundzüge des materiellen WTO-Rechts

3.5.1 Vorbemerkung

Es kann an dieser Stelle nicht darum gehen, das materielle Recht der WTO umfassend darzustellen. Vielmehr sollen kurz die wesentlichen Grundnormen angesprochen werden, um zu verdeutlichen, auf welche materiellrechtlichen Regeln sich die Frage der unmittelbaren Anwendbarkeit überhaupt bezieht. Es sollen dabei exemplarisch diejenigen Grundsätze dargestellt werden, die weitgehend für das gesamte WTO-Recht gelten. Die folgende Darstellung orientiert sich also an den überdachenden Prinzipien und nicht etwa an der Trichotomie von Warenhandel, Dienstleistungshandel und Schutz geistiger Eigentumsrechte.

3.5.2 Gemeinsame Zielsetzung

Das Übereinkommen zur Errichtung der Welthandelsorganisation nennt in seiner Präambel die Ziele, die dem Normenkomplex der WTO zugrunde liegen. Als Hauptziele werden die Erhöhung des Lebensstandards, die Sicherung von Vollbeschäftigung, die Steigerung des Realeinkommens sowie die Ausweitung von Produktion und Handel genannt[180]. Diese Wachstumsziele sollen jedoch in Übereinklang mit dem Prinzip der nachhaltigen Entwicklung[181] und unter besonderer Förderung der Entwicklungsländer verfolgt[182] werden. Als Mittel soll dabei der Abschluss von internationalen Übereinkünften dienen, „die auf der Grundlage der Gegenseitigkeit und zum gemeinsamen Nutzen auf einen wesentlichen Abbau der Zölle und anderer Handelsschranken sowie auf die Beseitigung der Diskriminierung in den internationalen Handelsbeziehungen abzielen“[183].

Das System der WTO fusst somit – aus internationaler Perspektive – auf dem Ideal des Freihandels, welchem auf nationaler Ebene das Modell der offenen Volkswirtschaft entspricht. Einlässliche Ausfüh-

180 Präambel, Abs. 1.
181 a.a.O.
182 Präambel, Abs. 2.
183 Präambel, Abs. 3.

rungen zu den ökonomischen Grundlagen der Freihandelsdoktrin und alternativen Konzepten können hier nicht gemacht werden[184].

Immerhin soll aber RICARDO'S dem Freihandelsideal zugrunde liegende und ausserordentlich einflussreiche Theorie der komparativen Vorteile an dieser Stelle erwähnt und in der prägnanten Formulierung des Leutwiler-Berichts wiedergegeben werden: „A farmer may know how to sew and a tailor may know how to raise chickens – but each can produce more by concentrating on doing what each can do most efficiently. The same applies to countries. Trade allows countries to concentrate on what they can do best… Trade translates the individual advantages of many countries into maximum productivity for all. This is the classic theory of international trade. It is still valid today."[185]

3.5.3 Garantien des gleichberechtigten Marktzugangs

3.5.3.1 Das Meistbegünstigungsprinzip (Most Favoured Nation Principle, MFN)

Das Meistbegünstigungsprinzip (Art. I GATT, Art. II GATS, Art. 4 TRIPS) kann als ein Kernelement des multilateralen Wirtschaftsvölkerrechts bezeichnet werden. Es verpflichtet die Signatarstaaten, Handelsvorteile, die sie einem Land gewähren, „unverzüglich und bedingungslos" gegenüber allen Vertragsparteien gleichermassen zu gewähren[186]. Es bildet einen Aspekt des Diskriminierungsverbots ab, indem es Ungleichbehandlungen verschiedener ausländischer Handelspartner verbietet. Seine Entsprechung findet es im Grundsatz der Inländerbehandlung, der Diskriminierungen von ausländischen gegenüber inländischen Akteuren untersagt[187]. Beide Prinzipien können als

184 JACKSON, World Trading System, S. 11 ff.; JACKSON/DAVEY/SYKES, S. 7 ff.; YÜKSEL, S. 11 ff., 27.

185 Leutwiler-Bericht, S. 23 (zitiert nach JACKSON, World Trading System, S. 12).

186 BEISE, S. 98; DAVEY/PAUWELYN, S. 13; HERDEGEN, Internationales Wirtschaftsrecht, S. 129 f.; HORN/MAVROIDIS, S, 1 ff.; JACKSON, World Trading System, S. 160 f.; JACKSON/DAVEY/SYKES, S. 415 ff.; PANNATIER, Meistbegünstigungsklausel, S. 3; STOLL/SCHORKOPF, S. 45 ff.; TREBILCOCK/HOWSE, S. 114 f.; VITZTHUM, S. 506.

187 CARREAU/ JUILLARD, S. 230; COTTIER/ARPAGAUS, S. 14; JACKSON, Jurisprudence, S. 57; DERS., World Trading System, S. 157 f.; PETERSMANN, Constitutional Functions, S. 226 ff.

Analoga zum verfassungsrechtlichen Rechtsgleichheitssatz angesehen werden[188].

Das Meistbegünstigungsprinzip spielt eine zentrale Rolle für die Verwirklichung gleicher Marktzugangschancen der Handelspartner und somit mittelbar, gleichsam als Multiplikator, für die Liberalisierung des internationalen Handels[189]. Es hat zudem in denjenigen Bereichen eine rechtsharmonisierende Funktion, wo keine multilateralen Verträge bestehen[190]. Allerdings ist festzuhalten, dass der Anwendungsbereich des Meistbegünstigungsprinzips im Güterhandel durch die weiter unten darzustellenden Ausnahmen auf etwa 20% des Welthandelsvolumens gesunken ist; demgegenüber erlebt es einen erneuten Bedeutungsgewinn durch seine Aufnahme in das GATS und in das TRIPS[191].

Im Rahmen des **GATT** hat das Meistbegünstigungsprinzip einen umfassenden Anwendungsbereich. Es gilt gemäss Art. I Abs. 1 zunächst hinsichtlich Zöllen, Steuern oder Ein- und Ausfuhrabgaben, gemäss Verweisung aber auch für die in Art. III Abs. 2 und 4 behandelten Abgaben, Belastungen und Vorschriften, die sich auf den Aussenhandel auswirken. Massgeblich sind die Länderlisten gemäss Art. II GATT. Hinzuweisen ist auf die zentrale Bedeutung des Begriffs der „gleichartigen Ware“ *(like product)*, denn das Meistbegünstigungsprinzip gilt nur hinsichtlich gleichartiger Erzeugnisse[192].

Im Zusammenhang mit dem Meistbegünstigungsprinzip ist auch auf Art. XIII Abs. 1 GATT hinzuweisen. Diese Bestimmung verbietet zwischen den Vertragsparteien die Anwendung höherer mengenmässiger Beschränkungen im Handelsverkehr als gegenüber Drittstaa-

188 LANGER, S. 107; STAEHELIN, TRIPS, S. 48 f.; STOLL, S. 119 ff.; TUMLIR, GATT-Regeln und Gemeinschaftrsrecht, S. 99.

189 HERDEGEN, Internationales Wirtschaftsrecht, S. 129; JACKSON, World Trading System, S. 134; PANNATIER, Meistbegünstigungsklausel, S. 3; STAEHELIN, TRIPS, S. 48.

190 PANNATIER, Meistbegünstigungsklausel, S. 3.

191 CARREAU/ JUILLARD, S. 235.

192 Zum Prinzip der Meistbegünstigung im allgemeinen und zum Begriff des *like product* vgl. die Panel-Berichte in den Streitsachen *Japan – Tariff on Import of Spruce-Pine-Fir (SPF) Dimension Lumber*, GATT Panel Report, 19. Juli 1989, 38th Supp. BISD 167 (1990) und *US – Denial of MFN Treatment as to Non-Rubber Footwear from Brazil*, GATT Panel Report, 19. Juni 1992, 39th Supp. BISD 128 (1993); CARREAU/JUILLARD, S. 232; DAVEY/PAUWELYN, S. 25 ff.; HORN/MAVROIDIS, S. 4 ff.; JACKSON/DAVEY/SYKES, S. 423 ff.; PANNATIER, Meistbegünstigungsklausel, S. 9.

ten[193]. Angesichts der quasi-universellen Geltung des GATT 1994 ist der Anwendungsbereich dieser Norm heute gering.

Neben Art. I und Art. XIII statuieren weitere Bestimmungen des GATT besondere Ausprägungen des Verbots der Diskriminierung zwischen den Handelspartnern, das dem Meistbegünstigungsprinzip zugrunde liegt (vgl. Art. III Abs. 7; Art. IV lit. b; Art. V Abs. 2, Abs. 5 und Abs. 6; Art. IX Abs. 1; Art. XVII Abs. 1 lit. a; Art. XVIII, Abs. 20; Art. XX GATT).

Das **GATS** normiert den Meistbegünstigungsgrundsatz für den Bereich der Dienstleistungen in Art. II, wobei die Abs. 2 und 3 bedeutsame Ausnahmen festhalten. Gemäss Abs. 2 dürfen zeitlich limitierte MFN-widrige Massnahmen aufrechterhalten bleiben, falls sie in der „Anlage zu Ausnahmen von Art. II" aufgeführt sind. Diese Ausnahmen werden nach fünf Jahren durch den Rat für den Handel mit Dienstleistungen überprüft (Ziffer 3 der Anlage) und sollen in den Regel für nicht länger als zehn Jahre gewährt werden (Ziffer 6 der Anlage)[194]. Die Schweiz hat sich vor allem in den Bereichen Audiovision, Transport, Personenverkehr und Finanzdienstleistungen Ausnahmen vom Meistbegünstigungsprinzip vorbehalten[195]. Eine grundsätzliche Ausnahme gilt gemäss Art. II Abs. 3 GATS zu Gunsten von Erleichterungen für den grenzüberschreitenden Verkehr zwischen benachbarten Ländern in unmittelbarer Grenznähe.

Nur bedingt gilt das Meistbegünstigungsprinzip bezüglich Anerkennung von ausländischen Qualifikationen eines Dienstleistungserbringers (Art. VII GATS). Gemäss Abs. 1 der genannten Bestimmung steht es den Mitgliedstaaten frei, eine derartige Anerkennung – sei es autonom oder gestützt auf einen völkerrechtlichen Vertrag – zu gewähren. Dies dürfte im Ergebnis einer bedingten Meistbegünstigungsklausel entsprechen[196].

Nur eingeschränkt gilt das Prinzip der Meistbegünstigung im Anwendungsbereich des **TRIPS**. Dieses enthält in Art. 4 Satz 2 einen Ausnahmekatalog. Dieser umfasst Handelsvorteile,

– die aufgrund von nicht spezifisch immaterialgüterrechtsbezogenen Verträgen gewährt werden (lit. a);

193 HERDEGEN, Internationales Wirtschaftsrecht, S. 130; STAEHELIN, TRIPS, S. 45 ff.; VITZTHUM, S. 107.

194 SENTI, WTO, S. 175.

195 GATT-Botschaft, BBl 1994 IV, S. 273 ff.; PANNATIER, Meistbegünstigungsklausel, S. 11.

196 PANNATIER, Meistbegünstigungsklausel, S. 11.

- die aus der Revidierten Berner Übereinkunft[197] oder dem Römer Abkommen[198] gewährt werden (lit. b);
- die sich auf Immaterialgüterrechte beziehen, welche vom TRIPS gar nicht erfasst sind (lit. c);
- die gestützt auf vorbestehende und dem TRIPS-Rat notifizierte immaterialgüterrechtliche Verträge gewährt werden[199].

Die Ausnahmebestimmungen wollen vor allem den Weiterbestand bestehender weitergehender Verträge im Bereich des internationalen Immaterialgüterschutzes sicherstellen und die Signatarstaaten dieser Verträge vor Trittbrettfahrern *(free-riders)* schützen[200]. Nicht von diesen Ausnahmen erfasst und somit auch nicht vor *free-riding* geschützt sind jedoch künftige weitergehende Verträge zum Schutze derjenigen Immaterialgüter, auf welche sich das TRIPS erstreckt. Dies geht klar aus lit. d von Art. 4 Satz 2 TRIPS hervor[201].

GATT, GATS und TRIPS setzen dem Meistbegünstigungsprinzip vor allem in zwei Richtungen hin bedeutsame **Grenzen**. Zum einen lässt Art. XXIV Abs. 5 GATT die Bildung von Zollunionen und die Errichtung von Freihandelszonen zwischen Vertragspartnern zu[202]. Derartige Zonen zeichnen sich dadurch aus, dass auf dem internationalen Warenverkehr zwischen den beteiligten Staaten keinerlei Zölle erhoben werden, und widersprechen somit dem Meistbegünstigungsprinzip wesensgemäss fundamental[203]. Sie sind mit dem GATT vereinbar, sofern sie

197 Berner Übereinkunft zum Schutzes von Werken der Literatur und Kunst, revidiert in Paris am 24. Juli 1971 (RBÜ; SR 0.231.15).

198 Internationales Abkommen über den Schutz der ausübenden Künstler, der Hersteller von Tonträgern und der Sendeunternehmen vom 26. Oktober 1961 (RA; SR 0.231.171).

199 Vgl. den *„Nike"*-Entscheid des Bundesgerichts, BGE 124 III 277, Erwägung 2.c, S. 283 f., der unter 5.5.1.2 näher besprochen wird.

200 PANNATIER, Meistbegünstigungsklausel, S. 12; STAEHELIN, TRIPS, S. 48 ff. Allgemein zum Problem des *free-riding* CARREAU/ JUILLARD, S. 230 f.; HORN/ MAVROIDIS, S. 21 ff.

201 STAEHELIN, TRIPS, S. 51.

202 Vgl. den Bericht des *Appellate Body* in der Streitsache *Turkey – Restrictions on Imports of Textile and Clothing Products*, 20. Oktober 1999, WTO AB-1999-5; HERDEGEN, Internationales Wirtschaftsrecht, S. 129; JACKSON, Jurisprudence, S. 64 f.; DERS., World Trading System, S. 165 ff.; JACKSON/DAVEY/SYKES, S. 447 ff.; PANNATIER, Meistbegünstigungsklausel, S. 12 ff.; SENTI, WTO, S. 172 f.; VITZTHUM, S. 507.

203 JACKSON, Jurisprudence, S. 64; PANNATIER, Meistbegünstigungsklausel, S. 11 f.

- annähernd den gesamten Handel erfassen (Art. XXIV Abs. 8 GATT),
- nicht zu höheren Belastungen der daran nicht beteiligten WTO-Mitgliedstaaten führen (Art. XXIV Abs. 5 lit. a und b) und
- notifiziert worden sind (Art. XXIV Abs. 7)[204].

Für den Dienstleistungsbereich enthält Art. V GATS analoge Regeln[205]. Das TRIPS behält demgegenüber in Art. 4 lediglich die Berner Übereinkunft, das Rom-Abkommen sowie weitere vorbestehende internationale Immaterialgüterrechtsverträge vor.

Das Meistbegünstigungsprinzip ist in der Schweiz insbesondere mit Blick auf die sektoriellen Abkommen mit der EG von einiger Aktualität und Brisanz. Es bedarf wohl keiner Erwähnung, dass es nicht in den politischen Intentionen der Vertragspartner der sektoriellen Abkommen liegt, gestützt auf das Meistbegünstigungsprinzip auch Angehörigen von Drittstaaten daraus Rechtsansprüche zu verleihen. Dass derartige Befürchtungen nicht aus der Luft gegriffen sind, geht aus ersten Würdigungen der Abkommen unter Gesichtspunkten der WTO-Rechtskonformität hervor, die sich insoweit skeptisch äussern[206]. Zu Problemen könnte es diesbezüglich insbesondere kommen, falls dem WTO-rechtlichen Meistbegünstigungsprinzip die unmittelbare Anwendbarkeit zugesprochen wird.

Als zweiter grosser Ausnahmekomplex ist die präferenzielle Behandlung der Entwicklungsländer zu nennen, wonach Entwicklungsländern Handelsvorteile gewährt werden dürfen, die anderen Vertragsstaaten verwehrt werden[207]. Die Gewährung dieser *inégalité compensatrice* wurde zunächst auf die Verzichtsklausel *(waiver clause)* gemäss Art. XXV Abs. 5 GATT gestützt; heute stellt die im Jahre 1979 von den Vertragsparteien angenommene generelle Ermächtigungsklausel *(enabling clause)*[208] die Rechtsgrundlage für die präfe-

204 Vgl. den Bericht des Appellate Body in der Streitsache *Turkey – Restrictions on Imports of Textile and Clothing Products*, 20. Oktober 1999, WTO AB-1999-5; SENTI, WTO, S. 172 ff.

205 QURESHI, S. 43; SENTI, WTO, S. 173.

206 COTTIER/PANIZZON, S. 43 ff.; WEBER/SKRIPSKY, S. 65 ff.

207 Allgemein zu den Entwicklungsländerpräferenzen vgl. BEISE, S. 101; JACKSON/DAVEY/SYKES, S.1167 ff.

208 Beschluss vom 28. November 1979 über die differenzierte und präferenzielle Behandlung, die Gegenseitigkeit und die stärkere Beteiligung der Entwicklungsländer, GATT (1980), BISD 26th S, S. 203, zitiert bei SENTI, WTO, S. 171.

renzielle Behandlung der Entwicklungsländer dar; sie wurde bislang aber nicht formell in das GATT aufgenommen[209].

Sonderbehandlungen *(special and differentiated treatment, S&D)* sind in drei Formen möglich, nämlich in Form von Zollpräferenzen, nichttarifarischen Erleichterungen und besonderen Präferenzen zugunsten der am wenigsten entwickelten Länder. Das S&D-Regime erlaubt einerseits den Entwicklungsländern gewisse autonome Handelseinschränkungen sowie eine gegenseitige präferenzielle Behandlung. Andererseits erhalten die Industrieländer die Möglichkeit, den Entwicklungsländern besondere Vorteile einzuräumen, ohne diese auch anderen Industrieländern gewähren zu müssen[210].

Im GATS kommen die Entwicklungsländer nicht in den Genuss einer allgemeinen Besserstellung[211]. Das Übereinkommen sieht aber in Art. IV eine besondere Förderung der Entwicklungsländer auf dem Weg der Vereinbarung besonderer Verpflichtungen der jeweiligen Mitglieder gemäss Teil III und Teil IV vor.

Das TRIPS demgegenüber gesteht den Entwicklungsländern keine Präferenzierung im Sinne einer differentiellen Behandlung zu, sondern gewährt ihnen anstelle dessen besondere Übergangsregelungen[212]. Art. 4 über die Meistbegünstigung ist jedoch von diesen besonderen Übergangsregelungen zu Gunsten der Entwicklungsländer resp. der am wenigsten entwickelten Länder gerade explizit ausgenommen (Art. 65 Abs. 2 TRIPS).

3.5.3.2 Das Prinzip der Inländerbehandlung

Das Gebot der Inländerbehandlung stellt neben dem Meistbegünstigungsprinzip die zweite wesentliche Ausprägung des Diskriminierungsverbots dar. Während die Meistbegünstigungsklausel wie gezeigt das Verhältnis zwischen verschiedenen ausländischen Handelspartner eines Mitgliedstaats beschlägt, will das Gebot der Inländerbehandlung die Gleichbehandlung von in- und ausländischen Produkten sicherstellen[213]. Hierzu ist sogleich einschränkend zu bemerken, dass das WTO-

209 CARREAU/ JUILLARD, S. 275 ff.; PANNATIER, Meistbegünstigungsklausel, S. 13 f.; SENTI, WTO, S. 170 ff.; VITZTHUM, S. 506 f.

210 HÄBERLI, S. 139.

211 HÄBERLI, S. 162.

212 Art. 65 ff. TRIPS; HÄBERLI, S. 158.

213 Vgl. Die Berichte des *Appellate Body* in den Streitsachen *Japan – Taxes and Alcoholic Beverages*, 1. November 1996, WT/DS8/AB/R, WT/DS10/AB/R, WT/DS11/AB/R, und *EC – Measures Affecting Asbestos and Asbestos Containing Products*, 12. März 2002, WT/DS135/AB/R; BEISE, S. 98; CARREAU/ JUIL-

Recht den Mitgliedstaaten nicht generell verbietet, ihre einheimische Wirtschaft gegen ausländische Konkurrenz zu schützen. Dies darf aber im Güterhandel nur durch Zölle und im Dienstleistungsbereich nur durch bekannt gegebene nichttarifäre Massnahmen geschehen[214]. Das Inländerprinzip tritt mit anderen Worten erst dort auf den Plan, wo das ausländische Produkt die genannten Hürden – die ihrerseits dem Meistbegünstigungsprinzip genügen müssen – bereits überwunden hat und betrifft somit ausschliesslich nichttarifarische Massnahmen[215]. Dies hat unter anderem zur Folge, dass ein Staat protektionistische innere Abgaben in GATT-konforme Zölle umwandeln kann, jedoch nur im Rahmen der in den Listen gebundenen Zölle[216].

Das **GATT** verbietet in Art. III den Schutz inländischer Erzeugnisse durch innere Abgaben, sonstige Belastungen und warenhandelsrelevante Vorschriften (Abs. 1). Die Absätze 2 und 3 präzisieren das Verbot der Diskriminierung über innere Abgaben; in den Absätzen 4 bis 9 werden die übrigen Belastungen und Vorschriften näher normiert; Abs. 10 sowie Art. IV betreffen den Handel mit Kinofilmen. Art. V regelt die Freiheit der Warendurchfuhr. Schliesslich nehmen noch weitere Artikel des GATT (Art. XVII Abs. 1 lit. a; Art. XX; Art. XXIV Abs. 12) und diverse Zusatzübereinkünfte[217] Bezug auf das Inländerprinzip.

Das Inländerprinzip erfasst sämtliche Erzeugnisse und deren Anbieter, nicht bloss die in den Zoll-Listen aufgeführten Waren und ihre Anbieter[218]. Die Ausnahmen sind weniger zahlreich als bei der Meistbegünstigungsklausel. Zwar besteht theoretisch die Möglichkeit eines *waivers* nach Art XXV Abs. 5 GATT. Ein solcher wurde indessen noch nie gewährt. Auch Art. XXIV GATT spielt eine wesentlich geringere Rolle als hinsichtlich der Meistbegünstigung. Die Schaffung von Integrationsräumen relativiert das Gebot der Inländerbehandlung nicht. Dieses bleibt bestehen, richtet sich aber im Fall von Zollunionen an diese selbst und nicht mehr an ihre Mitgliedstaaten[219].

LARD, S. 236 ff.; JACKSON, Jurisprudence, S. 57; DERS., World Trade System, S. 214 ff.; JACKSON/DAVEY/SYKES, S. 479 ff.; QURESHI, S. 15; SENTI, WTO, S. 182 ff.; STOLL/SCHORKOPF, S. 51 ff.; VITZTHUM, S. 507.

214 CARREAU/ JUILLARD, S. 238; SENTI, WTO, S. 182 f.

215 Derartige nichttarifarischen Handelshemmnisse dürften heute rund die Hälfte des Welthandelsvolumens erfassen, SENTI, WTO, S. 183. Für Beispiele aus der Judikatur siehe etwa SENTI, WTO, S. 190 ff.

216 SENTI, WTO, S. 187.

217 Vgl. dazu die Aufzählung bei SENTI, WTO, S. 185 f.

218 SENTI, S. 187.

219 CARREAU/ JUILLARD, S. 241 f.

Eine Ausnahme besteht demgegenüber gemäss Art. III Abs. 8 lit. a GATT für das öffentliche Beschaffungswesen, das jedoch Gegenstand des plurilateralen Abkommens über das öffentliche Beschaffungswesen[220] ist, welches das Inländerprinzip seinerseits in Art. III Abs. 2 lit. a verankert. Eine weitere Ausnahme gilt im Bereich der Subventionen, soweit diese im Rahmen des Übereinkommens über Subventionen und Ausgleichsmassnahmen[221] zulässig sind (Art. III Abs. 8 lit. b GATT).

Im Geltungsbereich des **GATS** gilt das Prinzip der Inländerbehandlung gleichsam nur mit umgekehrten Vorzeichen. Art. XVII GATS beschränkt den Anwendungsbereich der Inländerbehandlung auf die von den einzelnen Mitgliedstaaten veröffentlichten Listen[222]. Massgeblich ist hier nicht eine *de iure*-, sondern eine *de facto*-Gleichbehandlung[223].

Das Inländerprinzip hat auch im **TRIPS** seine Gültigkeit. Gemäss Art. 3 Abs. 1 TRIPS hat ein ausländischer Schutzrechtsinhaber Anspruch auf eine Behandlung, die nicht weniger günstig als diejenige eines inländischen Schutzrechtsinhabers. Anders als im GATT, das fremde Erzeugnisse und davon abgeleitet deren Anbieter schützt, wird im TRIPS damit an Staatsangehörigkeit, Wohnsitz oder Aufenthaltsort des Schutzrechtsinhabers angeknüpft[224]. Art. 3 Abs. 1 TRIPS behält jedoch die in den dort explizit genannten internationalen Immaterialgüterrechtsverträgen vorgesehenen Ausnahmen vor.

3.5.3.3 Das Transparenzgebot

Transparenz ist eine wichtige Bedingung für ein störungsfreies Funktionieren des Welthandels. Sämtliche handelsrelevanten Normen[225] der Mitgliedstaaten müssen veröffentlicht und zugänglich sein, damit sich Vertragspartner, Organe der WTO selbst, aber auch Wirtschaftskreise damit befassen können. Ohne Transparenz besteht keine Rechtssicherheit. Ein Mangel an Rechtssicherheit würde einerseits dazu führen, dass von den vertraglich zugesicherten Konzessionen *in praxi* nicht Gebrauch gemacht werden könnte. Er würde zweitens weitere Verhandlungen behindern, im Ergebnis also die Ausweitung

220 SR 0.632.231.422.
221 SR 0.632.20 Anhang 1A.13.
222 SENTI, WTO, S. 185 f.
223 GATT-Botschaft, BBl 1994 IV, S. 259 f.
224 STAEHELIN, TRIPS, S. 46 f.
225 vgl. dazu die ausführliche Aufzählung in Art. X Abs. 1 GATT.

des internationalen Handels im Sinne von Abs. 1 der Präambel des Übereinkommens zu Errichtung der WTO torpedieren[226].

Art. X Abs. 1 GATT verpflichtet die Vertragsstaaten, sämtliche handelsrelevanten Normen unverzüglich und dergestalt zu veröffentlichen, „dass Regierungen und Wirtschaftskreise sich damit vertraut machen können". Abs. 2 hält fest, dass derartige Bestimmungen nicht vor ihrer Veröffentlichung in Kraft gesetzt werden dürfen. Abs. 3 schliesslich verpflichtet die Vertragsstaaten zur Errichtung richterlicher, d.h. von den Verwaltungsorganen unabhängiger Kontrollinstanzen und -verfahren zur Überprüfung von Verwaltungsakten in Zollangelegenheiten[227].

Art. III GATS zielt in dieselbe Richtung. Auch diese Bestimmung verpflichtet die Vertragsstaaten zur Veröffentlichung von Normen, „die sich auf die Anwendung dieses Übereinkommens beziehen oder sie beeinträchtigen". Hinzu treten hier zusätzlich eine Notifikationspflicht über die Revision derartiger Normen zuhanden des Rats für den Handel mit Dienstleistungen (Abs. 3) sowie die Verpflichtung, den Vertragspartnern auf Ersuchen hin Auskunft zu erteilen und zu diesem Zwecke Auskunftsstellen zu errichten (Abs. 4)[228].

Das TRIPS kodifiziert das Transparenzgebot in Art. 63, zudem liegt das Transparenzgebot letztlich den vom TRIPS erfassten Schutzrechten generell zugrunde[229].

Auf die Sonderabkommen kann hier wiederum nicht eingegangen werden. Zu erwähnen ist an dieser Stelle aber immerhin das Übereinkommen über den Mechanismus zur Überprüfung der Handelspolitik[230] *(Trade Policy Review Mechanism, TPRM)*, das gemäss Abschnitt A i) ausdrücklich zur Schaffung von mehr Transparenz beitragen will. Die Vertragsstaaten unterwerfen sich darin einer regelmässigen Überprüfung ihrer Handelspolitik und setzen zu diesem Zweck ein entsprechendes Überprüfungsorgan ein *(Trade Policy Review Board, TPRB)*.

226 HAHN, S. 29 f.; PETERSMANN, Constitutional Functions, S. 222 ff.; SENTI, WTO, S. 195.

227 Vgl. unter 8.2.2.

228 GATT-Botschaft, BBl 1994 IV, S. 253; CARREAU/ JUILLARD, S. 350 f.

229 SCHÄFERS, S. 771; SENTI, WTO, S. 198 f.

230 SR 0.632.20 Anhang 2.

3.5.4 Materielle Liberalisierungsnormen

3.5.4.1 Einleitung

Die soeben dargestellten Grundprinzipien garantieren zwar den gleichberechtigten Zugang zum Markt eines WTO-Mitgliedstaats, sagen indessen über die Soll-Beschaffenheit dieses Marktes, insbesondere über Art und Höhe der Marktzutrittsschranken nichts aus. Um jedoch auf eine Liberalisierung des internationalen Wirtschaftsrecht hinwirken zu können, muss das Recht der WTO auch unmittelbar auf die Aussenhandelsrechtsnormen seiner Mitgliedstaaten Einfluss nehmen[231]. Diesem Zweck dienen die Bestimmungen über den Abbau von Handelshemmnissen, die BEISE unter der gemeinsamen Maxime der „Minimierung von Handelseingriffen" zusammenfasst[232].

3.5.4.2 Abbau von tarifären Handelshemmnissen

Tarifäre Handelshemmnisse sind Zölle und zollähnliche Abgaben und Belastungen, also sämtliche öffentlichrechtliche Abgaben, „die anlässlich oder im Zusammenhang mit der Einfuhr auferlegt werden"[233].

Der Abbau von Zöllen wird sowohl im GATT 1947 (Präambel, Abs. 3; Art. XXVIIIbis GATT) als auch im Übereinkommen zur Errichtung der WTO (Präambel, Abs. 3) zum Ziel internationaler Verhandlungen erklärt. Dies stellt keinen Widerspruch zum Tarifizierungsgebot (*Tariffs only*-Maxime) dar, weil Zölle im Unterschied zu nichttarifären Handelshemmnissen (vgl. dazu den nächsten Abschnitt) transparent und somit viel besser verhandelbar sind. Die allgemeine Senkung des Zollniveaus im Rahmen der WTO wird über die vertragliche Vereinbarung von Maximalzöllen nach Land und Produkt erreicht (sogenannte Zollbindung, Art. II GATT)[234]. Die Liberalisierungsbemühungen von GATT und WTO waren in diesem Bereich besonders erfolgreich; Einfuhrzölle (jedenfalls der Industrieländer) auf Industrieprodukte haben heute kaum noch eine kommerzielle Bedeutung[235].

231 HERDEGEN, Internationales Wirtschaftsrecht, S. 130.

232 BEISE, S. 99 f.

233 Art. II Abs. 1 lit. b GATT; ARPAGAUS, S. 3; JACKSON/DAVEY/SYKES, S. 338 ff.; SENTI, WTO, S. 216 ff.

234 ARPAGAUS, S. 21 ff.; JACKSON, World Trading System, S. 142 ff.

235 CARREAU/JUILLARD, S. 219; COTTIER/ARPAGAUS/KOPSE, S. 3; FONTANA, S. 227 ff.; HAUSER/ SCHANZ, S. 42 ff.; SENTI, WTO, S. 218 ff.

3.5.4.3 Das Verbot nichttarifärer Handelshemmnisse

Das Verbot „mengenmässiger" Beschränkungen (*tariffs only*-Maxime, Art. XI GATT) begrenzt die handelspolitischen Schutzmassnahmen auf Zölle und will nichttarifarische Massnahmen ausschliessen[236]. Begründet wird dies mit dem Transparenzgrundsatz und damit, dass tarifarische Massnahmen den Preismechanismus zwar verzerren, aber nicht – wie dies gewisse nichttarifarische Massnahmen tun – ausser Kraft setzen[237].

Es sind unterschiedlichste nichttarifarische Handelshemmnisse denkbar; die Staaten befleissigen sich in diesem Bereich einer bemerkenswerten Kreativität[238]. Die nichttarifarischen Handelshemmnisse haben mit dem fortschreitenden Abbau der Zölle stets an Bedeutung gewonnen. Ihr gemeinsames Merkmal liegt darin, dass sie keine Einfuhrzölle darstellen, sondern an Stelle oder in Ergänzung zu diesen den Zweck verfolgen, die einheimische Wirtschaft vor ausländischer Konkurrenz zu schützen, wobei sich dieser Zweck nicht selten hinter vorgeschobenen anderen Politikzielen verbirgt[239].

Eine auch nur annähernd umfassende Darstellung der nichttarifarischen Handelshemmnisse ist hier nicht möglich. Wiederzugeben ist lediglich eine grobe Kategorisierung von nichttarifären Handelshemmnissen (gemäss SENTI)[240]:

- Direkte Handelshemmnisse haben einen offensichtlich protektionistischen Zweck und regulieren unmittelbar den Preis oder die Menge von Waren. Als Beispiele zu nennen sind die Kontingentierung oder Lizenzierung von Importen, prohibitive Einfuhrgebühren und -regelungen, Abschöpfungen und sogenannte freiwillige Exportbeschränkungsabkommen.
- Indirekte Handelshemmnisse ergeben sich insbesondere aus Schutzvorschriften (etwa aus den Bereichen Konsumentenschutz, Gesundheitsschutz, Immaterialgüterrecht, Ursprungsregeln, technische Normen), Verfahrensbestimmungen oder Subventionen.
- Handelshemmnisse in Form von Ermessensentscheiden und Willkürakten, die sich einer dogmatischen Erfassung und Gliederung weitgehend entziehen.

236 HERDEGEN, Internationales Wirtschaftsrecht, S. 130 f.; JACKSON/DAVEY/SYKES, S. 387 ff.; VITZTHUM, S. 508; YÜKSEL, S. 54.

237 JACKSON, World Trading System, S. 140; YÜKSEL, S. 54.

238 SENTI, WTO, S. 238; YÜKSEL, S. 45.

239 COTTIER, Globalisierung, S. 225; SENTI, WTO, S. 241 ff.; YÜKSEL, S. 45.

240 SENTI, WTO, S. 238 f.

Das **GATT** verbietet in Art. XI Abs. 1 Handelshemmnisse „in Form von Kontingenten, Einfuhr- und Ausfuhrbewilligungen oder in Form von anderen Massnahmen". Damit sind nichttarifäre Handelshemmnisse allgemein erfasst und nicht nur mengenmässige Vorschriften, wie der Titel des Art. XI glauben machen könnte[241]. Allerdings ist auf die zahlreichen Ausnahmen hinzuweisen, wonach das Verbot nicht gilt für Handelshemmnisse:

- zur Behebung einer Mangelsituation, zur Förderung des Exportmarketing sowie zum Schutz der Landwirtschaft und der Fischerei[242];
- aus Gründen der Zahlungsbilanz und des Zahlungsverkehrs[243];
- zur Unterstützung der wirtschaftlichen Entwicklung[244].

Gemäss Art. XIII bleiben die ausnahmsweise zulässigen nichttarifären Handelshemmnisse jedoch an das Diskriminierungsverbot gebunden (Art. XIII).

Von besonderer Relevanz sind mit Blick auf die nichttarifären Handelshemmnisse die zahlreichen Sonderübereinkommen zum GATT, insbesondere diejenigen über die Anwendung gesundheitspolizeilicher und pflanzenschutzrechtlicher Massnahmen[245], technische Handelshemmnisse[246], Antidumping und Ausgleichzölle[247], Vorversandkontrollen[248], Ursprungsregeln[249], Einfuhrlizenzverfahren[250] sowie Subventionen und Ausgleichsmassnahmen[251].

Im Rahmen des **GATS** und des **TRIPS** besteht kein allgemeines Verbot nichttarifärer Handelshemmnisse. Dies ergibt sich daraus, dass auf Dienstleistungen und Schutzrechten nicht wie auf Waren Zölle

241 SENTI, WTO, S. 245.
242 Art. XI Abs. 2 GATT; SENTI, WTO, S. 246 ff.
243 Art. XII und XV GATT; MC GOVERN, International Trade Regulation, S. 827 ff.; SENTI, WTO, S. 253.
244 Art. XVIII GATT; MC GOVERN, S. 835 ff.; SENTI, WTO, S. 253.
245 MERKT-MATTHEY, S. 6 f.; COTTIER/ARPAGAUS/KOPSE, S. 14 ff.; QURESHI, S. 24 f.; SENTI, WTO, S. 489 ff.
246 QURESHI, S. 25 f.; SENTI, WTO, S. 521 ff.; YÜKSEL, S. 49 ff.
247 CARREAU/JUILLARD, S. 244 ff.; DIDIER, WTO Trade Instruments, S. 17 ff.; JACKSON, World Trading System, S. 255 ff.; QURESHI, S. 29 f.; SENTI, WTO, S. 348 ff.
248 QURESHI, S. 20 f.; SENTI, WTO, S. 541 ff.; YÜKSEL, S. 51.
249 SENTI, WTO, S. 548 ff.; YÜKSEL, S. 48 f.
250 QURESHI, S. 21 f.; SENTI, WTO, S. 555 ff.
251 CARREAU/JUILLARD, S. 253 ff.; DIDIER, WTO Trade Instruments, S. 208 ff.; JACKSON, World Trading System, S. 279 ff.; QURESHI, S. 27 ff.; SENTI, WTO, S. 390 ff.

erhoben werden und deshalb die Mitgliedstaaten auch nicht verpflichtet werden können, Marktzutrittsschranken zu tarifizieren. Das GATS gewährt den Markzutritt nur im Rahmen von länderweisen Zugeständnissen[252]. Insoweit es die Listen vorsehen, sind aber grundsätzlich die Prinzipien von Meistbegünstigung und Inländerbehandlung zu beachten (Art. XVI und XVII GATS).

3.5.4.4 Positive Integrationspflichten der Mitgliedstaaten

Die markt- und freihandelsorientierten Grundprinzipien des GATT 1947 sind traditionell dem Instrumentarium der negativen Integration zuzuordnen[253]. Die dargestellten Normen bezwecken die Herstellung von Chancengleichheit beim Marktzugang sowie ein Abbau der Handelshemmnisse; sie normieren weitgehend blosse Unterlassungspflichten der Mitgliedstaaten.

Von positiver Integration ist demgegenüber insbesondere bei internationaler Rechtsharmonisierung zu sprechen[254]. Das GATT-Recht hatte traditionellerweise, abgesehen von den Antidumping- und Countervailing-Standards, kaum eine rechtsharmonisierende Funktion. Dies ist seit dem Abschluss der Uruguay-Runde stark zu relativieren. Nachdem man beim Abbau der Zölle vergleichsweise rasch Fortschritte erzielte und im Rahmen der Tokio-Runde auch die direkten nichttarifarischen Handelshemmnisse vermehrt diszipliniert werden konnten, rückten die indirekten Handelshemmnisse in den Vordergrund[255]. Diese Handelshemmnisse weisen zunächst keinen sichtbaren Aussenhandelsbezug auf; ein solcher ergibt sich jedoch aus den Wirkungen binnenwirtschaftlicher Normen wie etwa Umweltvorschriften oder Normen des Immaterialgüterrechts. Diesen Herausforderungen begegnet das WTO-Recht auch mit Instrumenten der positiven Integration. Einige wenige Beispiele seien hier zur Illustration kurz dargestellt.

So schreibt das TRIPS den Mitgliedstaaten einen Mindestschutz der vom Übereinkommen erfassten Immaterialgüterrechte vor (Art. 1 Abs. 1 Satz 2 TRIPS), verpflichtet sie also zu einer minimalen Rechtsvereinheitlichung, wobei ihnen die Gewährung eines weiterge-

252 SENTI, WTO, S. 589.

253 BARFIELD, S. 5 f.; COTTIER/WÜGER, S. 252 ff.; PETERSMANN, From „negative“ to „positive“ Integration, S. 1364; DERS., Human Rights, S. 25 ff.; SEILER, Die nationale Verfassung, S. 296 f.

254 COTTIER/WÜGER, S. 252 ff.; PETERSMANN, From „negative“ to „positive“ Integration, S. 1364 ff.; DERS., Human Rights, S. 25 ff.; SEILER, Die nationale Verfassung, S. 297 f.

255 COTTIER, Globalisierung, S. 225; DERS., Prospects, S. 383.

henden Schutzes durch das Landesrecht freisteht[256]. Hinzuweisen ist im Zusammenhang mit dem TRIPS auch auf die detaillierten Bestimmungen des Teils III („Durchsetzung der Rechte des geistigen Eigentums", Art. 41-61 TRIPS), der eine vergleichsweise weitgehende Harmonisierung der Rechtsschutzverfahren im Anwendungsbereich des Übereinkommens vorsieht[257].

Ein weiteres Beispiel positiver Integration ist im plurilateralen Übereinkommen über das öffentliche Beschaffungswesen *(Agreement on Government Procurement, GPA)* zu sehen[258]. Dieses statuiert nämlich nicht bloss die Grundsätze von Nichtdiskriminierung und Inländerbehandlung (Art. III GPA), sondern verpflichtet die Mitgliedstaaten auch auf ein bestimmtes Vergabeverfahren (Art. VII ff. GPA).

Die Rechtsvereinheitlichungsgebote des WTO-Rechts können dem nationalen Gesetzgeber unterschiedlich grossen Spielraum überlassen. Völkerrechtlich besonders weitgehend geregelt sind namentlich die Verfahrensvorschriften, etwa Art. 50 TRIPs über einstweilige Massnahmen oder Art. XI GPA über die Fristen für die Angebotsabgabe und Lieferfristen. Auf derartige Verfahrensvorschriften wird im Lichte der Frage nach der unmittelbaren Anwendbarkeit von WTO-Recht zurückzukommen sein[259].

3.5.5 Freihandels- und andere Politikziele

3.5.5.1 Allgemeines

Das Recht der WTO dürfte gemeinhin als Freihandelsrecht verstanden und somit teilweise als Gegensatz zu anderen Politikzielen wie Menschenrechtsschutz, Umweltschutz, soziale Gerechtigkeit, kulturelle Angebotsvielfalt usw. gesehen werden. Auf die rechtlichen Fragen,

256 DREXL, TRIPS, S. 784; STAEHELIN, TRIPS, S. 52.

257 vgl. insbesondere Art. 50 TRIPS über einstweilige Massnahmen und den bedeutsamen *„Dior"*-Entscheid des EuGH vom 14. Dezember 2000 (verbundene Rechtssachen C-300/98 und C-392/98, Dior, Slg. 2000/ S. I-11307 ff., der unter 7.3.4 eingehender besprochen wird. Zum Ganzen vgl. PETERSMANN, From „negative" to „positive" Integration, S. 1363 ff.

258 SR. 0.632.231.422; allgemein zum GPA vgl. BOCK, S. 709 ff.; DIDIER, WTO Trade Instruments, S. 361 ff.; GALLI/LEHMANN/RECHSTEINER, S. 1 ff.; HAUSER/SCHANZ, S. 164 ff.; SENTI, WTO, S. 664 ff.; WASESCHA, Öffentliches Beschaffungswesen, S. 173 ff.; DERS., Auswirkungen, 124 ff.

259 vgl. unter 8.2.

die sich im Spannungsverhältnis von Welthandel und alternativen Politikzielen stellen, kann hier nicht im einzelnen eingetreten werden.

Demgegenüber ist festzuhalten, dass das Recht der WTO nicht ein reines Liberalisierungsrecht ist. Vielmehr hält es ein komplexes System von Normen und Verfahren zur Abwägung von Freihandels- und anderen Politikzielen bereit. Darauf kann hier nicht in der geforderten Ausführlichkeit eingegangen werden. Einige Hinweise zur Methodik und den materiellen Grundsätzen der Rechtsgüterabwägung müssen genügen. Für Einzelheiten sei auf die einschlägige Literatur verwiesen[260].

Die Normen des WTO-Vertragsgefüges, die der Berücksichtigung nicht handelspolitisch motivierter Anliegen dienen, lassen sich inhaltlich grob in zwei Kategorien unterteilen, die nach dem Ziel der davon erfassten Massnahmen unterschieden werden können. Zum einen sind Massnahmen der Vertragsstaaten denkbar, die allein dem Schutz einheimischer Wirtschaftszweige dienen, die dem Wettbewerb unter den Bedingungen des WTO-Rechts nicht gewachsen sind. Sie unterestehen anderen Regeln als Massnahmen, die nicht wirtschaftspolitisch motiviert sind, sondern zum Schutz anderer Interessen wie etwa der Sicherheit, der Gesundheit oder des Umweltschutzes konzipiert sind.

3.5.5.2 Wirtschaftspolitisch motivierte Schutzmassnahmen

Die rein wirtschaftspolitisch motivierten Massnahmen der Mitgliedstaaten werden in der Terminologie des WTO-Vertragswerks „Notstandsmassnahmen" genannt. Sie sind in Art. XIX GATT und Art. X GATS geregelt. Dem TRIPS ist keine analoge Bestimmung zu entnehmen. Die Besonderheit dieser Massnahmen liegt in ihrer eigentlich protektionistischen Natur; sie dienen dem Schutz und Erhalt ineffizienter Strukturen entgegen den auf dem Konzept des *Comparative Advantage* fussenden Freihandelsbestimmungen des WTO-Rechts. Dass sie dennoch, wenn auch nur unter Bedingungen, zugelassen werden, zeugt von der pragmatischen Natur des WTO-Rechts und den realpolitischen Grenzen der Freihandelsdoktrin in einem System, das von Staaten kontrolliert wird, die – starkem öffentlichem Druck sei-

260 BAUMANN, S. 295 ff.; BOISSON DE CHAZOURNES/THOMAS, S. 513 ff.; BREINING-KAUFMANN, S. 1169 ff.; COTTIER, WTO and Environmental Law, S. 56 ff.; DUNOFF, S. 733 ff.; EGLIN, S. 123 ff.; GRABER, S. 3, 8 ff.; KUX, S. 277 ff.; MARCEAU, S. 87 ff.; PANNATIER, Commerce et environnement, S. 419 ff.; PETERSMANN, Human Rights, S. 3 ff.; DERS., Trade and Environmental Law, insbes. S. 17 ff.; SENTI, WTO, S. 294 ff.; TRACHTMAN, Trade and ... Problems, S. 32 ff.; YÜKSEL, S. 99 ff.

tens der einheimischen Öffentlichkeit ausgesetzt – oft kurzfristige wirtschaftliche Interessen verfolgen[261].

Art. XIX GATT *(Escape clause)* und das Übereinkommen über Schutzmassnahmen[262] gestatten den Mitgliedstaaten das Ergreifen von Notstandsmassnahmen zum Schutze ihrer einheimischen Wirtschaft, falls diese durch unvorhergesehene überhöhte Einfuhren ernsthaft geschädigt oder bedroht wird[263]. Derartige Massnahmen müssen sich grundsätzlich an das Meistbegünstigungsprinzip halten, dürfen aber selektiv vorgenommen werden, falls eine besondere Schädigung resp. Gefährdung durch Einfuhren aus einem bestimmten Land nachgewiesen werden kann (sog. bedingte Selektivität)[264]. Art. X GATS sieht die Aufnahme von Verhandlungen über Schutzmassnahmen im Dienstleistungsbereich vor.

3.5.5.3 Allgemeine Ausnahmen

3.5.5.3.1 Einleitung

Die sogenannten „Allgemeinen Ausnahmen" (Titel von Art. XX GATT) dienen im Gegensatz zu den soeben skizzierten wirtschaftspolitischen „Notstandsmassnahmen" nicht – zumindest nicht allein und nicht explizit – protektionistischen Zwecken. Vielmehr liegt ihre Funktion darin, politische Ziele ausserhalb der primär auf Effizienz und Wohlstandsförderung ausgerichteten Handelspolitik angemessen zu berücksichtigen. So behalten Art. XX GATT, Art. XII und XIV GATS sowie Art. 27 Abs. 2 TRIPS (betreffend Patente) den Mitgliedstaaten das Recht vor, Massnahmen zum Schutze bestimmter und abschliessend aufgezählter öffentlicher Interessen zu treffen. Von praktischer und politischer Bedeutung sind heute insbesondere

– der Schutz der öffentlichen Sittlichkeit, Moral und Ordnung (Art. XX lit. a GATT; Art. XIV lit. a GATS), der Gesundheit von Mensch und Tier (Art. XX lit. b GATT; Art. XIV lit. b GATS), von Kulturgütern (Art. XX lit. f GATT) und der Umwelt (Art. XX lit. g GATT);

261 Vgl. dazu die Ausführungen unter 8.6.3.1.

262 SR 0.632.20, Anhang 1A.14.

263 CARREAU/ JUILLARD, S. 262 ff.; JACKSON, World Trading System, S. 175 ff.; JACKSON/DAVEY/SYKES, S. 604 ff.; MC GOVERN, S. 830 ff.; SENTI, WTO, S. 423 ff.; YÜKSEL, S. 150 f.

264 Art. 5 des Übereinkommens über Schutzmassnahmen; SENTI, WTO, S. 429 f.

- die Durchsetzung von inländischen Vorschriften, die mit dem Übereinkommen in Übereinklang stehen (Art. XX lit. d GATT; Art. XIV lit. c GATS); sowie
- die Gewährleistung von Versorgungssicherheit (Art. XX lit. i und j GATT), wobei letztere sich nicht deutlich von der protektionistischen Zielsetzung der Notstandsmassnahmen nach Art. XIX GATT abgrenzen lässt.

Die Bestimmungen der Art. XX GATT und Art. XIV GATS, durch eine innovative und kontroverse Rechtssprechung durch die WTO-Streitbeilegungsorgane weiterentwickelt, bringen eine raffinierte Methodik der Interessenabwägung und der Verhältnismässigkeitsprüfung zur Anwendung, die im folgenden anhand von Beispielen des Gesundheits- und Umweltschutzes im Regelungsbereich des GATT, also im Bereich des Warenhandels, kurz erläutert werden soll[265].

3.5.5.3.2 Art. XX GATT

Art. XX GATT sieht ein Prüfungsprogramm in mehreren Schritten vor: Zunächst ist zu prüfen, ob eine als GATT-widrig gerügte Massnahme tatsächlich eine Vertragsnorm des GATT oder der besonderen Übereinkommen verletzt oder nicht. Schon in diesem Stadium der Prüfung können nicht-handelspolitische Gesichtspunkte eine wichtige Rolle spielen. Dies hat sich etwa im Asbest-Fall gezeigt, wo der Appellate Body entschied, Asbest könne seiner gesundheitsgefährdenden Natur wegen nicht als *„like product"* im Verhältnis zu anderen Baustoffen gelten. Damit war die Verletzung von Art. III Abs. 4 GATT über die Inländerbehandlung, die Frankreich von Kanada vorgeworfen

265 Vgl. dazu insbesondere das Übereinkommen über die Anwendung gesundheitspolizeilicher und pflanzenschutzrechtlicher Massnahmen sowie die Leitentscheide *EC – Measures Affecting Asbestos and Asbestos-containing Products*, Bericht des Appellate Body, 12. März 2001, WT/DS135/AB/R; *EC – Measures Concerning Meat and Meat Products (Hormones)*, Bericht des Appellate Body, 16. Januar 1998, WT/DS48/AB/R; *US – Import Prohibitions of Certain Shrimp and Shrimp Products*, Bericht des Appellate Body, 8. November 1998, WT/DS58/AB/R; *US – Standards for Reformulated and Conventional Gasoline*, Bericht des Appellate Body, 20. Mai 1996, WT/DS2/AB/R.
Aus der Literatur siehe etwa BEISE, S. 102 ff.; CARREAU/JUILLARD, S. 292 ff.; COTTIER, WTO and Environmental Law, S. 56 ff.; COTTIER/WAGNER, S. 904 f.; 924 ff.; EGLIN, S. 123 ff.; HERDEGEN, Internationales Wirtschaftsrecht, S. 133 ff.; HOHMANN, S. 88 ff.; JACKSON, World Trading System, S. 232 ff.; JACKSON/DAVEY/SYKES, S. 534 ff.; KELLER/STOCKER, S. 457 ff.; KUX, S. 277 ff.; MARCEAU/TRACHTMAN, S. 811 ff.; PANNATIER, Commerce et environnement, S. 419 ff.; SENTI, WTO, S. 419 ff.; TREBILCOCK/HOWSE, S. 395 ff.; YÜKSEL, S. 99 ff.

wurde, bereits widerlegt, bevor es zur eigentlichen Interessenabwägung zwischen Freihandel und Gesundheitsschutz unter dem dafür vorgesehenen Art. XX lit. b GATT kam, die im übrigen ebenfalls zu Gunsten Frankreichs, d.h. zu Gunsten der Gesundheitsmassnahmen gegen die Asbestverarbeitung entschieden wurde[266].

Sofern sich die Prüfung einer Massnahme unter Art. XX GATT nicht wie im Asbest-Fall erübrigt, sondern eine Verletzung einer Freihandelsnorm des GATT zutage fördert, kommt eine zweigliedrige Methodik zum Tragen. Diese wurde im *„Shrimp-Turtle"*-Entscheid des Appellate Body ausführlich und wegleitend dargelegt[267]. In dieser Angelegenheit musste entschieden werden, ob sich Einfuhrbeschränkungen der USA für Crevetten und Crevettenprodukte, bei deren Fang nicht bestimmte, einseitig definierte Schutzvorrichtungen für Meeresschildkröten (sogenannte *„Turtle Escape Devices"*) zur Anwendung gelangt waren, unter Art. XX GATT rechtfertigen liessen oder nicht. Die Massnahmen verstiessen in einer isolierten Betrachtung gegen das Verbot nichttarifärer Einfuhrbeschränkungen in Art. XI Abs. 1 GATT.

Im Rahmen der Analyse unter Art. XX GATT prüfte der Appellate Body zunächst, ob die Einfuhrbeschränkungen unter die in Art. XX GATT aufgezählten Massnahmen fielen. Dies wurde bejaht; der Schutz von Meeresschildkröten sei als eine Massnahme zur Erhaltung erschöpflicher Naturschätze gemäss Art. XX lit. g GATT anzusehen[268]. Damit ist eine Massnahme indessen noch nicht automatisch gerechtfertigt. Vielmehr muss dann noch untersucht werden, ob sie nicht so angewendet wird, „dass sie zu einer willkürlichen und ungerechtfertigen Diskriminierung zwischen Ländern, in denen gleiche Verhältnisse bestehen, oder zu einer verschleierten Beschränkung des internationalen Handels führen"[269]. Diesen Test nun bestand die US-Regelung nicht, vor allem wegen ihrer unilateralistischen Implementierung, hatten doch die USA den Schutzstandard für Meeresschildkröten nicht auf ein multilaterales Abkommen zu stützen versucht und zudem nur mit einigen wenigen der betroffenen Staaten, aus denen

266 *EC – Measures Affecting Asbestos and Asbestos-containing Products*, Bericht des Appellate Body, 12. März 2001, WT/DS135/AB/R, siehe insbessondere Erwägung VI („like products") und Erwägung VII (Art. XX lit. b GATT).

267 *US – Import Prohibitions of Certain Shrimp and Shrimp Products*, Bericht des Appellate Body, 8. November 1998, WT/DS58/AB/R. Ähnlich auch bereits der Entscheid *US – Standards for Reformulated and Conventional Gasoline*, Bericht des Appellate Body, 20. Mai 1996, WT/DS2/AB/R.

268 *US – Import Prohibitions of Certain Shrimp and Shrimp Products*, Bericht des Appellate Body, 8. November 1998, WT/DS58/AB/R, Erwägung VI.B.

269 Art. XX GATT, Ingress, sogenannter „Chapeau".

Garnelen exportiert werden, entsprechende bilaterale Verhandlungen angestrengt, so dass die Anwendung der Schutzmassnahmen als diskriminierend und damit GATT-widrig eingestuft wurde[270].

3.5.5.3.3 Gesundheitspolizeiliche und pflanzenschutzrechtliche Massnahmen

Für den Bereich gesundheitspolizeilicher und pflanzenschutzrechtlicher Massnahmen ist Art. XX lit. b GATT durch ein entsprechendes Übereinkommen präzisiert worden[271]. Dieses statuiert insbesondere eine Verpflichtung der Mitgliedstaaten, auf eine Harmonisierung der gesundheitspolizeilichen und pflanzenschutzrechtlichen Schutzvorschriften hinzuwirken (Art. 3 SPS) und konkretisiert den Verhältnismässigkeitsgrundsatz. Dabei stellt es insbesondere vergleichsweise hohe Anforderungen an die Bewertung der Gefahren aufgrund international anerkannten wissenschaftlichen Beweismaterials (Art. 5 Abs. 1 und 2 SPS) und einer Analyse aller einschlägigen Faktoren (Art. 5 Abs. 5 SPS). Dass diese Hürden nicht leicht zu nehmen sind, zeigte sich im sogenannten *„Beef Hormones"*-Entscheid des Appellate Body[272]. Hier wurden Massnahmen der EG gegen die Einfuhr von mit bestimmten Hormonen behandeltem Fleisch und Fleischerzeugnissen u.a. deshalb für GATT-widrig erklärt, weil sie nicht auf eine Risikoanalyse gestützt wurden, die eine die Massnahme rechtfertigende Gesundheitsgefährdung nachgewiesen hätte[273].

3.5.5.3.4 Ausnahmen zur Wahrung von Sicherheitsinteressen

Art. XXI GATT, Art. XIVbis GATS und Art. 73 TRIPS sehen Ausnahmen zur Wahrung der Sicherheit vor[274]. Diese Bestimmungen sind insoweit enger gefasst als Art. XX GATT und Art. XIV GATS, als sie sich ausschliesslich mit vergleichsweise präzise umschriebenen Sicherheitsinteressen befassen. Hingegen ist zu beachten, dass die Ausnahmen zu Gunsten der Sicherheit nicht derselben raffinierten Metho-

270 *US – Import Prohibitions of Certain Shrimp and Shrimp Products*, Bericht des Appellate Body, 8. November 1998, WT/DS58/AB/R, Erwägung VI.C.

271 Übereinkommen über die Anwendung gesundheitspolizeilicher und pflanzenschutzrechtlicher Massnahmen, im folgenden in der englischen Abkürzung SPS wiedergegeben.

272 *EC – Measures Concerning Meat and Meat Products (Hormones)*, Bericht des Appellate Body, 16. Januar 1998, WT/DS48/AB/R, insbesondere Erwägungen X, XI und XII.

273 a.a.O., Erwägung XI.B.2.

274 CARREAU/ JUILLARD, S. 306 ff.; JACKSON, World Trading System, S. 229 ff.; SCHLOEMANN/OHLOFF, S. 424 ff.; SENTI, WTO, S. 445.

dik der Interessenabwägung wie die „Allgemeinen Ausnahmen“ folgen, sondern einen grösseren Spielraum für ein unilaterales Vorgehen offen halten. Damit wird den Vertragsstaaten in grösserem Masse die Zuständigkeit zur Vornahme der Interessenabwägung überlassen.

3.5.5.3.5 Bleibende Spannungen

Trotz der hier kurz skizzierten Mechanismen der Interessenabwägung ist wohl zuzugeben, dass es eine bislang nicht befriedigend beantwortete Frage bleibt, wie das zumindest wirtschaftspolitisch motivierte WTO-Recht in einen breiteren völkerrechtlichen Kontext eingebunden werden könnte, der einen besseren Ausgleich unterschiedlicher Politikziele ermöglichen würde und somit unter Umständen auf internationaler Ebene eine Art Verfassungsfunktion übernehmen könnte[275].

275 Vgl. dazu auch unter 8.6.3.3; KRAJEWSKI, Verfassungsperspektiven, S. 212 ff.; LANGER, S. 251 ff.; TARULLO, S. 155 ff.; THÜRER, WTO-Teilordnung, S. 41 ff.

2. Teil:
GATT/WTO in der Rechtspraxis der Schweiz, der USA und der EU

4 Der WTO-Beitritt der Schweiz

4.1 Vorgeschichte

Die Schweiz ist dem GATT am 22. November 1958 als provisorisches Mitglied beigetreten[276]. Das Abseitsstehen der Schweiz bei der Entstehung des GATT 1947 entsprach zunächst der bilateralen Tradition schweizerischer Aussenpolitk, wurde aber auch mit ökonomischen Argumenten begründet – etwa mit der Befürchtung, „dass die Schweiz als kriegsverschontes, ökonomisch und finanziell prosperierendes Hartwährungsland fortwährenden Diskriminierungen seitens der währungsschwachen Länder ausgesetzt gewesen wäre, die unter Berufung auf ihre unausgeglichene Zahlungsbilanz die Einfuhr verschiedener schweizerischer Waren beschränken oder gänzlich unterbinden könnten, während wir uns wegen unserer uneingeschränkten Liberalisierungspflicht gegen solche Benachteiligungen in keiner Weise verteidigen könnten. Überdies hätte die Schweiz gemäss dem GATT-Statut auf jeden Einfuhrschutz zugunsten der Landwirtschaft verzichten müssen“[277]. Vor allem Letzteres wäre innenpolitisch undenkbar gewesen[278].

Im wesentlichen dieselben Bedenken waren es, welche die Schweiz dazu veranlassten, im Jahre 1956 lediglich ein Gesuch um provisorische Assoziierung einzureichen. Dabei formulierte die Schweiz umfangreiche Vorbehalte betreffend Landwirtschaft, Währungspolitik und zahlungsbilanzbedingte Handelshemmnisse, die in den Verhandlungen – wohl vor allem, weil die Schweiz de facto damals schon eine bedeutende Argrarimporteurin war – weitgehend akzeptiert wurden und den Weg zur provisorischen Asoziierung ebne-

276 GATT-Botschaft 1959, BBl 1959 I, S. 738 ff.

277 GATT-Botschaft 1959, BBl 1959 I, S. 647; GATT-Botschaft 1966, BBl 1966 I, S. 715.

278 Zur protektionistischen Tradition der schweizerischen Agrarpolitik siehe auch COTTIER/NADAKAVUKAREN, Challenge, S. 343; HORBER, S. 55 f.; RHINOW/SCHMID/BIAGGINI, S. 575 ff.; RICHLI/MÜLLER/JAAG, S. 169 ff.; SCHLATTER, S. 90 ff.; SCHÜRMANN, S. 162 ff., WEITNAUER, S. 164.

ten[279]. Sie wurde auf drei Jahre vereinbart und ist im folgenden zweimal verlängert worden[280].

Die Entwicklung der Landwirtschaftspolitik im GATT und die diplomatischen Bemühungen der Schweiz haben dann im Jahre 1966 doch noch den Beitritt der Schweiz als Vollmitglied im GATT ermöglicht[281]. Am 1. April 1966 wurde die Schweiz als Mitglied aufgenommen, sie hat das Protokoll über den Beitritt der Schweiz am 4. Mai 1966[282] unter Vorbehalt der Genehmigung durch die eidgenössischen Räte unterzeichnet; dem Staatsvertragsreferendum wurde der Beitritt angesichts der Kündbarkeit des Beitrittsprotokolls nicht unterstellt[283]. Das Protokoll trat am 1. August 1966 in Kraft und gewährte der Schweiz in Ziffer 4 wiederum die Möglichkeit, im Rahmen ihrer landwirtschaftlichen Einfuhrgesetzgebung von Art. XI des GATT abzuweichen[284]. Wohl treffend, wenn auch gar selbstzufrieden hält ALBERT WEITNAUER, der das Protokoll als Delegierter des Bundesrates für Handelsfragen für die Schweiz unterzeichnet hatte, fest: „(W)ir hatten für den Vollbeitritt zum GATT praktisch nichts bezahlt.“[285]

Eine Darstellung der Entwicklung des GATT in den folgenden drei Jahrzehnten aus schweizerischer Sicht muss hier unterbleiben[286]. Im folgenden ist lediglich auf den Beitritt der Schweiz zur neuen Welthandelsorganisation WTO sowie auf die landesrechtliche Umsetzung der neuen Übereinkommen einzugehen.

Das Übereinkommen zur Errichtung der Welthandelsorganisation wurde nach dem erfolgreichen Abschluss der sich über acht Jahre hinziehenden Uruguay-Runde am 15. April 1994 in Marrakesch un-

279 GATT-Botschaft 1959, BBl 1959 I, S. 650 ff.; GATT-Botschaft 1966, BBl 1966 I, S. 715; HORBER, S. 55 f.; WEITNAUER, S. 164 f.

280 GATT-Botschaft 1966, BBl 1966, S. 715.

281 GATT-Botschaft 1966, BBl 1966 I 716 ff. Dankbar nimmt der Bundesrat darin zur Kenntnis, dass es gelungen sei, den „Sonderfall“ Schweiz im Rahmen des GATT aufrecht zu erhalten, S. 719 f.

282 SR 0.632.24.1.

283 GATT-Botschaft 1966, S. 720.

284 GATT-Botschaft 1966, S. 718 f.; SCHLATTER, S. 92, Fn 2; WASESCHA, La Suisse et le GATT, S. 808 f.

285 WEITNAUER, S. 166.

286 Vgl. etwa die Botschaften zur Kennedy- und zur Tokio-Runde. Aus der Literatur siehe insbesondere die Schilderungen bei WEITNAUER, S. 167 ff. (zur Dillon- und zur Kennedy-Runde); DUNKEL, S. 195 ff. (zur Tokio-Runde); RETORNAZ, S. 305 ff. (zur Thematik des schweizerischen Zugangs zum US-amerikanischen Uhrenmarkt); GIRARD, S. 1 ff. und WASESCHA, La Suisse et le GATT, S. 809 ff. (zur Uruguay-Runde). Siehe auch oben unter 3.2.

terzeichnet. Es trat am 1. Januar 1995 in Kraft[287]. In der Schweiz wurde das Übereinkommen mit seinen Anhängen dem fakultativen Referendum unterstellt. Jenes wurde denn auch ergriffen („GATT vor das Volk!"), kam aber nicht zustande[288]. Somit stand dem Beitritt der Schweiz nichts mehr im Wege: Er datiert vom 1. Juli 1995 und stellte das Verhältnis der Schweiz zum GATT auf eine völlig neue Grundlage; das Protokoll vom 1. April 1966 wurde suspendiert[289].

4.2 Legislatorische Umsetzungsakte

Der Bundesrat hat der Bundesversammlung zeitgleich mit den GATT 1994/WTO-Abkommen die wichtigsten Rechtsanpassungen unterbreitet, die durch die Ratifikation des GATT 94/WTO-Abkommens sowie der plurilateralen Abkommen notwendig waren (sogenannte GATT-Botschaft 2)[290]. Insgesamt mussten 16 Bundesgesetze angepasst und ein neues Bundesgesetz über das öffentliche Beschaffungswesen erlassen werden. Im wesentlichen waren von dieser Umsetzungsgesetzgebung die Bereiche Geistiges Eigentum[291], Landesversorgung[292], Zollwesen[293], Landwirtschaft[294], Bankwesen[295] und öffentliches Beschaffungswesen[296] betroffen.

287 Vgl. oben, 3.3.

288 AS 1995 II, S. 2115; BBl. 1995 II, S. 669; COTTIER/NADAKAVUKAREN, Challenge, S. 354 ff.

289 AS 1995, S. 2113.

290 GATT-Botschaft 2, BBl 1994 IV S. 950 ff.; COTTIER/NADAKAVUKAREN, Challenge, S. 349 f.; HEINRICH KOLLER, Der schweizerische Gesetzgeber, S. 252 ff.; RHINOW/SCHMID/BIAGGINI, S. 194 f.

291 GATT-Botschaft 2, S. 955 ff.; STAEHELIN, TRIPS, S. 80 ff. (URG), 105 und 122 (MSchG), 139 ff. (MMG), 155 (PatG), 165 f. (ToG).

292 GATT-Botschaft 2, S. 998 ff.; SCHÜRMANN, S. 260 f.

293 GATT-Botschaft 2, S. 1004 ff.; ANDRICH, S. 161 ff.; ARPAGAUS, S. 21 ff., 29 f.; RHINOW/SCHMID/BIAGGINI, S. 631 f.

294 GATT-Botschaft 2, S. 1029 ff.; ANDRICH, S. 161 ff., 180 ff.; COTTIER/NADAKAVUKAREN, Challenge, S. 352 f.; HORBER, S. 64 f.; RHINOW/SCHMID/BIAGGINI, S. 575 f., 590 ff.; RICHLI/MÜLLER/JAAG, S. 205 f.; SCHLATTER, S. 111 ff.; SCHÜRMANN, S. 240 ff.

295 GATT-Botschaft 2, S. 1141 ff.

296 GATT-Botschaft 2, S. 1149 ff.; GALLI/LEHMANN/RECHTSTEINER, S. 5 ff.; RHINOW/SCHMID/BIAGGINI, S. 405 ff.; RICHLI/MÜLLER/JAAG, S. 41 ff.; SCHERRER-

Zu substantiellen Anpassungen war man insbesondere im Bereich der Landwirtschaft genötigt, aber auch das Immaterialgüter- und Vergaberecht erfuhren bedeutende Änderungen, die im Rahmen dieser Arbeit jedoch nicht näher dargestellt werden können[297]. Betroffen waren die folgenden Erlasse:

- Bundesgesetz über das Urheberrecht und verwandte Schutzrechte (Urheberrechtsgesetz, URG, SR 231.1);
- Bundesgesetz vom 28. August 1992 über den Schutz von Marken und Herkunftsangaben (Markenschutzgesetz, MSchG, SR 232.11);
- Bundesgesetz vom 30. März 1900 betreffend die gewerblichen Muster und Modelle (MMG, SR 232.12);
- Bundesgesetz vom 25. Juni 1954 betreffend die Erfindungspatente (PatG, SR 232.14);
- Bundesgesetz vom 8. Oktober 1982 über die wirtschaftliche Landesversorgung (Landesversorgungsgesetz, LVG, SR 531);
- Zollgesetz vom 1. Oktober 1925 (ZG, SR 632.0);
- Zolltarifgesetz (ZTG, SR 632.10);
- Bundesbeschluss vom 16. Dezember 1994 über die Anpassung des Generaltarifs an die dem Protokoll von Marrakesch zum Allgemeinen Zoll- und Handelsabkommen von 1994 beigefügte Liste LIX-Schweiz-Liechtenstein (SR 632.105.14);
- Bundesgesetz vom 3. Oktober 1951 über die Förderung der Landwirtschaft und Erhaltung des Bauernstandes (Landwirtschaftsgesetz, LwG; SR 910.1);
- Bundesgesetz vom 21. Juni 1932 über die gebrannten Wasser (Alkoholgesetz, AlkG; SR 680);
- Bundesgesetz vom 20. März 1959 über die Brotgetreideversorgung des Landes (Getreidegesetz; SR 916.111.0);
- Bundesbeschluss vom 23. Juni 1989 über die inländische Zuckerwirtschaft (Zuckerbeschluss, ZB; SR 916.114.1);
- Beschluss vom 29. September 1953 der Bundesversammlung über Milch, Milchprodukte und Speisefette (Milchbeschluss, MB; SR 916.350);
- Milchwirtschaftsbeschluss 1988 (MWB 1988; SR 916.350.1);
- Bundesgesetz vom 21. Dezember 1960 über geschützte Warenpreise und die Preisausgleichskasse für Eier und Eierprodukte (SR 942.30);

JOST, S. 2 ff.; SCHLATTER, S. 179 ff.; WASESCHA, Öffentliches Beschaffungswesen, S. 189 f.

297 Vgl. dazu im Allgemeinen GATT-Botschaft 2, S. 950 ff.; COTTIER/ NADAKAVUKAREN, Challenge, S. 349 ff.; SCHLATTER, S. 111 ff.; SCHÜRMANN, S. 240 ff.

- Bundesgesetz vom 8. November 1934 über die Banken und Sparkassen (Bankengesetz, BankG; SR 952.0);
- Bundesgesetz über das öffentliche Beschaffungswesen vom 16. Dezember 1994 (BöB, SR 172.056.1), aufgrund des Übereinkommens über das öffentliche Beschaffungswesen (SR 0.632.231.422) neu erlassen.

Die Schweiz hat indessen nicht zu allen Vertragsbestimmungen Umsetzungsgesetze erlassen, so fehlen etwa legislative Umsetzungsakte zu Teilen des TRIPS (beispielsweise zu Art. 39 betreffend Schutz nicht offenbarter Informationen), zum Übereinkommen zur Durchführung des Art. VI GATT (Anti-Dumpingübereinkommen, Anhang 1A.8) sowie zum Übereinkommen über Subventionen und Ausgleichsmassnahmen, Anhang 1A.13), was in der Botschaft nicht begründet wird[298].

Es wäre denkbar gewesen, den Spielraum schweizerischer Behörden zur Anwendung von Antidumping-Massnahmen dem Abkommen entsprechend gesetzlich zu regeln, etwa im Rahmen des Bundesgesetzes über aussenwirtschaftliche Massnahmen (Aussenwirtschaftsgesetz, AWG; SR. 946.201) oder im Zolltarifgesetz (ZTG, SR 632.10). Die einschlägigen Bestimmungen (Art. 1 AWG[299] und Art. 7 ZTG[300]) sind indessen derart offen formuliert, dass ohnehin davon ausgegangen werden kann, dass die in diesen Gesetzen vorgesehenen Massnahmen nur in Übereinstimmung mit den von der Schweiz ratifizierten Wirtschaftsabkommen zu ergreifen sind.

Im weiteren hätten staatliche Interventionen zum Schutz schweizerischer Marktteilnehmer gegen abkommenswidrige ausländische Antidumping-Massnahmen gesetzlich normiert werden können, wie dies beispielsweise seitens der EG gemacht worden ist[301].

Ähnliche Überlegungen lassen sich auch hinsichtlich des Übereinkommens betreffend Subventionen und Ausgleichsmassnahmen an-

298 GATT-Botschaft 1994, S. 206 (Anti-Dumping) und S. 235 (Subventionen und Ausgleichsmassnahmen); COTTIER/NADAKAVUKAREN, Challenge S. 351 f.

299 RICHLI/MÜLLER/JAAG, S. 92 ff.; WEBER, Das Bundesgesetz über aussenwirtschaftliche Massnahmen, S. 3 f.

300 ARPAGAUS, S. 69 ff.

301 Verordnung (EWG) Nr. 2423/88 des Rates vom 11. Juli 1988 über den Schutz gegen gedumpte oder subventionierte Einfuhren aus nicht zur EWG gehörenden Ländern (ABl. 1988 Nr. L 209, S. 1 ff.).

stellen, wobei hier etwa an eine Ergänzung des Subventionsgesetzes[302] sowie wiederum des AWG und des ZTG zu denken gewesen wäre.

4.3 Haltung des Bundesrates zur Frage der unmittelbaren Anwendbarkeit des WTO-Rechts

4.3.1 GATT 1947

Die Botschaft des Bundesrates zum provisorischen GATT-Beitritt unseres Landes aus dem Jahre 1958[303] äussert sich nicht zur Frage der unmittelbaren Anwendbarkeit der GATT-Bestimmungen. Auch die Botschaft über den Beitritt der Schweiz zum GATT vom 10. Mai 1966[304] sowie die Botschaften zur Kennedy-Runde[305] und zur Tokio-Runde[306] enthalten keine einschlägigen Äusserungen.

Zurückhaltend liess sich die Direktion für Völkerrecht des EDA in ihrem Avis vom 4. Mai 1988 vernehmen. Zwar könne im GATT ein System gesehen werden, von welchem letztlich einzelne Wirtschaftssubjekte profitierten, selbst dann jedoch könne nicht von unmittelbarer Anwendbarkeit ausgegangen werden: „(l)es Parties ne convien-draient aucunement de l'applicabilité directe des règles du GATT, mais s'engageraient à assurer, *sur le plan interne, avec les moyens qui sont à leur disposition,* que certaines de ces règles, qui sont formulées de manière suffisamment précise et claire, peuvent être invoquées par des particuliers devant leurs organes chargés d'appliquer le droit."[307] Damit würde indessen eine landesrechtlich motivierte unmittelbare Anwendbarkeit keineswegs ausgeschlossen.

Bezüglich der in der Tokio-Runde ausgehandelten Antidumping-Bestimmungen des GATT äusserte sich Bundesrat FLAVIO COTTI anlässlich der nationalrätlichen Beratungen zum Bundesbeschluss

302 Bundesgesetz vom 5. Oktober 1990 über Finanzhilfen und Abgeltungen (Subventionsgesetz, SuG; SR 616.1).

303 BBl 1959 I, S. 625 ff. (GATT-Botschaft 1959).

304 BBl 1966 I, S. 713 ff. (GATT-Botschaft 1966).

305 BBl. 1967, Bd. II, S. 605 ff.

306 BBl. 1979, Bd. III, S. 1 ff.

307 Avis de droit de la Direction du droit international public du Département fédéral des affaires étrangères, du 4 mai 1988, teilweise abgedruckt bei CAFLISCH, Pratique suisse 1998, S. 215, 221 und bei SCHLATTER, S. 214.

über ausserordentliche Massnahmen zur Walderhaltung am 14. Juni 1988. Nationalrat LORETAN hatte beantragt, die Möglichkeit von Antidumping-Massnahmen gegenüber ausländischen Holzeinfuhren im Bundesbeschluss zu verankern. Bundesrat COTTI und mit ihm eine Ratsmehrheit lehnten dies ab mit der Begründung, derlei Massnahmen seien bereits in den Handelsverträgen wie dem GATT vorgesehen, was gegen eine nationale Normierung spreche[308]. Daraus lässt sich ein Bekenntnis zur unmittelbaren Anwendbarkeit dieser Normen herauslesen.

4.3.2 GATT/WTO 1994

Anders als beim provisorischen Beitritt der Schweiz zum GATT im Jahre 1958 hat sich der Bundesrat in der Botschaft zur Genehmigung der GATT/WTO-Abkommen vom 19. September 1994 zuhanden der Eidgenössischen Räte[309] zur Frage der unmittelbaren Anwendbarkeit der GATT/WTO-Normen geäussert, wobei diese Ausführungen innerhalb der Botschaft weit verstreut und als einigermassen inkohärent erscheinen. Grundlegende Überlegungen zum Thema fehlen weitgehend.

Die allgemeinsten Aussagen finden sich im Zusammenhang mit der Frage, ob der WTO-Beitritt der Schweiz als Beitritt zu einer supranationalen Organisation gemäss Art. 89 Abs. 5 aBV (Art. 140 Abs. 1 lit. b BV) gelten müsse und somit dem obligatorischen Staatsvertragsreferendum unterliege oder nicht. Der Bundesrat nannte als Kriterium der Supranationalität einer Organisation unter anderem, dass deren Entscheide „direkt in Kraft“ träten und „für Einzelpersonen unmittelbar verbindlich“ seien[310]. Damit war die unmittelbare Anwendbarkeit von Beschlüssen und Entscheiden der WTO-Organe angesprochen. Der Bundesrat führte hierzu aus, Beschlüsse und Entscheidungen der WTO-Organe seien nicht unmittelbar anwendbar[311].

Davon zu unterscheiden sei allerdings die Frage der unmittelbaren Anwendbarkeit von einzelnen Bestimmungen der verschiedenen

308 Amtliches Bulletin, NR, 1988, S. 694 f.; COTTIER, Bedeutung, S. 177; COTTIER/NADAKAVUKAREN, Challenge, S. 360, Fn 83.

309 BBl 1994 IV 1.

310 GATT-Botschaft 1994, S. 417; zu den Elementen des vom Bundesrat verwendeten Supranationalitätsbegriffs vgl. auch die Botschaft Römer Statut, BBl 2001 I, S. 484 f., und die Botschaft Staatsvertragsreferendum, BBl 1974 II 2, S. 1156.

311 GATT-Botschaft 1994, S. 418.

WTO-Abkommen, die sich nach Massgabe der allgemeinen Auslegungsregeln des Rechts der Verträge (Art. 31 WVRK) und der schweizerischen Verwaltungs- und Gerichtspraxis stelle. Die unmittelbare Anwendbarkeit, so der Bundesrat, „kann für gewisse Bestimmungen der einzelnen Abkommen nicht ausgeschlossen werden. Inwieweit unmittelbare Anwendbarkeit vorliegt, kann aber nicht allgemein, sondern muss von Fall zu Fall auf Grund einzelner Bestimmungen insbesondere durch die Rechtsprechung beurteilt werden.“[312]

Diese Feststellungen des Bundesrates in der GATT-Botschaft 1994 sind, wie bereits erwähnt, in seine Reflexionen über einen allfälligen supranationalen Charakter der WTO eingebettet, der die Unterstellung unter das obligatorische Referendum geboten hätte, vom Bundesrat aber verneint wurde[313]. Der Bundesrat hat sich – dies sei hier am Rande bemerkt – während der Verhandlungen der Uruguay-Runde auch gegen die Schaffung einer supranationalen WTO eingesetzt; so hat er sich etwa zusammen mit den USA, wenn auch aus anderen Überlegungen, gegen Vorschläge gewehrt, denen zu Folge für alle Mitgliedstaaten verbindliche Vertragsänderungen durch Mehrheitsbeschluss hätten möglich werden sollen, auch wenn dadurch ihre Rechte und Pflichten geändert würden. Dies hätte der neuen WTO einen supranationalen Charakter verliehen, ein Beitritt hätte folglich dem obligatorischen Staatsvertragsreferendum unterstanden (Art. 89 Abs. 5 aBV; Art. 140 Abs. 1 lit. b BV)[314]. Die unverbindlichen und eher defensiven Aussagen des Bundesrates zur unmittelbaren Anwendbarkeit des WTO-Rechts sind somit vor dem innenpolitischen Hintergrund der Referendumsfrage zu werten.

Grösseres Gewicht dürfte deshalb den Äusserungen des Bundesrates zu einzelnen Übereinkommen zukommen, die indessen nicht zahlreich sind. So fehlen einlässliche Ausführungen über die unmittelbare Anwendbarkeit des GATT 1994 (Anhänge 1A.1 und 1A.2 des WTO-Übereinkommens). Der Bundesrat hielt lediglich fest, dass die Konzessionsliste (Liste LIX Schweiz-Liechtenstein) seiner Ansicht nach keine direkt anwendbare Norm sei, sondern der Überführung in das Landesrecht bedürfe[315]. Dies erscheint indessen als fragwürdig, denn die Listen der Zugeständnisse sind in Art. II des GATT ausführlich

312 GATT-Botschaft 1994, S. 418, mit Hinweis auf BGE 119 V 171, insbesondere 177 f., und BGE 98 Ib 385.

313 GATT-Botschaft 1994, S. 419.

314 COTTIER/NADAKAVUKAREN, Challenge, S. 342.

315 GATT-Botschaft 2, 1994, S. 1012.

geregelt und stellen gemäss Ziffer 1 des Protokolls von Marrakesch zum GATT 1994 eine Anlage des Protokolls dar und sind somit Teil des GATT 1994-Komplexes[316].

Zahlreichere Aussagen finden sich hingegen zu anderen multilateralen Handelsübereinkünften des Anhangs 1A.

Zum Übereinkommen zur Durchführung des Artikels VI des GATT (Antidumping-Massnahmen, Anhang 1A.8) hielt der Bundesrat in der GATT-Botschaft 1994 fest, das Übereinkommen verpflichte „die Regierungen dazu, ihre nationale Gesetzgebung mit dem Abkommen in Einklang zu bringen. Privatpersonen erhalten damit nicht das Recht, Antidumpingzölle oder die Einleitung einer Antidumping-Untersuchung zu fordern“[317]. Durchaus andere Deutungen liessen demgegenüber die weiter oben erwähnten Ausführungen von Bundesrat FLAVIO COTTI im Zusammenhang zum Bundesbeschluss über ausserordentliche Massnahmen zur Walderhaltung zu, in welchen sich Bundesrat COTTI gerade gegen eine gesetzliche Normierung ausgesprochen hatte, da die Handelsverträge eine genügende Grundlage für Antidumping-Massnahmen darstellten[318].

Hinsichtlich des Übereinkommens über die Kontrollen vor dem Versand (Anhang 1A.10) wies der Bundesrat auf dessen besonderen Rekursmechanismus hin, im welchem den Privaten Parteistellung zukommt. Darin liesse sich ein deutliches Indiz für die unmittelbare Anwendbarkeit dieses Übereinkommens sehen, was in der Botschaft jedoch nicht thematisiert wurde[319].

Bezüglich des Übereinkommens über Ursprungsregeln (Anhang 1A.11) äusserte sich die Botschaft zur Anwendbarkeit von Anhang II („Gemeinsame Erklärung bezüglich der Ursprungsregeln“), der vom Bundesrat ausdrücklich als nicht unmittelbar anwendbar erklärt wurde: „Die Vorschriften des Anhangs II sind nicht unmittelbar anwendbar, sondern beinhalten einen Auftrag an den Gesetzgeber.“[320]

Ausführungen zur unmittelbaren Anwendbarkeit des GATS fehlen soweit ersichtlich.

Zur Rechtsnatur des TRIPS-Abkommen hat sich der Bundesrat demgegenüber vergleichsweise einlässlich geäussert. Die Bestimmun-

316 Vgl. dazu unter 8.3.3.1.
317 GATT-Botschaft 1994, S. 204.
318 Amtliches Bulletin NR 1988, S. 694 f.
319 GATT-Botschaft 1994, S. 213 f.
320 GATT-Botschaft 1994, S. 222.

gen dieses Abkommens können gemäss Botschaft in drei Kategorien gegliedert werden[321]:

- „Bestimmungen, welche die Substanz der Immaterialgüterrechte nicht berühren";
- „Bestimmungen, welche die Mitgliedstaaten verpflichten oder ermächtigen, im materiellen und im formellen Recht Regeln zu den Pflichten ihrer Behörden sowie zu den Rechten und Pflichten von Privatpersonen aufzustellen";
- „Bestimmungen, welche unmittelbar die Rechte und Pflichten von Privatpersonen regeln. Dieser Teil bildet den eigentlichen Kern des Abkommens." Es wird in diesem Zusammenhang ausdrücklich auf Art. 10, Art. 12, Art. 14 Abs. 5, Art. 15, Art. 16, Art. 18, Art. 26 Abs. 3, Art. 28, Art. 33, Art. 38 und Art. 50 hingewiesen.

Im weiteren hielt der Bundesrat – wohl mit Blick auf die Bestimmungen der zweiten Kategorie – fest: „Manche Artikel, die den Staaten Reglementierungsaufgaben auferlegen, sind als Rahmenbestimmungen zu verstehen; andere sind sehr genau und unmittelbar anwendbar. Auch wenn der Grundsatz der unmittelbaren Anwendbarkeit mit bezug auf das GATT 1947 vom Bundesgericht nicht anerkannt wurde, gilt er doch für zahlreiche TRIPS-Artikel, so wie dies ja auch beim EPÜ, dem PCT oder dem Lugano-Übereinkommen über die gerichtliche Zuständigkeit und die Vollstreckung gerichtlicher Entscheidungen in Zivil- und Handelssachen [...] der Fall ist."[322]

Mit bezug auf das plurilateriale Übereinkommen über das öffentliche Beschaffungswesen legte der Bundesrat dar, jenes enthalte „sowohl detaillierte anwendbare Bestimmungen (z.B. über den Inhalt einer Ausschreibung) als auch konkretisierungsbedürftige Grundsätze (z.B. die Ausgestaltung des Rechtsmittelverfahrens)."[323] Eine Umsetzung ins Landesrecht sei notwendig, um durchsetzbare Ansprüche der Anbieterinnen und Anbieter zu schaffen. Der Vollständigkeit halber würden, so der Bundesrat, im gleichzeitig mit dem GPA in Kraft zu setzenden Bundesgesetz über das öffentliche Beschaffungswesen[324] aber auch die direkt anwendbaren Bestimmungen des Übereinkommens wiederholt[325].

321 GATT-Botschaft 1994, S. 286 f.

322 GATT-Botschaft 1994, S. 287 f.

323 GATT-Botschaft 1994 2, S. 1171.

324 Bundesgesetz über das öffentliche Beschaffungswesen (BoeB) vom 16. Dezember 1994 (SR 172.056.1).

325 a.a.O. S. 1171 f.

Die Aussagen des Bundesrates in der GATT/WTO-Botschaft lassen sich also wie folgt zusammenfassen: Die unmittelbare Anwendbarkeit von Normen des WTO-Rechts sei fallweise zu prüfen und dürfe nicht *a priori* ausgeschlossen werden. Das TRIPS und das GPA enthalte zahlreiche (in der Botschaft bezeichnete) Bestimmungen, denen *self-executing*-Charakter zukomme. Entscheidungen und Beschlüsse der WTO-Organe seien demgegenüber nicht unmittelbar anwendbar.

4.4 Stellungnahmen in der Bundesversammlung

Die Durchsicht der Amtlichen Bulletins über die GATT/WTO-Debatten in der Bundesversammlung im Herbst 1994 ergibt erwartungsgemäss, dass Fragen nach der rechtlichen Natur der WTO-Abkommen nicht im Mittelpunkt des parlamentarischen Interesses standen.

Die ausgedehnten Debatten im Ständerat[326] und im Nationalrat[327] drehten sich vor allem um die herausragende gesamtwirtschaftliche Bedeutung der Uruguay-Runde für die stark exportabhängige Schweiz und um die erwarteten Probleme des schweizerischen Bauernstandes, in welchem zahlreiche Volks- und Standesvertreterinnen und – vertreter den grossen Verlierer der achten Weltwirtschaftsrunde sahen.

Das Thema dieser Arbeit wurde aber immerhin im Votum von Nationalrat EUGEN DAVID, Berichterstatter zur GATT-Botschaft 2, zu Beginn der nationalrätlichen GATT/WTO-Debatte angesprochen. Nationalrat DAVID führte zum Verhältnis der Abkommen der Uruguay-Runde zu den 17 landesrechtlichen Umsetzungserlassen aus: „[Es] ist zu betonen, dass diese Übereinkommen des Gatt über weite Strecken sogenannt direkt anwendbares Recht enthalten. Dies bedeutet, dass wir hier keinen Freiraum haben, umzusetzen, wie wir wollen, sondern es ist so, dass wir das direkt anwendbare Recht übernehmen müssen, da es dem inländischen Recht vorgeht. Wenn wir keine entsprechenden Erlasse zu diesen Abkommen haben, muss man sich klar darüber sein, dass beispielsweise das Submissionsabkommen trotzdem gilt. Wenn das Gesetz abgelehnt würde, hätten die Submissionstregeln

326 Amtl. Bull. 1994, StR, S. 1095 ff.
327 Amtl. Bull. 1994, NR, S. 2149 ff.

dieses Abkommens trotzdem Geltung, wenn dieses Abkommen gutgeheissen wird."[328]

Dass diese Aussage im Verlaufe der Eintretensdebatte nicht einmal auf Kritik seitens der äusseren Ratsrechten gestossen ist, erstaunt einigermassen, dürfte jedoch damit zu erklären sein, dass politisch weit brisantere Themen wie insbesondere die Zukunft der schweizerischen Landwirtschaft im Vordergrund standen.

Wie in der bundesrätlichen Botschaft[329] wurde die Frage der unmittelbaren Anwendbarkeit der WTO-Abkommen auch im Nationalrat im Zusammenhang mit der Referendumsfrage gestreift. Neben Bundesrat JEAN-PASCAL DELAMURAZ argumentierte auch der Kommissionsreferent, Nationalrat JEAN-PHILIPPE MAÎTRE, die Entscheidungen der WTO-Organe richteten sich nicht unmittelbar an Einzelpersonen, was gegen ihren supranationalen Charakter spreche[330].

Im Ergebnis lässt sich aus den GATT/WTO-Debatten in der Bundesversammlung kaum etwas für und nichts gegen die unmittelbare Anwendbarkeit der WTO-Übereinkommen ableiten.

328 Amtl. Bull. 1994, NR, S. 2152.
329 Siehe unter 4.3.2.
330 Amtl. Bull. 1994, NR, S. 2206 f.

5 Schweizerische Rechtsprechung zur Frage der unmittelbaren Anwendbarkeit des WTO-Rechts

5.1 Einleitende Bemerkungen

Im folgenden soll die schweizerische Judikatur zur Frage der unmittelbaren Anwendbarkeit des WTO-Rechts in der Schweiz aufgearbeitet werden. Dabei wird zunächst die Praxis zum GATT 1947 und danach diejenige zum GATT 1994, zum GATS und zum TRIPS untersucht werden. Auch die Rechtsprechung zum GPA als dem bedeutsamsten multilateralen Übereinkommen soll beleuchtet werden.

In quantitativer Hinsicht lässt sich sagen, dass sich die Urteile zum WTO-Recht erst in den allerletzten Jahren etwas zu häufen begannen. Eine gewisse Reichhaltigkeit in der Rechtsprechung ist lediglich zum GPA zu vermerken.

Ein Ziel dieser Arbeit ist es, insbesondere die höchstrichterliche Judikatur zu den verschiedenen Übereinkommen des WTO-Rechts systematisch und vergleichsweise ausführlich zu besprechen. Dies rechtfertigt es in den Augen des Autors, auch Urteile zu berücksichtigen, die nicht eindeutig einschlägig sind, jedoch einen Bezug zum Thema aufweisen und die Annäherung der Rechtsprechung an den GATT/WTO-Komplex dokumentieren. In der Literatur geäusserte Ansichten zu einzelnen Entscheiden werden bei diesen angeführt. Eine vertieftere Auseinandersetzung mit den verschiedenen Lehrmeinungen sei jedoch einem späteren Kapitel vorbehalten.

5.2 Praxis zum GATT 1947

5.2.1 Praxis des Bundesgerichts

5.2.1.1 Erste Erwähnungen

Das GATT wurde vergleichsweise spät zum Gegenstand bundesgerichtlicher Rechtsprechung. Soweit ersichtlich fand das GATT erstmals im Entscheid *Bosshard & Co. gegen Eidg. Volkswirtschaftsdepartement* vom 2. Dezember 1960 Erwähnung in der bundesgerichtlichen Praxis[331], allerdings nur sehr am Rande. Die Beschwerdeführerin hatte ein Einfuhrgesuch für Damenpullover japanischen Ursprungs gestellt, das von der Handelsabteilung des EVD einem Preiszertifizierungsverfahren unterstellt und abgewiesen worden war. Das EVD nannte als Rechtsgrundlage des Preiszertifizierungsverfahrens den Bundesratsbeschluss Nr. 3 über die Wareneinfuhr vom 16. Oktober 1959[332], der sich auf die Verordnung über den Warenverkehr mit dem Ausland vom 17. Dezember 1956[333] stütze, welche ihrerseits gestützt auf den Bundesbeschluss über wirtschaftliche Massnahmen gegenüber dem Ausland vom 28. September 1956[334] erlassen worden war.

Mit Verwaltungsgerichtsbeschwerde rügte die Bosshard & Co. vor Bundesgericht, ein Preiszertifizierungsverfahren müsse durch Rechtssatz erlassen und in der eidgenössischen Gesetzessammlung publiziert werden. Das Bundesgericht folgte der Argumentation der Beschwerdeführerin und hob den Entscheid des EVD auf. Das GATT-Recht wurde im bundesgerichtlichen Entscheid nicht thematisiert, obwohl das EVD mit folgender Aussage zitiert wurde: „Mit Bezug auf die Einfuhr von Textilien aus Japan habe das Departement aus politischen Rücksichten, im Hinblick auf die schwebenden Verhandlungen und wegen der Bindungen, die sich aus der Zugehörigkeit jenes Landes zum GATT ergäben, auf die allgemeine Einführung der Zertifizierung verzichtet und diese lediglich in den einzelnen Fällen angeordnet.“[335]

Weshalb es trotz dieser offensichtlich selbst seitens des EVD geäusserten Bedenken nicht zu einer Überprüfung des Zertifizierungs-

331 BGE 86 I 312.
332 AS 1959, S. 928 ff.
333 AS 1956, S. 1559 ff.
334 AS 1956, S. 1553 ff.
335 BGE 86 I 312, S. 315.

verfahrens im Lichte des GATT gekommen ist, geht aus dem Urteil nicht hervor. Dies muss zumindest teilweise als Zeichen einer noch wenig entwickelten Sensibilität für die landesrechtliche Ausstrahlung des GATT verstanden werden. Die Darstellung neuerer Entscheide dürfte aufzeigen, dass heutzutage bei einem ähnlich gelagerten Fall die Rüge der GATT-Widrigkeit möglicherweise erhoben und auch erwogen würde.

Ähnlich ist auch der Entscheid in Sachen *Denner AG gegen EVD* vom 28. Juni 1974 zu beurteilen[336]. Die Beschwerdeführerin ersuchte in dieser Angelegenheit das Bundesgericht, die Verordnung des Bundesrates über den Rebbau und den Absatz der Rebbauerezgunisse (sogenanntes Weinstatut) vom 18. Dezember 1953[337] für rechtswidrig zu erklären. Im Weinstatut wurde die damals bereits bestehende Kontingentierung der Einfuhr von Rotwein gestützt auf Art. 23 aLWG beibehalten. Jener Artikel ermächtigte den Bundesrat zu protektionistischen Massnahmen wie der Einführung einer Kontingentierung, der Erhebung von Zollzuschlägen oder der Statuierung von Übernahmepflichten auf dem heimischen Markt, sofern der Absatz von Erzeugnissen der inländischen Landwirtschaft zu angemessenen Preisen durch die Einfuhr gefährdet erschien.

Die Beschwerdeführerin bestritt eine derartige Gefährdung und machte *eventualiter* geltend, sie könne gegebenenfalls durch mildere Mittel beseitigt werden, etwa durch die Erhebung von Zollzuschlägen oder durch die Verpflichtung der Importeure zur Übernahme von schweizerischem Rotwein.

Diese Ausgangslage hätte m.E. ein Abwägen der unterschiedlichen Systeme im Lichte des GATT notwendig gemacht. Das Bundesgericht begnügte sich jedoch mit folgender Feststellung (Erw. 8a): „Die Höhe der Zölle und der allfälligen Zollzuschläge ist durch Vereinbarungen im Rahmen des Allgemeinen Zoll- und Handelsabkommens (GATT) beschränkt. Es kommt daher nicht in Betracht, dass zum Schutz der inländischen Weinerzeugung Zollzuschläge, wie sie in Art. 23 Abs. 1 lit. b LwG vorgesehen sind, erhoben werden.“[338]

Dies ist zwar zweifellos richtig. Es erstaunt jedoch, dass nicht auch die im Weinstatut getroffene Regelung im Lichte von Art. XI GATT (Allgemeine Beseitigung von mengenmässigen Beschränkungen) beurteilt worden ist. Denn obwohl die Schweiz diesbezüglich einen Vorbehalt u.a. zu Gunsten des LwG anbrachte, hat sie sich im Beitrittspro-

336 BGE 100 Ib 429.
337 AS 1953, S. 1154 ff.
338 BGE 100 Ib 429, S. 441.

tokoll dazu verpflichtet, „soweit dies mit der Durchführung dieser Gesetze vereinbar ist, im grösstmöglichen Masse die einschlägigen Bestimmungen des Allgemeinen Abkommens zu beobachten und sich im besonderen zu bemühen, dafür Sorge zu tragen, dass diese Massnahmen in einer den Interessen der Vertragsparteien möglichst wenig abträglichen Weise gehandhabt werden“[339]. Dieses völkerrechtliche Verhältnismässigkeitsargument hätte m.E. dem Begehren der Beschwerdeführerin zusätzliches Gewicht verleihen können[340]. Die GATT-Verträglichkeit des Weinstatuts wurde indessen überhaupt nicht geprüft, entsprechend finden sich im Entscheid auch keine Ausführungen über die mittelbare oder unmittelbare Anwendbarkeit des GATT. Die Beschwerde wurde abgelehnt.

Ähnliches lässt sich auch sagen zum Entscheid des Bundesgerichts vom 22. Dezember 1978 in Sachen *Coop Schweiz, Migros-Genossenschafts-Bund und Mitbeteiligte gegen das EVD*[341]. Streitgegenstand war hier der Bundesratsbeschluss über Preiszuschläge auf Speiseölen und Speisefetten in der Fassung vom 24. August 1977, der am 29. September 1977 durch die Bundesversammlung genehmigt wurde[342]. Durch diese Verordnung wurden die Preiszuschläge auf eingeführte Speiseöle und -fette sowie deren Rohstoffe und Halbfabrikate von CHF 75.– je 100 kg auf CHF 105.– je 100 kg angehoben, um die zugleich vorgenommene Erhöhung des Butter-Engrospreises im Inland abzufedern, von der sonst die ausländische Konkurrenz profitiert hätte. Die Beschwerdeführer fochten diese Erhöhung als unverhältnismässig an.

Das GATT wurde wiederum nur ganz am Rande thematisiert. Die Beschwerdeführer führten nämlich aus, die Erhöhung des Preiszuschlags führe zu einer Benachteiligung der inländischen Nahrungsmittelindustrie. So beliefen sich die gesamten Importabgaben für die Mayonnaise-Herstellung auf CHF 123.– je 100 kg, während Mayonnaise aus den EG-EFTA-Ländern völlig zollfrei importiert werden könne[343]. Dieses Argument wurde soweit aus dem Urteilstext ersichtlich juristisch nicht substantiiert und blieb für das Urteil ohne Folgen – die

339 Protokoll über den Beitritt der Schweiz zum Allgemeinen Zoll- und Handelsabkommen vom 1. April 1966.

340 Vgl. dazu das Urteil der Eidgenössischen Zollrekurskommission vom 19. März 1982, VPB 46 (1982), Nr. 71, S. 453 ff., in dessen Erwägung 6.b Ziffer 4 des Beitrittsprotokolls zitiert und zur Konkretisierung des Verhältnismässigkeitsgrundsatzes verwendet wurde. Siehe auch unter 5.2.2.2.

341 BGE 104 Ib 412.

342 BBl 1977 III S. 266.

343 BGE 104 Ib 412, S. 430.

Beschwerden wurden abgewiesen. In der Sache jedoch handelt es sich hier um einen Fall von Inländerdiskriminierung[344], der deutlich macht, dass das Aussenwirtschaftsrecht auch binnenökonomisch von beachtlicher praktischer Tragweite sein kann.

5.2.1.2 Der „Maison G."-Entscheid

Im Entscheid *Maison G. Sprl contre Direction générale des douanes* vom 2. September 1986[345] sah sich das Bundesgericht soweit ersichtlich erstmals mit der Rüge der GATT-Widrigkeit eines staatlichen Aktes konfrontiert. Zur Debatte stand die Verordnung vom 12. September 1984 über die Schwerverkehrsabgabe[346]. Gestützt auf diese Verordnung wurden zwei Lastwagen der in Belgien domizilierten Beschwerdeführerin durch das Zollinspektorat Chiasso-Strada anlässlich ihrer Einfahrt in die Schweiz mit einer Schwerverkehrsabgabe von je CHF 15.– belegt. Die Beschwerdeführerin gelangte dagegen mit Beschwerde an die Oberzolldirektion, welche die Verfügung des Zollinspektorates Chiasso-Strada mit Entscheid vom 8. Oktober 1985 schützte, und schliesslich mit Verwaltungsgerichtsbeschwerde an das Bundesgericht.

Im Verfahren der Verwaltungsgerichtsbeschwerde rügte die Beschwerdeführerin unter anderem, die erhobene Schwerverkehrsabgabe wie in der Verordnung vom 12. September 1984 geregelt sei in Tat und Wahrheit eine Steuer, wirke sich diskriminierend aus und verletze diverse von der Schweiz abgeschlossene Staatsverträge. So seien neben dem Zusatzprotokoll zum Abkommen zwischen dem Schweizerischen Bundesrat und der Regierung des Königreichs Belgien über die internationalen Beförderungen auf der Strasse vom 25. Februar 1975[347] auch die Art. 13 und 18 des Freihandelsabkommens zwischen der Schweiz und der Europäischen Gemeinschaft vom 22. Juli 1972 (FHA)[348], Art. V Abs. 3 und Art. VIII des GATT sowie Art. 10 des EFTA-Übereinkommens[349] verletzt worden.

Das Bundesgericht (II. Öffentlichrechtliche Kammer) rief zunächst in Erinnerung, dass die Bestimmungen eines völkerrechtlichen Vertrags eine hinreichend bestimmte und klare Entscheidungsgrundlage darstellen müssten, um unmittelbar anwendbar zu sein[350]. Dabei be-

344 vgl. dazu unter 2.2.
345 BGE 112 Ib 183.
346 SR 741.71.
347 SR 0.741.619.172.
348 SR 0.632.401.
349 SR 0.632.31.
350 BGE 112 Ib 183, S. 184 f.

liess es das Gericht indessen nicht: „il est encore impératif qu'une éventuelle violation de la règle conventionnelle soit à même d'entraîner une conséquence quelconque affectant la situation de l'intéressé“[351].

Im folgenden wies das Bundesgericht die Rügen der Beschwerdeführerin allesamt zurück. Zum hier interessierenden GATT hat es in aller Kürze ausgeführt, die Beschwerdeführerin könne sich darauf nicht berufen, denn „... l'Accord général sur les tarifs et le commerce réglemente exclusivement les relations entre Etats et ne peut être invoqué par un particulier“[352].

Das Bundesgericht hat diese Rechtsauffassung nicht weiter begründet; es hat sie jedoch explizit auf zwei Stellen im Schrifttum gestützt, nämlich auf LONG[353] und SENTI[354]. LONG schreibt unter „Chapitre IV: Le contrôle du functionnement; A. L'exécution et l'observation du Traité: L'Accord général ne prévoit ni punition ni coercition. Les parties contractantes ne disposent pas de moyens légaux pour contraindre un pays membre à exécuter leurs décisions“[355]. Dies ist die am ehesten einschlägige Stelle auf der referenzierten Seite. Ähnlich bei SENTI, der unter „Kapitel 7.1: Organe des GATT; die VERTRAGSPARTEIEN“ lediglich festhält: „Die einzelnen Vertragsparteien können nicht gezwungen werden, gefällte Entscheid zu akzeptieren. Sanktionsmöglichkeiten bestehen im GATT keine, sieht man von den möglichen einzelstaatlichen Gegenmassnahmen ab“[356].

Beide Autoren äussern sich somit an den zitierten Stellen lediglich zum Fehlen zwischenstaatlicher Durchsetzungsmittel. Die Frage nach der Berechtigung Einzelner, sich an ein nationales Gericht zu wenden, ist damit jedoch noch keineswegs entschieden. Zwar lässt sich aus den zitierten Stellen ableiten, die unmittelbare Anwendbarkeit sei durch das GATT selbst nicht vorgeschrieben (Prüfung erster Stufe, vgl. unter 2.4.2). Nicht angesprochen wird dadurch jedoch die Möglichkeit, dass die unmittelbare Anwendbarkeit auch aus landesrechtlichen

351 BGE 112 Ib S. 185, vgl. dazu auch den Abschnitt 2.4.3.1 (ablehnende Stellungnahme); kritisch zu dieser Aussage des Urteils auch BUCHS, S. 88 f.; JACOT-GUILLARMOD, Détour, S. 139 ff.

352 BGE 112 Ib 183, 189.

353 LONG, OLIVIER, La place du droit et ses limites dans le système commercial multilatéral du GATT, Académie de droit international, Recueil des Cours, tome 182 (1983 IV), The Hague u.a. 1984, S. 83.

354 SENTI, RICHARD, GATT – System der Welthandelsordnung, Schulthess, Zürich 1986, S. 45.

355 LONG, a.a.O.

356 SENTI, a.a.O.

Überlegungen ergeben kann (Prüfung zweiter Stufe, vgl. unter 2.4.3). Damit zielen die Verweise im Urteilstext m.E. mindestens teilweise ins Leere; das Bundesgericht bleibt eine Begründung für den pauschalen Ausschluss der unmittelbaren Anwendbarkeit des GATT im schweizerischen Landesrecht weitgehend schuldig.

Insbesondere fällt auf, dass sich im höchstrichterlichen Urteil keine Prüfung der Justiziabilität der angerufenen Normen nach den sonst vom Bundesgericht verwendeten Kriterien findet[357]. So wurde namentlich nicht analysiert, ob Art. V Abs. 3 und VIII des GATT als Entscheidungsgrundlage hinreichend klar und bestimmt wären und ob sie sich an den Rechtsanwender richteten. Für beides hätte es nämlich deutliche Anhaltspunkte gegeben. In Art. V Abs. 3 des GATT heisst es etwa: „(der Durchfuhrverkehr) ist von Zöllen, anderen Durchfuhrabgaben und Durchfuhrbelastungen zu befreien, mit Ausnahme der Beförderungskosten oder sonstigen Belastungen, die dem aus der Durchfuhr entstehenden Verwaltungsaufwand und den Kosten der erbrachten Dienstleistungen entsprechen.“[358]. Und Art. VIII Abs. 1 lit. a GATT lautet: „Die von den Vertragsparteien anlässlich oder im Zusammenhang mit der Einfuhr oder Ausfuhr erhobenen Gebühren und Belastungen jeglicher Art [...] sind dem Betrag nach ungefähr auf die Kosten der erbrachten Dienstleistungen zu beschränken; sie dürfen weder einen mittelbaren Schutz für inländische Waren noch eine Besteuerung der Einfuhr oder Ausfuhr zur Erzielung von Einnahmen darstellen.“[359]

Eine einlässliche Prüfung dieser Bestimmungen auf ihre Justiziablität hätte sich m.E. angesichts des vergleichsweise präzisen Wortlauts aufgedrängt. Dies umso mehr, als es sich um einen Fall konkreter Normenkontrolle von Verordnungsrecht handelte, das dem Anwendungsgebot von Art. 113 aBV (Art. 191 BV) nicht untersteht.

Der Entscheid *„Maison G. Sprl.“* ist, obwohl nur sehr spärlich begründet und trotz der mit der Gründung der WTO eingetretenen Veränderungen in der Ausgangslage, zu einem wichtigen Präjudiz geworden, das auch in der späteren Rechtsprechung zum GATT 1994 noch aufgegriffen wurde[360].

357 vgl. dazu unter 2.4.3.1.

358 Art. V Abs. 3 GATT, 3. Halbsatz.

359 Die Justiziabilität wichtiger Bestimmungen der WTO-Übereinkommen wird unter 8.3 näher untersucht.

360 Vgl. insbesondere die weiter unten dargestellten Urteile *„Kingston-Bier“* und *„Bresaola“*.

Man kann nicht sagen, dass das GATT 1947 die schweizerische Rechtsliteratur besonders beschäftigt habe. Dennoch ist der bundesgerichtliche Entscheid *Maison G. Sprl.* ist in der schweizerischen Lehre auf eine gewisse Resonanz und zum Teil heftige Kritik gestossen.

PETERSMANN – einer der wichtigsten Vertreter der Konstitutionalisierungsdoktrin im Bereich des Wirtschaftsvölkerrechts[361] – kritisiert die „apodiktische Behauptung des Bundesgerichts", das GATT regle nur das Verhältnis zwischen Staaten und könne von Einzelpersonen nicht angerufen werden, als bedauerlich und unverständlich, da das Bundesgericht den klar und bestimmt formulierten Art. V Abs. 3 und 5 des GATT gar nicht ernsthaft geprüft und auch Art. X GATT ausser Acht gelassen habe[362].

ANDRICH äussert Befremden über die „undifferenzierte Haltung des Bundesgerichts", dessen Abstellen auf den formellen Normadressaten nicht überzeuge, würden doch die Vertragsparteien nicht zuletzt den Bürgern gegenüber verpflichtet[363].

HOLZER vermisst eine Auseinandersetzung mit den angerufenen Bestimmungen und führt im weiteren aus: „Die Annahme, dass es sich beim GATT 1947 um ein Vertragswerk handle, welches sich an die Vertragsparteien in ihrer Eigenschaft als Staaten richten würde und dessen Bestimmungen deshalb innerstaatlich nicht unmittebar anwendbar sein könnten, ist unhaltbar." Auszugehen sei vielmehr von Anwendungsfreiheit[364].

SCHLATTER nennt die Begründung des Bundesgerichts „mehr als mager"[365]. Sie kritisiert insbesondere, dass die Ablehnung der unmittelbaren Anwendbarkeit pauschal für das gesamte Abkommen und ohne vorangehende Analyse der angerufenen Bestimmungen erfolgt ist[366].

COTTIER/NADAKAVUKAREN stellen das Urteil in den Kontext der damals vorherrschenden Verhältnisse im öffentlichen Wirtschaftsrecht der Schweiz und halten fest: „Beyond wording, it is evident that direct effect of trade agreements was, at the time, at odds with weak legislation on competition law and a high density of cartels as a main trait of the Swiss economy. This has changed in the meantime"[367].

361 Vgl. dazu eingehend unter 8.6.
362 PETERSMANN, Verfassungsentscheidung, S. 560.
363 ANDRICH, S. 73.
364 HOLZER, S. 76, insbesondere Fn 329.
365 SCHLATTER, S. 211.
366 SCHLATTER, S. 211 ff.
367 COTTIER/NADAKAVUKAREN, Relationship, S. 109.

Für COTTIER/ARPAGAUS unterstreicht dieses Urteil „den Primat des Bundesrates in den Aussenbeziehungen“[368], und COTTIER trifft wohl den Kern der juristischen Kritik an der frühen GATT-Rezeption, wenn er im Rahmen einer Besprechung der *„Maison G. Sprl.“*-Rechtsprechung schreibt, das GATT 1947 sei in der Schweiz weitgehend als ein „diplomatisches Verhandlungsinstrument“ verstanden worden[369].

5.2.1.3 Der „Kingston-Bier“-Entscheid

Direkte Folgen zeitigte der Entscheid *„Maison G. Sprl.“* im Fall *„Kingston-Bier“*. Bei „Kingston-Bier“ handelt es sich um leicht mit Rum versetztes Bier, welches gemäss Art. 2 des Alkoholgesetzes in der damaligen Fassung[370] als gebranntes Wasser galt, da es anderen als durch blosse Gärung erzeugten Äthylalkohol enthielt. Entsprechend wurde seine Einfuhr durch die zuständige Zollkreisdirektion mit Verfügung vom 6. Dezember 1994 der Monopolgebühr gemäss Art. 28 Abs. 1 AlkG unterstellt. Diese Monpolgebühr wäre nota bene nicht zu entrichten gewesen, wenn „normales“ Bier eingeführt und erst in der Schweiz mit Rum versetzt worden wäre.

Die betroffene Importeurin X. rügte diese Verfügung als in mehrer Hinsicht rechtswidrig. Sie führte dagegen zunächst erfolglos bei der Eidgenössischen Oberzolldirektion Beschwerde und gelangte anschliessend mit Beschwerde an die Eidgenössische Alkoholrekurskommission. Diese hielt mit Entscheid vom 20. März 1997[371] von Amtes wegen fest, die Ungleichbehandlung zwischen importierten und in der Schweiz hergestellten alkoholischen Erzeugnissen sei vom historischen Gesetzgeber beabsichtigt. Sie sei zwar in der Zwischenzeit im Rahmen der „GATT-Lex“ wieder beseitigt worden, dies ändere jedoch nichts an der zum Zeitpunkt der fraglichen Importe massgeblichen Rechtslage[372].

Die zur Zeit der fraglichen Importe (zwischen Juni und November 1993) in Kraft stehende und somit anzuwendende Alkoholgesetzgebung widerspreche klar dem Art. III Ziffer 2 des GATT, der die Gleichstellung ausländischer mit inländischen Waren auf dem Gebiet

368 COTTIER/ARPAGAUS, Einleitung, S. 33.

369 COTTIER, Bedeutung, S. 173, Fn 94; ähnlich THÜRER, Teilordnung, S. 52.

370 Bundesgesetz vom 21. Juni 1932 über die gebrannten Wasser (AlkG, AS 1932, S. 425 ff.).

371 VPB 63 (1999), Nr. 54, S. 512.

372 VPB 63 (1999), Nr. 54, Erwägung 2e, S. 519.

der inneren Abgaben und Rechtsvorschriften vorschreibt. Diese Feststellung führe jedoch nicht zur Gutheissung der Beschwerde, „(d)enn das Bundesgericht hat die direkte Anwendbarkeit des GATT verneint (BGE 112 Ib 189), sodass sich die Beschwerdeführerin nicht auf dieses Abkommen berufen kann."[373] Was die Rekurskommission zuvor bereits bezüglich der verneinten unmittelbaren Anwendbarkeit des FHA ausgeführt habe, gelte auch bezüglich GATT, nämlich dass sich das Abkommen bloss an den Gesetzgeber und an die Verwaltung richte, mithin nicht *self-executing* sei und deshalb die Alkoholrekurskommission als Verwaltungsgericht nicht verpflichtet sei, dessen Bestimmungen direkt anzuwenden[374]. Die Beschwerde wurde abgewiesen.

Die Beschwerdeführerin wandte sich schliesslich an das Bundesgericht. Sie machte unter anderem geltend, der Entscheid der Alkoholrekurskommission stelle eine Verletzung des GATT dar. Mit Urteil vom 9. Juni 1998[375] bestätigte das Bundesgericht den Entscheid der Alkoholrekurskommission. Zur Begründung verwies das Gericht auf den Entscheid Maison G. Sprl. (BGE 112 Ib 183), in welchem es dem GATT die unmittelbare Anwendbarkeit abgesprochen und ausgeführt habe, dieses Abkommen regle ausschliesslich die zwischenstaatlichen Handelsbeziehungen und könne von Einzelpersonen nicht angerufen werden. Etwas lapidar fügte es bei: „Es besteht kein Grund, diese Rechtsprechung vorliegend in Frage zu stellen."[376] Im weiteren erwähnte das Gericht das Abkommen zur Errichtung der WTO, das aber für die Schweiz erst nach den in casu zu beurteilenden Einfuhren in Kraft trat, weshalb sich eine Prüfung seiner unmittelbaren Anwendbarkeit erübrige[377].

Dieses Urteil ist meines Erachtens fragwürdig. Denn die Struktur des Welthandelsrechts hat sich seit dem Entscheid *Maison G. Sprl.* wesentlich geändert, was insbesondere durch die Gründung der WTO sichtbar wurde. Dies wäre m.E. sehr wohl ein Grund gewesen, die bisherige Rechtsprechung in Frage zu stellen – oder eine Überprüfung immerhin für Fälle in Aussicht zu stellen, in welchen sich keine Rückwirkungsprobleme stellen.

Der Entscheid der Alkoholrekurskommission entbehrt insofern nicht einer gewissen Ironie, als das Problem der GATT-Widrigkeit der

373 VPB 63 (1999), Nr. 54, Erwägung 3c, S. 523.

374 VPB 63 (1999), Nr. 54, S. 524 in Verbindung mit 522.

375 ASA 69 (1998), 366.

376 ASA 69 (1998), S. 371 f.

377 a.a.O., Erwägung 4 c, S. 372.

damals geltenden gesetzlichen Regelung gar nicht von den Parteien aufgebracht, sondern von der Rekurskommission im Rahmen der Rechtsanwendung von Amtes wegen gemäss Art. 62 Abs. 4 VwVG aufgeworfen wurde. Dass die Justiziabilität von Art. III Abs. 2 GATT vorliegend zudem kaum fraglich gewesen wäre, zeigt die eindeutige Feststellung seiner Verletzung durch das AlkG im Urteil. Die Alkoholrekurskommission hat mit anderen Worten die Frage der GATT-Widrigkeit der Regelung zuerst selbst aufgeworfen, dann materiell zu Gunsten der Beschwerdeführerin beantwortet und schliesslich unter Berufung auf den Entscheid *Maison G. Sprl.* doch anders entschieden, was als reichlich rabulistisch erscheint und umso unverständlicher ist, als sich angesichts der vom Gesetzgeber längst vorgenommenen Rechtsanpassungen keine richterliche Zurückhaltung im Sinne der *Schubert*-Rechtsprechung mehr aufgedrängt hätte. Die Rechtssache *„Kingston-Bier"* muss folglich als verpasste Gelegenheit zu einer fundierten und zeitgemässen Überprüfung der *Maison G. Sprl.*-Rechtsprechung bezeichnet werden, die somit in der Sache für die bundesgerichtliche Rechtsprechung zum GATT 1947 bis zuletzt massgeblich blieb.

5.2.2 Praxis weiterer richterlicher Behörden

5.2.2.1 Einleitung

Auf eine Darstellung richterlicher Entscheidungen, die wie etwa der *„Kingston-Bier"*-Entscheid nachträglich vom Bundesgericht überprüft wurden, muss hier nicht noch separat eingegangen werden. So verbleibt denn bloss ein Entscheid der Eidgenössischen Zollrekurskommission kurz zu erläutern.

5.2.2.2 Zollrekurskommission

Die Eidgenössische Zollrekurskommission hatte in ihrem Entscheid vom 19. März 1982[378] in Sachen *Firma F. und Mitbeteiligte gegen Oberzolldirektion* Gelegenheit, sich zum Verhältnis von GATT und Landesrecht zu äussern. In der Sache ging es um den Import von frischen Pfirsichen und Tafeltrauben, auf welche gemäss den bundesrätlichen Verordnungen über die vorübergehende Erhöhung des Zollan-

378 VPB 46 (1982), Nr. 71, S. 453 ff.

satzes auf Pfirsichen und Tafeltrauben vom 11. Juni 1979[379] resp. vom 29. August 1979[380] im Sommer 1979 vorübergehend ein erhöhter Zollansatz zur Anwendung gelangte. Die Beschwerdeführerin, eine schweizerische Früchteimporteurin, rügte die genannten Verordnungen als rechtswidrig, da sie nach ihrer Meinung u.a. gegen den damaligen Art. 8 des Zolltarifgesetzes vom 19. Juni 1959[381] sowie gegen Art. XIX des GATT verstiessen.

Die Zollrekurskommission äusserte sich nicht ausdrücklich zur Frage der unmittelbaren Anwendbarkeit des GATT. Sie scheint die unmittelbare Anwendbarkeit aber vorausgesetzt zu haben, denn sie ist ohne weiteres auf die entsprechenden Vorbringen der Beschwerdeführerin eingetreten, indem sie ausführte: „Der Beschwerdeführerin ist darin beizupflichten, dass es fraglich ist, ob die beiden Verordnungen die Voraussetzungen von Artikel XIX des GATT erfüllen. Die erwähnte Bestimmung setzt in der Tat eine ausserordentliche Importsteigerung voraus, die wesentlich über den gewöhnlichen Warenverkehr hinausgeht. Diese Voraussetzung dürfte hier kaum erfüllt sein."[382] Die vorübergehende Erhöhung des Zollansatzes, so die Zollrekurskommission weiter, lasse sich jedoch auf Art. VI GATT über Antidumping- und Ausgleichszölle stützen[383].

Im folgenden wurde die Verhältnismässigkeit der Erhöhung geprüft. Die Zollrekurskommission hat dabei den Verhältnismässigkeitsgrundsatz massgeblich anhand von Art. VI Abs. 3 GATT konkretisiert, der festhält, Ausgleichszölle dürften das Ausmass der damit bekämpften ausländischen Subventionen nicht überschreiten[384]. Ergänzend hat die Zollrekurskommission zudem festgehalten, dass sich die Rechtslage auch im Geltungsbereich des in casu nicht einschlägigen Agrarschutzvorbehalts der Schweiz (Ziffer 4 des Beitrittsprotokolls vom 1. April 1966[385]) nicht anders präsentieren würde, da auch der Vorbehalt klar den Grundsatz der Verhältnismässigkeit statuiere. Im Lichte dieser Erwägungen erschien die Erhöhung des Zollansatzes

379 AS 1979, S. 1159.
380 AS 1979, S. 1254.
381 ZTG, SR 632.10.
382 VPB 46 (1982), Nr. 71, S. 460.
383 a.a.O., S. 460 f.
384 VPB 46 (1982), Nr. 71, S. 463.
385 AS 1966 II, S. 964 ff, 966 (Das Urteil verweist fälschlicherweise noch auf die Deklaration über den provisorischen Beitritt der Schweiz zum GATT aus dem Jahre 1958).

als unverhältnismässig, die Beschwerde wurde infolgedessen gutgeheissen[386].

5.2.3 Zusammenfassung

In einer Zusammenfassung muss die Rechtsprechung zum GATT 1947 als spärlich und wenig fundiert bezeichnet werden. Der *„Maison G.“*-Entscheid ist bereits kritisch kommentiert worden. Hier bleibt zu bemerken, dass die pauschale und weitgehend ohne Begründung gebliebene Ablehung der unmittelbaren Anwendbarkeit des GATT 1947 gerade auch angesichts des referenzierten Urteils der Zollrekurskommission überrascht, das immerhin vier Jahre vor dem *„Maison G.“*-Entscheid erging, aber offensichtlich keinen Eingang in die bundesgerichtlichen Erwägungen fand.

Als Ergebnis der Praxis zum GATT 1947 bleibt wohl mitzunehmen, dass das Bundesgericht den durch das GATT normierten Aussenwirtschaftsbereich als eine bloss zwischenstaaliche, diplomatische und folglich weitgehend dem Bundesrat vorbehaltene Angelegenheit betrachtete[387].

THÜRER verband seine Kritik an diesem sehr bescheidenen höchstrichterlichen Selbstverständnis mit einer vorsichtig formulierten Hoffnung auf die spätere Praxis: „Es bleibt abzuwarten, ob und inwiefern das Bundesgericht sich in Zukunft bereitfinden wird, die im internationalen Wirtschaftsrecht und vor allem im GATT-Recht niedergelegten Grundsätze dennoch im Sinne von grenzüberschreitenden Individualrechtsgarantien effektiv zum Tragen zu bringen und damit dem Gedanken zum Durchbruch zu verhelfen, dass auch die Justiz mit zur Weltoffenheit des Verfassungsstaates beizutragen hat.“[388] Es wird im nachfolgenden Abschnitt zu überprüfen sein, ob sich die Gerichtspraxis tatsächlich in diese Richtung weiterentwickelt hat.

386 VPB 46 (1982), Nr. 71, S. 463 f.

387 COTTIER, Bedeutung, S. 173, Fn 94; COTTIER/ARPAGAUS, Einleitung, S. 33; THÜRER, Teilordnung, S. 52.

388 THÜRER, Der Verfassungsstaat von aussen gesehen, S. 288.

5.3 Praxis zum GATT 1994 inkl. den weiteren Multilateralen Handelsübereinkünften des Anhangs 1A zum WTO-Rahmenübereinkommen

5.3.1 Praxis des Bundesgerichts

5.3.1.1 Der „Vilaclara"-Entscheid

Die bundesgerichtliche Rechtsprechung streifte das GATT wieder im Jahre 1996, erneut im Zusammenhang mit der Weineinfuhr. Im Entscheid der II. Öffentlichrechtlichen Abteilung vom 27. September 1996 in Sachen *EVD gegen Rekurskommission EVD und Vilaclara Jr & Co.*[389] stand eine Überprüfung des Systems der Zuteilung von GATT/WTO-Zollkontingenten für Weisswein an, wie es durch Verordnungen des Bundesrates[390] und des EVD[391] gestützt auf Art. 23b Abs. 5 LwG normiert worden war. Streitgegenstand bildete die Frage, ob es zulässig sei, die Kontingentszuweisung an die Importeure von der Leistung einer Bankgarantie abhängig zu machen. Dies stellte allerdings keine Frage des GATT-Rechts dar, wie das Bundesgericht deutlich festhielt: „L'Accord OMC ne contient aucune règle sur la répartition des contingents tarifaires; cette question relève du droit interne."[392] Das Erfordernis der Bankgarantie wurde denn auch bloss im Lichte des Landesrechts (insbesondere von Art. 23b Abs. 5 LwG) überprüft und für unzulässig erklärt[393]. Der Entscheid ist somit für die Zwecke dieser Arbeit nicht einschlägig.

5.3.1.2 Der „Bresaola"-Entscheid

Eine Gelegenheit zu einer umfassenden Überprüfung der *„Maison G."*-Rechtsprechung bot sich dem Bundesgericht (II. öffentlichrechtliche Abteilung) im Zusammenhang mit dem Entscheid in Sachen *A. SA gegen Bundesamt für Landwirtschaft und Rekurskommission des EVD*

389 BGE 122 II 411.

390 Verordnung über den Rebbau und den Absatz der Rebbauerzeugnisse (Weinstatut) vom 23. Dezember 1971 (SR. 916.140) in der Fassung vom 17. Mai 1995 (AS 1995, S. 2002 ff.).

391 Verordnung des EVD über die Einfuhr von Naturwein, Traubenmost, Traubensaft und frischen Weintrauben zur Kelterung vom 30. Mai 1995 (AS 1995, S. 2996 ff.).

392 BGE 122 II 412.

393 BGE 122 II 419.

vom 14. Juli 1997[394]. Die Ausgangslage präsentierte sich dabei wie folgt. Infolge des WTO-Beitritts der Schweiz mussten die zuvor bestehenden Einfuhrbeschränkungen im landwirtschaftlichen Bereich durch Zölle ersetzt werden[395]. Die gewünschte Mengensteuerung sollte fortan u.a. durch Zollkontingente erreicht werden, welche die Menge einer bestimmten Ware bezeichnen, die zu einem tiefen Zollansatz eingeführt werden kann. Darüber hinausgehende Einfuhren unterliegen einem höheren Zoll. Zollkontingente können aufgeteilt werden in Teilzollkontingente, die wiederum unterteilt werden können, etwa in einzelne Erzeugnisse. Gegenstand des Entscheids war nun das Zuteilungssystem der Teilzollkontingentanteile für luftgetrockneten Rohschinken und luftgetrocknetes Trockenfleisch (Carne Secca/Bresaola) gemäss Art. 23b Abs. 4 und Abs. 5 LwG und dem dazu erlassenen Verordnungsrecht[396]. Durch letzteres führte der Bundesrat ein Versteigerungssystem für die Zuteilung der (Teil-) Zollkontingentsanteile ein, das sukzessive Platz greifen und bis ins Jahr 1999 100% der Kontingente erfassen sollte.

Die Beschwerdeführerin rügte u.a., dieses Versteigerungssystem verstosse gegen die GATT/WTO-Übereinkommen. Es verletze namentlich Art. 4 Abs. 2 des Übereinkommens über die Landwirtschaft[397] („Kein Mitglied behält Massnahmen bei noch führt es solche ein oder wieder ein, die in Zölle im eigentlichen Sinn umgewandelt werden müssen, ...“) sowie Art. 3 des Übereinkommens über Einfuhrlizenzverfahren[398] (betreffend nichtautomatische Einfuhrlizenzverfahren, die keine grösseren administrativen Belastungen verursachen dürfen als zur Verwaltung der Massnahme unbedingt notwendig).

Somit war vorgängig über den *self-executing* Charakter der genannten Bestimmungen zu befinden. Das Bundesgericht bezog sich dazu zunächst auf den oben referenzierten Entscheid *Maison G.*

394 Bger 2A.496/1996, keine BGE-Publikation. Wörtliche Wiedergaben von Teilen des Urteils finden sich etwa bei COTTIER/WAGNER, S. 938, WÜGER, S. 247 f. oder SCHLATTER, S. 221 f. Vgl. auch NZZ Nr. 177 vom 4. August 1997, S. 11.

395 Art. 4 des Übereinkommens über die Landwirtschaft (Anhang 1A.3 zum WTO-Übereinkommen), allgemein zum Tarifizierungsgrundsatz vgl. unter 3.5.4.3.

396 Verordnung vom 7. Dezember 1998 über den Schlachtvieh- und Fleischmarkt (Schlachtviehverordnung, SV; SR 916.341); Agrarzollverordnung, AgZV, SR 916.011; Verordnung des EVD vom 12. Dezember 1995 über das Versteigerungsverfahren nach Schlachtviehverordnung (SR.916.341.5; AS 1996, S. 708 ff.).

397 Anhang 1A.3 zum WTO-Übereinkommen.

398 Anhang 1A.12 zum WTO-Übereinkommen.

Sprl.[399], wonach das GATT ausschliesslich die Beziehungen zwischen den Staaten regle und sich der Bürger darauf nicht berufen könne. Es relativierte jedoch dessen Tragweite, da sich nach Abschluss der Uruguay-Runde die Ausgangslage nicht mehr mit derjenigen aus dem Jahr 1986 decke. Insbesondere sei darauf hinzuweisen, dass Art. XIV des Abkommens zur Errichtung der WTO die WTO-Mitglieder zur Ratifikation der Gesamtheit der im Rahmen der Uruguay-Runde ausgehandelten Abkommen verpflichte und dass die Uruguay-Runde gerade die Wirksamkeit der Vereinbarungen habe steigern wollen, unter anderem durch den Abschluss von Vereinbarungen über die Auslegung bestimmter Artikel des GATT[400].

Das Gericht relativierte indessen auch diese Feststellung wieder, indem es fortfuhr: „Dennoch ist auch die heutige Regelung in einigen Bereichen eher vage und belässt den Vertragspartnern einen erheblichen Spielraum für die Interpretation der Vereinbarungen wie auch deren Umsetzung, was eine direkte Anwendbarkeit für den Einzelnen trotz grundsätzlich erhöhter Wirksamkeit zwischen den Vertragstaaten in Frage stellt. [...] Wie es sich damit verhält, kann im vorliegenden Fall indessen offen bleiben, da der angefochtene Entscheid, selbst wenn das GATT/WTO-Übereinkommen bzw. Art. 4 des Übereinkommens über die Landwirtschaft unmittelbar anwendbar wären, jedenfalls nicht dagegen verstiesse."[401]

Es folgt sodann eine ausführliche Überprüfung des Verfahrens zur Versteigerung der Teilzollkontingente im Lichte sowohl der GATT/WTO-Bestimmungen über den Marktzutritt (insbesondere Art. 4 des Übereinkommens über die Landwirtschaft) als auch des Übereinkommens über Einfuhrlizenzverfahren. Das Gericht kam zum Schluss, das gerügte Verfahren sei mit den angerufenen Bestimmungen des WTO-Rechts vereinbar[402].

Dieses Urteil bestätigt die Zurückhaltung des Bundesgerichts, sich explizit zur unmittelbaren Anwendbarkeit zu äussern, enthält aber zugleich eine einlässliche materielle Auseinandersetzung mit den angerufenen Bestimmungen des WTO-Rechts, die insofern sehr wohl als Obersatz im Syllogismus zur Anwendung gelangen[403]. Insofern widerlegt der Entscheid auch gleich selbst die Feststellung des Bundesgerichts auf S. 17, wonach auch die Bestimmungen des GATT 1994

399 BGE 112 Ib 183.
400 Bger 2A.496/1996, Erw. 4.b, S. 17.
401 Bger 2A.496/1996, E. 4 b, S. 17 f.
402 Bger 2A.496/1996, E. 4 b, S. 18-23.
403 Vgl. unter 2.4.3.1.

teilweise vage formuliert seien, was ihrer unmittelbaren Anwendbarkeit entgegen stehe. Indem das Bundesgericht aber ausdrücklich festhielt, die Frage nach der unmittelbaren Anwendbarkeit könne offen bleiben, hielt es sich ein „Hintertürchen" frei, das ihm gestattet, in – möglicherweise erwarteten – problematischeren Fallkonstellationen auf die Rüge der Verletzung von WTO-Recht nicht einzutreten.

So verständlich diese unpräjudizielle Haltung des Bundesgerichts in einer politischen Optik sein mag, so fragwürdig ist sie m.E. in methodischer Hinsicht. Vor der materiellen Prüfung hätte die Frage nach der unmittelbaren Anwendbarkeit für die angerufenen Bestimmungen aufgrund der etablierten Kriterien beantwortet werden müssen. Wäre sie zu bejahen gewesen, was die ausführlichen materiellen Darlegungen im Entscheid nahe legen, so hätte die Überprüfung des Versteigerungssystems auf seine GATT/WTO-Verträglichkeit hin den ihr zukommenden bedeutenden Stellenwert erhalten. Das methodische Vorgehen des Bundesgerichts in diesem Entscheid lässt die GATT/WTO-relevanten und im übrigen durchaus fundierten Ausführungen hingegen bedauerlicherweise als blosse Illustration eines vorweggenommenen Ergebnisses, mithin als blosses *obiter dictum* erscheinen.

Der nicht publizierte Entscheid ist auf ein gewisses Echo in der Lehre gestossen, was wohl auf die Veröffentlichung der einschlägigen Passagen in wissenschaftlichen Publikationen sowie auf eine kurze Besprechung des Entscheids in der NZZ zurückzuführen ist[404].

Eine Gewichtung der Lehrmeinungen erscheint angesichts der vereinzelten und knappen Bezugnahmen auf das Urteil als schwierig. Das *„Bresaola"*-Urteil dürfte gegenüber dem *Maison G. Sprl.*-Entscheid jedoch überwiegend als (Fort-)Schritt in Richtung einer Öffnung das GATT zur unmittelbaren Anwendbarkeit begrüsst werden[405].

5.3.1.3 Der „Schlachtvieh"-Entscheid

Im Entscheid *A. AG et al. gegen Bundesamt für Landwirtschaft und Rekurskommission EVD* vom 6. November 2001[406] befasste sich das Bundesgericht (II. Öffentlichrechtliche Abteilung) wiederum mit dem Problem der Zollkontingentsvergabe für die Einfuhr landwirtschaftli-

404 Vgl. Fn 394.

405 BREITENMOSER, Interdependenz, S. 57 f.; COTTIER/ARPAGAUS, S. 33, Fn 180; SCHLATTER, S. 222; WÜGER, S. 247 f.; neutral RHINOW/SCHMID/BIAGGINI, S. 194.

406 Bger, Entscheid 2A.295/2001.

cher Produkte[407], in casu von Schlachtvieh und Fleischprodukten. Der Bundesrat hatte gestützt auf Art. 48 LwG am 7. Dezember 1998 die sogenannte Schlachtvieh-Verordnung erlassen[408] und in deren Art. 19 Abs. 1 lit. a unter anderem normiert, dass für die Zuteilung der Zollkontingente zu 90% auf die Anzahl der beschauten Schlachtungen im Inland abgestellt werden müsse. Damit wurde das Kriterium der sogenannten Inlandleistung konkretisiert.

Die Beschwerdeführerinnen rügten diese Bestimmung als rechtswidrig. Eine Verletzung der GATT/WTO-Übereinkommen wurde offenbar aber nicht moniert, und so finden sich im Urteilstext nur allgemeine Ausführungen zum Tarifizierungsgebot[409] sowie die Feststellung, dass die Verteilung der Zollkontingente im internationalen Recht nicht geregelt und somit Sache der innerstaatlichen Gesetzgebung sei[410]. Da offenbar die Beschwerdeführerinnen keine Verletzung des GATT/WTO-Rechts rügten und eine solche anders als im Entscheid A. SA auch nicht als prüfenswert erschien, konnte das Bundesgericht hier auf eine Analyse der WTO-Übereinkommen über die Landwirtschaft resp. über Einfuhrlizenzverfahren verzichten. Entsprechend wird die Frage der unmittelbaren Anwendbarkeit dieser Übereinkommen gar nicht thematisiert.

5.3.2 Praxis weiterer richterlicher Behörden

5.3.2.1 Praxis der Eidgenössischen Alkoholrekurskommission

Aus der Praxis der Eidgenössischen Alkoholrekurskommission ist nur ein Urteil publiziert, das einen gewissen Zusammenhang mit der interessierenden Fragestellung aufweist. Es handelt sich dabei um den Entscheid in Sachen *X. AG gegen Eidgenössische Alkoholverwaltung* vom 11. Juni 1997[411] betreffend die Zuteilung des Zollkontingents für die Einfuhr von Pommes-Chips zum reduzierten Zollansatz. Der Entscheid thematisiert die Frage der unmittelbaren Anwendbarkeit des GATT 1994 zwar nicht, schildert jedoch sehr ausführlich die landes-

407 Vgl. dazu auch den weiter oben besprochenen bundesgerichtlichen Entscheid 2A.496/1996.

408 Verordnung vom 7. Dezember 1998 über den Schlachtvieh- und Fleischmarkt (Schlachtviehverordnung, SV; SR 916.341).

409 Erw. 2, lit. a und b.

410 Erw. 2 lit. c.

411 VPB 63 (1999), Nr. 32, S. 300 ff.

rechtliche Umsetzung des Tarifizierungsgebots in der Landwirtschaftspolitik nach der Uruguay-Runde und ist insofern lesenswert.

5.3.2.2 Praxis der Rekurskommission EVD

Wie das Bundesgericht und die Eidgenössische Alkoholrekurskommission musste sich auch die Rekurskommission EVD mit der Problematik der Zuteilung von Zollkontingentsanteilen für die Einfuhr landwirtschaftlicher Produkte befassen.

Relevant für die vorliegende Untersuchung ist der Entscheid betreffend die Rechtssachen *L. SA gegen Bundesamt für Aussenwirtschaft* und *M. SA gegen Bundesamt für Aussenwirtschaft* vom 27. September 1997[412]. In dieser Angelegenheit sah sich die Rekurskommission mit der Rüge einer Verletzung des GATT-Rechts konfrontiert. Wie bereits im Entscheid *„Vilaclara"* des Bundesgerichts (BGE 122 II 411) bildete das Weinstatut Gegenstand des Rechtsstreits, allerdings in seiner Fassung vom 20. November 1996[413]. Das darin normierte System der Versteigerung der Kontingente wurde von der Beschwerdeführerin als GATT-widrig gerügt. Die Rekurskommission hielt demgegenüber fest, sowohl das Übereinkommen über die Landwirtschaft[414] als auch das Übereinkommen über Einfuhrlizenzverfahren[415] regelten das landesrechtliche Verfahren zur Verteilung der Zollkontingente nicht[416]. Sie fuhr fort, das im Weinstatut vorgesehene Versteigerungsverfahren halte sich an den Rahmen des übergeordneten Rechts („soddisfa dunque le exigenze minime della pertinente legislazione [Lagr, Acc. GATT] del rispetto della concorrenza...")[417].

Die Rekurskommission nahm damit sehr wohl eine – wenn auch bloss summarische – Prüfung des Weinstatuts auf mögliche Verstösse gegen das GATT 1994 vor, auch wenn sie sich zur Frage der unmittelbaren Anwendbarkeit nicht äusserte.

412 VPB 62 (1998), Nr. 69, S. 648 ff.

413 SR 916. 140; AS 1996, S. 3087 ff. Die Revision wurde u. a. nötig, weil das Bundesgericht und die Rekurskommission EVD das Weinstatut insofern für gesetzeswidrig erklärt hatten, als von den Importeuren als Voraussetzung für die Zusprechung eines Zollkontingentanteils eine Bankgarantie für die Zollabgaben verlangt wurde (Entscheid *„Vilaclara"*, BGE 122 II 411 ff. und nicht publizierter Entscheid der Rekurskommission EVD in Sachen *L.* vom 29. November 1995, 95/3B-023).

414 SR 0.632.20 Anhang 1A.3.

415 SR 0.632.20 Anhang 1A.12.

416 Erwägung 5, S. 652 ff.

417 Erwägung 6.4, S. 656. Vgl. auch die Erwägungen 8 und 9, S. 657 ff.

5.3.2.3 Praxis der Eidgenössischen Zollrekurskommission

Die Praxis der Eidgenössischen Zollrekurskommission zum GATT 1994 fördert bezüglich der unmittelbaren Anwendbarkeit desselben kaum Relevantes zu Tage. Eher als Kuriosum ist der Entscheid in Sachen *S.M. SA gegen Oberzolldirektion* vom 19. Februar 1999[418] kurz zu erwähnen, der sich mit der Frage auseinanderzusetzen hatte, ob in Australien wild lebende Schweine „Wildschweine" im Sinne des schweizerischen Zolltarifs darstellen und somit zu günstigeren Bedingungen eingeführt werden können oder nicht. Interessant sind die Ausführungen der Rekurskommission über die Bedeutung des Internationalen Übereinkommens vom 14. Juni 1983 über das Harmonisierte System zur Bezeichnung und Codierung der Waren[419] für die Auslegung des schweizerischen Zollrechts[420]. Demgegenüber wurde im Entscheid vom 29. August 2001 in Sachen S. die Frage nach der unmittelbaren Anwendbarkeit von Art. III GATT zwar aufgeworfen, aber ausdrücklich offengelassen[421].

5.3.3 Zusammenfassung

Zusammenfassend kann als festgehalten werden, dass das Bundesgericht seine *„Maison G."*-Rechsprechung seit Inkrafttreten des GATT 1994 zwar mit deutlichen Fragezeichen versehen hat, eine grundlegende Überprüfung der Frage der unmittelbaren Anwendbarkeit des neuen GATT aber noch nicht an die Hand genommen hat, so dass diese weiterhin als offen erscheint.

418 VPB 64 (2000), Nr. 10, S. 100 ff.
419 HS, SR 0.632.11, für die Schweiz in Kraft seit 1. Januar 1988.
420 Erwägungen 3 und 4, S. 103 ff.
421 VPB 66 (2002), Nr. 44, Erw. 7a.

5.4 Praxis zum GATS

5.4.1 Praxis des Bundesgerichts

5.4.1.1 Der „Sunrise"-Entscheid

In der Rechtssache *Sunrise Communications AG, diAx mobile und Orange Communications SA gegen Eidgenössische Kommunikationskommission und Mitbeteiligte*[422] hatte das Bundesgericht (II. Öffentlichrechtliche Abteilung) die Gelegenheit, sich zur Frage der unmittelbaren Anwendbarkeit des Allgemeinen Abkommens über den Handel mit Dienstleistungen und seines Anhangs über Telekommunikation zu äussern.

Anlass für den Rechtsstreit bot die Vergabe von Funkkonzessionen gemäss Art. 22 Abs. 1 des Fernmeldegesetzes[423] an zwei private Mobilfunkbetreiber mit landesweiten Netzen durch die Eidgenössische Kommunikationskommission. Nachdem die Sunrise Communications AG keine Konzession erhalten hatte, erhob sie Verwaltungsgerichtsbeschwerde beim Bundesgericht, was im folgenden ihre Konkurrenten dazu bewog, ebenfalls mit Verwaltungsgerichtsbeschwerde an das Bundesgericht zu gelangen. Im wesentlichen erhoben alle drei Bewerber Anspruch auf eine Konzession, vorzugweise auf die vorteilhaftere „erste Konzession", was hier indessen nicht zu vertiefen ist.

Das Bundesgericht prüfte im Zusammenhang mit der Eintretensfrage eingehend Art. 99 Abs. 1 lit. d OG, wonach die Verwaltungsgerichtsbeschwerde unter anderem unzulässig ist gegen die Erteilung oder Verweigerung von Konzessionen, auf die das Bundesrecht keinen Anspruch einräumt. Im Rahmen dieser Prüfung äusserte sich das Bundesgericht auch zum GATS. Es stellte etwas lapidar fest, dass das GATS zwar auch Regeln für den Fernmeldemarkt enthalte. „Indessen verpflichtet es lediglich die Signatarstaaten, d.h. es schafft keine unmittelbar anwendbaren Rechte, auf die sich Fernmeldeunternehmungen berufen könnten."[424] Diese apodiktische und pauschale Aussage wird jedoch weder begründet noch belegt.

Trotzdem äusserte sich das Gericht kurz zum Inhalt des Abkommens, entnahm ihm aber keinen Anspruch auf Erteilung einer Mobil-

422 Urteil vom 7. Mai 1999; BGE 125 II 293.

423 Fernmeldegesetz (FMG; SR 784.10; AS 1997, S. 2187 ff.) in der Fassung vom 30. April 1997.

424 BGE 125 II 293, 305 f.

funkkonzession, denn das GATS und sein Anhang über Telekommunikation bezweckten in erster Linie die Gleichbehandlung von inländischen und ausländischen Anbietern, eine Steigerung der Transparenz sowie Verbesserungen beim Marktzugang unter Einschluss der technischen Zusammenarbeit bei der Telekommunikation. Das Abkommen verpflichte die Signatarstaaten lediglich zu einer grundsätzlichen Öffnung der nationalen Telekommunikationsmärkte zu nichtdiskriminierenden Bedingungen, während Zuschlagskriterien bei beschränkten Ressourcen ohne weitergehende Verpflichtungen festgelegt werden könnten, sofern das Verfahren unter bestimmten Bedingungen ablaufe, namentlich transparent und nicht diskriminatorisch sei[425]. Dies ist im Ergebnis wohl richtig, hätte sich also auch aus einer unmittelbaren Anwendung der einschlägigen Normen ergeben, bleibt aber im Urteil erneut ohne Begründung.

Insgesamt zeugt der Entscheid somit von einer eher wenig entwickelten Sensibilität des Bundesgerichts für die wachsende Bedeutung des WTO-Rechts im Dienstleistungsbereich. Anders lässt sich insbesondere die völlig unbelegte und unbegründete Ablehnung seiner unmittelbaren Anwendbarkeit kaum erklären[426]. Diese Sichtweise scheint auch WEBER zu teilen, wenn er von einem „singulären“ Entscheid spricht und auf eine Korrektur hin zu einer Rechsprechung hofft, welche der internationalen Verpflichtungslage angemessener Rechnung trage[427].

5.4.1.2 Der „Homöopathie“-Entscheid

Das GATS kam in der Rechtsprechung der II. Öffentlichrechtlichen Abteilung des Bundesgerichts erneut in der Rechtssache *B. gegen Gesundheitsdirektion und Verwaltungsgericht des Kantons Zürich* zur Sprache[428]. B. brachte mit staatsrechtlicher Beschwerde vor, ihr Gesuch um eine Praxisbewilligung als ärztliche Homöopathin sei von den Behörden des Kantons Zürich zu Unrecht abgelehnt worden. Die Beschwerdeführerin machte – unter anderem gestützt auf das GATS – einen Anspruch auf Erteilung einer Praxisbewilligung geltend. Das Bundesgericht erklärte diese Rüge für unbegründet und wies die staatsrechtliche Beschwerde auch in den übrigen Punkten ab.

425 BGE 125 II 293, S. 306.

426 Vgl. auch die Kritik bei WÜGER, Staatsvertrag, S. 248 f.

427 WEBER, „Interkonnektion V“, S. 31.

428 Urteil vom 14. März 2001, 2P.243/2000.

Bezüglich des GATS hielt das Bundesgericht fest, dieses sei „in erster Linie ein zwischenstaatliches, im nationalen Recht konkretisierend umzusetzendes Abkommen zur Marktöffnung [...], welches dem Einzelnen – zumindest im hier interessierenden Zusammenhang – keine direkten Ansprüche zu verschaffen vermag (vgl. BGE 125 II 293 E.4d S. 305): Bei der Anerkennung der Ausbildung und der Berufserfahrung ausländischer Dienstleistungserbringer gilt nach Art. VII bloss die bedingte Meistbegünstigung“, weshalb Zugeständnisse wie die Anerkennung einer im Ausland erworbenen Qualifikation nicht auf alle anderen Vertragspartner ausgeweitet werden müsse[429].

Der Hinweis des Bundesgerichts auf den Art. VII GATS ist in der Sache wohl zutreffend. Demgegenüber erweist sich die allgemeine Aussage über den Charakter des GATS und dessen nur mittelbare Anwendbarkeit wiederum als äusserst knapp. Weshalb das GATS grundsätzlich nicht geeignet sein soll, dem Einzelnen direkte Ansprüche zu verschaffen, wird nicht ausgeführt – ebenso wenig wie in der vom Bundesgericht selbst referenzierten Stelle des weiter oben dargestellten *„Sunrise“*-Entscheids.

5.4.1.3 Der „Commcare“-Entscheid

Beachtung verdient der Entscheid des Bundesgerichts (II. Öffentlich-rechtliche Abteilung) vom 3. Oktober 2001 in Sachen *Commcare AG Communications & Networks gegen Swisscom AG et vice versa* betreffend Interkonnektion[430]. Dieser vergleichsweise komplizierte Fall kann hier – insbesondere was die Aspekte der Telekommunikationstechnik anbelangt – nicht ausführlich dargestellt werden. Im Ergebnis ging es um die Frage, inwieweit eine Entbündelung der Teilnehmeranschlüsse (sogenanntes *„Unbundling of the Local Loop“*) auf gerichtlichem Weg erzwungen werden könne. Um eine derartige Entbündelung zu erreichen, verlangte die Commcare AG von der Swisscom AG Interkonnektion im Sinne von Art. 11 Abs. 1 FMG auf deren Mietleitungen und Übertragungsmedien. Dies bedeutet, dass die Swisscom AG hätte verpflichtet werden sollen, der Commcare AG Mietleitungen und Übertragungsmedien nach den Grundsätzen einer transparenten und konstenorientierten Preisgestaltung auf nichtdiskriminierende Weise zur Verfügung zu stellen.

Kernpunkt des Entscheids in juristischer Hinsicht bildet die Auslegung von Art. 11 Abs. 1 FMG, der marktbeherrschende Anbieter von

429 a.a.O. Erwägung 2.b.cc).
430 2A.503/2000 und 2A.505/2000.

Fernmeldediensten zur Interkonnektion verpflichtet. Fraglich war in casu, ob sich die Interkonnektionspflicht auf Mietleitungen und Übertragungsmedien erstrecke oder nicht. Das Bundesgericht lehnte dies nach ausführlicher Auslegung der Bestimmung nach landesrechtlichen Kriterien ab[431].

Die Commcare AG berief sich indessen auch auf das GATS und dessen Anhang über Telekommunikation. Nach einigen einleitenden Bemerkungen zum GATS hielt das Bundesgericht fest, das GATS garantiere im Bereich der Telekommunikation zwar den freien Marktzugang, dieser würde der Commcare AG aber ohnehin nicht verwehrt. Zu Ziffer 5 lit. b ii) der Anlage zur Telekommunikation äusserte sich das Gericht nur kurz. Es befand unter anderem, es gehe der Commcare AG nicht um einen „Anschluss" von Mietleitungen an ein öffentliches Netz, sondern sie wolle das Netz der Swisscom vielmehr für sich selber benutzen, wofür es im GATS „keine eindeutigen Anhaltspunkte" gebe. Von Übertragungsmedien sei im GATS gar nicht erst die Rede[432].

Erst nach diesen materiellen Ausführungen wandte sich das Bundesgericht der Frage nach der unmittelbaren Anwendbarkeit des GATS zu, ohne freilich seine ablehnende Haltung zu hinterfragen oder zu begründen: „Das Bundesgericht hat es bisher – allerdings in anderem Zusammenhang – abgelehnt, aus den GATS-Regeln über die Telekommunikation unmittelbare Rechte abzuleiten, auf welche sich Fernmeldeunternehmungen berufen könnten (BGE 125 II 293 E. 4d S. 306). Ob daran in dieser absoluten Form festzuhalten ist, kann offen bleiben."[433]

Offen bleiben könne auch, ob sich aus Gründen der Gleichbehandlung neben ausländischen auch inländische Anbieter auf die Regeln des GATS berufen könnten. Ausschlaggebend sei in casu bereits, „dass dem GATS-Abkommen und den für die Schweiz verbindlichen Verpflichtungslisten [...], selbst wenn das GATS-Recht direkt anwendbar wäre, jedenfalls im Hinblick auf Mietleitungen und Übertragungsmedien weder ein subjektives Recht auf Entbündelung noch auf Interkonnektion im von der Commcare AG beantragten Sinne entnommen werden kann. Insofern bleibt das GATS-Recht so oder so zu vage"[434].

431 Erwägungen 5 bis 8.

432 Erwägung 9c, Absatz 2.

433 Erwägung 9, Absatz 3.

434 Erwägung 9, Absatz 3.

Der Commcare-Entscheid bringt zwar eine willkommene Relativierung des *„Sunrise"*-Entscheids, ist m.E. aber trotzdem als eine weitere verpasste Gelegenheit zu sehen; die Ausgangslage hätte es dem Bundesgericht nämlich gestattet, die pauschale Verneinung der unmittelbaren Anwendbarkeit des GATS im Bereiche der Telekommunikation durch den *„Sunrise"*-Entscheid zu überprüfen. Die Aussage, die einschlägigen Bestimmungen des Telekommunikationsabkommens seien „so oder so zu vage"[435], ist mehr als anfechtbar, denn die einschlägige Ziff. 5 lit. b, ii des Anhanges zur Telekommunikation ist durchaus bestimmt formuliert. Ob Interkonnektion im von der Beschwerdeführerin verlangten Sinn unter den durch diese Norm geregelten „Anschluss privater Mietleitungen [...] an öffentliche Kommunikationsnetze und -dienste" zu subsumieren ist, erscheint nicht als ausgeschlossen und hätte unter unmittelbarer Anwendung der genannten Bestimmung überprüft werden müssen[436].

5.4.1.4 Zusammenfassung

Die publizierte Praxis zum GATS ist in quantitativer Hinsicht noch spärlich. Dies ist möglicherweise darauf zurückzuführen, dass der Zugang zu Dienstleistungstätigkeiten im interkantonalen Verhältnis seit 1996 durch das Binnenmarktgesetz[437] bedeutend verbessert wurde, so dass das BGBM zumindest im Inländerverhältnis das GATS weitgehend verdrängt hat.

Materiell lassen die hier kurz besprochenen Entscheide m.E. den Schluss zu, das Bundesgericht wolle eine Überprüfung seiner *„Maison G."*-Rechtsprechung möglichst lange hinausschieben und dem GATS die unmittelbare Anwendbarkeit einstweilen nicht zuerkennen. Unbefriedigend ist dabei vor allem, dass das Bundesgericht das GATS nicht in seinem besonderen Kontext analysiert hat. Anstatt sich in der Sache mehr oder minder mit einem Verweis auf die *Maison G.*-Rechtsprechung zu begnügen, hätte man eine Auseinandersetzung mit der Frage der unmittelbaren Anwendbarkeit im Lichte des historischen

435 a.a.O.

436 Vgl. die ziemlich präzise gefasste Gewährleistung der Interkonnektion in Ziff. 2.2 der schweizerischen Verpflichtungsliste (GATS, Suisse: Liste d'engagements spécifiques, Supplément 3, Annexe: Engagements additionnels concernant les télécommunications de base). POLEDNA, S. 338; WEBER, „Interkonnektion V", S. 31 f.

437 Bundesgesetz vom 6. Oktober 1995 über den Binnenmarkt (Binnenmarktgesetz, BGBM; SR 943.02).

Kontexts (Gründung der WTO) und des sachlichen Geltungsbereichs (Dienstleistungen) erwarten dürfen.

5.5 Praxis zum TRIPS

5.5.1 Praxis des Bundesgerichts

5.5.1.1 Der „Chanel"-Entscheid

Das TRIPS fand zum ersten Mal Erwähnung in der publizierten bundesgerichtlichen Rechtsprechung (I. Zivilabteilung) im Entscheid vom 23. Oktober 1996 in Sachen *Chanel S.A. Genève und Chanel S.A. gegen EPA AG* betreffend Parallelimporte[438]. Zu klären war die Frage, ob Parallelimporte am Rande eines selektiven Vertriebssystems gemäss den Bestimmungen des MSchG und des UWG verhindert werden könnten, was in casu verneint wurde, insbesondere aufgrund einer eingehenden Analyse von Art. 13 MSchG.

Im Rahmen der systematischen Auslegung von Art. 13 MSchG ging das Bundesgericht unter anderem kurz auf Art. 16 Abs. 1 TRIPS ein, nachdem die Berufungsklägerinnen ihren Standpunkt auch auf diese Bestimmung gestützt hatten. Das Bundesgericht hielt diese Rüge zwar für nicht genügend substantiiert im Sinne von Art. 55 Abs. 1 lit. c OG, weshalb darauf nicht eingetreten werden könne. Es kommentierte die Bestimmung aber dennoch materiell, wenn auch nur summarisch, indem es festhielt, Art. 16 Abs. 1 TRIPS (Rechte aus der Marke) statuiere kein systematisches Verbot von Parallelimporten, sondern ermögliche dem Importeur stets den Nachweis, dass keine Verwechslungsgefahr vorliege. Gelinge dieser Nachweis, so sei Art. 16 des TRIPS nicht verletzt[439].

Dass das Bundesgericht die Frage nach der unmittelbaren Anwendbarkeit mit keinem Wort thematisierte, erklärt sich wohl vor allem dadurch, dass es formell auf die Rüge gar nicht eintrat. Seine Ausführungen zum TRIPS sind denn auch aufgrund ihrer Stellung im Urteil eher als Ausdruck einer völkerrechtskonformen Auslegung von Art. 13 MSchG zu sehen.

438 BGE 122 III 469.
439 BGE 122 III 469, Erwägung 5g.bb) S. 480.

5.5.1.2 Der „Nike"-Entscheid

Im Entscheid vom 24. März 1998 in Sachen *Quarz AG, Campomar S.L. und Nike Sport Cosmetics S.A. gegen Nike International Ltd.* betreffend den Schutz der berühmten Marke[440] hat sich die I. Zivilabteilung des Bundesgerichts zu Art. 4 TRIPS (Meistbegünstigung) geäussert. Zu beurteilen war, verkürzt dargestellt, ob die Nike International Ltd. als Inhaberin der berühmten Marke „Nike" den Vertrieb einer Kosmetiklinie „Nike Sport Fragrance" in der Schweiz verbieten lassen könne, obwohl die Campomar S.L. (mit Sitz in Spanien, Beklagte 2) die Marke „Nike" für Parfümerieartikel bereits im Jahre 1984 mit Geltung auch für die Schweiz eintragen liess.

Die Bedeutung von Art. 4 TRIPS ergab sich aus der Argumentation der Beklagten 2, sie habe im Jahre 1992 eine deutsche Kundin beliefert. Ihr zuvor nicht genutztes Markenrecht sei damit prioritätsbegründend wieder aufgelebt, denn gemäss dem schweizerisch-deutschen Staatsvertrag vom 13. April 1892 betreffend den gegenseitigen Patent-, Muster- und Markenschutz[441] sei diese Lieferung einem Markengebrauch in der Schweiz gleichzustellen. Obgleich sie keine Niederlassung in der Schweiz oder in Deutschland habe, so die Beklagte 2 weiter, könne sie sich aufgrund des in Art. 4 TRIPS statuierten Meistbegünstigungsgebots auf diesen Staatsvertrag berufen.

Das Bundesgericht hat diese Einwendung der Beklagten 2 abgelehnt: „Unbehelflich ist auch der Standpunkt, wonach der Meistbegünstigungsgrundsatz gemäss Art. 4 des Abkommens über handelsbezogene Aspekte der Rechte an geistigem Eigentum [...] der Beklagten 2 die Berufung auf den Staatsvertrag [zwischen der Schweiz und der Bundesrepublik Deutschland vom 13. April 1982 betreffend den gegenseitigen Patent-, Muster- und Markenschutz] erlauben soll. Mit dieser Argumentation übersehen die Beklagten, dass Art. 4 des TRIPS-Abkommens nur auf neue Staatsverträge vorbehaltlos Anwendung findet, während Staatsverträge, die vor dem Inkrafttreten des WTO-Abkommens, mithin vor dem 1. Juni 1995 in Kraft getreten sind, von der Meistbegünstigungswirkung grundsätzlich ausgenommen bleiben (Art. 4 lit. d des TRIPS-Abkommens)."[442]

Damit hat das Bundesgericht m.E. Art. 4 TRIPS materiell geprüft, folglich unmittelbar angewendet, ohne indessen die Frage nach der unmittelbaren Anwendbarkeit zu thematisieren. Immerhin kann man

440 BGE 124 III 277.
441 SR 0.232.149.136.
442 BGE 124 III 277, 284.

sagen, dass das Bundesgericht Art. 4 TRIPS hier als Obersatz des Syllogismus angewandt hat.

5.5.1.3 Der „Nintendo"-Entscheid

Das TRIPS beschäftigte das Bundesgericht resp. wiederum dessen I. Zivilabteilung erneut im Zusammenhang mit der Frage der nationalen oder internationalen Erschöpfung – dieses Mal im Urheberrecht – in der Rechtssache *Imprafot AG gegen Nintendo Co. Ltd. und Waldmeier AG*. Die Berufungsklägerin vertrat den Standpunkt, Art. 12 Abs. 1 des Urheberrechtsgesetzes[443] statuiere eine internationale Erschöpfung und berief sich dafür unter anderem auf das WTO-Recht.

In seinem Entscheid vom 20. Juli 1998[444], in welchem es im Ergebnis den Standpunkt der Berufungsklägerin schützte, führte das Bundesgericht aus, dem WTO-Recht liesse sich für das Problem der Erschöpfung von Immaterialgüterrechten nichts entnehmen. „Beim Abschluss des TRIPS-Abkommens, [...], wurde die Frage der Erschöpfung von Immaterialgüterrechten angesichts der unüberbrückbaren Gegensätzlichkeit der Verhandlungspositionen bewusst ausgeklammert [...]. Auf eine allgemeine Einführung der internationalen Erschöpfung wurde verzichtet; den einzelnen Vertragsstaaten bleibt deren Praktizierung aber unbenommen [...]. Ob und wieweit vor diesem Hintergrund Raum dafür bleibt, die grundsätzliche Geltung der internationalen Erschöpfung aus anderen Teilen des WTO-Übereinkommens, insbesondere aus Art. XI des Allgemeinen Zoll- und Handelsabkommens [...] abzuleiten [...] erscheint fraglich, braucht aber vorliegend nicht abschliessend geprüft zu werden."[445]

Diese Ausführungen kann man so verstehen, dass das Bundesgericht durchaus geneigt gewesen wäre, hier TRIPS-Recht anzuwenden, diesem aber keine einschlägige Norm entnehmen konnte, mithin feststellen musste, das TRIPS halte in casu für einen Syllogismus keinen Obersatz bereit. Auf die weitere Frage, ob sich die Beklagte auf Regeln des GATT, insbesondere auf dessen Art. XI stützen könne, tritt das Bundesgericht indessen gar nicht erst ein. Dies wäre m.E. ausschliesslich dann gerechtfertigt, falls sich die Berufungsklägerin nur auf das TRIPS, nicht aber auf das GATT berufen hätte, was sich dem Entscheid indessen nicht entnehmen lässt.

443 Bundesgesetz über das Urheberrecht und verwandte Schutzrechte vom 9. Oktober 1992 (URG; SR 231.1).

444 BGE 124 III 321.

445 BGE 124 III 321, Erwägung 2.f, S. 330 f.

Aus dem Entscheid *„Nintendo"* lässt sich direkt zwar nichts für die unmittelbare Anwendbarkeit des TRIPS ableiten, wohl möglicherweise aber indirekt, da das Gericht die Frage überhaupt nicht erst problematisiert, das TRIPS in der Sache aber dennoch, wenn auch nur summarisch, geprüft hat. Offenbar etwas anders beurteilen COTTIER/ARPAGAUS den Entscheid; sie schreiben, die Frage der unmittelbaren Anwendbarkeit sei offengelassen worden[446].

5.5.1.4 Der „Kodak"-Entscheid

Ähnlich liest sich das Urteil der I. Zivilabteilung des Bundesgerichts vom 7. Dezember 1999 in Sachen *Kodak SA gegen Jumbo-Markt AG*[447], das die Frage der nationalen oder internationalen Erschöpfung im Patentrecht betraf und im Sinne der nationalen Erschöpfung entschied[448]. Das Bundesgericht analysierte in Erwägung 3b Art. 6 (Erschöpfung) und Art. 28 (Rechte aus dem Patent) des TRIPS und stellte fest, dass die Frage der nationalen oder internationalen Erschöpfung im Patentrecht durch das TRIPS nicht geregelt, sondern in Art. 6 gerade der nationalen Gesetzgebung vorbehalten werde[449].

Damit wurde die Frage nach der unmittelbaren Anwendbarkeit des TRIPS wie im Entscheid *„Nintendo"* nicht problematisiert. Allerdings bestand dazu vorliegend auch kein Anlass, da die Ausführungen zum TRIPS im Rahmen einer eingehenden Auslegung des Patentgesetzes erfolgten. Insofern stellen sie ein Beispiel für die völkerrechtskonforme Auslegung des Landesrecht dar und sind für die Frage der unmittelbaren Anwendbarkeit letztlich nicht einschlägig. Ob sich überhaupt eine Partei auf das TRIPS berufen hatte, geht aus dem Entscheid nämlich nicht hervor.

5.5.2 Praxis der Eidgenössischen Rekurskommission für geistiges Eigentum

Für die unmittelbare Anwendbarkeit zumindest von Teilen des TRIPS sprechen die Entscheide *„The Beatles"*[450] und *„Joyride"*[451] der Eid-

446 COTTIER/ARPAGAUS, Einleitung, S. 33.

447 BGE 126 III 129.

448 Vgl. zu diesem Entscheid etwa BOLLINGER, S. 541 ff.; HILTY, S. 231 ff.; STIEGER, S. 89 ff.; ZÄCH, Parallelimporte, S. 275 ff., je mit weiteren Hinweisen.

449 BGE 126 III 129, S. 137 f.

450 Entscheid der Eidgenössischen Rekurskommission für geistiges Eigentum vom 22. September 1997, abgedruckt und besprochen in sic! 1997, S. 581 ff.

genössischen Rekurskommission für geistiges Eigentum betreffend notorisch bekannte Marken, auf die hier kurz hinzuweisen ist[452].

Die Beschwerdeführerin im Fall *„The Beatles"* war Inhaberin der gleichnamigen schweizerischen Marke für Bekleidungsstücke, Schuhwaren und Kopfbedeckungen. Der Beschwerdegegner liess nun die Marke „The Beatles Double Group" für verschiedene Musikprodukte eintragen, wogegen die Beschwerdeführerin Widerspruch erhob mit der Begründung, der Schutz von notorisch bekannten Marken verbiete eine derartige Eintragung. Die Rekurskommission für geistiges Eigentum wandte in ihrem Entscheid Art. 16 Abs. 2 TRIPS unmittelbar an und folgerte daraus, dass der Schutz der notorischen Marke auch im Bereich der Dienstleistungsmarken gelte[453]; die Beschwerde wurde indessen, aus anderen Gründen, abgewiesen.

Die Ausführungen der Rekurskommission im Fall *„Joyride"* zum hier interessierenden Art. 16 Abs. 2 TRIPS decken sich im wesentlichen mit denjenigen im *„The Beatles"*-Entscheid, weshalb sich eine gesonderte Darstellung erübrigt[454].

5.5.3 Praxis kantonaler Gerichte

Aus der kantonalen Judikatur ist zunächst ein Massnahmeentscheid des basellandschaftlichen Obergerichts vom 1. Oktober 1997 zu erwähnen[455]. In der Sache ging es um die Überprüfung einer superprovi-

---

451 Entscheid der Eidgenössischen Rekurskommission für geistiges Eigentum vom 17. November 1997, abgedruckt in sic! 1998, S. 51 ff.

452 Auf eine Darstellung des Entscheids *„Heparinol/Hepasol"* der Eidgenössischen Rekurskommission für geistiges Eigentum vom 1. Mai 2000 (abgedruckt in sic! 2000, S. 391 ff.) kann hier verzichtet werden, da sich das Urteil nur am Rande mit Art. 16 Abs. 2 TRIPS befasst.

453 „In der Tat auferlegt Art. 6bis PVÜ den Verbandstaaten die Pflicht, die Eintragung von Fabrik- und Handelsmarken zurückzuweisen, wenn sie mit einer anderen Marke verwechselbar sind, von der notorisch feststeht, dass sie bereits einem Staatsangehörigen eines Landes der Pariser Verbandsübereinkunft gehört und für gleiche oder gleichartige Waren benutzt wird, aber noch nicht im hiesigen Register eingetragen ist. Dieselbe Pflicht dehnt Art. 16 Abs. 2 TRIPS auf Dienstleistungsmarken aus. Die Beschwerdeführerin ist daher berechtigt, sich gestützt auf eine allfällig notorisch bekannte Marke gegen die Eintragung einer jüngeren Waren- und Dienstleistungsmarke zur Wehr zu setzen (Art. 3 Abs. 1 und 2 lit. b MSchG)." (Erwägung 4, S. 581).

454 Sic! 1998, S. 51 f. (Erwägung 6).

455 Entscheid des Obergerichts Basel-Landschaft vom 1. Oktober 1997, abgedruckt in sic! 1998, S. 78 ff.

sorischen Verfügung, mittels derer der Obergerichtspräsident der Gesuchsgegnerin gestützt auf Art. 77 Abs. 2 des PatG die Inverkehrsetzung von Präparaten mit dem Wirkstoff *„Acyclovir“* unter Strafandrohung gemäss Art. 292 StGB verboten hatte. Die Gesuchsgegnerin verlangte daraufhin vom Obergericht die Aufhebung dieser Massnahme. Die Gesuchstellerin, offenbar eine ausländische Gesellschaft, beantragte demgegenüber die Bestätigung der Massnahme und stützte diesen Anspruch auch auf Art. 50 Ziff. 2 des TRIPS und warf die Frage nach dessen unmittelbarer Anwendbarkeit auf.

Das Obergericht hielt fest, Art. 50 Ziff. 2 TRIPS stelle keine geringeren Anforderungen an den Erlass vorsorglicher Massnahmen als das schweizerische Patentrecht. Infolge dessen habe die vorsorgliche Massnahme dem letzteren zu genügen. Unter diesen Umständen erübrige es sich, „im Rahmen des Bestätigungsverfahrens die von der Klägerin aufgeworfene Frage der direkten Anwendbarkeit des TRIPS zu prüfen“[456].

Das Obergericht Basel-Landschaft hat damit die Frage der unmittelbaren Anwendbarkeit des TRIPS aufgrund einer vorweggenommenen materiellen Prüfung des für unerheblich erklärt, wie dies die II. Öffentlichrechtliche Abteilung des Bundesgerichts im Zusammenhang mit dem GATT 1994 auch verschiedentlich getan hat[457].

Interessant unter dem Gesichtspunkt der Inländerdiskriminierung ist ein Entscheid des Appellationshofs Bern vom 21. Mai 2001 *(„Elektronischer Pressespiegel“)*[458]. Diese Angelegenheit betraf den urheberrechtlichen Schutz von journalistischen Beiträgen. Die Klägerinnen vertraten die Auffassung, der Urheber könne sich auch im Inlandverhältnis auf Staatsverträge berufen, die ein höheres Schutzniveau vorsehen. In casu hätte dies auch das TRIPS betroffen. Das Gericht lehnte diese Rechtsauffassung unter Berufung auf Art. 1 Abs. 2 URG ab, der völkerrechtliche Verträge bloss vorbehalte, nicht jedoch auf deren Bestimmungen verweise[459].

Diese rein urheberrechtliche Betrachtung, die weder auf die Kriterien der unmittelbaren Anwendbarkeit völkerrechtlicher Verträge noch auf die Problematik der Inländerdiskriminierung[460] Bezug nimmt, ist m.E. problematisch. Dies gilt insbesondere auch im Lichte der bundesgerichtlichen Rechtsprechung zum TRIPS, in welcher die Anwen-

456 a.a.O., Erwägung 2, S. 79 f.

457 Vgl. die unter 5.3.1 aufgearbeitete und kritisierte Judikatur.

458 Abgedruckt und kommentiert von HILTY, RETO M. in sic! 2001, S. 613 ff.

459 a.a.O., S. 615 f. (Erwägung 4).

460 Vgl. unter 2.2.

dung des Abkommens auf Binnensachverhalte bislang nicht problematisiert wurde.

5.5.4 Zusammenfassung

In keinem der hier erörterten Entscheide zum TRIPS hat die erste Zivilabteilung des Bundesgerichts die Frage der unmittelbaren Anwendbarkeit thematisiert. Sie ist aber durchaus materiell auf das TRIPS eingetreten, wo sie einen Anlass dazu hatte, wobei diese Erwägungen jeweils nicht im Zentrum der zu entscheidenden Fälle standen. Dasselbe lässt sich zu den Entscheiden der Eidgenössischen Rekurskommission für geistiges Eigentum sagen.

Bemerkenswert ist, dass sich nirgendwo in den Entscheiden der Bundesinstanzen zum TRIPS wie in der Rechtsprechung der II. Öffentlichrechtlichen Abteilung zum GATT oder zum GATS ein Vorbehalt findet etwa des Inhalts, es könne offen bleiben, ob das TRIPS unmittelbar anwendbar sei, da es in casu ohnehin nicht verletzt würde. Dies rechtfertigt m.E. die Prognose, dass sich die unmittelbare Anwendbarkeit des TRIPS in der zukünftigen Rechtsprechung wohl durchsetzen wird.

5.6 Praxis zum GPA

5.6.1 Vorbemerkungen

Das Übereinkommen über das öffentliche Beschaffungswesen (ÜoeB, im folgenden der besseren Unterscheidbarkeit von den landesrechtlichen Erlassen halber nach der englischen Bezeichnung *Government Procurement Agreement* GPA gennant[461]) dürfte das wichtigste der vier plurilateralen Übereinkommen im Rahmen der WTO darstellen, die zusammen den Anhang 4 des Übereinkommens zur Errichtung der Welthandelsorganisation bilden. Dem GPA unterstehen die öffentlichen Auftraggeber von Bund und Kantonen, grundsätzlich jedoch nicht diejenigen der Gemeinden. Zudem gilt das GPA für die Verga-

461 SR 0.632.231.422.

ben aller Staatsebenen in den Bereichen Wasserversorgung, Energieversorgung und städtischer Verkehr[462].

Das GPA zwang den Bund und die Kantone zu einer umfassenden Neuregulierung des öffentlichen Vergaberechts, das zuvor rechtlich kaum normiert war[463]. Zwar wurde 1979 im Rahmen der Tokio-Runde bereits ein Übereinkommen über das öffentliche Beschaffungswesen abgeschlossen[464], doch umfasste dieses nur zentralstaatliche Auftraggeber, regelte den Dienstleistungssektor nicht und sah keinen wirksamen Rechtsschutz vor[465].

Die Umsetzung des GPA erfolgte in der Schweiz ihrem föderalistischen Charakter entsprechend auf mehreren Stufen[466]. Das Vergaberecht des Bundes wird durch das Bundesgesetz über das öffentliche Beschaffungswesen (BoeB) und die dazu gehörige Verordnung (VoeB) geregelt[467]. Diese Erlasse sollen gemäss bundesrätlicher Konzeption sowohl die nur mittelbar anwendbaren Bestimmungen des GPA konkretisieren als auch dessen *self-executing* Normen wiedergeben[468]. Für die kantonalen Auftraggeber sind insbesondere das Binnenmarktgesetz[469], die Interkantonale Vereinbarung über das öffentliche Beschaffungswesen[470] sowie die daran anknüpfenden kantonalen Erlasse massgeblich.

Das GPA ist in der schweizerischen Rechtsordnung folglich gleich auf mehreren Stufen auf legislatorischem Weg umgesetzt worden. Für die Frage der unmittelbaren Anwendbarkeit bedeutet dies, dass sie

462 Art. I GPA, Annexe I, II und III der Schweiz (abgedruckt bei GALLI/ LEHMANN/ RECHTSTEINER, S. 219 ff.).

463 GALLI/LEHMANN/RECHTSTEINER sprechen gar von einem „(nahezu) rechtsfreien Raum der Verwaltung“ (S. V).

464 SR 0.632.231.421.

465 GADOLA, S. 969; WASESCHA, Öffentliches Beschaffungswesen, S. 174; DERS., Auswirkungen, S. 124 f.

466 Zum Ganzen vgl. nur BOCK, S. 716 ff.; CLERC, S. 325 ff.; COTTIER/MERKT, Auswirkungen, S. 35 ff.; CRAMERI, S. 13 ff.; GADOLA, S. 967 ff.; GALLI/LEHMANN/RECHSTEINER, S. 1, 4 ff., 23 ff.; GAUCH, S. 165 ff.; METZ/SCHMID, S. 44 ff.; RHINOW/SCHMID/BIAGGINI, S. 394 ff.; SCHERRER-JOST, S. 2 ff.; WAGNER, S. 19 ff.; WASESCHA, Öffentliches Beschaffungswesen, S. 173 ff.

467 Bundesgesetz über das öffentliche Beschaffungswesen vom 16. Dezember 1994 (BoeB; SR 172.056.1); Verordnung vom 11. Dezember 1995 über das öffentliche Beschaffungswesen (VoeB; SR 172.056.11).

468 GATT-Botschaft 2, S. 1171 f.

469 Bundesgesetz vom 6. Oktober 1995 über den Binnenmarkt (Binnenmarktgesetz, BGBM; SR 943.02).

470 Interkantonale Vereinbarung vom 25. November 1994 über das öffentliche Beschaffungswesen (IVoeB; SR 172.056.4).

sich kaum in akzentuierter Form stellen wird, soweit sich BoeB, BGBM und IVoeB im Rahmen des GPA bewegen. In den nachstehend kurz darzustellenden Entscheiden richterlicher Instanzen werden die Rügen der Verletzung von internationalem, nationalem, interkantonalem und kantonalem Vergaberecht denn auch meistens in einem Zug geprüft.

5.6.2 Praxis des Bundesgerichts

Als eine Folge der umfassenden Neuregulierung des schweizerischen Vergaberechts gab das Bundesgericht im Entscheid der II. Öffentlichrechtlichen Kammer vom 20. November 1998 in Sachen *Groupement G2IR3 contre Conseil communal de La Chaux-de Fonds, Groupement STEP 2300 et Tribunal administratif du canton de Neuchâtel*[471] seine bisherige Rechtsprechung auf, wonach der Zuschlag einer kantonalen oder kommunalen Behörde in einem öffentlichen Vergabeverfahren kein Anfechtungsobjekt im Sinne von Art. 84 Abs. 1 OG darstelle und der unterlegene Mitbewerber kein rechtlich geschütztes Interesse gemäss Art. 88 OG habe. Damit öffnete das Bundesgericht den Weg für staatsrechtliche Beschwerden im Bereich des kantonalen und kommunalen Beschaffungswesens[472]. Das Bundesgericht war zu dieser Änderung der Rechtsprechung aufgrund der veränderten Rechtslage gezwungen, insbesondere aufgrund von Art. XX GPA, Art. 9 BGBM und Art. 15 IVoeB[473]. Allerdings war im Entscheid *Groupement G2IR3* das GPA im Ergebnis nicht einschlägig, da sich die im Frage stehende kommunale Submission ausserhalb seines Anwendungsbereichs befand.

Die II. Öffentlichrechtliche Abteilung des Bundesgerichts sah sich in der Rechtssache *JC Decaux Mobilier Urbain Genève SA et Decaux SA contre Ville de Genève, Etat de Genève et Société Générale d'Affichage* mit der Rüge der Verletzung mehrer Bestimmungen des GPA konfrontiert. In seinem Entscheid vom 26. April 1999 ist das

471 BGE 125 II 86.

472 BGE 125 II 86 Erwägungen 2-6, S. 92 ff., bestätigt in BGE 125 I 406 ff.

473 CLERC, S. 364 ff.; COTTIER/MERKT, Auswirkungen, S. 75 ff.; GADOLA, S. 967 ff.; GALLI/LEHMANN/RECHTSTEINER, S. 179 ff. Zur Tragweite von Art. XX GPA vgl. auch den Entscheid Entscheid der II. Öffentlichrechtlichen Abteilung vom 8. Juni 2001 in Sachen *Verein Paritätische Berufskommission Unterwalden gegen Luzern-Stans-Engelberg-Bahn und Verwaltungsgericht des Kantons Nidwalden*, BGer 2P.42/2001.

Bundesgericht zum Schluss gekommen, das GPA sei nicht anwendbar, weil die zur Beurteilung anstehende Konzession für ein Plakatmonopol auf öffentlichem Grund nicht unter den Begriff des öffentlichen Beschaffungswesens falle, wobei sich das Gericht in seiner Begriffsauslegung unter anderem auf das GPA selbst abstützte[474].

Mit Urteil vom 2. März 2000 in Sachen *ARGE X. gegen ARGE Y., Regierungsrat und Verwaltungsgericht des Kantons Thurgau* betreffend Arbeitsvergebung *(„Girsbergtunnel")*[475] trat die II. Öffentlichrechtliche Abteilung des Bundesgerichts auf verschiedene Rügen der Beschwerdeführerin ein, mit welchen eine Verletzung von verschiedenen Bestimmungen des GPA geltend gemacht wurde, so des Diskriminierungsverbots (Art. III GPA), des Transparenzgebots (Präambel zum GPA, Abs. 3) und des Grundsatzes, wonach der Zuschlag dem wirtschaftlich günstigsten Angebot zu erteilen sei (Art. XIII Ziff. 4 lit. b GPA). Zuvor hatte das Gericht festgehalten, eingehende Ausführungen über die unmittelbare Anwendbarkeit des GPA erübrigten sich, da die zu beurteilende Arbeitsvergebung sowohl in den Anwendungsbereich des GPA wie auch der IVoeB fielen[476].

Ebenfalls mit Entscheid vom 2. März 2000 unterzog die II. Öffentlichrechtliche Abteilung in der Rechtssache *Arbeitsgemeinschaft X. gegen Aargauische Gebäudeversicherungsanstalt* eine Submission der Beschwerdegegnerin einer Überprüfung auf GPA-Konformität[477]. Gerügt wurde eine Verletzung der Art. XII und XIII Ziff. 4 GPA über die Vergabeunterlagen und die Zuschlagserteilung. Das Bundesgericht setzte sich materiell mit den Vorbringen auseinander und wendete die Bestimmungen somit unmittelbar an, sah das GPA jedoch nicht als verletzt an und wies die Beschwerde entsprechend ab.

Eine vertieftere Auseinandersetzung über die unmittelbare Anwendbarkeit des GPA brachte der Entscheid der II. Öffentlichrechtlichen Abteilung vom 30. Mai 2000 in Sachen *ARGE X. gegen Arbeitsgemeinschaft Y. und Staatsrat des Kantons Wallis* betreffend Arbeitsvergebung *(„Tunnel Gamsen")*[478]. Hier hat das Bundesgericht einleitend die Anwendbarkeit des GPA geprüft und unter Berufung auf die GATT-Botschaft 2 sowie Fundstellen in der Literatur festgehalten, das GPA enthalte „sowohl detaillierte, unmittelbar anwendbare Bestimmungen (z.B. über den Inhalt einer Ausschreibung; vgl.

474 BGE 125 I 209, insbesondere Erwägung 6, S. 212 ff.

475 BGer 2P.274/1999.

476 a.a.O. Erwägung 3b.

477 BGer 2P.222/1999.

478 BGer 2P.151/1999.

etwa Artikel XII „Vergabeunterlagen“) als auch konkretisierungsbedürfte Grundsätze“. Da die zu beurteilende Arbeitsvergebung unter das GPA falle, könnten sich die Beschwerdeführerinnen auf jene Bestimmungen des Übereinkommens berufen, die direkt anwendbar seien[479]. Unmittelbar angewendet wurde dann im Entscheid Art. XIII Ziff. 1 lit. b GPA, der vorschreibt, dass die den Bietern eingeräumte Möglichkeit zur Korrektur von Formfehlern nicht zu Diskriminierungen führen dürfe. Das Bundesgericht hielt die Bestimmung in casu aber nicht für verletzt[480].

Im Entscheid vom 26. Juni 2000 in Sachen Mitglieder der *ARGE X. gegen Regierungsrat des Kantons Basel-Landschaft* betreffend Arbeitsvergebung *(„Chienbergtunnel“)*[481] wiederholte die II. Öffentlichrechtliche Abteilung, die Verletzung von unmittelbar anwendbaren GPA-Bestimmungen könne mit staatsrechtlicher Beschwerde gerügt werden[482]. Materiell stand der auch im GPA verankerte Transparenzgrundsatz zur Debatte. Dieser war nach Meinung der Beschwerdeführerin verletzt worden, da die in der Ausschreibung genannten Vergabekriterien nicht mit den später tatsächlich angewendeten Kriterien für die Evaluation der Offerten übereinstimmten. Das Verwaltungsgericht widersprach dem zwar nicht, hielt aber dagegen, der Transparenzgrundsatz sei in der gegebenen rechtlichen Umbruchphase milde zu handhaben und wies die Beschwerde infolgedessen ab. Das Bundesgericht hielt das Transparenzgebot ebenfalls für verletzt, folgte jedoch dem Verwaltungsgericht mit der Begründung, die publizierten Vorgaben seien materiell nicht substanziell geändert worden[483]. Damit wendete das Bundesgericht den in der Präambel des GPA verankerten Transparenzgrundsatz unmittelbar an.

Um Ausprägungen des Transparenzgebots ging es auch im Entscheid der II. Öffentlichrechtlichen Abteilung vom 24. August 2001 in Sachen *B. gegen Gemeinde X. sowie Staatsrat und Kantonsgericht des Kantons Wallis*[484]. Gerügt wurde insbesondere eine Verletzung von Art. XII Ziff. 2 lit. h GPA über die Bekanntgabe der Zuschlagskriterien in den Vergabeunterlagen, da der Staatsrat die Kriterien und deren Gewichtung für die in Frage stehende Ausschreibung von Ver-

479 a.a.O. Erwägung 1b.
480 a.a.O. Erwägung 3b.
481 BGer 2P.4/2000, abgedruckt in ZBl 102 (2001), S. 215 ff. Zum Vorentscheid des Basellandschaftlichen Verwaltungsgerichts vgl. unter 5.6.4.2.
482 a.a.O. Erwägung 1d.
483 a.a.O. Erwägung 4c und d.
484 BGer 2P.299/2000.

messungsarbeiten nicht im Voraus bekannt gegeben und zudem nachträglich noch abgeändert habe. Das Bundesgericht sah das Transparenzgebot ebenfalls als verletzt an und hiess die Beschwerde gut.

Im Resultat ist festzuhalten, dass das GPA in der Rechtsprechung des Bundesgerichts zumindest in Teilen unmittelbar anwendbar ist. Hatte dies in den Entscheiden *„Tunnel Gamsen"* und *„Chienbergtunnel"* noch nicht zur Gutheissung der Beschwerden geführt, so war dies im Entscheid *B. gegen Gemeinde X. sowie Staatsrat und Kantonsgericht des Kantons Wallis* sehr wohl der Fall. Dies belegt die praktische Relevanz des GPA in der Rechtspraxis der II. Öffentlichrechtlichen Abteilung des Bundesgerichts.

5.6.3 Praxis der Eidgenössischen Rekurskommission für das öffentliche Beschaffungswesen

In der Praxis der Eidgenössischen Rekurskommission für das öffentliche Beschaffungswesen finden sich Dutzende von – hier nicht darzustellenden – Urteilen, in welchen das GPA beigezogen und angewendet wird. Die Rekurskommission wendet die Bestimmungen des GPA jedoch in der Regel nicht allein, sondern zusammen mit denjenigen des BoeB und der VoeB an, so dass sich unmittelbare Anwendbarkeit des GPA und völkerrechtskonforme Auslegung des nationalen Beschaffungsrechts beinahe vollständig überlagern und im Ergebnis kaum voneinader unterscheiden lassen.

Als ein vergleichsweise frühes Beispiel für diese Rechtsprechung soll hier der Zwischenentscheid der Rekurskommission vom 17. Februar 1997 in Sachen *I. AG und T. AG gegen das Bundesamt für Statistik (BFS)* über die Vergabe der Einkommens- und Verbrauchserhebung 1998 angeführt werden[485]. Im Zentrum dieser Rechtssache stand die Frage, ob ein Submissionsvertrag abgeschlossen werden dürfe, noch bevor die Rekurskommission über die aufschiebende Wirkung einer Beschwerde gegen den Zuschlag entscheiden konnte. Die Rekurskommission gelangte zum Schluss, Art. 22 BoeB über den Vertragsschluss könne angesichts des Art. XX Ziff. 2 und 7 lit. a GPA nur so verstanden werden, dass ein Submissionsvertrag abgesehen von Fällen ausserordentlicher Dringlichkeit erst abgeschlossen werden dürfe, wenn die zwanzigtägige Beschwerdefrist abgelaufen ist oder

485 VPB 61 (1997), Nr. 24, S. 261 ff., 268, bestätigt im Zwischenentscheid vom 6. Februar 1998, VPB 62 (1998), Nr. 79, S. 788 ff., 795; kommentiert bei GALLI, S. 103 ff.

ein Gesuch um aufschiebende Wirkung gar nicht erst gestellt oder abgelehnt worden ist[486].

Illustrativ ist auch der Entscheid der Rekurskommission vom 7. November 1997, der dieselbe Ausschreibung des BFS betraf[487] und in dessen Mittelpunkt die Rüge der Beschwerdeführerinnen stand, das BFS habe unter anderem durch Offertverhandlungen mit einem Bieter den Gleichbehandlungsgrundsatz verletzt, der in Art. VII Ziff. 1 und Art. XIV Ziff. 4 GPA verankert ist. Die Rekurskommission hielt fest, Offertverhandlungen seien im Rahmen des GPA zulässig, soweit sie der besseren Vergleichbarkeit der Offerten dienen (Art. XIV Ziff. 2 GPA) und der Gleichheitsgrundsatz dabei nicht verletzt werde (Art. XIV Ziff. 4 GPA). Daran habe sich das BFE in casu gehalten[488]. Die Beschwerde wurde entsprechend abgewiesen.

Die Rekurskommission wendete somit Art. VII Ziff. 1 (allgemeines Diskriminierungsverbot) und Art. XIV Ziff. 4 (Rechtsgleichheit bei Offertverhandlungen) des GPA unmittelbar an, jedoch ohne vorgängig die Frage der unmittelbaren Anwendbarkeit zu thematisieren. Dafür liessen sich zahlreiche weitere Beispiele anführen[489].

Besonders hinzuweisen ist auf den Entscheid der Rekurskommission vom 3. September 1999 in Sachen *S.*[490] Die Rekurskommission hatte unter anderem zu prüfen, ob es sich bei einem Auftrag für die Erhebung und Verwaltung einer vorgezogenen Entsorgungsgebühr sowie der Verwendung dieser Gelder zur Entsorgung gebrauchter Batterien und Akkumulatoren um ein Beschaffungsgeschäft oder um eine dem Beschaffungsrecht nicht unterstehende Konzession handle (vgl. Art I Ziff. 2 GPA). Im Rahmen diesbezüglicher rechtsvergleichender Ausführungen zum Recht der Europäischen Union hielt die Rekurskommission fest, „dass bei demselben – *im Gegensatz zur Rechtslage in der Schweiz*[491] – das ÜoeB, auch soweit es sich um Normen mit self-executing-Charakter handelt, keine unmittelbare Geltung hat“. Es folgen Nachweise zum Gemeinschaftsrecht und – hinsichtlich der Rechtslage in der Schweiz – ein Hinweis auf das verwaltungsrechtliche Standardwerk von HÄFELIN/MÜLLER, das sich an

486 VPB 61 (1997), Nr. 24, Erwägung 2c, S. 267 ff.

487 VPB 62 (1998), Nr. 17, S. 116 ff.

488 VPB 62 (1998), Nr. 17, Erwägung 4, S. 122 ff.

489 Vgl. nur VPB 62 (1998), Nr. 80, S. 799 ff. (betreffend Art. XIII Ziff. 4 lit. a und Art. XX Ziff. 2 GPA); VPB 63 (1999), Nr. 42, S. 421 ff. (betreffend Art. VI Ziff. 4 GPA); VPB 64 (2000), Nr. 8, S. 77 ff. (betreffend Art. XXIII Ziff. 2 GPA).

490 VPB 64 (2000), Nr. 30, S. 412 ff.

491 Kursivschrift nicht im Originaldokument.

der im Urteil referenzierten Stelle mit der unmittelbaren Anwendbarkeit staatsvertraglichen Rechts allgemein befasst[492].

Im Erbebnis kann folglich davon ausgegangen werden, dass die Eidgenössische Rekurskommission für das öffentliche Beschaffungswesen das GPA zumindest in Teilen für unmittelbar anwendbar hält und in seiner Rechtsprechung tatsächlich auch unmittelbar anwendet, ohne den *self-executing*-Charakter seiner Normen freilich je allgemein untersucht zu haben[493], was wie erwähnt wohl vor allem in der fast deckungsgleichen Überlagerung von völker- und bundesrechtlichem Beschaffungsrecht begründet liegt.

5.6.4 Praxis der kantonalen Gerichte

5.6.4.1 Einleitung

Das GPA wie auch das Beschaffungsrecht im allgemeinen haben die Rechtsprechung kantonaler Instanzen vielfach beschäftigt[494]. Angesichts des BGBM, der IVoeB sowie der im Nachgang zur Ratifikation des GPA von den Kantonen erlassenen gesetzlichen Normierungen ihres öffentlichen Beschaffungswesens hat das GPA jedoch insofern an praktischer Relevanz eingebüsst, als dass Rechsstreitigkeiten in diesem Bereich heute weitgehend aufgrund der einschlägigen landesrechtlichen Normen entschieden werden.

5.6.4.2 Der „Chienberg"-Entscheid des Basellandschaftlichen Verwaltungsgerichts

Als dankbares Anschauungsobjekt für eine wissenschaftliche Untersuchung der unmittelbaren Anwendbarkeit des GPA bietet sich ein Urteil des basellandschaftlichen Verwaltungsgerichts an, in welchem eine Rechtsstreitigkeit zu entscheiden war, die bereits vor Inkrafttreten des auf das GPA sowie die IVoeB und das BGBM abgestimmten kantonalen Gesetzes über das Beschaffungswesen[495] rechtshängig wurde.

Mit Entscheid vom 29. September und 4. Oktober 1999 in Sachen *A.C.* betreffend Ausschreibung des Strassenbauprojekts „Umfahrung

492 HÄFELIN/MÜLLER, 3. Aufl., S. 421.

493 Entsprechende Hinweise fehlen auch in der Übersicht über die Rechtsprechung bei GALLI, S. 103 ff. (1996/1997) und MOSER, S. 682 ff. (1998/1999).

494 Diese Judikatur kann hier nicht einmal überblickartig dargestellt werden.

495 Kantonales Gesetz über öffentliche Beschaffungen vom 3. Juni 1999, SGS BL 420.

Sissach“ *(„Chienberg“-Tunnel)* hat das Verwaltungsgericht des Kantons Basel-Landschaft die unmittelbare Anwendbarkeit von Bestimmungen des GPA bejaht[496].

Das Gericht hat sich im Rahmen der Eintrittsfragen zunächst mit der unmittelbaren Anwendbarkeit von Art. XX GPA über das Beschwerdeverfahren auseinandergesetzt. § 44 Abs. 2 lit. c der basellandschaftlichen Verfassungs- und Verwaltungsprozessordnung (VPO)[497] schliesst die verwaltungsgerichtliche Beschwerde gegen die Vergebung staatlicher Aufträge aus mit Ausnahme jener, die aufgrund besonderer Bestimmungen angefochten werden können. Derartige Bestimmungen enthält heute das kantonale Gesetz über öffentliche Beschaffungen, das indessen damals noch nicht in Kraft stand.

Das Gericht musste nach Massgabe des Grundsatzes der Rechtsanwendung von Amtes wegen prüfen, ob sich besondere Bestimmungen im Sinne von § 44 Abs. 2 lit. c VPO in anderen Regelwerken, so auch im GPA selbst, fänden[498]. Es stellte einleitend fest, dass der Kanton Basel-Landschaft seinen Verpflichtungen zur Anpassung seines Rechts an das GPA gemäss Art. XXIV Ziff. 5a GPA noch nicht nachgekommen sei, wollte daraus im konkreten Fall für die unmittelbare Anwendbarkeit jedoch nichts ableiten, da diese vorliegend ohnehin gegeben sei[499].

Der Wortlaut von Art. XX Ziff. 2 GPA spreche zwar grundsätzlich gegen eine unmittelbare Anwendbarkeit, da sich die Bestimmung an den landesrechtlichen Gesetzgeber richte und notwendigerweise durch eine landesrechtliche Umsetzung konkretisiert werden müsse. Damit, so das Verwaltungsgericht weiter, sei aber die Frage noch nicht entschieden, „wie es um die grundsätzliche Anwendungstauglichkeit der staatsvertraglichen Norm im Einzelfall steht, solange die an sich notwendige Umsetzung noch nicht erfolgt ist.“[500]

Die Frage nach der unmittelbaren Anwendbarkeit wird im Folgenden durch das Gericht positiv beantwortet. Das normative und gerichtsorganisatorische Verfahrensinstrumentarium zur Durchführung eines staatsvertragskonformen Rechtsmittelverfahrens stünde vollumfänglich zur Verfügung, der Gerichtszugang könne problemlos eröff-

496 Entscheid des Verwaltungsgerichts vom 29. September / 4. Oktober 1999 in Sachen A.C. (Nr. 172), BLVGE 1998/1999, S. 295 ff.

497 Gesetz über die Verfassungs- und Verwaltungsprozessordnung vom 16. Dezember 1993 (VPO; SGS BL 271).

498 Erwägung 2.2, S. 298 ff.

499 Erwägung 2.2.3, S. 301.

500 Erwägung 2.2.4.1, S. 303.

net werden. Somit erschiene die Berufung auf den Wortlaut als rechtsmissbräuchlich. Zudem ergäben sich keine Umsetzungsspielräume, deren normative Ausgestaltung notwendigerweise dem Gesetzgeber überlassen bleiben müsste, und ohne die eine praktische Anwendung der Rechtsmittelbestimmung nicht möglich wäre. Insbesondere die VPO werde den Anforderungen von Art. XX GPA gerecht[501].

Die Unsicherheit darüber, ob das Gericht in derartigen Verfahren bereits geschlossene Verträge aufheben oder aber bloss Bundesrechtswidrigkeit feststellen dürfe, hielt das Gericht nicht von der unmittelbaren Anwendung von Art. XX GPA ab, da in casu noch gar kein Vertrag geschlossen worden war. Es machte aber deutlich, dass die Grundlegung der richterlichen Entscheidkompetenzen dem Gesetzgeber vorzubehalten sei[502].

Als weiteres Argument führte das Gericht die Säumigkeit des Gesetzgebers ins Feld. Die bundesgerichtliche Rechtsprechung zur Umsetzung von Art. 6 Ziff. 1 EMRK und Art. 98a OG, der zufolge diese Bestimmungen bei Säumigkeit des Gesetzgebers vor kantonalen Gerichten direkt angerufen werden kann, könne hier analog beigezogen werden[503].

Im Verlaufe seiner materiell-rechtlichen Erwägungen hatte das Gericht unter anderem darüber zu befinden, ob die massgeblichen Zuschlagskriterien in den Vergabeunterlagen bekanntgegeben worden und bei der Vergabe tatsächlich beachtet worden seien. Hier war die Frage nach der unmittelbaren Anwendbarkeit von Art. XII Ziffer 2 lit. h, sowie von Art. XIII Ziffer 4 lit. b und c GPA zu entscheiden. Das Verwaltungsgericht bejahte die unmittelbare Anwendbarkeit. Einerseits seien diese Bestimmungen hinreichend bestimmt, ihr Konkretisierungsgrad werde mitunter von demjenigen vergleichbarer landesrechtlicher Normen nicht übertroffen. Zum zweiten sei aufgrund von Art. XX Ziffer 2 GPA davon auszugehen, dass die Vertragsparteien den Willen gehabt hätten, „die individuelle Rechtsstellung der im Regelungsbereich des GPA tätigen Personen direkt zu beeinflussen". Schliesslich spreche auch Art. XXIV Ziffer 4 GPA für unmittelbare Anwendbarkeit, wonach gegenüber den GPA-Bestimmungen keine Vorbehalte gemacht werden könnten[504].

501 Erwägung 2.2.4.2, S. 303 ff.
502 a.a.O., S. 305.
503 Erwägung 2.2.4.3, S. 306.
504 Erwägung 7.2.2, S. 321 ff.

Der Entscheid des basellandschaftlichen Verwaltungsgerichts ist m.E. als Grundsatzentscheid für die unmittelbare Anwendbarkeit der materiellen GPA-Bestimmungen zu werten und zu begrüssen. Hingegen ist die Analyse von Art. XX GPA m.E. unzutreffend. Diese Bestimmung schreibt die unmittelbare Anwendbarkeit des GPA – zumindest in einem monistischen landesrechtlichen Kontext – nämlich klarerweise vor[505].

5.6.5 Zusammenfassung

Die hier dargestellte Rechtsprechung sowohl der Rechtsprechungsorgane des Bundes wie auch der Kantone zeigt m.E. klar, dass das GPA mindestens in Teilen als unmittelbar anwendbar angesehen wird, wenn auch kein einzelnes herausragendes Grundsatzurteil zu erkennen ist.

Kritisch anzumerken ist, dass sich in der analysierten Rechtsprechung kaum eine einlässliche Analyse des Wortlauts von Art. XX GPA, der klar für die unmittelbare Anwendbarkeit des Übereinkommens spricht[506], findet. Wo Art. XX GPA überhaupt erwogen wird, geschieht dies summarisch oder führt zu m.E. unzutreffenden Ergebnissen[507]. Die Gerichte zeigen somit wenig Bereitschaft, die Frage der unmittelbaren Anwendbarkeit des GPA aus einer völkerrechtlichen Perspektive zu betrachten, sondern beginnen ihre Erörterung regelmässig auf der zweiten (landesrechtlichen) Prüfungsstufe[508].

Wie bereits erwähnt dürfte die unmittelbare Anwendbarkeit des GPA angesichts der inzwischen wohl flächendeckenden und ausführlichen Umsetzungsgesetzgebung allerdings einiges an Relevanz eingebüsst haben.

505 Vgl. unter 8.2.3.5.

506 vgl. unter 8.2.3.5.

507 Entscheid des Verwaltungsgerichts vom 29. September / 4. Oktober 1999 in Sachen A.C. (Nr. 172), BLVGE 1998/1999, S. 295 ff., Erwägung 2.2.4.1., siehe unter 5.6.4.2.

508 Zum zweistufigen Prüfungsverfahren vgl. unter 2.4.

5.7 Exkurs: Rechtsprechung zu anderen Handelsabkommen

5.7.1 Einleitung

Die Schweiz hat neben dem GATT/WTO-Komplex noch zahlreiche weitere Handelsübereinkommen unterzeichnet. Hervorzuheben sind das Übereinkommen vom 4. Januar 1960 zur Errichtung der Europäischen Freihandelsassoziation (EFTA-Ü)[509], das Freihandelsabkommen zwischen der Schweiz und der EG vom 22. Juli 1972[510] (FHA) sowie neuerdings die sektoriellen Abkommen zwischen der Schweiz und der EG vom 21. Juni 1999[511]. Auf diese Abkommen kann im Rahmen dieser Arbeit materiell nicht eingetreten werden[512].

Die Rechtsprechung zur Frage ihrer unmittelbaren Anwendbarkeit ist jedoch für die Fragestellung dieser Arbeit unter Kohärenzgesichtspunkten interessant. Namentlich das EFTA-Ü und das FHA weisen mit dem GATT nämlich zahlreiche inhaltliche Ähnlichkeiten und Parallelen auf[513].

Dies rechtfertigt es, an dieser Stelle einen flüchtigen Blick auf die bundesgerichtliche Rechtsprechung zur unmittelbaren Anwendbarkeit des EFTA-Ü und des FHA zu werfen. Was die sektoriellen Abkommen betrifft, wird sich diese Frage mit grosser Wahrscheinlichkeit schon sehr bald nach deren Inkrafttreten am 1. Juni 2002 stellen[514].

509 SR 0.632.31.

510 SR 0.632.401.

511 BBl. 1999, S. 6489 ff.

512 Vgl. dazu im Allgemeinen etwa ANDRICH, S. 76 ff.; BREITENMOSER, Interdependenz, S. 67 ff.; COTTIER, Structure-Substance Pairings, S. 416 ff.; COTTIER/ ARPAGAUS, Einleitung, S. 19 f.; COTTIER/EVTIMOV, S. 77 ff.; DURIC, S. 1 ff.; FELDER/ KADDOUS, S. 3 ff.; RHINOW/SCHMID/BIAGGINI, S. 207 ff., 439 ff.; THÜRER/ WEBER/ZÄCH, S. 3 ff.; VALLENDER, Wirtschaftsfreiheit, S. 543 ff., je m.w.H.

513 Vgl. Art. 18 FHA, Art. 6 EFTA-Ü (Art. III GATT); Art. 20 f. FHA, Art. 12 und 18 EFTA-Ü (Art. XX und XXI GATT); Art. 26 FHA, Art. 20 EFTAÜ (Art. XIX GATT); Art. 28 FHA (Art. XV GATT).

514 Grundsätzlich für unmittelbare Anwendbarkeit COTTIER/EVTIMOV, S. 103 ff.; FILLIEZ, S. 192 ff.; zurückhaltender THÜRER/HILLEMANNS, S. 22 ff. Hinsichtlich des Abkommens über den freien Personenverkehr vgl. Botschaft Bilaterale, BBl 1999, S. 6437 (für unmittelbare Anwendbarkeit).

5.7.2 EFTA-Übereinkommen

Das Bundesgericht hat im Entscheid *„Banque de Crédit international"* vom 13. Oktober 1972 dem Art. 16 EFTA-Ü über die Niederlassung von Personen und Unternehmungen aus anderen Vertragsstaaten den Charakter einer unmittelbar anwendbaren Norm zuerkannt[515]. Es hat diese Rechtsprechung im Entscheid vom 2. November 1990 in Sachen *V. AG gegen EVD* bestätigt[516].

5.7.3 FHA

Demgegenüber hat das Bundesgericht in seinen Leitentscheiden *„Adams"*[517], *„Omo"*[518] und *„Maison G. Sprl."*[519] die unmittelbare Anwendbarkeit des FHA abgelehnt. Damit hat es eine restriktivere Haltung eingenommen als der Europäische Gerichtshof, der in seinen Entscheiden *„Chatain"*[520] (zu Art. 13 FHA) und *„Kupferberg I"*[521] (zu Art. 21 des FHA EWG-Portugal[522]) durchblicken liess, dass Art. 13 FHA nach seiner Auffassung vor nationalen Gerichten angerufen werden könne[523]. Die bundesgerichtliche Rechtsprechung ist in der Lehre denn auch auf teilweise massive Kritik gestossen[524].

515 BGE 98 Ib 385, S. 387 ff.

516 BGE 116 Ib 299, S. 302 ff.

517 BGE 104 IV 175, 179 f. Vgl. zu dieser brisanten Angelegenheit die bittere Darstellung in STANLEY ADAMS' Autobiographie „Hoffmann La Roche gegen Adams", aus dem Englischen von Christian Oehlmann und Marianne Schulz-Rubach, Zürich 1984, insbesondere S. 111 ff.

518 BGE 105 II 49, 60.

519 BGE 112 Ib 183, S. 189.

520 EuGH, Entscheid vom 24. April 1980, Rs 65/79, *Chatin*, Slg. 1980, S. 1345.

521 EuGH, Entscheid vom 26. Oktober 1982, Rs 104/81, *Kupferberg*, Slg. 1982, S. 3641, Rz. 17 ff.

522 Freihandelsabkommen vom 22. Juli 1972 zwischen der EWG und der Republik Portugal (Abl. 1972 L 310, S. 165 ff.).

523 Zu den Unterschieden in der Rechtsprechung des BGer und des EuGH zum FHA siehe auch die Antwort des Bundesrates auf das Postulat Alder vom 8. Oktober 1982 „Beziehungen zur Europäischen Gemeinschaft", BBl. 1984, S. 457, 465 f.

524 ANDRICH, S. 77 ff.; BREITENMOSER, Interdependenz, S. 57; COTTIER, Parallelimporte, S. 52 ff.; COTTIER/NADAKAVUKAREN, Challenge, S. 361, m.w.H.; DURIĆ, S. 210; JACOT-GUILLARMOD, détour, S. 137; KELLER, Rezeption des Völkerrechts, S. 597 ff.; WILHELM, S. 143 ff. Auch der Bundesrat hat sich für die unmittelbare Anwendbarkeit des FHA ausgesprochen, BBl 1988 III, S. 249, 348 ff. A.M. BALDI, S. 83 ff. insbes. S. 97 ff.

Die bundesgerichtliche Rechtsprechung zur unmittelbaren Anwendbarkeit des FHA zeigt indessen m.E. nicht ein einheitlich ablehnendes Bild, hat es diese doch für den Bereich der Ursprungsregeln in zwei Entscheiden aus den achziger Jahren bejaht[525]. Im weiteren gibt es auch zum FHA Urteile, in welchen dessen Bestimmungen durchaus materiell geprüft werden, ohne dass ihre Anwendbarkeit vorgängig thematisiert worden wäre[526].

5.8 Würdigung

Die Rechtsprechung schweizerischer Gerichte zu den Verträgen der WTO erscheint in der Frage der unmittelbaren Anwendbarkeit als zurückhaltend, uneinheitlich und oberflächlich.

Zurückhaltend, weil namentlich das Bundesgericht völkerrechtlichen Verträgen in anderen Bereichen die unmittelbare Anwendbarkeit im Landesrecht viel bereitwilliger zugestanden hat. Dies gilt insbesondere für die klassischen Freiheitsrechten, wie sie etwa in der EMRK verankert sind, aber auch für wirtschaftsrechtliche Staatsverträge wie insbesondere das EFTA-Übereinkommen[527].

Uneinheitlich, weil die Untersuchung der Judikatur zu den einzelnen Übereinkommen unterschiedliche Resultate zu Tage fördert. So wird die unmittelbare Anwendbarkeit des GATT und des GATS vorwiegend abgelehnt, während das TRIPS und das GPA im Resultat unmittelbar angewendet werden. Diese Unterschiede sind nicht zuletzt darauf zurückzuführen, dass das Bundesgericht die Frage der unmittelbaren Anwendbarkeit der GATT/WTO-Übereinkommen nur oberflächlich geprüft hat und einer systematischen und grundsätzlichen Auseinandersetzung mit dieser Problematik bislang ausgewichen ist.

Oberflächlich, weil das Bundesgericht die unmittelbare Anwendbarkeit von Normen des GATT/WTO-Rechts nie grundlegend im Lichte der traditionellen Justiziabilitätskriterien geprüft hat. Dies gilt namentlich auch für den „Leitentscheid" *Maison G. Sprl. contre Direction générale des douanes* aus dem Jahre 1986, in welchem die unmittelbare Anwendbarkeit von Art. V Abs. 3 und Art. VIII des

525 BGE 112 IV 53 und 114 Ib 168.

526 BGE 111 Ib 323, S. 326 f. (Art. 16 und 17 des Protokolls Nr. 3 zum FHA); BGE 118 Ib 367, S. 377 (Art. 13 FHA).

527 BGE 98 Ib 385 *(„Banque de Crédit international")*, vgl. unter 5.7.2.

GATT mit einer lapidaren Begründung und unzutreffenden Literaturhinweisen abgelehnt wurde[528].

Mit Blick auf die bundesgerichtliche Rechtsprechung zum GATT ist zunächst erstaunlich, dass der „*Maison G.*"-Entscheid nach Abschluss der Uruguay-Runde nicht einer umfassenden Überprüfung unterzogen worden ist. Dies hätte sich angesichts der institutionellen und materiellen Verfestigung des Welthandelsrechts unbedingt aufgedrängt. Insofern erscheint die Praxis der II. Öffentlichrechtlichen Abteilung zum GATT 1994 als unausgereift. Gänzlich unbegründet ist die Ablehnung der unmittelbaren Anwendbarkeit in bezug auf das GATS.

Im weiteren fällt mit Blick auf die Rechtsprechung zum GATT und zum GATS auf, dass insbesondere in neueren Urteilen die unmittelbare Anwendbarkeit der Normen dieser Übereinkommen zwar abgelehnt oder offen gelassen wird, dennoch aber eine materielle Prüfung vorgenommen wird, jedenfalls in Fällen, in welchen eine solche keine Verletzung von WTO-Recht ergibt[529]. Angesichts dieser Urteile fällt eine abschliessende Beurteilung der Judikatur zum GATT und zum GATS ausserordentlich schwer. Obwohl sich das Bundesgericht von seiner „*Maison G.*"-Praxis bislang nicht ausdrücklich distanziert hat, kann die Frage derzeit wohl als offen bezeichnet werden.

Anders ist die Judikatur zum TRIPS sowie zum GPA zu beurteilen. Die unmittelbare Anwendbarkeit des TRIPS ist soweit ersichtlich durch das Bundesgericht nie explizit untersucht worden. Die I. Zivilabteilung hat aber einzelne Normen des TRIPS durchaus unmittelbar angewendet[530]. Dies mag darin begründet liegen, dass das internationale Immaterialgüterrecht nicht als „klassisches", diplomatisch beherrschtes Aussenwirtschaftsrecht, sondern vielmehr als Teil des internationalen Privatrechts angesehen wird, in welchem unmittelbar anwendbare Staatsverträge viel häufiger sind.

Das GPA wird durch das Bundesgericht (II. Öffentlichrechtliche Abteilung) ebenfalls unmittelbar angewendet[531]. Hierfür dürften drei Sonderfaktoren verantwortlich sein. Zum einen schreibt das GPA in Art. XX seine unmittelbare Anwendbarkeit im Landesrecht praktisch vor. Zum anderen ist das GPA ein plurilaterales und kein multilatera-

528 BGE 112 Ib 183, vgl. unter 5.2.1.2.

529 Vgl. insbesondere die Entscheide „*Bresaola*" (siehe unter 5.3.1.2) und „*Commcare*" (siehe unter 5.4.1.3).

530 Vgl. insbesondere den Entscheid „*Nike*" (BGE 124 III 277, siehe unter 5.5.1.2).

531 Vgl. insbesondere die Entscheide „*Tunnel Gamsen*" und „*Chienbergtunnel*" (siehe unter 5.6.2).

les Übereinkommen. Dies lässt die Implikationen der unmittelbaren Anwendbarkeit für das Aussenwirtschaftsrecht der Schweiz insgesamt als vergleichsweise gering erscheinen. Schliesslich ist das GPA in der Schweiz inzwischen durch ausführliche Erlasse auf allen Stufen des föderalen Staatsaufbaus umgesetzt worden, wodurch sich die Brisanz der Frage nach seiner unmittelbaren Anwendbarkeit weitgehend entschärft hat.

Zusammenfassend kann festgehalten werden, dass sich die schweizerischen Gerichte und insbesondere das Bundesgericht (II. Öffentlichrechtliche Abteilung) schwer tun, ihre Rolle im schweizerischen Aussenwirtschaftsrecht zu finden – jedenfalls soweit die Anwendung und Umsetzung des WTO-Rechts betroffen ist. Offenbar sieht sich das höchste schweizerische Gericht in diesem Bereich noch immer in einer vergleichsweise bescheidenen Rolle. Darin kommt nicht zuletzt auch eine noch wenig gereifte verfassungstheoretische Fundierung und eine Unterschätzung der grundrechtlichen Gehalte aussenwirtschaftlicher Vertragsnormen zum Ausdruck.

6 Die Stellung des WTO-Rechts in den USA

6.1 Einleitung

Die nachstehenden Ausführungen zum Status der GATT/WTO-Übereinkommen in den Vereinigten Staaten von Amerika bilden den ersten Teil eines rechtsvergleichenden Exkurses. Der zweite Teil, der einer Zusammenfassung der Rechtslage in der Europäischen Union gewidmet ist, folgt im nächsten Kapitel. Zweck dieses zweiteiligen Exkurses ist es, die Probleme rund um die Frage der unmittelbaren Anwendbarkeit der GATT/WTO-Übereinkommen an Beispielen aus anderen, aber vergleichsweise vertrauten Rechtsordnungen aufzuzeigen und damit die schweizerische Rechtspraxis in einen internationalen Kontext zu stellen.

Die Rechtslage in den USA mit bezug auf die unmittelbare Anwendbarkeit des WTO-Rechts soll hier nur überblickartig dargestellt werden. Schon der Hinweis auf die *Implementing legislation* zu den Abkommen der Uruguay-Runde würde eigentlich genügen, um klarzustellen, dass die WTO-Übereinkommen im landesrechtlichen Kontext der USA wie auch der Gliedstaaten formell einen schwachen Stand haben und insbesondere aufgrund gesetzlicher Anordnung nicht unmittelbar anwendbar sind. Vor diesem Hintergrund erübrigt sich eine einlässliche Darstellung des komplexen Verhältnisses von GATT/WTO-, U.S. und Gliedstaaten-Recht[532].

Wenn hier doch einige Überlegungen zur Rechtslage in den USA angestellt werden sollen, so vor allem deshalb, weil Aspekt der Reziprozität in der WTO handelspolitisch stark gewichtet wird[533] und die USA als die grösste Handelsmacht der Welt für zahlreiche andere Staaten eine wichtige Referenzgrösse darstellt. Dies gilt insbesondere

532 Vgl. dazu etwa BAAB, S. 118 ff.; BRAND, S. 560 ff.; HUDEC, Das GATT in der Rechtsordnung der Vereinigten Staaten von Amerika, S. 243 ff.; JACKSON, Jurisprudence, S. 195 ff.; LEEBRON, S. 175 ff.; SCHAEFER, U.S. States, Sub-Federal Rules, S. 525 ff.

533 Siehe unter 3.4.3.

für die EU[534], deren Rechtsprechung wiederum einigen Einfluss auf das schweizerische Bundesgericht haben dürfte. Im weiteren ist ein Blick auf die Rechtslage in den USA insoweit interessant, als der schweizerische Bundesstaat ja als „Schwesterrepublik" der Vereinigten Staaten von Amerika angesehen werden kann und die beiden Bundesstaaten auch mit Blick auf die hier interessierenden Fragen durchaus Parallelen und Ähnlichkeiten aufweisen.

6.2 Geltung und Anwendbarkeit von Staatsverträgen in den USA

6.2.1 Allgemeines

Es fällt schwer, das System der US-Verfassung mit Blick auf die landesrechtliche Geltung von Staatsverträgen grundsätzlich dem Monismus oder dem Dualismus zuzuordnen[535]. Die US-Verfassung weist nämlich neben monistischen auch dualistische Elemente auf, indem sie für unterschiedliche Staatsverträge verschiedene Verfahren der Integration in das Landesrecht vorsieht.

So sind vor dem Hintergrund der komplexen Kompetenzaufteilung zwischen dem Präsidenten und dem Kongress im Bereich der Aussenpolitik verschiedene Arten von Staatsverträgen auseinander zu halten, die je nach Sichtweise in drei oder fünf Kategorien unterteilt werden können und auch bezüglich ihrer landesrechtlichen Stellung Unterschiede aufweisen können[536].

Vorweg ist zu bemerken, dass auch in den USA der Grundsatz der völkerrechtskonformen Auslegung des Landesrechts gilt. Dies wird damit begründet, es dürfe nicht vermutet werden, der Kongress habe

534 EuGH, Rs. C-149/96, *Portugal/Rat*, Slg. 1999, S. I-8395 ff., Rn. 42 ff. (siehe unter 7.3.3); COTTIER/NADAKAVUKAREN, Relationship, S. 99; DREXL, Unmittelbare Anwendbarkeit, S. 825, Fn 13, und S. 834 f.; EECKHOUT, S. 48; PETERSMANN, National Constitutions, S. 44.

535 Zum Gegensatz von Monismus und Dualismus vgl. unter 2.3.2.

536 Vgl. zum Ganzen etwa HENKIN, S. 175 ff.; JACKSON, US Constitutional Law Principles, S. 70 ff.; DERS., Status, S. 320; DERS., Jurisprudence, S. 198; KELLER, Rezeption des Völkerrechts, S. 125 ff.; NOWAK/ROTUNDA, S. 229 ff.

durch seine legislativen Akte internationales Recht verletzen wollen, solange diese Vermutung nicht als zwingend erscheint[537].

6.2.2 „Treaties"

Die Verfassung der Vereinigten Staaten ermächtigt den Präsidenten zum Abschluss von Staatsverträgen, sogenannten *Treaties*, falls er dafür eine Genehmigung mit Zweidrittelsmehrheit im Senat erhält[538]. Diese Staatsverträge werden automatisch Teil des Landesrechts und gelten neben der Bundesverfassung und den Bundesgesetzen der USA als *„supreme Law of the Land"*; als solches gehen sie dem Recht der Gliedstaaten vor[539]. Sie sind unmittelbar anwendbar (in amerikanischer Terminologie *self-executing*), falls zu ihrer Umsetzung keine legislatorischen Schritte notwendig sind[540].

Die von den USA abgeschlossenen *Treaties* nehmen unter der *Supremacy clause* im Landesrecht denselben Rang ein wie die Bundesgesetze. Über das Rangverhältnis von Bundesgesetz und Staatsvertrag sagt die *Supremacy clause* ebenso wenig aus wie Art. 191 BV. Ein Normenkonflikt zwischen Bundesgesetz und Staatsvertrag ist zunächst auf dem Weg der völkerrechtskonformen Auslegung wo immer möglich zu vermeiden. Gelingt dies nicht, so gilt nach herrschender amerikanischer Rechtsprechung und Lehre, dass ein *Treaty* zwar einem älteren Bundesgesetz gegenüber vorgeht, das jüngere Bundesgesetz hingegen den Vorrang geniesst, auch wenn seine Anwendung zu Völkerrechtsverletzungen und damit zur völkerrechtlichen Verwantwortlichkeit der USA führt[541].

537 *Murray v. Schooner Charming Betsy*, US S.Ct. Reports, 2 Law Ed. (Cranch 2, 64, 1804); Restatement of the Law 3rd, Foreign Relations Law of the US, Sec. 114; NOWAK/ROTUNDA, S. 246; hinsichtlich des GATT vgl. etwa den unter 6.3.1.3 wiedergegebenen Entscheid *Federal Mogul Corp. v. United States.*

538 U.S.Const. Art. II, § 2, cl. 1.

539 U.S.Const. Art. VI, cl. 2, sogenannte *Supremacy clause*; NOWAK/ROTUNDA, S. 241 f.

540 *Foster v. Neilson*, 27 U.S. (2 Pet.) 253; NOWAK/ROTUNDA, S. 245 f.; vgl. unter 2.4.3.1.

541 *Whitney v. Robertson*, 27 U.S. (2 Pet.) 314; HENKIN, S. 209 ff.; NOWAK/ROTUNDA, S. 246.

6.2.3 „Executive Agreements"

Neben den *Treaties* gemäss Art. II, § 2, cl. 2 der Verfassung gibt es zahlreiche weitere Staatsverträge, sogenannte *Executive Agreements*, die sich auf vier Grundlagen stützen können. Erstens sind die Verträge zu nennen, welche der Präsident gestützt auf seine ausschliesslichen Kompetenzen, etwa als Oberbefehlshaber der Streitkräfte, ohne Zustimmung des Kongresses abschliessen kann. Zweitens kann der Präsident in bereits ratifizierten *Treaties* zum Abschluss von weiteren, näher bezeichneten Staatsverträgen ermächtigt werden. Drittens kann der Kongress seine Befugnisse mit einfachem Mehr in beiden Kammern an den Präsidenten delegieren und ihn so zum Abschluss von Staatsverträgen ermächtigen. Schliesslich kann die Genehmigung durch den Kongress, wiederum durch einfaches Mehr in beiden Kammern, auch nachträglich erfolgen[542]. Die beiden erstgenannten Verträgen werden auch als *„Sole Executive Agreements"*, die letztgenannten auch als *„Congressional-Executive Agreements"* bezeichnet[543].

Ob die verschiedenen *Executive Agreements* ohne weiteres landesrechtliche Geltung erlangen und welchen Rang sie gegebenenfalls im Gefüge des Landesrechts einnehmen, ist im einzelnen Gegenstand kontroverser Debatten und kann hier nicht ausführlich erörtert werden[544]. Einleuchtend ist aber, dass die beiden letztgenannten Verträge, also die *Congressional-Executive Agreements* grundsätzlich automatisch landesrechtliche Geltung und unmittelbare Anwendbarkeit erhalten, denn sie sind wesensgemäss immer *„executed by Congress"*[545].

Zwischen den Bundesgesetzen und den *Congressional-Executive Agreements* dürfte dasselbe Rangverhältnis herrschen wie zwischen Bundesgesetzen und Treaties (Vorrang der *lex posterior*)[546], denn schliesslich leiten beide Erlasse ihre Legitimation von der Zustimmung durch den Kongress ab[547].

542 HENKIN, S. 215 ff.; JACKSON, US Constitutional Law Principles, S. 73 f.; NOWAK/ROTUNDA, S. 247 f.

543 HENKIN, S. 215 ff.

544 NOWAK/ROTUNDA, S. 248 ff.

545 HENKIN, S. 217.

546 Vgl. unter 6.2.2.

547 HENKIN, S. 217.

6.3 Das GATT 1947 im Recht der USA

6.3.1 GATT und Bundesrecht

6.3.1.1 Allgemeines

Die verfassungsrechtliche Grundlage der US-Beteiligung am GATT 1947 ist nicht restlos klar. Am ehesten ist sie in der Delegation von Befugnissen des Kongresses an den Präsidenten zu sehen. Das GATT wurde 1947 bewusst weder dem Senat als *Treaty* noch beiden Kammern des Kongresses als *Congressional-Executive Agreement* vorgelegt[548]. Der Präsident stützte sich stattdessen auf die im Jahre 1945 ergänzte und auf drei Jahre befristete *Reciprocal Trade Agreements Act*, die ihn zum Abschluss von internationalen Handelsübereinkommen sowie zur Proklamation von entsprechend notwendigen Anpassungen des Landesrechts ermächtigte[549]. Daraus ist geschlossen worden, nur die Proklamation durch den Präsidenten sei in landesrechtliche Geltung erwachsen, nicht die von ihm unter der Act abgeschlossenen Übereinkommen selber[550]. Wie auch immer, die landesrechtliche Geltung des GATT 1947 (mit Ausnahme von Teil IV, der nicht proklamiert wurde) wurde in den USA weitgehend anerkannt[551].

Die zahlreichen Übereinkommen, die noch vor der Tokio-Runde das GATT ergänzten, sind in den USA auf unterschiedliche, im Verlaufe der Zeit mehrfach angepasste gesetzliche Grundlagen abgestützt worden, die hier jedoch nicht umfassend dargestellt werden können[552]. Festzuhalten bleibt, dass die Staatsverträge des GATT-Systems in ihrer grossen Mehrheit mittels Proklamation durch den Präsidenten

548 JACKSON, Jurisprudence, S. 199; KELLER, Rezeption des Völkerrechts, S. 375.

549 59 Stat. 410 (1945); vgl. dazu HUDEC, Das GATT in der Rechtsordnung der Vereinigten Staaten von Amerika, S. 256 ff.; JACKSON, Jurisprudence, S. 199 ff., 226.

550 HUDEC, Das GATT in der Rechtsordnung der Vereinigten Staaten von Amerika, S. 262 ff.

551 *United States v. Star Industries Inc.*, 462 F.2d 557 (Ct. of Customs and Patent Appeals, 1972); JACKSON, Jurisprudence, S. 225 ff.; Jackson, US Constitutional Law Principles, S. 81.

552 vgl. HENKIN, S. 226, Fn 185; HUDEC, Das GATT in der Rechtsordnung der Vereinigten Staaten von Amerika, S. 257; JACKSON, Jurisprudence, S. 220 ff.

(gestützt auf eine entsprechende Ermächtigung durch den Kongress) in die Rechtsordnung der Vereinigten Staaten überführt wurden[553].

Damit wäre eigentlich auch die unmittelbare Anwendbarkeit gegeben gewesen. Die Gerichtspraxis blieb diesbezüglich aber wenig aussagekräftig[554]. Auch eine etwaige unmittelbare Anwendbarkeit des GATT 1947 wäre indessen in praxi von nur sehr eingeschränkter Bedeutung gewesen, denn die *Grandfather clause* räumte vorbestehenden Bundesgesetzen Immunität gegenüber den Bestimmungen von Teil II (Art. III bis XXIII) des GATT ein[555], während die Verfassung der USA den nach Proklamation des Staatsvertrags erlassenen Bundesgesetzen den Anwendungsvorrang in der Rechtsordnung der Vereinigten Staaten sichert[556].

6.3.1.2 1979 Trade Agreements Act

Die soeben angesprochenen Unklarheiten wurden dann nach Abschluss der Tokio-Runde 1979 durch die *Trade Agreements Act* beseitigt, mittels welcher die Übereinkommen der Tokio-Runde genehmigt und in das Landesrecht umgesetzt wurden[557]. Darin wurde die Tragweite der möglicherweise unmittelbaren Anwendbarkeit dieser Übereinkommen explizit eingeschränkt. Es wurde nämlich festgehalten, dass keine Bestimmung dieser Übereinkommen zur Anwendung gelangen sollte, soweit sie sich nicht in Übereinstimmung mit den Gesetzen der USA (gemeint waren Bundesgesetze) befinde[558]. Dadurch

553 vgl. die ausführliche Aufstellung der Proklamationen bei JACKSON, GATT in U.S. Domestic Law, Appendix C, S. 320 ff.; JACKSON, World Trade and the Law of GATT, S. 107; JACKSON, Restructuring the GATT System, S. 31; SCHAEFER, U.S. States, Sub-Federal Rules, S. 531.

554 BRAND, S. 562 ff.; JACKSON, US Constitutional Law Principles, S. 81; KELLER, Rezeption des Völkerrechts, S. 376 ff.

555 Siehe oben 3.2.; JACKSON, Jurisprudence, S. 238 ff.

556 *Suramerica de Aleaciones Laminadas, C.A. v. United States*, 966 F.2d 660 (Fed. Cir. 1992); *Mississippi Poultry Association v. Madigan*, 992 F.2d 1359, 1366 (5th Cir. 1993). HUDEC, Das GATT in der Rechtsordnung der Vereinigten Staaten von Amerika, S. 274 ff.; JACKSON, Jurisprudence, S. 236 ff.; SCHAEFER, U.S. States, Sub-Federal Rules, S. 532.

557 HUDEC, Das GATT in der Rechtsordnung der Vereinigten Staaten von Amerika, S. 281 ff.; KELLER, Rezeption des Völkerrechts, S. 378 f.

558 „UNITED STATES STATUTES TO PREVAIL IN CONFLICT. – No provision of any trade agreement approved by the Congress under section 2(a), nor the application of any such provision to any person or circumstance, which is in conflict with any statute of the United States shall be given effect under the laws of the United States.“ Trade Agreements Act of 1979, Sec. 3 (a), 19 USCA § 2504 (a), P.L. 96-39.

wurde ein umfassender Vorrang der Bundesgesetzgebung über die Übereinkommen der Tokio-Runde statuiert. Zudem wurde klargestellt, dass Einzelpersonen aus den Übereinkommen nur insoweit prozedurale Rechte ableiten dürften, als dies in der Umsetzungsgesetzgebung ausdrücklich vorgesehen sei[559].

Die Formulierung der *Trade Agreements Act* lässt bereits tiefgreifende Skepsis gegenüber möglichen landesrechtlichen Auswirkungen der genannten Übereinkommen erkennen. Sie diente denn auch als Vorbild für die Umsetzungsgesetzgebung zu den Übereinkommen der Uruguay-Runde[560].

6.3.1.3 Judikatur

Vom schwachen Stand des GATT 1947 in den USA zeugen auch drei Entscheidungen aus den frühen neunziger Jahren, die im folgenden zur Illustration kurz dargestellt werden. In allen drei Entscheiden geht es im wesentlichen um die GATT-konforme Auslegung des Landesrechts. Die Frage der unmittelbaren Anwendbarkeit an sich wurde nicht thematisiert. Dies macht auch Sinn, denn soweit Bundesrecht ohnehin vorgeht – sei es unter der *Grandfather clause*, der lex posterior-Regel oder unter der *Trade Agreements Act* von 1979 – verbleibt die Auslegung desselben als einzige Möglichkeit, das GATT doch noch mitzuberücksichtigen.

In *Suramerica de Aleaciones Laminadas*[561] stand die richterliche Überprüfung von Ergebnissen einer Antidumping-Untersuchung an, die das Department of Commerce und die International Trade Commission zum Schutz der heimischen Industrie gegen angeblich illegal subventionierte Aluminium-Importe aus Venezuela durchgeführt hatten. Der Court of International Trade hatte die Beschlüsse der Verwaltungsbehörden aufgehoben, weil die Untersuchung nicht namens („on behalf of") der heimischen Industrie im Sinne des Gesetzes verlangt

---

Vgl. dazu den Entscheid *Fundicao Tupy S.A. v. The United States*, 678 Fed Supp. 898, 902 (Ct. Int'l Trade); BRAND, S. 568 f.; HENKIN, S. 217 f.

559 „UNSPECIFIED PRIVATE REMEDIES NOT CREATED.-Neither the entry into force with respect to the United States of any agreement approved under section 2(a), nor the enactment of this Act, shall be construed as creating any private right of action or remedy for which provision is not explicitly made under this Act or under the laws of the United States." Trade Agreements Act of 1979, Sec. 3 (f), 19 USCA § 2504 (a), P.L. 96-39.

560 Siehe dazu unter 6.4.2.

561 *Suramerica de Aleaciones Laminadas, C.A. v. United States*, 966 F.2d 660 (Fed. Cir. 1992).

worden seien. Daraufhin gelangten die U.S. International Trade Commission sowie ein einheimischer Produzent an den U.S. Court of Appeals.

Das Gericht hiess die Appellation gut. Das Argument der Appellationsgegner, die Auslegung der Wendung „on behalf of" durch das Department of Commerce widerspreche dem GATT, wies das Gericht zurück: „... even if we were convinced that Commerce's interpretation conflicts with the GATT, which we are not, the GATT is not controlling. While we acknowledge Congress's interest in complying with U.S. responsibilities under the GATT, we are bound not by what we think Congress should or perhaps wanted to do, but by what Congress in fact did. The GATT does not trump domestic legislation; if the statutory provisions at issue here are inconsistent with the GATT, it is a matter for Congress and not this court to decide and remedy."[562]

Auffällig an diesem Entscheid ist m.E. die kategorische Art, mit welcher sich das Gericht einer völkerrechtskonformen Auslegung der Wendung „on behalf of" verweigerte. Dies, nachdem es zuvor noch festgehalten hatte, das Gesetz lasse einen grossen Auslegungsspielraum offen[563].

Noch weiter ging der etwa ein Jahr später ergangene Entscheid *Mississippi Poultry Association*[564], in dem es ebenfalls um die Auslegung eines Bundesgesetzes ging. Die fragliche Gesetzesnorm hielt fest, der Import von ausländischen Geflügelprodukten sei nur zulässig, soweit diese Produkte denselben („the same") Kontrollstandards unterlägen wie inländische Produkte. Die involvierten Exekutivbehörden legten die Wendung „the same" im Sinne von „at least equal to" aus, unter anderem mit der Begründung, eine andere Auslegung würde zu einer Verletzung des GATT und somit des Völkerrechts führen, was nicht als Wille des Kongresses vermutet werden dürfe. Das Gericht wies zunächst unter ausdrücklichem Hinweis auf *Suramericana de Aleaciones* eine Verpflichtung zur völkerrechtskonformen Auslegung zurück, denn der Worlaut des Gesetzes sei eindeutig[565].

Das Gericht ging indessen noch weiter, indem es deutlich zum Ausdruck brachte, es erachte das GATT nicht als Teil des relevanten Völkerrechts: „The Agency directs our attention to no supporting authority for its contention that the GATT – or for that matter any multi-

562 a.a.O, S. 667 f.

563 a.a.O., S. 665.

564 *Mississippi Poultry Association Inc., et al. v. Edward R. Madigan, Secretary of the U.S. Department of Agriculture, et al.*, 992 F.2d 1359 (5th Cir. 1993).

565 a.a.O., S. 1365 f.

lateral trade agreement – falls under the rubric of ‚the law of nations'; and again we have been unable to find any"[566].

Es fällt schwer, das zitierte Urteil anders aufzufassen denn als Bestreitung des völkerrechtlichen Charakters des GATT an sich, selbst wenn die Fussnote zu den hier wiedergegebenen Ausführungen so zu interpretieren wäre, dass das Gericht entsprechend der unter amerikanischen Gerichten verbreiteten Terminologie unter „the law of nations" ausschliesslich Völkergewohnheitsrecht verstehe[567].

In *Federal Mogul Corp. v. United States* demgegenüber entschied der United States Court of Appeals, Federal Circuit, zu Gunsten einer GATT-konformen Auslegung des Landesrechts[568]. Im Mittelpunkt dieses Antidumping-Rechtsstreits stand die Frage, wie Steuererleichterungen für Exportgüter im Herkunftsland, diesfalls Japan, in der Bemessung der Dumpingspanne berücksichtigt werden sollten. Das Gericht befand, die U.S.-Regeln betreffend Berechnung der Dumping-Spanne könnten und müssten in Übereinstimmung mit Art. VI Abs. 4 GATT und Art. 2.6 des Antidumping-Codes von 1979 dergestalt ausgelegt werden, dass die Mehrwertsteuerbefreiung von exportbestimmten Gütern im Herkunftsland nicht als Dumping gelte: „GATT agreements are international obligations, and absent express Congressional language to the contrary, statutes should not be interpreted to conflict with international obligations."[569] Hier wurde also, anders als im Entscheid *Mississippi Poultry Association*, der Grundsatz der GATT-konformen Auslegung ausdrücklich anerkannt. Es gab indessen auch keinerlei Anzeichen dafür, dass der Kongress eine völkerrechtswidrige Lösung bevorzugt hätte[570].

Diese stark divergierenden Urteile sind ein gutes Beispiel dafür, wie sehr das Konzept der völkerrechtskonformen Auslegung vom Selbstverständnis des mit der Angelegenheit befassten Gerichts abhängig ist, und wie wenig Rechtssicherheit und Verlässlichkeit diese Doktrin den Rechtssuchenden letztlich zu bieten vermag.

566 a.a.O., S, 1367.

567 a.a.O., Fn 45: „Certainly the Agency cannot contend that the FTA or the Uruguay Round negotiations qualify as ‚the law of nations.' The FTA is a bilateral agreement, involving only the United States and Canada. The Uruguay Round negotiations, on the other hand, cannot bind the United States as there is no final result."

568 *Federal Mogul Corp. v. United States,* 63 F.3d 1572 (Fed. Cir. 1995); vgl. LEEBRON, S. 218, Fn 161.

569 a.a.O., S. 1581.

570 Tariff Act of 1930, Sec. 772 (d) (1) (C), 19 USC § 1677a(d) (1988).

6.3.2 GATT 1947 und State law

Anders als im Verhältnis zwischen GATT und Bundesrecht verhielt es sich zwischen GATT und dem Recht der Gliedstaaten. Einerseits erhielten die GATT/MTN-Übereinkommen, soweit sie durch den Präsidenten proklamiert worden wurden, den Status von Bundesrecht und gingen somit unter der *Supremacy clause* dem Recht der Gliedstaaten vor[571]. Zudem kam das Recht der Gliedstaaten nicht in den Genuss der *Grandfather clause*, da sich diese nur auf Bundesrecht bezog[572]. Schliesslich führte auch die Auslegung der *local government clause* (Art. XXIV Abs. 12 GATT) nicht zum Resultat, dass die Gliedstaaten nicht vom GATT erfasst gewesen wären und es der Bundesregierung nicht hätte möglich sein sollen, autoritativ für dessen Durchsetzung zu sorgen[573].

Im Ergebnis war somit das GATT anfänglich, soweit proklamiert, für die Gliedstaaten unmittelbar anwendbares, vorrangiges Bundesrecht, was auch in der Gerichtspraxis der Gliedstaaten vereinzelt seine Bestätigung fand[574].

Diese Aussage gilt indessen nicht hinsichtlich der Übereinkommen der Tokio-Runde. Die Beschränkung von deren Invokabilität in Sec. 3(f) schützte nämlich auch das Recht der Gliedstaaten vor Anfechtung durch den Einzelnen wegen Unvereinbarkeit mit dem GATT[575].

6.4 GATT 1994 und WTO im Recht der USA

6.4.1 Einleitung

Die Genehmigung der Resultate der Uruguay-Runde löste in den USA, wie andernorts auch, angesichts der definitven Anwendung des GATT, der Gründung der WTO mit all ihren institutionellen Konse-

571 U.S.Const. Art. VI, cl. 2; HENKIN, S. 217; JACKSON, Jurisprudence, S. 241 ff.; SCHAEFER, U.S. States, Sub-Federal Rules, S. 532.

572 JACKSON, Jurisprudence, S. 241 ff.

573 JACKSON, Jurisprudence, S. 245 ff.; SCHAEFER, S. 527 ff.

574 JACKSON, Jurisprudence, S. 255; SCHAEFER, U.S. States, Sub-Federal Rules, S. 531. Für Hinweise auf die Rechtsprechung siehe SCHAEFER, Private Remedies, S. 635 f.

575 SCHAEFER, Private Remedies, S. 636 f.

quenzen (insbesondere dem DSU), dem Dahinfallen der *Grandfather clause* sowie der beachtlichen Ausweitung des materiellen Anwendungsbereiches der Übereinkommen intensive Souveränitätsdebatten aus[576].

Die *Uruguay Round Agreements Act* von 1994[577] ist als Resultat dieser Debatten und der darin geäusserten Bedenken zu sehen. Im wesentlichen ist festzuhalten, dass die URAA bemüht ist, sämtliche denkbaren Einwirkungen der Übereinkommen der Uruguay-Runde auf die Rechtsordnung USA soweit möglich auszuschliessen oder einzuschränken. Derartige Bemühungen sind im übrigen nicht neu. Bereits die *Trade Agreements Act* von 1979 zur Umsetzung der Übereinkommen der Tokio-Runde enthielt eine Bestimmung, die in dieselbe Richtung zielte[578]. Sie sind im weiteren auch nicht als ein handelsrechtsspezifisches Phänomen zu sehen. So hat sich die USA bereits im Zusammenhang mit der Ratifikation der UNO-Menschenrechtspakte einer ähnlichen Technik bedient[579].

6.4.2 Die Uruguay Round Agreements Act von 1994

Der US-Kongress hat in Sec. 101 (a) (1) der URAA die Übereinkommen der Uruguay-Runde genehmigt. Es handelt sich bei diesen Abkommen folglich nicht um *Treaties*, sondern um *Congressional-executive Agreements*. Die URAA ermächtigt den Präsidenten in Sec. 101 (b), die Ratifikation der Übereinkommen zu erklären.

Nach den allgemeinen Regeln für *Congressional-Executive Agreements* wäre davon auszugehen, dass auch den Übereinkommen der Uruguay-Runde landesrechtliche Geltung zukommt[580]. Dies ist in diesem besonderen Fall jedoch fraglich, denn die URAA ermächtigt den Präsidenten nicht, die Übereinkommen als Bestandteil des Rechts der USA zu proklamieren. Ganz im Gegenteil wird sogar – wie bereits in der *Trade Agreements Act* von 1979[581] – ausdrücklich festgehalten, dass keiner Vorschrift der Abkommen, die im Widerspruch zu Bun-

576 JACKSON, Jurisprudence, S. 367 ff.; LEEBRON, S. 209 ff.

577 *Uruguay Round Agreements Act* vom 8. Dezember 1994 (URAA), 19 USC 3501 ff., P.L. 103-465, vgl. dazu etwa KELLER, Rezeption des Völkerrechts, S. 379 ff.; LEEBRON, S. 202 ff.

578 Vgl. unter 6.3.1.2.

579 MÜLLER/WILDHABER, S. 191.

580 Vgl. unter 6.2.3.

581 Vgl. unter 6.3.1.2.

desrecht steht, Anwendbarkeit im Landesrecht zukommen soll[582]. Ob damit bereits die landesrechtliche Geltung der Übereinkommen oder lediglich deren Anwendbarkeit eingeschränkt wird, ist eine akademische Frage. Entscheidend ist, dass das Landesrecht regelrecht gegen jeglichen Einfluss seitens des WTO-Rechts immunisiert wird.

Anders als unter dem GATT 1947 und der *Trade Agreements Act* von 1979 wird zudem auch das Recht der Gliedstaaten pauschal gegen Herausforderungen durch die WTO-Übereinkommen geschützt. Einzige Ausnahme ist der Fall einer Klage der Bundesregierung gegen einen Gliedstaat[583].

Schliesslich thematisiert die URAA auch die Frage der unmittelbaren Anwendbarkeit und prozeduralen Rechte privater Parteien ausdrücklich, indem diese vollständig ausgeschlossen werden[584]. Die URAA geht damit in diesem Punkt weiter als die Trade Agreements Act von 1979. Somit ist die hier interessierende Frage nach der unmittelbaren Anwendbarkeit des WTO-Rechts in den USA – und zwar sowohl hinsichtlich der Bundes- wie auch der gliedstaatlichen oder gar der County-Ebene – für absehbare Zeit im negativen Sinne entschieden.

Die URAA geht indessen noch einen Schritt weiter und schränkt auch die staatsvertragskonforme Auslegung des Landesrechts wesentlich ein, indem sie vorschreibt, sie dürfe nicht in dem Sinne ausgelegt werden, als solle irgendein Bundesgesetz ergänzt oder abgeändert werden[585]. Zudem wurde das *Statement of administrative action*[586],

582 „No provision of any of the Uruguay Round Agreements, nor the application of any such provision to any person or circumstance, that is inconsistent with any law of the United States shall have effect." URAA, Sec. 102 (a) (1).

583 „No State law, or the application of such a State law, may be declared invalid as to any person or circumstance on the ground that the provision or application is inconsistent with any of the Uruguay Round Agreements, except in an action brought by the United States for the purpose of declaring such law or application invalid." URAA, Sec. 102 (b) (2) (A). BRAND, S. 570; SCHAEFER, Private Remedies, S. 636 ff.

584 „No person other than the United States – (A) shall have any cause of action or defense under any of the Uruguay Round Agreements or by virtue of congressional approval of such an agreement, or (B) may challenge, in any action brought under any provision of law, any action or inaction by any departement, agency, or other instrumentality of the United States, any State, or any political subdivision of a State on the ground that such action or inaction is inconsistent with such agreement." URAA Sec. 102 (c) (1).

585 „Nothing in this Act shall be construed – (A) to amend or modify any law of the United States..." URAA Sec. 102 (a) (2) (A); LEEBRON, S. 213.

586 Abgedruckt in P.L. 103-465, S. 656 ff.

etwa vergleichbar mit einer Botschaft des Bundesrates, per Gesetz als verbindlicher Ausdruck der gültigen Auslegung und Anwendung der Übereinkommen sowie des Gesetzes selbst bezeichnet[587]. Dies dürfte den Raum für eine völkerrechtskonforme Auslegung von Gesetzen wesentlich einschränken[588].

6.5 Zusammenfassung

Zusammenfassend kann festgehalten werden, dass die politische Bedeutung der Uruguay-Runde mit all ihren innenpolitischen Implikationen in den USA zu einer äusserst restriktiven *Implementing Legislation* geführt hat. Die *Uruguay Round Agreements Act* ist geprägt vom Bestreben, die US-Rechtsordnung soweit irgend möglich von Einflüssen seitens des WTO-Rechts abzuschirmen. Sie schliesst die unmittelbare Anwendbarkeit der WTO-Übereinkommen explizit aus.

Das Resultat dieser politischen Weichenstellung stimmt mit Blick auf die Stellung völkerrechtlicher Verträge im Recht der USA nicht mit den traditionell starken monistischen und völkerrechtsfreundlichen Grundsätzen überein. Es muss in diesem Sinn als ein Zugeständnis des Verfassungsrechts – jedenfalls seiner herkömmlichen Regeln, wie sie sich in einer jahrhundertelangen Tradition entwickelt haben – zu Gunsten innenpolitischer, weitgehend protektionistischer Befindlichkeiten gewertet werden.

587 „The statement of administrative action approved by the Congress under section 101 (a) shall be regarded as an authoritative expression by the United States concerning the interpretation and application of the Uruguay Round Agreements and this Act in any judicial proceeding in which a question arises concerning such interpretation or application.“ URAA Sec. 102 (d).

588 LEEBRON, S. 218.

7 Die Stellung des WTO-Rechts in der EG

7.1 Grundlagen zum Verhältnis von EG und WTO

7.1.1 Einleitung

Das Beziehungsdreieck von nationalem, EG- und WTO-Recht ist ausserordentlich komplex und hat in der Judikatur und Literatur zu zahlreichen Auseinandersetzungen Anlass gegeben[589]. Diese können hier nur insoweit gestreift werden, als dies für eine Gegenüberstellung mit den schweizerischen Verhältnissen notwendig und hilfreich ist.

Nicht gerade hilfreich ist die unterschiedliche Terminologie im Deutschen einerseits und im Englischen und Französischen andererseits, wo die Begriffe *direct applicability* resp. *applicabilité directe* für unmittelbare Geltung stehen. Unmittelbare Anwendbarkeit demgegenüber wird als *direct effect* oder *effet direct* bezeichnet[590]. Um Missverständnisse zu vermeiden, wird im folgenden für den Begriff der unmittelbaren Anwendbarkeit im EG-Kontext die englische Bezeichnung *direct effect* verwendet.

589 EuGH, Gutachten 1/94, *WTO-Abkommen*, Slg. 1994, I, S. 5267 ff., sowie die unter 7.2 und 7.3 besprochene Judikatur. Aus der Literatur vgl. BERKEY, S. 626 ff.; Bourgeois, S. 81 ff.; BREITENMOSER/HUSHEER, S. 685 ff.; CRAIG/DE BURCA, S. 193 ff.; DE BROCA, S. 1145 ff.; DE BURCA/SCOTT, S. 1 ff.; DREXL, S. 822 ff.; EECKHOUT, S. 11 ff.; HERDEGEN, Europarecht, S. 360 ff.; HILPOLD, S. 172 ff.; HILF, The Role of National Courts, S. 335 ff.; HILF/SCHORKOPF, S. 74 ff.; HUMMER/SIMMA/VEDDER, S. 554 ff.; HYETT, S. 91 ff.; KELLER, Rezeption des Völkerrechts, S. 461 ff.; KILIAN, S. 72 ff.; KUILWIJK, S. 122 ff.; LANGER, S. 127 ff.; LEE/KENNEDY, S. 67 ff.; MAUDERER, S. 66 ff.; MENG, S. 1063 ff.; NAGEL, S. 295 ff.; OPPERMANN, Europarecht, S. 737 f., 780 ff.; DERS., Die Europäische Gemeinschaft und Union, S. 919 ff.; OTT, S. 47 ff.; STOLL, S. 122 ff.; VON BOGDANDY/MAKATSCH, S. 261 ff.

590 vgl. nur CRAIG/DE BURCA, S. 178 ff.; ISAAC, S. 1 ff.; KUILWIJK, S. 79 ff., 106 ff.

7.1.2 Die EG als WTO-Mitglied

Die Stellung der EG im GATT 1947 war rechtlich nicht eindeutig. Zwar wurde die Gemeinschaft nicht formell Mitglied des alten GATT, sie erwarb aber in der Praxis eine Art *de facto*-Mitgliedschaft, indem sie im Laufe der Zeit nahezu alle Rechte und Pflichten ihrer Mitgliedstaaten ausübte[591].

Mit der Gründung der WTO im Jahre 1994 wurde der rechtliche Status der EG im Rahmen der Welthandelsorganisation geklärt; die Gemeinschaft wurde formell als Mitglied aufgenommen – neben ihren Mitgliedstaaten, deren Stimmrechte sie gebündelt ausübt, ohne über eine eigene, 16. Stimme zu verfügen[592].

7.1.3 Das WTO-Recht und die Kompetenzordnung in der EG

Die gemeinschaftsrechtliche Erfassung des GATT 1947 war verhältnismässig unproblematisch, da sich das alte GATT im wesentlichen auf den Warenhandel beschränkte, für den der Gemeinschaft gemäss Art. 133 EGV (Art. 113 EGV a.F.)[593] eine ausschliessliche Kompetenz zusteht. Aus diesem Grund war es denn auch nicht erstaunlich, dass die Gemeinschaft die Rechte ihrer Mitglieder im Rahmen des GATT weitgehend unangefochten ausüben konnte[594].

Mit der Ausweitung des Tätigkeitsbereichs der WTO gegenüber dem GATT 1947 stellten sich innerhalb der EG jedoch Probleme der Kompetenzverteilung zwischen der Kommission und den Mitgliedstaaten. Letztere gingen davon aus, eine ausschliessliche Gemeinschaftszuständigkeit bestünde zwar für den Bereich des GATT 1994, die übrigen Abkommen hingegen, insbesondere das GATS und das

591 DE BROCA, S. 1145; HERDEGEN, Europarecht, S. 360; HILPOLD, S. 51 ff.; MAUDERER, S. 66 ff.; PETERSMANN, Die EWG als GATT-Mitglied, S. 119 ff.; OTT, S. 111 f.

592 Art. IX Abs. 1, Art. XI Abs. 1 und Art. XIV Abs. 1 des WTO-Übereinkommens; Beschluss 94/800/EG des Rates vom 22. Dezember 1994 (ABl. 1994, Nr. L 336, S. 1 ff.); BEISE, S. 174 ff.; DE BROCA, S. 1145 f.; MAUDERER, S. 67 ff.

593 Sämtliche Artikel des EGV werden in der konsolidierten Fassung mit den Änderungen durch den Vertrag von Amsterdam vom 2. Oktober 1997 angegeben. Die Artikel alter Fassung werden wo sinnvoll in Klammern beigefügt.

594 HILPOLD, S. 51 ff.; MAUDERER, S. 70 f.; OTT, S. 111 f.; PETERSMANN, Die EWG als GATT-Mitglied, S. 119 ff.

TRIPS, fielen in die geteilte Zuständigkeit von Gemeinschaft und Mitgliedstaaten[595].

Demgegenüber vertrat die Kommission – vor allem gestützt auf Art. 133 EGV (Art. 113 EGV a.F.) – den Standpunkt, die Gemeinschaft sei für den gesamten Komplex der WTO-Abkommen ausschliesslich zuständig, da der Begriff der gemeinsamen Handelspolitik weit auszulegen sei. Hilfsweise führte die Kommission als weitere Kompetenzgrundlagen unter anderem die Vertragsbestimmungen über die interne Regelung der vom GATS und TRIPS betroffenen Bereiche sowie die impliziten Aussenkompetenzen der Gemeinschaft[596] ins Feld[597].

Der Kompetenzkonflikt musste schliesslich auf Begehren der Kommission vom EuGH durch ein Gutachten im Sinne von Art. 300 Abs. 6 EGV (Art. 228 Abs. 6 EGV a.F.) entschieden werden. Der EuGH nahm für den Abschluss des GATT 1994 sowie der multinationalen Handelsübereinkünfte eine ausschliessliche Gemeinschaftskompetenz gestütz auf Art. 133 EGV (Art. 113 EGV a.F.) an. Demgegenüber hielt er fest, für bestimmte vom GATS und vom TRIPS betroffene Bereiche bestehe keine ausschliessliche Kompetenz der Gemeinschaft, so dass diese Abkommen als gemischte Abkommen abzuschliessen seien und Mitgliedstaaten und Gemeinschaftsorgane zu einer engen Zusammenarbeit verpflichtet seien[598].

Inzwischen ist Art. 133 EGV um einen Abs. 5 erweitert worden, wonach der Rat auf Vorschlag der Kommission und nach Anhörung des Europäischen Parlaments durch einstimmigen Beschluss internationale Verhandlungen und Übereinkünfte über Dienstleistungen und Rechte des geistigen Eigentums den Regeln der ausschliesslichen Aussenkompetenz der Gemeinschaft im Bereich der gemeinsamen Handelspolitik (Art. 133 Abs. 1-4 EGV) unterstellen kann, soweit sie durch diese Absätze noch nicht erfasst sind[599]. Diese Befugnis zur Kompetenzausweitung wird durch neue Bestimmungen im Vertrag

595 BEISE, S. 175; MAUDERER, S. 72, OTT, S. 200 f.

596 Vgl. dazu EuGH, Rs. 22/70, *AETR*, Slg. 1971, S. 263 ff. und EuGH, verb. Rs. 3, 4 und 6/76, *Kramer*, Slg. 1976, S. 1279 ff. sowie das Gutachten 1/76, *Stillegungsfonds für die Binnenschiffahrt*, Slg. 1977, S. 741 ff.

597 BEISE, S. 175; MAUDERER, S. 71 f.; OTT, S. 200 f.

598 EuGH, Gutachten 1/94, *WTO-Abkommen*, Slg. 1994, S. I-5267 ff.; MAUDERER, S. 72 ff.; NAGEL, S. 296; OPPERMANN, Europarecht, S. 737 f.; DERS., Die EU in der WTO, S. 927, OTT, S. 200 ff.

599 MAUDERER, S. 87 f., die indessen den Standpunkt vertritt, die Kompetenz zum Abschluss völkerrechtlicher Verträge könne gestützt auf diesen Absatz nicht delegiert werden. Anders offenbar OPPERMANN, Europarecht, S. 734 f.

von Nizza wieder eingeschränkt. Der neue Art. 133 Abs. 6 EGV behält für „Abkommen im Bereich des Handels mit kulturellen und audiovisuellen Dienstleistungen, Dienstleistungen im Bereich Bildung sowie in den Bereichen Soziales und Gesundheitswesen“ die Zustimmung durch die Mitgliedstaaten ausdrücklich vor.

Die komplizierte kompetenzrechtliche Ausgangslage gilt es hinsichtlich der Rechtsprechung des EuGH zur Frage der unmittelbaren Anwendbarkeit des WTO-Rechts im Auge zu behalten. Inwieweit der EuGH als Gemeinschaftsorgan dem Bürger Rechtsschutz gewähren soll, ist nämlich sehr oft auch eine Frage der Kompetenzabgrenzung zwischen Gemeinschaft und Mitgliedstaaten. Eine Überprüfung (national)staatlicher Akte auf ihre TRIPS-Konformität etwa wäre somit zum vornherein nur denkbar, wenn TRIPS-Bestimmungen angerufen würden, für welche die Gemeinschaft zuständig ist. Steht hingegen eine Norm im Raum, in deren Bereich die Mitgliedstaaten zuständig sind, so wäre eine entsprechende Klage an deren Gerichte zu richten.

7.1.4 Geltung, Anwendbarkeit und Rang völkerrechtlicher Verträge im Gemeinschaftsrecht

7.1.4.1 Verbindlichkeit und Geltung

Die von der EG in ihrem ausschliesslichen Zuständigkeitsbereich abgeschlossenen völkerrechtlichen Verträge sind gemäss Art. 300 Abs. 7 EGV (Art. 228 Abs. 7 EGV a.F.) für die Gemeinschaft wie auch für ihre Mitgliedstaaten verbindlich. Dies gilt zunächst, als völkerrechtliche Selbstverständlichkeit *(„pacta sunt servanda“)*, im Aussenverhältnis[600]. Der eigentliche Regelungsgehalt von Art. 300 Abs. 7 EGV bezieht sich jedoch auf Geltung und Rang der Verträge im Gemeinschaftsrecht selbst und besagt, dass die von der Gemeinschaft geschlossenen Verträge integrierender Bestandteil der Gemeinschaftsrechtsordnung sind[601] und Vorrang haben gegenüber von Normen des Sekundärrechts[602].

600 Art. 26 WVRK.

601 Zur Monismus-Dualismus-Debatte in der EG vgl. MAUDERER, S. 104 ff., m.w.H.

602 EuGH, verb. Rs. 21 bis 24/72, *International Fruit Company*, Slg. 1972, S. 1219 ff., Rn 5 ff.; EPINEY, Zur Stellung des Völkerrechts in der EU, S. 7 f.; HERDEGEN, Europarecht, S. 359; MAUDERER, S. 109 f.; OPPERMANN, Europarecht, S. 741 f.; OTT, S. 73 f.

Ein Mitgliedstaat sieht sich also nicht nur dem Gemeinschaftsrecht, sondern auch den von der Gemeinschaft abgeschlossenen Abkommen gegenüber verpflichtet. Aus diesem Grund haben die Mitgliedstaaten auch das Recht, Unvereinbarkeiten zwischen dem EG-Recht und einem von der Gemeinschaft abgeschlossenen Abkommen mittels Nichtkeitsklage gemäss Art. 230 Abs. 1 f. EGV vor dem EuGH zu rügen[603].

Das Recht der Europäischen Gemeinschaft entfaltet gemäss ständiger Rechtsprechung des EuGH im gesamten Rechtsraum der EG einheitliche und unmittelbare Geltung. Dies gilt auch für Abkommen, welche die Gemeinschaft in ihrem Zuständigkeitsbereich abschliesst[604].

7.1.4.2 Direct effect und Anwendungsvorrang

Das Gemeinschaftsrecht entfaltet im weiteren einen sogenannten *direct effect*, d.h. unmittelbare Anwendbarkeit im Sinne der schweizerischen Terminologie. Die Rechtsfigur des *direct efffect* war und ist Gegenstand ausführlicher Debatten im Europarecht, die hier nicht ein einzelnen nachgezeichnet werden können[605].

Der EuGH hat die Doktrin des *direct effect* in seinem berühmten Entscheid *van Gend en Loos* vom 5. Februar 1963 begründet, und zwar zunächst mit bezug auf das Primärrecht der Gemeinschaft, d.h. die Gründungsverträge. Er hat festgehalten, dass die Normen der Gründungsverträge von Einzelpersonen vor den Gerichten eines Mitgliedstaates direkt angerufen werden können, soweit sie der Sache nach abschliessend und vollständig sind und zu ihrer Anwendbarkeit keiner weiteren Ausführungsakte bedürfen[606].

Diese Doktrin wurde im folgenden auch auf Normen des Sekundärrechts ausgeweitet und gilt inzwischen, mit wichtigen Differenzie-

603 OPPERMANN, Europarecht, S. 279 ff. Dass dies bezüglich des GATT keine Selbstverständlichkeit ist, zeigt der „Bananen"-Entscheid des EuGH, vgl. unter 7.2.4.

604 Art. 300 Abs. 7 EGV; BREITENMOSER/HUSHEER, S. 599; CRAIG/DE BURCA, S. 193 ff.; HILPOLD, S. 181 f.; MAUDERER, S. 109 f.

605 vgl. CRAIG/DE BURCA, S. 178 ff.; ELEFTHERIADIS, S. 205 ff.; PESCATORE, S. 155 ff.; PRECHAL, S. 1047 ff., WINTER, S. 425 ff.

606 EuGH, Rs. 26/62, *van Gend & Loos*, Slg. 1963, S. 1 ff.; CRAIG/DE BURCA, S. 182 ff.; OPPERMANN, Europarecht, S. 234 ff.; PESCATORE, S. 155 ff.

rungen, auch für Verordnungen, Richtlinien[607] und die von der Gemeinschaft abgeschlossenen Abkommen[608].

Das Gemeinschaftsrecht beansprucht darüber hinaus einen Anwendungsvorrang gegenüber dem Recht der Mitgliedstaaten, gleichgültig welcher Stufe und welchen Datums dieses auch sei[609].

Die Charakteristika der unmittelbaren Anwendbarkeit und des Anwendungsvorrangs gelten bei gegebenen Voraussetzungen auch für die von der Gemeinschaft abgeschlossenen Abkommen, da diese integrierende Bestandteile des Gemeinschaftsrechts darstellen. Ähnlich wie in der Schweiz ist danach zu fragen, ob diese Normen für eine unmittelbare Anwendung geeignet, insbesondere hinreichend bestimmt sind[610]. Dies ist nachfolgend bezüglich des GATT und der WTO-Übereinkommen näher zu untersuchen. Ausgangspunkt der Erörterung bildet die Rechtsprechung des EuGH.

7.2 Die Rechtsprechung des EuGH zum GATT 1947

7.2.1 Einleitung

Der EuGH verneinte die unmittelbare Anwendbarkeit des GATT 1947 durchgängig. Es sollen im folgenden nur die wichtigsten Entscheide

607 Bei den Richtlinien tritt neben der Vollständigkeit und Justiziabilität als weiteres Kriterium die Säumigkeit des (nationalen) Umsetzungsgesetzgebers hinzu, vgl. EuGH, Rs. 33/70, *Spa SACE*, Slg. 1970, S. 1213 ff.; OPPERMANN, Europarecht, S. 212 f.

608 Vgl. etwa EuGH, Rs. C-103/94, *Krid/CNAVTS*, Slg. 1995, S. I-719 ff., Rn. 21 ff.; Rs. 104/81, *Kupferberg I*, Slg. 1982, S. 3641 ff.; CRAIG/DE BURCA, S. 193 ff.

609 Erstmals festgehalten im Urteil des EuGH, Rs. 6/64, *Costa/ENEL*, Slg. 1964, S. 1251 ff.; vgl. auch etwa EuGH, Rs. 11/70, *Internationale Handelsgesellschaft*, Slg. 1970, S. 1125 ff.; EuGH, Rs. 106/77, *Simmenthal*, Slg. 1978, S. 629 ff. Die Judikatur in den Mitgliedstaaten sowie die europäische Doktrin zu diesem Thema ist ausserordentlich reichhaltig, vgl. die Übersicht bei OPPERMANN, S. 229 ff.

610 EuGH, Rs. 104/81, *Kupferberg I*, Slg. 1982, S. 3641 ff. Weitere einschlägige Entscheide siehe bei HUMMER/SIMMA/VEDDER, S. 532 ff. Vgl. ferner CRAIG/DE BURCA, S. 193 ff.; OPPERMANN, Europarecht, S. 742.

kurz skizziert werden[611]. Einzelne Stellungnahmen der Lehre werden eingearbeitet, soweit sie sich auf einzelne Urteile beziehen. Eine systematisierte Darstellung der Diskussionspunkte findet sich im nächsten Kapitel.

An dieser Stelle ist eine summarische Vorbemerkung zur Rechtsprechung in den Mitgliedstaaten der EG betreffend das GATT angezeigt, denn die Gemeinschaft wuchs nur allmählich in ihre Position als Vertragspartei des GATT hinein[612], und erst mit dem *International Fruit*-Urteil war eindeutig, dass die Auslegungskompetenz im Bereich des GATT in die Zuständigkeit des EuGH fiel[613].

Zunächst kann festgehalten werden, dass das GATT in einer überwältigenden Mehrheit der Mitgliedstaaten als nicht unmittelbar anwendbar galt[614]. Interessant ist aber vor allem die Minderheitenposition, die von den italienischen Gerichten vertreten wurde. In Italien galt das GATT resp. der das GATT betreffende italienische Umsetzungsbefehl (Italien ist eine dualistische Rechtsordnung) nämlich über lange Jahre als vor den Gerichten invokabel[615]. Da diese Rechtsprechung durch die nachfolgend zu erörternde Rechtsprechung des EuGH weitgehend gegenstandslos wurde[616], soll sie hier nicht weiter untersucht werden. Immerhin ist aber zur Kenntnis zu nehmen, dass vor der Kompetenzverlagerung auf den EuGH die höchsten Gerichte eines grossen Mitgliedstaates die Invokabilität der GATT-Vertragsnormen vor nationalen Gerichten bereits anerkannt hatten, was faktisch der Anerkennung der unmittelbaren Anwendbarkeit in einer monistischen Rechtsordnung entspricht.

611 Eine ausführliche und chronologische Erörterung der einschlägigen EuGH-Rechtsprechung findet sich etwa bei KELLER, Rezeption des Völkerrechts, S. 461 ff.; OTT, S. 129 ff.

612 Vgl. unter 7.1.2.

613 EuGH, Verb. Rs. 21-24/72, *International Fruit Company gegen Produktschap voor Groenten en Fruit*, Slg. 1972, S. 1219 ff., siehe sogleich unter 7.2.2.

614 EuGH, Rs. 266/81, *SIOT*, Schlussanträge des Generalanwaltes Reischl, Slg. 1983, S. 790 f.; OTT, S. 128 f.

615 Vgl. den Grundsatzentscheid der Corte Suprema di Cassazione, Il Foro Italiano 1968 I, S. 2462 ff.; OTT, S. 126 ff.; PANEBIANCO, S. 313 ff.; SACERDOTI/VENTURINI, S. 339 ff.

616 Vgl. EuGH, Rs. 266/81, *SIOT*, Slg. 1983, S. 731 ff.

7.2.2 Der Grundsatzentscheid International Fruit Company

Zum ersten Mal beschäftigte sich der EuGH mit der hier zu behandelnden Frage in seinem Urteil in Sachen *International Fruit Company* aus Jahre 1972[617]. In der Sache ging es um eine Verordnung der Kommission, nach welcher für die Einfuhr von Tafeläpfeln während gewisser Jahreszeiten eine Einfuhrlizenz erforderlich war[618], die den Klägerinnen von der zuständigen niederländischen Stelle verweigert wurde. Auf dem Wege des Vorabentscheidungsverfahrens gemäss Art. 234 (Art. 177 EWGV a.F.) hatte der Gerichtshof zu klären, ob die Verordnung wegen Unvereinbarkeit mit Art. XI GATT (allgemeine Beseitigung von mengenmässigen Beschränkungen) ungültig sei, wie dies von den Beschwerdeführerinnen moniert wurde.

Der Gerichtshof bejahte zunächst eine Bindung der Gemeinschaftsorgane an das GATT. Dessen unmittelbare Anwendbarkeit lehnte er indessen ab. In der Begründung wies er auf die „grosse Geschmeidigkeit" der GATT-Bestimmungen, insbesondere der „Vorschriften über Abweichungen von den allgemeinen Regeln, über Massnahmen, die bei aussergewöhnlichen Schwierigkeiten getroffen werden können, und über die Regelung von Meinungsverschiedenheiten zwischen den Parteien" hin. Daraus erhelle, dass Art. XI GATT kein Recht der Gemeinschaftsangehörigen begründen könne, sich vor Gericht auf ihn zu berufen[619].

Diese Haltung wurde durch den Gerichtshof in weiteren, hier nicht zu erörternden Entscheidungen zum Verhältnis von GATT und Gemeinschaftsrecht bekräftigt[620].

617 EuGH, Verb. Rs. 21-24/72, *International Fruit Company gegen Produktschap voor Groenten en Fruit*, Slg. 1972, S. 1219 ff. Vgl. zu diesem Urteil HILPOLD, S. 172 ff.; MAUDERER, S. 119 ff.; OTT, S. 132 ff.

618 Verordnung der Kommission (EWG) Nr. 459/70 vom 11. März 1970 über die bei der Einfuhr von Tafeläpfeln anzuwendenden Schutzmassnahmen (ABl. 1970, Nr. L 57, S. 20 ff.).

619 EuGH, Verb. Rs. 21-24/72, *International Fruit Company*, Slg. 1972, S. 1219 ff., Rn. 19 ff., 27.

620 Vgl. etwa die EuGH-Entscheide in den Rechtssachen EuGH, Rs. 9/73, *Schlüter*, Slg. 1973, S. 1135 ff., Rn. 28 ff.; EuGH, Rs. 226/81, *SIOT*, Slg. 1983, 731 ff., Rn. 28 ff.; EuGH, verb. Rs. 267-269/81, *SPI & SAMI*, Slg. 1983, S. 801 ff., Rn 21 ff. Eine Darstellung und Kommentierung dieser EuGH-Urteile findet sich bei OTT, S. 129 ff.

7.2.3 Die Entscheide Fediol III und Nakajima

Eine – in der Sache allerdings trügerische – Präzisierung dieser Rechtsprechung erfolgte dann in den Urteilen zu den Rechtssachen *Fediol III*[621] und *Nakajima*[622]. In beiden Entscheiden bestätigte der Gerichtshof die Ablehung der unmittelbaren Anwendbarkeit des GATT. Er verhalf Letzterem jedoch auf dem Wege der mittelbaren Anwendbarkeit in beiden Fällen trotzdem zur Anwendung.

Der Entscheid *Fediol III* steht im Zusammenhang mit dem „Neuen Handelspolitischen Instrument" der EG, das es Unternehmungen erlaubt, bei der Kommission einen Antrag auf Einleitung eines Verfahrens gegen Vertragspartner der EG zur Untersuchung unerlaubter Handelspraktiken zu stellen[623]. Auf diesem Weg hatte Fediol bei der Kommission ein Verfahren gegen Argentinien beantragt, das seiner Meinung nach das GATT verletzt hatte. Nachdem die Kommission diesen Antrag abgewiesen hatte, gelangte Fediol vor den EuGH. Dieser bestätigte zwar ausdrücklich seine *International Fruit Company*-Rechtsprechung, hielt sie in casu aber nicht für einschlägig: „Man kann aus dieser Rechtsprechung jedoch nicht herleiten, dass die Rechtsbürger sich vor dem Gerichtshof nicht auf die Bestimmungen des GATT berufen können, um feststellen zu lassen, ob ein Verhalten, das in einem gemäss Art. 3 der Verordnung Nr. 2641/84 gestellten Antrag beanstandet wird, eine unerlaubte Handelspraktik im Sinne dieser Verordnung darstellt."[624]

Ebenfalls eine bloss mittelbare Anwendung des GATT wurde vom EuGH im *Nakajima*-Entscheid zugelassen. Gegen die japanische Gesellschaft Nakajima wurde gestützt auf das Verordnungsrecht der

621 EuGH, Rs 70/87, *Fediol III*, Slg. 1989, S. 1781 ff.

622 EuGH, Rs C-69/89, *Nakajima*, Slg. 1991, S. I-2069 ff.

623 Verordnung (EWG) Nr. 2641/84 des Rates vom 17. September 1984 zur Stärkung der gemeinsamen Handelspolitik und insbesondere des Schutzes gegen unerlaubte Handelspraktiken (ABl. 1984, Nr. L 252, S. 1 ff.). Das „neue handelspolitische Instrument" wurde inzwischen durch die sogenannte Handelshemmnis-Verordnung ersetzt, Verordnung (EG) Nr. 3286/94 des Rates vom 22. 12. 1994 zur Festlegung der Verfahren der Gemeinschaft im Bereich der gemeinsamen Handelspolitik zur Ausübung der Rechte der Gemeinschaft nach internationalen Handelsregeln (ABl. 1994, Nr. L 349, S. 71 ff.), geändert durch die Verordnung (EG) Nr. 156/95 vom 20. 2. 1995 (ABl. 1995, Nr. L 41, S. 3 ff.).

624 EuGH, Rs. 70/87, *Fediol III*, Slg. 1989, S. 1781 ff., Rn. 19.

EG[625] ein Antidumpingverfahren erhoben. Nakajima rügte, das einschlägige Verordnungsrecht sei mit dem Antidumping-Kodex des GATT aus dem Jahre 1979 nicht vereinbar und deshalb gemäss Art. 241 EGV (Art. 184 EGV a.F.) unanwendbar (Grundverordnung) resp. gemäss Art. 230 Abs. 2 und 4 EGV (Art. 173 Abs. 2 und 4 EGV a. F.) nichtig (Verordnung Nr. 3651/88).

Der Gerichtshof trat auf diese Rüge ein, und zwar wiederum auf dem Wege der mittelbaren Anwendung des GATT-Rechts, in casu des Antidumping-Codex, da die in Frage stehenden Verordnungen der Gemeinschaft ausdrücklich der Umsetzung der Pflichten aus dem Antidumping-Codex dienten und diesem folglich entsprechen müssten[626].

Als Ergebnis dieser beiden Urteile kann festgehalten werden, dass der EuGH bereit ist, auf dem Wege der mittelbaren Anwendung Gemeinschaftsrecht auf seine Vereinbarkeit mit dem GATT zu überprüfen, falls die fragliche Norm des Gemeinschaftsrechts bestimmte Verpflichtungen aus dem GATT umsetzt oder auf spezielle Bestimmungen des GATT verweist. Das Vorliegen einer derartigen Ausnahmesituation wurde jedoch in der Rechtsprechung des EuGH soweit ersichtlich in keinem späteren Urteil mehr bejaht[627].

7.2.4 Der „Bananen"-Entscheid: Deutschland/Rat

Der sogenannte „Bananen"-Entscheid des EuGH ist wohl das berühmteste und meistdiskutierte Urteil zum Verhältnis von EG-Recht und GATT[628]. Es ist indessen nur die Spitze eines in parallelen Verfahren ausgetragenen Justizkonflikts zwischen dem EuGH einerseits und deutschen Unternehmungen und Gerichten andererseits rund um die

625 Art. 2 Abs. 3 der Verordnung (EWG) Nr. 2423/88 des Rates vom 11. Juli 1988 über den Schutz gegen gedumpte oder subventionierte Einfuhren aus nicht zur EWG gehörenden Ländern (Antidumping-Grundverordnung, ABl. 1988, Nr. L 209, S. 1 ff.); Verordnung (EWG) Nr. 3651/88 zur Einführung eines endgültigen Antidumpingzolls auf die Einfuhren von Punkt-Matrix-Druckern mit Ursprung in Japan (ABl. 1998, Nr. L 317, S. 33 ff.).

626 EuGH, Rs C-69/89, *Nakajima*, Slg. 1991, S. I-2069 ff., Rn. 26 ff.

627 Vgl. etwa die ausdrückliche Ablehnung in den Urteilen EuGH, Rs. C-149/96, *Portugal/Rat*, Slg. 1999, S. I-8395 ff., Rn. 49 und EuGH, Rs. C-307/99, *OGT Fruchthandelsgesellschaft mbH*, Slg. 2001, S. I-3159 ff., Rn. 27 f.

628 EuGH, Rs. 280/93, *Deutschland/Rat*, Slg. 1994, S. I-4973 ff.

Bananenmarktordnung der EG[629]. Diese Angelegenheit hat – insbesondere in der deutschen Doktrin – bereits eine ausserordentlich reichhaltige Bearbeitung erfahren[630], so dass an dieser Stelle lediglich einige Grundzüge der Auseinandersetzung in Erinnerung gerufen werden sollen.

Im Zuge der Verwirklichung des EG-Binnenmarktes wurde durch die genannte Verordnung eine einheitliche Bananenmarktordnung für den gesamten Binnenmarkt geschaffen. Zuvor bestanden nationale Marktordnungen, die sich grob in zwei Kategorien unterteilen liessen: Gewisse Staaten, darunter vor allem die Bundesrepublik Deutschland, liessen die Einfuhr von Bananen ohne Mengenbegrenzung zu, wobei sich auf dem Markt die sogenannten „Dollar-Bananen"[631] durchsetzten. Andere Staaten deckten ihren Bananenbedarf mittels Eigenerzeugung („Gemeinschaftsbananen") und Einfuhr von sogenannten „AKP-Bananen"[632] und schützten diese privilegierten Herkunftsmärkte durch Beschränkungen der „Dollar-Bananen"-Einfuhr.

Die Verordnung Nr. 404/93 schuf nun eine einheitliche Bananenmarktordnung nach dem Vorbild der zweitgenannten Ländergruppe. Für „Dollarbananen" bestand lediglich ein Einfuhrkontingent von 2 Millionen Tonnen, darüber hinausgehende Importe wurden durch

629 Verordnung des Rates (EWG) Nr. 404/93 über die gemeinsame Marktorganisation für Bananen (ABl. 1993, Nr. L 47, S. 1 ff.), geändert durch Verordnung (EG) Nr. 1637/98 (ABl. 1998, Nr. L 210, S. 28 ff.) und ergänzt durch die Verordnung (EG) Nr. 2362/98 (ABl. 1998, Nr. L 293, S. 32 ff.).

630 Einen Überblick über die unterschiedlichen Standpunkte in dieser kontroversen Angelegenheit vermittelt der Disput zwischen PETERSMANN und SACK in der EuZW 1997, den PETERSMANN durch seinen dort erschienenen Artikel „Darf die EG das Völkerrecht ignorieren?" auslöste, S. 325 ff.
Vgl. im weiteren etwa BECKER-ÇELIK, S. 21 ff.; CASTILLO DE LA TORRE, S. 53 ff.; CRAIG/DE BURCA, S. 193 ff.; EECKHOUT, S. 11 ff.; HILPOLD, S. 191 ff.; HUMMER/SIMMA/VEDDER, S. 139 ff.; KELLER, Rezeption des Völkerrechts, S. 477 ff.; KUILWIJK, S. 181 ff.; KUSCHEL, S. 689 ff.; MAUDERER, S. 94 ff.; OTT, S. 149 ff., PETERS, The Bananas Decisions, S. 276 ff.; RABE, S. 1320 ff.; STEIN, „Bananen-Split"?, S. 261 ff.; TRACHTMAN, Bananas, Direct Effect and Compliance, S. 655 ff.; ZONNEKEYN, The latest on indirect effect, S. 597 ff.; ZULEEG, Bananen und Grundrechte, S. 1201 ff.

631 Benannt nach dem dominierenden Einfluss US-amerikanischer Fruchthandelsgesellschaften in den Bananenanbaugebieten Mittel- und Südamerikas; vgl. dazu RABE, NJW 1996, S. 1320 ff.

632 Benannt nach der gleichnamigen Gruppe von Staaten aus Afrika, dem Karibischen sowie dem Pazifischen Raum, mit welcher die EG das Assoziierungsabkommen von Lomé abgeschlossen hatte, das eine präferenzielle Zollbehandlung vorsah (Viertes AKP-WEG-Abkommen vom 15. Dezember 1989, ABl. 1989, Nr. L 229, S. 3 ff.).

einen prohibitiven Zollsatz unrentabel gemacht. Dieser protektionistisch inspirierte Systemwechsel führte namentlich in der Bundesrepublik Deutschland – die sich im Rat gegen die neue Ordnung gestemmt hatte, jedoch überstimmt worden war – zu Preissteigerungen und existentiell bedrohlichen Umsatzeinbussen bei den traditionellen Importeuren von „Dollarbananen".

Die Bundesrepublik erhob gegen die Verordnung Nr. 404/93 Nichtigkeitsklage gemäss Art. 230 Abs. 1 EGV (Art. 173 Abs. 1 EGV a. F.). Sie rügte neben der Verletzung von Vorschriften des Rechtssetzungsverfahrens und gemeinschaftsrechtlich unzulässigen Eingriffen in die Grundrechte der deutschen Bananenimporteure auch die Unvereinbarkeit der Bananenmarktordnung mit dem GATT.

Der EuGH schützte die Bananenmarktordnung und wies die Klage ab. Auf die Rüge der GATT-Widrigkeit trat er in der Sache gar nicht ein, da das GATT nicht unmittelbar anwendbar sei. Der EuGH verwies ausdrücklich auf seine *International Fruit Company*-Rechtsprechung und betonte erneut die grosse Flexibilität, welche die GATT-Normen präge, insbesondere im Bereich der Ausnahmeregelungen und der Streitbeilegung[633].

Erwähnenswert und fragwürdig ist insbesondere, dass der Gerichtshof die Kriterien der unmittelbaren Anwendbarkeit im „Bananen"-Entscheid auch gegenüber einem Mitgliedstaat anwendete, was insbesondere der besonderen Verfahrensnatur der Staatenklage gemäss Art. 230 Abs. 1 f. EGV nicht Rechnung trägt[634].

Die Ablehnung der unmittelbaren Anwendbarkeit des GATT in der EG durch den EuGH wurde kurz darauf im Entscheid *Chiquita Italia SpA* bestätigt, bei dem es – nomen es omen – wiederum um Bananen ging[635].

633 EuGH, Rs. 280/93, *Deutschland/Rat*, Slg. 1994, S. I-4973 ff., Rn. 103 ff.

634 Vgl. die Kritik bei MAUDERER, S. 201 ff.; OPPERMANN, Europarecht, S. 279 ff.; OTT, S. 152, m.w.H.

635 EuGH, Rs C-469/93, *Chiquita Italia*, Slg. 1995, S. I-4533 ff., Rn. 24 ff.

7.3 Die Rechtsprechung des EuGH zu GATT 1994/WTO

7.3.1 Einleitung

Wie gesehen betonte der EuGH in seiner Rechtsprechung zum GATT 1947 dessen flexible Regelungen insbesondere im Ausnahme- und Streitbeilegungsregime. Nun haben sich gerade mit bezug auf das Streitbeilegungsverfahren durch die Ablösung des GATT 1947 durch die WTO-Übereinkommen wichtige Änderungen ergeben[636]. Es ist im folgenden zu prüfen, wie der EuGH in seiner Rechtsprechung auf diese veränderten Umstände Bezug genommen und ob er deswegen seine Haltung zur Frage der unmittelbaren Anwendbarkeit des WTO-Rechts revidiert hat.

Der Rat, dies sei einleitend bemerkt, hat in seinem Beschluss 94/800/EG, in welchem er die WTO-Übereinkommen im Namen der EG in bezug auf die in ihre Zuständigkeiten fallenden Bereiche genehmigte, die Frage der unmittelbaren Anwendbarkeit auf Antrag der Kommission in der Präambel angesprochen und verneint: „Das Übereinkommen zur Errichtung der Welthandelsorganisation einschliesslich seiner Anhänge ist nicht so angelegt, dass es unmittelbar von den Rechtsprechungsorganen der Gemeinschaft und der Mitgliedstaaten angeführt werden kann.“[637] Eine gewisse Anlehnung an die zwei Wochen zuvor im Kongress verabschiedete US-amerikanische *Uruguay Round Agreements Act* dürfte kaum zufällig sein[638].

Dieser Linie folgte auch die Kommission, die etwa hinsichtlich des GATS und der Verpflichtungsliste der Gemeinschaft festhielt, die daraus entstehenden Rechte und Pflichten seien nicht unmittelbar anwendbar[639].

7.3.2 Der Entscheid Hermès International

Eine erste Gelegenheit zur Überprüfung seiner restriktiven Rechtsprechung hatte der Gerichtshof in der Rechtssache *Hermès International,*

636 Vgl. unter 3.4.2.

637 Beschluss 94/800/EG des Rates vom 22. Dezember 1994 (ABl. 1994, Nr. L 336, S. 1 ff.), 11. Begründungserwägung. Vgl. MAUDERER, S. 170 ff.

638 Sec. 102 (c), vgl. unter 6.4.2.

639 GATS, Verpflichtungsliste der EG und ihrer Mitgliedstaaten, zitiert bei EECKHOUT, S. 34; OTT, S. 221.

einem Urheber- und Markenrechtsstreit um den Vertrieb von angeblich gefälschten Hermès-Halstüchern und Kravatten in Holland, in welchem über den Begriff der einstweiligen Massnahme im Sinne von Art. 50 TRIPS zu befinden war[640].

Generalanwalt TESAURO forderte den Gerichtshof in seinen Schlussanträgen vom 13. November 1997 zu einer Anerkennung der unmittelbaren Anwendbarkeit des TRIPS auf[641], weshalb seine Ausführungen hier zusammengefasst wiedergegeben werden sollen.

Generalanwalt TESAURO hielt zunächst fest, dass diese Frage durch die in der elften Begründungserwägung des Beschlusses 94/800[642] zum Ausdruck gebrachte ablehnende Haltung des Rates nicht gültig beantwortet worden sei. Die Auslegung der seitens der Gemeinschaft eingegangenen völkerrechtlichen Verbindlichkeiten obliege aufgrund der Kompetenzordnung der Gemeinschaft vielmehr dem Gerichtshof[643].

In der Sache kritisierte Generalanwalt TESAURO zunächst, dass der Gerichtshof nie eine Untersuchung durchgeführt hätte, „die hätte ermitteln sollen, ob der Rechtssatz klar, genau und unbedingt war, also die traditionellen Kriterien erfüllt, die den Gerichtshof bewogen haben, Gemeinschaftsbestimmungen oder auch Vorschriften in anderen von der Gemeinschaft abgeschlossenen Abkommen unmittelbare Wirkung zuzuerkennen." Eine solche Untersuchung, so TESAURO weiter, würde belegen, dass die in Frage stehenden Bestimmungen des GATT wie auch der WTO-Verträge nicht weniger justiziabel seien als andere, denen der Gerichtshof unmittelbare Wirkung zuerkannt habe[644].

Generalanwalt TESAURO ging sodann auf das Argument der Geschmeidigkeit und Verhandlungsfreundlichkeit der GATT-Normen und namentlich des Streitbeilegungsmechanismus ein, das in der Rechtsprechung des EuGH für die Ablehnung der unmittelbaren Anwendbarkeit jeweils ausschlaggebend gewesen war. TESAURO bezeichnete dieses Argument als überholt. Im GATT 1994/WTO-Komplex sei das System der Ausnahmen und Sondermassnahmen

640 EuGH, Rs. C-53/96, *Hermès International gegen FHT Marketing Choice BV*, Slg. 1998, S. I-3603 ff. Zu den kompetenzrechtlichen Problemen und zivilprozessualen Implikationen dieser Rechtssache vgl. EPINEY, Zur Stellung des Völkerrechts in der EU, S. 5 ff; VON BOGDANDY, S. 2088 ff.

641 EuGH, Rs. C-53/96, *Hermès International*, Slg. 1998, S. I-3603 ff., Schlussanträge des Generalanwalts Tesauro, Rn. 22 ff.

642 Vgl. unter 7.3.1.

643 EuGH, Rs. C-53/96, *Hermès International*, Slg. 1998, S. I-3603 ff., Schlussanträge des Generalanwalts Tesauro, Rn. 23 ff.

644 a.a.O., Rn. 27.

griffiger ausgestaltet worden. Zudem sei das Streitbeilegungssystem wesentlich verrechtlicht worden und lasse Ausgleichsmassnahmen nurmehr als vorübergehendes Kompensationsinstrument zu[645].

Für das Argument der (absehbar fehlenden) Gegenseitigkeit äusserte TESAURO Verständnis, wenn er es in einer Nebenbemerkung auch als im streng juristischen Sinn irrelevant bezeichnete. Er schlug dem Gerichtshof vor, bei seiner Entscheidung „auf die Gegenseitigkeit abzustellen" oder aber die Frage den politischen Organen der Gemeinschaft zu überlassen[646].

Mit Blick auf die unmittelbare Anwendbarkeit von Art. 50 Abs. 6 TRIPS hielt TESAURO – vorbehältlich der Gegenseitigkeit – fest, „dass es insoweit keinen vernünftigen Zweifel geben kann, da es sich um eine Bestimmung handelt, die sich bereits auf den ersten Blick als hinreichend klar, genau und nicht durch einen weiteren Akt bedingt erweist"[647].

Der Gerichtshof ging auf die von Generalanwalt TESAURO ausführlich thematisierte Frage der unmittelbaren Anwendbarkeit in der Sache nicht ein, sondern hielt fest, dass darüber nicht zu entscheiden sei. Es gelte lediglich die Auslegungsfrage des vorlegenden Gerichts zu beantworten. Dadurch liess der EuGH die Frage offen und stellte sie im Resultat dem vorlegenden mitgliedstaatlichen Gericht anheim[648].

7.3.3 Der Entscheid Portugal/Rat

Demgegenüber hat der EuGH die Frage in der Rechtssache *Portugal/Rat* – hinsichtlich der neuen GATT/WTO-Übereinkommen wohlverstanden zum ersten Mal – thematisiert und ausdrücklich abgelehnt[649]. Obgleich sich mit der Republik Portugal ein Mitgliedstaat und nicht eine Einzelperson auf das WTO-Recht (GATT 1994, Übereinkommen über Textilwaren und Bekleidung, Übereinkommen über Einfuhrlizenzverfahren) berief, stellte der Gerichtshof verhältnismässig ausführliche Überlegungen zu dessen unmittelbarer Anwendbarkeit an.

645 a.a.O., Rn. 29 f.

646 a.a.O., Rn. 31 ff.

647 a.a.O., Rn. 36.

648 EuGH, Rs. C-53/96, *Hermès International*, Slg. 1998, S. I-3603 ff., Rn. 35.

649 EuGH, Rs. C-149/96, *Portugal/Rat*, Slg. 1999, S. I-8395 ff. Vgl. dazu die differenzierten Würdigungen bei HILF/SCHORKOPF, S. 74 ff.; ROSAS, S. 797 ff.; VON BOGDANDY/MAKATSCH, S. 266 f.; ZONNEKEYN, Status, S. 111 ff.

In der Sache betraf dieser Rechtsstreit die beiden Memoranda zwischen der EG und Pakistan resp. Indien betreffend Marktzugang für Textilprodukte. Portugal, auf den Schutz der eigenen Textilindustrie bedacht, focht den Ratsbeschluss, mit welchem die Memoranda genehmigt wurden, vor dem EuGH an. In der Begründung machte es u.a. geltend, die Memoranda verstiessen gegen das Recht des GATT 1994, insbesondere gegen das Übereinkommen über Textilwaren und Bekleidung sowie das Übereinkommen über Einfuhrlizenzverfahren.

Wie Generalanwalt TESAURO in der Rechtssache *Hermès International* und mit teilweise denselben Argumenten, argumentierte Generalanwalt SAGGIO in seinen Schlussanträgen grundsätzlich für die unmittelbare Anwendbarkeit des WTO-Rechts im Gemeinschaftsrecht, wobei er sich – anders als noch TESAURO – insbesondere dagegen aussprach, diese aus Reziprozitätsüberlegungen zu verweigern. Der Reziprozitätsgedanke könne lediglich dazu führen, die (unmittelbare oder auch nur mittelbare) Anwendung im Falle einer Vertragsverletzung seitens eines Vertragspartners auszusetzen[650].

Der Gerichtshof konzedierte zunächst, dass sich die WTO-Übereinkünfte gegenüber dem GATT 1947 wesentlich verändert hätten und namentlich mit einem stärkeren Streitbeilegungsmechanismus versehen seien. Er betonte jedoch, dass auch im DSU das Verhandlungselement von zentraler Bedeutung bleibe und erwähnte in diesem Zusammenhang insbesondere die in Art. 22 DSU vorgesehenen Möglichkeiten von Verhandlungen, Entschädigungen oder Aussetzung von Zugeständnissen. Eine unmittelbare Anwendung, so der EuGH, würde den Legislativ- und Exekutivorganen die in Art. 22 DSU eingeräumte Befugnis nehmen, auf dem Verhandlungsweg zu erreichen, selbst wenn diese nur vorübergehend zulässig seien[651].

Als weiteres Hauptargument gegen die unmittelbare Anwendbarkeit führte der Gerichtshof das Reziprozitätsprinzip ins Feld. Dieses würde verletzt, wenn den Legislativ- und Exekutivorganen der Gemeinschaft durch die unmittelbare Anwendbarkeit der Spielraum genommen würde, über welchen die entsprechenden Organe anderer WTO-Mitglieder verfügten[652].

In der Lehre stiess der Entscheid auf unterschiedliche Reaktionen. Die einen äusserten, mit unterschiedlichen Schwer- und Kritikpunkten in der Würdigung, verständnisvolles Bedauern. Eine Verrechtlichung

650 EuGH, Rs. C-149/96, *Portugal/Rat*, Slg. 1999, S. I-8395 ff., Schlussanträge des Generalanwalts Saggio, Rn. 21 ff.

651 EuGH, Rs. C-149/96, *Portugal/Rat*, Slg. 1999, S. I-8395 ff., Rn. 36 ff.

652 EuGH, Rs. C-149/96, *Portugal/Rat*, Slg. 1999, S. I-8395 ff., Rn. 42 ff.

des Welthandelssystems sei in einer Langzeitperspektive zwar wünschbar, könne aber vorerst angesichts des derzeitigen Streitschlichtungsmechanismus, der fehlenden Gegenseitigkeit des richterlichen Rechtsschutzes für Individuen und der politischen Rollenteilung unter den Gemeinschaftsorganen nicht durch das Gericht herbeigeführt werden[653].

Andere kritisierten den Entscheid und machten namentlich geltend, dass weder die im DSU vorgesehenen Verhandlungs- und Kompensationsmöglichkeiten noch das Argument der Reziprozität als Entscheidgrundlagen einer näheren Analyse standhielten. Zudem unterschieden sich die WTO-Übereinkommen strukturell nicht von anderen völkerrechtlichen Verträgen, denen der EuGH unmittelbare Anwendbarkeit zuerkannt habe[654].

Wie bereits im „Bananen"-Entscheid *Deutschland/Rat*[655] wird zudem kritisiert, dass die bloss mittelbare Anwendbarkeit gemäss EuGH auch eine Berufung von Mitgliedstaaten auf das WTO-Recht gegenüber von Gemeinschaftsakten im Verfahren von Art. 230 Abs. 1 f. EGV verunmöglichen solle[656]. VON BOGDANDY/MAKATSCH bringen dies in etwas polemischer Deutlichkeit auf den Punkt: „Der Gerichtshof behandelt Portugal nicht als Völkerrechtssubjekt, sondern wie einen Bananenimporteur"[657].

7.3.4 Der Entscheid Dior

Eine gewisse Verschiebung der Gewichte brachte kurz darauf der Entscheid *Dior* vom 14. Dezember 2000[658], dessen Gegenstand wie schon in der Rechtssache *Hermès International* Art. 50 TRIPS war, wobei hier die vorlegenden Gerichte die Frage nach der unmittelbaren Anwendbarkeit von Art. 50 TRIPS dem Gerichtshof explizit unter-

653 CRAIG/DE BURCA, S. 196 ff.; HILF/SCHORKOPF, S. 89 f.; MENG, Verfahrensrechtliche Rechtsstellung, S. 79 ff.; ROSAS, S. 815 f.; VON BOGDANDY/MAKATSCH, S. 266 ff.; ZONNEKEYN, Status, S. 119 ff.

654 MAUDERER, S. 131 ff.; PEERS, S. 120 ff.; STIEGLITZ, S. 531; VON DANWITZ, S. 725 ff.

655 EuGH, Rs. 280/93, *Deutschland/Rat*, Slg. 1994, S. I-4973 ff.

656 HILF/SCHORKOPF, S. 91; VON BOGDANDY/MAKATSCH, S. 266 f.

657 VON BOGDANDY/MAKATSCH, S. 267.

658 EuGH, verb. Rs. C-300/98 und C-392/98, *Parfums Christian Dior SA gegen TUK Consultancy BV; Assco Gerüste GmbH und Rob von Dijk gegen Wilhelm Layher GmbH & Co. KG und Layher BV*, Slg. 2000, S. I-11307 ff. Vgl. ZIEGLER, S. 1112 ff.

breiteten. Das Verfahren vor dem vorlegenden niederländischen Gericht betraf behauptete Verletzungen von marken- und patentrechtlich geschützten Exklusivrechten in den Niederlanden.

Der Gerichtshof führte aus, grundsätzlich gehörten die WTO-Übereinkünfte und ihre Anhänge wegen ihrer Natur und Systematik nicht zu den Vorschriften, an denen der Gerichtshof die Handlungen der Gemeinschaftsorgane gemäss Art. 173 Abs. 1 EGV a. F. (Art. 230 EGV n.F.) messe. Auch das TRIPS gebe dem Einzelnen keine Rechte, auf die er sich nach dem Gemeinschaftsrecht unmittelbar vor den Gerichten berufen könne[659].

Diese Feststellung, fuhr der Gerichtshof aber weiter, werde dem Problem indessen nicht vollständig gerecht, insbesondere nicht, da vorliegend mit Art. 50 TRIPS eine Verfahrensbestimmung in Frage stehe, welche die Gemeinschafts- und die nationalen Gerichte aufgrund von Verpflichtungen durchzuführen hätten, die sowohl von der Gemeinschaft als auch von den Mitgliedstaaten übernommen worden seien. Es sei deshalb zu differenzieren. Wo Gemeinschaftsrecht einschlägig sei, hätten die nationalen Gerichte „soweit wie möglich den Wortlaut und den Zweck von Artikel 50 des TRIPs-Übereinkommens zu berücksichtigen". Wo hingegen die Gemeinschaft keine Regeln erlassen habe, bleibe es den Mitgliedstaaten anheim gestellt, ob sich der Einzelne unmittelbar auf Art. 50 Abs. 6 TRIPS berufen könne oder nicht[660]. Damit verzichtete der EuGH auf die alleinige Auslegungskompetenz im Bereich des TRIPS, soweit dieses nicht in die Kompetenz der Gemeinschaft fällt. Es ist folglich den Mitgliedstaaten ausdrücklich gestattet, dem TRIPS in ihrem Zuständigkeitsbereich unmittelbare Anwendbarkeit zuzuerkennen.

Der EuGH hat damit im Entscheid *Dior* die Akzente wesentlich anders gesetzt als in seinem *Hermès*-Entscheid, welcher ebenfalls Art. 50 TRIPS zum Gegenstand hatte. Damals hatte es der Gerichtshof nicht nur abgelehnt, sich zu dessen unmittelbaren Anwendbarkeit zu äussern, er hatte es auch vermieden, den Gerichten der Mitgliedstaaten explizit die Kompetenz zur Klärung dieser Frage zuzuweisen[661]. Insofern bringt die *Dior*-Entscheidung eine willkommene Klärung.

659 EuGH, verb. Rs. C-300/98 und C-392/98, *Dior*, Slg. 2000, S. I-11307 ff., Rn. 41 ff.

660 a.a.O., Rn. 45 ff.

661 EuGH, Rs. C-53/96, *Hermès International*, Slg. 1998, S. I-3603 ff., Rn. 35.

7.3.5 Der Entscheid OGT Fruchthandelsgesellschaft mbH

Erneut in aller Deutlichkeit abgelehnt wurde die unmittelbaren Anwendbarkeit des WTO-Rechts im Entscheid des EuGH in Sachen *OGT Fruchthandelsgesellschaft mbH* vom 2. Mai 2001[662]. In der Sache ging es wiederum um die Bananenmarktordnung[663]. Diese war inzwischen nach Feststellung ihrer Unvereinbarkeit mit Art. I Abs. 1 und Art. XIII GATT durch das ständige Berufungsgremium der WTO[664] teilweise geändert worden[665], wurde jedoch auch in ihrer revidierten Fassung durch einen DSB-Panelbericht als Verstoss gegen die genannten Bestimmungen des GATT beurteilt[666].

In dieser Ausgangslage wurde dem EuGH vom Finanzgericht Hamburg in einem Vorabentscheidungsverfahren die Frage vorgelegt, ob die vom Panel als GATT-widrig beurteilten Bestimmungen der revidierten Bananenmarktverordnung unanwendbar seien und sich der Einzelne gegebenenfalls vor Gericht darauf berufen könne.

Der Gerichtshof lehnte dies unter Berufung auf seine Urteile in den Rechtssachen *Portugal/Rat*[667] und *Dior*[668] in fast schon apodiktischer Deutlichkeit ab[669]. Bemerkenswert ist, dass der Gerichtshof dabei im Verfahren nach Art. 104 § 3 seiner Verfahrensordnung entschieden hat, d.h. nach Anhörung der Beteiligten und des Generalanwalts, jedoch ohne mündliche Verhandlung und unter blossem Verweis auf frühere Urteile. Besonders fragwürdig ist m.E. der Verweis auf das *Dior*-Urteil, das mit Art. 50 TRIPS eine Norm des WTO-Rechts zum Gegenstand hatte, die einem gemischten Abkommen zuzurechnen ist,

662 EuGH, Rs. C-307/99, *OGT Fruchthandelsgesellschaft mbH gegen Hauptzollamt Hamburg St. Annen*, Slg. 2001, S. I-3159 ff., vgl. auch EuZW 2001, S. 529 ff., mit Anmerkung von STIEGLITZ.

663 Verordnung (EWG) Nr. 404/93 des Rates vom 13. Februar 1993 über die gemeinsame Marktorganisation für Bananen (ABl. 1993, L 47, S. 1 ff.).

664 *European Communities – Regime for the Importation, Sale and Distribution of Bananas*, Bericht des *Appellate Body* vom 8. September 1997, DSR 1997 II, S. 589 ff.

665 Verordnung (EG) Nr. 1637/98 des Rates vom 20. Juli 1998 (ABl. 1998, L 210, S. 28 ff.).

666 *European Communities – Regime for the Importation, Sale and Distribution of Bananas*, Bericht des *Panels* vom 12. April 1999, DSR 1999 II, S. 803 ff.

667 EuGH, Rs. C-149/94, *Portugal/Rat*, Slg. 1999, S. I-8395 ff., vgl. unter 7.3.3.

668 EuGH, verb. Rs. C-300/98 und C-392/98, *Dior*, Slg. 2000, S. I-11307 ff., vgl. unter 7.3.4.

669 EuGH, Rs. C-307/99, *OGT Fruchthandelsgesellschaft mbH*, Slg. 2001, S. I-3159 ff., Rn. 22 ff.

was für das GATT in keiner Weise zutrifft. Dies hätte zumindest in der Begründung eine Differenzierung bedingt[670].

Dieses jüngste Urteil des EuGH zur Frage der unmittelbaren Anwendbarkeit des WTO-Rechts könnte den Schluss nahelegen, dass der EuGH dieses Problem als erledigt betrachtet und diesbezüglich in Zukunft keine Diskussionbereitschaft mehr an den Tag legen wird[671]. In einer etwas gelasseneren und pragmatischeren Perspektive könnte es indessen auch als Symptom einer gewissen juristischen „Bananenübersättigung" des Gerichtshofs aufgefasst werden, die auf Dauer nicht zwingend für das gesamte WTO-Recht Gültigkeit beanspruchen dürfte.

7.3.6 Zusammenfassung

Der EuGH lehnt die unmittelbare Anwendbarkeit des WTO-Rechts und zuvor des GATT seit Jahrzehnten in einheitlicher Praxis ab, jedenfalls soweit die Kompetenzbereiche der Gemeinschaft betroffen sind. Zwei Aspekte scheinen dabei im Vordergrund zu stehen.

Zum einen nimmt das Argument der Flexibilität der WTO-Normen, die es im Interesse des handelsdiplomatischen Handlungs- und Verhandlungsspielraums zu schützen gelte, prominenten Raum ein. Es wird vor allem durch Bezugnahme auf Art. 22 DSU untersrichen.

Zum zweiten wird das damit eng verknüpfte Reziprozitätsargument hervorgehoben, in dessen (zuweilen merkantilistisch anmutender) Logik die Gewährung effektiven Rechtsschutzes zu Gunsten des Einzelnen den Vertragspartnern gegenüber als Zugeständnis verstanden wird[672]. Es ist offensichtlich, dass diese Überlegung vor allem den USA gilt, die dem WTO-Recht durch die *Uruguay Round Agreements Act* per Gesetz die unmittelbare Anwendbarkeit versagen[673].

Festzuhalten bleibt, dass eine Anwendung der WTO-Übereinkommen auf dem Wege der indirekten Anwendbarkeit möglich ist.

670 Vgl. auch die Kritik bei STIEGLITZ, S. 530 ff.

671 Die jüngste Praxis des Gerichtshofs Erster Instanz zeigt ebenfalls in diese Richtung, vgl. CRAIG/DE BURCA, S. 200, m.w.H.

672 Siehe vor allem EuGH, Rs. C-149/96, *Portugal/Rat*, Slg. 1999, S. I-8395 ff., Rn. 42 ff. COTTIER/NADAKAVUKAREN, Relationship, S. 99; DREXL, Unmittelbare Anwendbarkeit, S. 825, Fn 13, und S. 834 f.; EECKHOUT, S. 48; PETERSMANN, National Constitutions, S. 44.

673 Vgl. unter 6.4.

Dies ist einerseits dort der Fall, wo Gemeinschaftsrecht bestimmte WTO-Verpflichtungen umsetzen will oder auf Normen des WTO-Rechts verweist[674]. Zum anderen zeigt auch der Grundsatz der völkerrechtskonformen Auslegung des Gemeinschaftsrechts einen Weg zur Vermeidung von Konflikten zwischem Gemeinschafts- und WTO-Recht auf, dem allerdings enge Grenzen gesteckt sind[675].

7.4 Rechtsvergleichende Zusammenfassung

In einer vergleichenden Zusammenfassung der aktuellen Rechtslage in den drei Rechtsordnungen kann zunächst festgehalten werden, dass die WTO-Übereinkommen derzeit in keinem der untersuchten Rechtssysteme sämtlich und grundsätzlich unmittelbare Anwendbarkeit geniessen.

In den USA ist die Frage de lege lata ausdrücklich und eindeutig gegen die unmittelbare Anwendbarkeit auf allen Ebenen des Bundesstaates entschieden; die *Uruguay Round Agreements Act* lässt diesbezüglich überhaupt keine Fragen offen. Die URAA, für eine vorwiegend monistische Rechtsordnung wie die USA ein nicht gerade alltägliches Beispiel für die Umsetzung völkerrechtlicher Verpflichtungen im Landesrecht, ist das Produkt eines politischen Ratifikationsprozesses in den USA, der starke Souveränitätsbefürchtungen zu Tage förderte und eine Umsetzung mit möglichst wenigen Auswirkungen auf die Rechtsordnung der USA verlangte.

In der EU wird die Frage der unmittelbaren Anwendbarkeit der WTO-Übereinkommen demgegenüber nicht in einem legislativen Umsetzugsakt geregelt. Der EuGH hat inzwischen aber deutlich gemacht, dass er nicht gewillt ist, diesen Übereinkommen die unmittelbare Anwendbarkeit zu gewähren, die er anderen völkerrechtlichen Verträgen der Gemeinschaft in der Regel, bei gegebener Justiziabilität, zuspricht. Dabei ist nicht zu verkennen, dass für den EuGH

674 EuGH, Rs 70/87, *Fediol III*, Slg. 1989, S. 1781 ff.; EuGH, Rs C-69/89, *Nakajima*, Slg. 1991, S. I-2069 ff.; vgl. unter 7.2.3.

675 EuGH, verb. Rs. C-300/98 und C-392/98, *Dior*, Slg. 2000, S. I-11307 ff., Rn. 45 ff.; EECKHOUT, S. 40 ff.; LAUWAARS, S. 512 ff.; VON BOGDANDY/MAKATSCH, S. 267. Allgemein zum Prinzip der völkerrechtskonformen Auslegung vgl. EUGH, Rs 104/81, *Kupferberg*, Slg. 1982, S. 3641 ff.; EuGH, Rs C-70/94, *Werner*, Slg. 1995 I-3189; EuGH, Rs C-83/94, *Leifer*, Slg. 1995 I-3231.

die Erhaltung einer möglichst weitreichenden Flexibilität der politischen Organe (etwa im Prozess der Streitbeilegung) sowie Reziprozitätsüberlegungen zentral sind. Beides dürfte sich, wenn natürlich nur unausgesprochen, in erster Linie auf das Verhältnis der EU zu den USA beziehen.

In der Schweiz hat man, monistischer und völkerrechtsfreundlicher Tradition entsprechend, auf eine legislatorische Normierung des landesrechtlichen Status der WTO-Übereinkommen verzichtet und die Frage nach der unmittelbaren Anwendbarkeit den Gerichten überlassen. Diese zeigten unter dem alten GATT keine Bereitschaft, das Übereinkommen unmittelbar anzuwenden. Eine einlässliche Begründung findet sich dafür zwar nicht; ähnlich wie für den EuGH dürfte das Argument der diplomatischen Flexibilität eine wesentliche Rolle gespielt haben. Problematischerweise ist es seit Inkrafttreten der Übereinkommen der Uruguay-Runde noch nicht zu einer vertieften Überprüfung dieser Rechtssprechung gekommen. Während die Rechtsprechung zum TRIPS und zum GPA klar für die unmittelbare Anwendbarkeit dieser Übereinkommen spricht, ist die Rechtslage bezüglich GATT und GATS, insbesondere im internationalen Vergleich, noch als verhältnismässig offen und unentschieden zu bezeichnen.

Bezüglich der mittelbaren Anwendbarkeit des WTO-Rechts scheint die schweizerische Rechtslage mit derjenigen in der Europäischen Gemeinschaft übereinzustimmen. Insbesondere sind die Gerichte beider Rechtsordnungen bereit, mittels völkerrechtskonformer Auslegung des Landes- resp. Gemeinschaftsrechts Konflikte mit dem WTO-Recht zu vermeiden. Ob diese Aussage mit bezug auf das WTO-Recht auch für die USA Gültigkeit beanspruchen darf, erscheint im Lichte der *Uruguay Round Agreements Act* als unsicher.

3. Teil:
Diskussion und Schlussfolgerungen

8 Gründe für und wider die direkte Anwendbarkeit

8.1 Einleitung

Nachdem die Grundlagen dargestellt und die Rechtsprechung in der Schweiz, den USA sowie in der EG nachgezeichnet worden ist, geht es in diesem Kapitel darum, die Frage nach der unmittelbaren Anwendbarkeit der WTO-Übereinkommen ausgehend von den in Kapitel 2 dargelegten allgemeinen Grundsätzen zur unmittelbaren Anwendbarkeit völkerrechtlicher Verträge in der Schweiz zu analysieren.

Entsprechend ist zunächst nach völkerrechtlichen Vorgaben zu dieser Frage zu suchen (Prüfung erster Stufe). Im Rahmen der landesrechtlichen Prüfung zweiter Stufe muss dann zunächst das klassische Kriterium der Justiziablität der WTO-Normen untersucht werden. Wie bereits gesehen müssen in diesem Zusammenhang sodann Fragen der Eignung und -legitimation richterlicher Organe erörtert werden.

Schliesslich ist auf weitere Argumente pro und contra unmittelbare Anwendbarkeit einzugehen. Diese werden hier in drei Gruppen gegliedert. Eine erste Gruppe von Argumenten pro und contra unmittelbare Anwendbarkeit kreist um das neue Streitbeilegungsverfahren der WTO. Die Postulate von Vertretern der Konstitutionalisierungstheorie bilden eine zweite Gruppe, in welcher die Argumente für die unmittelbare Anwendbarkeit von WTO-Recht eindeutig überwiegen. Ihnen soll als dritte Gruppe diejenige der aussenpolitisch oder staatspolitisch motivierten Argumente gegen die unmittelbare Anwendbarkeit gegenübergestellt werden. Eine eigene Stellungnahme schliesst dieses Kapitel ab.

Die Abhandlung orientiert sich zwar an einem auf die Schweiz ausgerichteten Prüfungsprogramm; die Diskussion der verschiedenen Standpunkte und Argumente beschränkt sich indessen nicht auf schweizerische Stellungnahmen, sondern versucht einen Überblick über den Stand der internationalen Diskussion zu vermitteln und daraus Folgen für die Schweiz abzuleiten.

8.2 Aussagen des Völkerrechts

8.2.1 Allgemeines Völkervertragsrecht

Das zweistufige Programm zur Prüfung der unmittelbaren Anwendbarkeit eines völkerrechtlichen Vertrags ist unter 2.4 dargestellt worden. Diese Prüfung ist nun im folgenden auf die GATT/WTO 1994-Übereinkommen bezogen vorzunehmen.

Es ist bereits unter 2.3.2 ausgeführt worden, dass das allgemeine Völkervertragsrecht zwar Beachtung durch die Parteien verlangt, die Modalitäten seiner landesrechtlichen Umsetzung jedoch nicht vorschreibt. Es gibt denn auch keine Regel des allgemeinen Völkervertragsrechts, die vorschreiben würde, dass den Staatsverträgen unmittelbare Geltung zukommen solle, müsse oder dürfe – oder eben nicht. Es ist deshalb aus völkerrechtlicher Sicht auf die in Frage stehenden Verträge selbst abzustellen.

8.2.2 GATT vor Abschluss der Uruguay-Runde

Der Text des GATT 1947 schrieb die unmittelbare Anwendbarkeit seiner Normen weder vor noch schloss er sie ausdrücklich aus. Die Ablehung der unmittelbaren Anwendbarkeit wurde denn auch nicht auf konkrete Vertragsbestimmungen, sondern auf einen impliziten Anwendungsvorbehalt gestützt, der aus dem Gesamtzusammenhang, dem Sinn oder der Systematik des alten GATT hergeleitet wurde. Dabei dienten, mit unterschiedlicher Gewichtung, die bloss provisorische Anwendung, das Verfahren der Streitbeilegung und die Notstands- und Ausnahmebestimmungen (Art. XIX ff. GATT) als gewichtigste Argumente[676].

Im Vertragstext selbst ist Art. X Abs. 3 lit. b GATT am ehesten einschlägig, der die Vertragsparteien verpflichtet, gerichtliche Instanzen und Verfahren zur Überprüfung von Verwaltungsakten in Zollangelegenheiten bereitzustellen. Daraus ist sicherlich abzuleiten, dass die Signatarstaaten GATT-rechtlich zur Gewährung eines effizienten

676 EuGH, Verb. Rs. 21-24/72, *International Fruit Company*, Slg. 1972, S. 1219 ff., Rn. 19 ff.; EuGH, Rs. 280/93, *Deutschland/Rat*, Slg. 1994, S. I-4973 ff., Rn. 103 ff.; EuGH, Rs. C-96, *Portugal/Rat*, Slg. 1999, S. I-8395 ff., Rn. 36 ff.; JACKSON, US Constitutional Principles, S. 81; MAUDERER, S. 114; ZULEEG, Innerstaatliche Anwendbarkeit, S. 354 ff.

gerichtlichen Rechtsschutzes im GATT-relevanten Zollbereich gezwungen sind.

Anders als Art. XX GPA[677] schreibt Art. X Abs. 3 lit. b GATT jedoch nicht vor, dass die Feststellung und Beseitigung einer GATT-Verletzung in die Kognition der von ihm vorgeschriebenen Rechtsschutzinstanzen fallen müsse. Dass dieser Artikel die unmittelbare Anwendbarkeit des GATT voraussetze, scheint mir deshalb gewagt; wirksamer Rechtsschutz ist nämlich auch – in dualistischen Systemen sogar ausschliesslich – durch nationale Umsetzungsgesetze möglich. Insofern schreibt Art. X Abs. 3 lit. b GATT die unmittelbare Anwendbarkeit nicht generell vor[678].

Im monistischen schweizerischen Kontext stellen Art. X Abs. 3 lit. b GATT und ähnliche Rechtsschutzbestimmungen in diversen Tokio-Kodizes[679] indessen die bundesgerichtliche *„Maison G. Sprl."*-Rechtsprechung, wonach das GATT nur die Beziehungen zwischen Staaten regeln wolle[680], bereits deutlich in Frage.

8.2.3 WTO-Recht nach Abschluss der Uruguay-Runde

8.2.3.1 Allgemeines

Die Uruguay-Runde brachte ebenfalls keine allgemeine, d.h. sämtliche Übereinkommen umfassende, völkerrechtliche Präzisierung der Rechtsschutzverpflichtungen der Mitgliedstaaten auf nationaler Ebene. Entgegen einem Vorschlag der Schweiz, sie in den Verträgen zu verankern[681], wurde die Frage der unmittelbaren Anwendbarkeit nicht ausdrücklich geregelt[682]. Das WTO-Übereinkommen hält in Art. XVI Abs. 4 lediglich fest: „Jedes Mitglied stellt sicher, dass seine Gesetze, sonstigen Vorschriften und Verwaltungsverfahren mit seinen Ver-

677 Vgl. unter 8.2.3.5.

678 So aber ANDRICH, S. 73, und wohl auch PETERSMANN, Constitutional Functions, S. 234; DERS., National Constitutions, S. 49 f.

679 Art. 11 des Übereinkommens von 1979 zur Durchführung des Art. VII GATT (1979 Customs Valuation Code); Art. 3 lit. f des Übereinkommens von 1979 über Importlizenzen (1979 Agreement on Import Licensing); Art. VI Abs. 5 des Übereinkommens von 1979 über das öffentliche Beschaffungswesen (1979 Agreement on Government Procurement), alle zitiert bei PETERSMANN, Constitutional Functions, S. 234 f.

680 BGE 112 Ib 183, S. 189, vgl. unter 5.2.1.2.

681 GATT-Doc. MTN.GNG/NG 8/W/67 vom 24.1.1990.

682 CARREAU/JUILLARD, S. 63 f.; DREXL, Unmittelbare Anwendbarkeit, S. 823, Fn 8; PETERSMANN, Dispute Settlement, S. 244 f.

pflichtungen aufgrund der als Anlage beigefügten Übereinkommen in Einklang stehen".

Ob sich ein impliziter Ausschluss der unmittelbaren Anwendbarkeit wiederum aus dem Gesamtzusammenhang ergibt, ist weiter unten insbesondere unter den Gesichtspunkten der verbleibenden Flexibilität und Reziprozität im Rahmen des Streitbeilegungsverfahrens näher zu untersuchen[683].

Von Bedeutung für sämtliche Übereinkommen ist, dies sei hier in Erinnerung gerufen, die institutionelle Verfestigung des Welthandelsrechts. Durch das Übereinkommen zur Errichtung der Welthandelsorganisation (WTO) ist das „provisorische" GATT 1947 in eine internationale Organisation mit eigener Rechtspersönlichkeit, also in einen rechtlich fest institutionalisierten Rahmen überführt worden. Dadurch entfällt das Argument des provisorischen Charakters, das bis zum Abschluss der Uruguay-Runde gegen die unmittelbare Anwendbarkeit vorgebracht worden war[684].

Andererseits ist auch zu sehen, dass sich aus dieser institutionellen Verfestigung nicht zwingend die unmittelbare Anwendbarkeit des WTO-Rechts ableiten lässt. Diese Überlegung hat das DSB-Panel im Fall *United States – Sections 301-310 of the Trade Act of 1974* zu einer etwas undifferenzierten Aussage bewogen: „the GATT/WTO did not create a new legal order the subjects of which comprise both contracting parties or Members and their nationals"[685].

Aus der Rechtsordnung der WTO im allgemeinen lässt sich zusammenfassend also noch keine Antwort auf die Frage der unmittelbaren Anwendbarkeit formulieren. Im folgenden soll deshalb kurz untersucht werden, ob und gegenenfalls wie sich die einzelnen Übereinkommen zur Frage der unmittelbaren Anwendbarkeit äussern.

8.2.3.2 GATT 1994

Das GATT 1994 stimmt in weiten Teilen mit seinem Vorgänger aus dem Jahr 1947 überein. Das neue GATT steht jedoch nicht mehr unter den Vorbehalten der bloss provisorischen Anwendung und der *Grandfather clause*. Dies verleiht dem neuen GATT – neben der bereits

683 Vgl. unter 8.5 und 8.7.2.

684 DREXL, TRIPS, S. 785, Fn 83; STAEHELIN, S. 239 f., je m.w.H.

685 WTO, *United States – Sections 301-310 of the Trade Act of 1974*, Bericht des Panels, 22. Dezember 1999 (WT/DS152/R), Rz. 7.72. Kritisch dazu PETERSMANN, Human Rights, S. 33.

besprochenen institutionellen Verfestigung im Rahmen der neugegründeten WTO – eine erhöhte Verbindlichkeit[686].

Materiell ist durch das neue Übereinkommen über Schutzmassnahmen das System von Ausnahme- und Sonderregelungen gestrafft worden. Damit ist dem Argument der zu grossen Geschmeidigkeit der GATT-Normen, das gegen die unmittelbare Anwendbarkeit des alten GATT vorgebracht wurde, weitgehend die Grundlage entzogen worden[687].

Nach dem Gesagten muss hinsichtlich des GATT 1994 ebenso wie beim GATT 1947 von Anwendungsfreiheit ausgegangen werden.

8.2.3.3 GATS

Das GATS beantwortet die Frage nach der unmittelbaren Anwendbarkeit seiner Normen ebenfalls nicht ausdrücklich. Hinzuweisen ist auf Art. VI Abs. 2 GATS, der sich an die Rechtsschutzbestimmung von Art. X Abs. 3 lit. b GATT anlehnt, jedoch schwächer formuliert ist. So müssen die unabhängigen Rechtsschutzinstanzen und -verfahren erst eingerichtet werden, „sobald dies praktisch durchführbar ist" und müssen nicht zwingend richterlichen Charakter haben. Bemerkenswert ist auch Art. VI Abs. 2 lit. b GATS, der die verfassungsmässige Struktur und die Rechtsordnung der Mitgliedstaaten ihren Rechtsschutzverpflichtungen gemäss lit. a vorbehält.

Aus dieser Bestimmung ist denn m.E. noch weniger als aus Art. X Abs. 3 lit. b GATT abzuleiten, dass der Vertrag seine unmittelbare Anwendung in den Mitgliedstaaten voraussetze. Es dürfte auch hier Anwendungsfreiheit gelten.

8.2.3.4 TRIPS

In den Verhandlungen zum TRIPS wurde die Frage der unmittelbaren Anwendbarkeit bewusst nicht thematisiert, so dass sie sich auch hier nicht endgültig aus dem Abkommenstext selbst beantworten lässt. Vielmehr überlässt es Art. 1 Abs. 1 Satz 3 TRIPS ausdrücklich den Mitgliedstaaten, die Methode zur landesrechtliche Durchsetzung des Abkommens festzulegen[688]. Hinzuweisen ist jedoch auf die besonders detaillierten Rechtsschutzbestimmungen in Art. 42 ff. TRIPS. So

686 DREXL, TRIPS, S. 785, Fn 83; OTT, S. 223 f.; STAEHELIN, S. 239 f.

687 EuGH, Rs. C-53/96, *Hermès International*, Slg. 1998, S. I-3603 ff, Schlussanträge des Generalanwalts TESAURO, Rn 29; BENEDEK, Einführung, S. 24 ff.; CARREAU/JUILLARD, S. 63 f.; OTT, S. 223 ff.

688 DREXL, TRIPS, S. 784 f.; MONCAYO VON HASE, S. 128; STAEHELIN, S. 235 ff.

schreibt Art. 42 vor: „Die Mitglieder stellen den Rechtsinhabern zivilprozessuale Verfahren für die Durchsetzung aller unter dieses Übereinkommen fallenden Rechte des geistigen Eigentums zur Verfügung." Dies macht deutlich, dass das TRIPS sehr wohl Rechtswirkungen auf der Ebene des Einzelnen entfalten will. Es ist jedoch zuzugeben, dass sich aus dieser Bestimmung keine Verpflichtung der Mitgliedstaaten zur unmittelbaren Anwendung des Übereinkommens ergibt.

Das TRIPS ist im Kontext der WTO-Übereinkommen in zweierlei Hinsicht ein Sonderfall. Dies betrifft zunächst den Regelungsgegenstand, der dem Privatrecht zugerechnet werden darf, was auch in Erwägung 4 der TRIPS-Präambel zum Ausdruck kommt, wo die „Erkenntnis" angerufen wird, „dass Rechte an geistigem Eigentum private Rechte sind"[689].

Im weiteren stellt sich das TRIPS insofern als Sonderfall dar, als es andere Konventionen des internationalen Immaterialgüterrechts inkorporiert, die ebenfalls unmittelbar anwendbar sind. So verweist das TRIPS in Art. 2 Abs. 1, Art. 9 Abs. 1 und Art. 35 auf Bestimmungen der Pariser Verbandsübereinkunft[690], der Berner Übereinkunft[691] sowie des IPIC-Vertrags[692], deren Bestimmungen in der Schweiz nach den allgemeinen Regeln unmittelbar anwendbar sind, d.h. wenn sie hinreichend genau und bestimmt formuliert sind und sich an den Rechtsanwender richten[693]. Bedeutsam ist in diesem Zusammenhang, dass sowohl die PVÜ als auch die RBÜ mit Art. 1 Abs. 1 Satz 3 TRIPS wörtlich übereinstimmende Bestimmungen enthalten[694].

Für die Frage der unmittelbaren Anwendbarkeit des TRIPS in der Schweiz bedeutet dies m.E., dass sich im Vertragstext selbst kein Hinweis gegen die unmittelbare Anwendbarkeit des TRIPS finden lässt. Vielmehr sprechen die Parallelen zu anderen immaterialgüter-

689 Vgl. dazu DREXL, TRIPS, S. 785; DUGGAL, S. 103 f.; EECKHOUT, S. 33; MONCAYO VON HASE, S. 123; OTT, S. 238 ff.; STAEHELIN, TRIPS, S. 236 f.

690 Pariser Verbandsübereinkunft zum Schutz des gewerblichen Eigentums, revidiert in Stockholm am 14. Juli 1967 (PVÜ; SR 0.232.04).

691 Berner Übereinkunft zum Schutzes von Werken der Literatur und Kunst, revidiert in Paris am 24. Juli 1971 (RBÜ; SR 0.231.15).

692 Vertrag über den Schutz des geistigen Eigentums im Hinblick auf integrierte Schaltkreise vom 26. Mai 1989, abgedruckt in GRUR Int. 1989, S. 772 ff. Zum Ganzen vgl. COTTIER/NADAKAVUKAREN, Challenge, S. 360; DUGGAL, S. 104 f.; OTT, S. 239; STAEHELIN, TRIPS, S. 230 f.

693 BGE 107 II 57 *(„Suisa")*; COTTIER/GERMANN, S. 52; STAEHELIN, TRIPS, S. 230 f.

694 Art. 25 Abs. 1 PVÜ resp. Art. 36 Abs. 1 RBÜ.

rechtlichen Abkommen und der teilweise eminent privatrechtliche Charakter seines Regelungsgegenstandes für die unmittelbare Anwendbarkeit des TRIPS. Dies deckt sich im übrigen mit der bundesrätlichen Beurteilung in der GATT-Botschaft 1994[695].

8.2.3.5 GPA

Das GPA normiert in Art. XX GPA („Widerspruchsverfahren") detaillierte und gerade im Vergleich mit den anderen Übereinkommen der Uruguay-Runde weitgehende Rechtsschutzanforderungen[696]. Aktivlegitimiert sind ausdrücklich die Lieferanten; sie müssen gemäss Art. XX Abs. 2 GPA „gegen angebliche Verletzungen des Übereinkommens im Rahmen von Beschaffungen, an denen sie ein Interesse haben oder hatten, Widerspruch anmelden können", und ihnen muss das Widerspruchsverfahren gemäss Art. XX Abs. 7 lit. c GPA „eine Berichtigung der Verletzung des Übereinkommens oder einen Ausgleich für den erlittenen Ausfall oder Schaden" ermöglichen. Das GPA hält also – im Unterschied zu den anderen hier untersuchten Übereinkommen des WTO-Rechts – explizit fest, dass der einzelne Lieferant den Rügegrund der Übereinkommensverletzung vorbringen können muss[697].

CLERC spricht in diesem Zusammenhang davon, das GPA wolle seine Umsetzung durch Zuerkennung verfahrensmässiger Rechte an die Submittenten fördern. Seine unmittelbare Anwendbarkeit bilde dazu ein notwendiges Korrelat[698]. In eine ähnliche Richtung zielt die Feststellung des Basellandschaftlichen Verwaltungsgerichts im *„Chienberg-Tunnel"* Entscheid, wonach Art. XX Abs. 2 GPA den Willen der Vertragsparteien zum Ausdruck bringe, „die individuelle Rechtsstellung der im Regelungsbereich des GPA tätigen Personen direkt zu beeinflussen"[699].

695 BBl 1994 IV 1, 287 f. So auch COTTIER/GERMANN, S. 52 f.

696 Vgl. CLERC, S. 339 ff.; KUNNERT, S. 281 ff.

697 Vgl. dagegen die schwächere Formulierung in Art. 42 TRIPS, wonach die Mitgliedstaaten den Rechtsinhabern „zivilprozessuale Verfahren für die Durchsetzung aller unter dieses Übereinkommen fallenden Rechte des geistigen Eigentums zur Verfügung" stellen.

698 CLERC, S. 323.

699 Entscheid des Verwaltungsgerichts vom 29. September/ 4. Oktober 1999 in Sachen *A.C.* (Nr. 172), BLVGE 1998/1999, S. 295 ff., Erwägung 7.2.2., S. 321; vgl. unter 5.6.4.2.

Diesen Überlegungen ist m.E. zuzustimmen; die unmittelbare Anwendbarkeit der Normen des GPA erscheint in diesem Licht – vorbehältlich ihrer Justiziabilität – als völkerrechtlich geboten.

Die Konsequenzen der somit zu fordernden unmittelbaren Anwendbarkeit des GPA für den gesamten Rechtskorpus des WTO-Systems sind jedoch angesichts des Sonderstatus des GPA als Plurilaterales Übereinkommen begrenzt. Von Belang sind sie aber immerhin mit bezug auf das nachfolgend zu erörternde Problem der Kompatibilität der unmittelbaren Anwendbarkeit von Normen des WTO-Rechts mit dem Regime von Art. 22 DSU, denn das DSU gilt auch für das GPA (Art. XXII Abs. 1 GPA).

8.2.3.6 Ergebnis

Die Analyse der völkerrechtlichen Vorgaben zur Frage der unmittelbaren Anwendbarkeit des WTO-Rechts (Prüfung erster Stufe) ergibt als Zwischenergebnis zunächst, dass die multilateralen Übereinkommen die Frage der unmittelbare Anwendbarkeit nicht explizit regeln.

Aus Sinn, Zweck und Systematik der Übereinkommen ergibt sich in einer rein völkerrechtlichen Betrachtungsweise Anwendungsfreiheit bezüglich GATT 1994 und GATS.

Dies dürfte für das TRIPS ebenfalls zutreffen; hingegen gebietet die Verknüpfung des TRIPS mit anderen Immaterialgüterrechtsverträgen m.E. dessen unmittelbare Anwendbarkeit im Rahmen der schweizerischen Rechtsordnung, soweit seine Normen justiziabel sind.

Anders präsentiert sich die Lage mit bezug auf das plurilaterale GPA; dessen Rechtsschutzbestimmung (Art. XX GPA) ist m.E. eindeutig zu Gunsten seiner unmittelbaren Anwendbarkeit zu verstehen.

8.3 Justiziabilität wichtiger Normen des WTO-Rechts

8.3.1 Einleitung

Unter 2.4 ist dargestellt worden, dass im Rahmen der von landesrechtlichen Kriterien bestimmten zweiten Prüfungsstufe zunächst nach der Justiziabilität völkerrechtlicher Normen zu fragen ist. Der Begriff der Justiziabilität bezeichnet in der hier verwendeten Terminologie die Eigenschaft einer Norm, ohne zusätzlichen legislativen Umsetzungsakt richterlicher Anwendung fähig zu sein. Diese Eigenschaft kommt einer Norm dann zu, wenn sie hinreichend klar und bestimmt ist und sich an den Rechtsanwender richtet[700].

Die Justiziabilität ist neben der völkerrechtlichen Zulässigkeit eine notwendige, aber nicht in allen Fällen ausreichende Bedingung der unmittelbaren Anwendbarkeit. Weitere Überlegungen können gebieten, selbst justiziablen Normen die unmittelbare Anwendbarkeit zu versagen, so insbesondere die mangelhafte Eignung und Legitimation eines richterlichen Organs im Einzelfall[701].

Dass in der Rechtsprechung, namentlich derjenigen schweizerischer Gerichte, die Justiziabilität von Normen des WTO-Rechts nur spärlich behandelt worden ist, wurde bereits gezeigt[702]. Demgegenüber wird in der Lehre mehrheitlich die Auffassung vertreten, die grundlegenden Normen der WTO-Übereinkommen seien hinreichend klar und bestimmt, um richterlicher Anwendung fähig zu sein[703].

Grundsätzlich kann gesagt werden, dass im Rahmen der Uruguay-Runde zahlreiche Bestimmungen durch die Vereinbarungen zur Auslegung des GATT 1994 sowie durch die das GATT ergänzenden Multilateralen Handelsübereinkünfte eine wesentliche Präzisierung erfahren haben[704]. Dies gilt beispielsweise für die allgemeinen Schutzmassnahmen gemäss Art. XIX GATT, die durch das Übereinkommen über Schutzmassnahmen von 1994 einlässlich geregelt werden.

Ebenfalls für die Justiziabilität wichtiger Bestimmungen des WTO-Rechts spricht die Praxis der Streitbeilegungsorgane der WTO und, wenn auch in geringerem Masse, diejenige früherer GATT-Panels.

700 Vgl. unter 2.4.3.1.

701 Vgl. unter 2.4.3.2.

702 Vgl. unter 5.

703 Allgemeine Aussagen finden sich bei ANDRICH, S. 73; COTTIER/NADAKAVUKAREN, Relationship, S. 92; HUDEC, Das GATT in der Rechtsordnung der Vereinigten Staaten von Amerika, S. 262; JACKSON, US Constitutional Law Principles, S. 81; MAUDERER, S. 117; PETERSMANN, Constitutional Functions, S. 234 f.; DERS., Duplik, S. 652; DERS., National Constitutions, S. 49 f.; STOLL, S. 128; hinsichtlich des GATT 1947, ZULEEG, S. 351 f.
Zu einzelnen Normen vgl. CARREAU/JUILLARD, S. 53, 63 f., 231, 233, 237 et passim; COTTIER, Bedeutung, S. 173 f.; COTTIER/MERKT, Auswirkungen, S. 48 (GPA); COTTIER/NADAKAVUKAREN, Challenge, S. 360 (TRIPS, Art. I und III GATT); CLERC, S. 321 ff., 330 ff. (GPA); DUGGAL, S. 110 (TRIPS); KUSCHEL, S. 690 (Art. I, II und III GATT); MENG, Gedanken, S. 1085 (Art. III und XI GATT, TRIPS); OTT, S. 223 ff.; STAEHELIN, TRIPS, S. 238 f. (TRIPS).

704 EuGH, Rs. C-53/96, Hermès International, Slg. 1998, S. I-3603 ff, Schlussanträge des Generalanwalts Tesauro, Rn 29; BENEDEK, Einführung, S. 24 ff.; CARREAU/JUILLARD, S. 63 f.; OTT, S. 223 ff.; STOLL, S. 140.

Die reichhaltige Spruchpraxis insbesondere der WTO-Panels und des Appellate Body zeigen eindrücklich, dass die Grundnormen des WTO-Rechts einer gerichtsförmigen Anwendung durchaus zugänglich sind[705]. Diese Praxis steht zudem den mitgliedstaatlichen Gerichten in zunehmendem Masse auch als Auslegungshilfe zur Verfügung.

In der Folge sollen einige Normen des GATT und weiterer Multilateraler Handelsübereinkünfte, des GATS, des TRIPS und des GPA, welche Grundprinzipien des WTO-Rechts zum Ausdruck bringen, auf ihre Justiziabilität untersucht werden. Es versteht sich, dass es – etwa in den besonderen Multilateralen Handelsübereinkünften des Anhangs 1A zum WTO-Übereinkommen – zahlreiche weitere Normen gibt, denen diese Eigenschaft ebenfalls zukommen könnte, die hier indessen nicht untersucht werden können. Ebenso versteht sich, dass zahlreiche andere Bestimmungen gar nicht erst auf ihre Justiziabilität hin geprüft werden müssen, etwa weil sie vorwiegend organisationsrechtlicher Natur sind (vgl. beispielsweise das WTO-Übereinkommen oder weite Teile des DSU), blosse Verhandlungspflichten statuieren (vgl. Art. XIX GATS) oder rein deklaratorischen Charakter haben (so etwa die Beschlüsse und Erklärungen der Minister zur Uruguay-Runde).

8.3.2 Garantien des gleichberechtigten Marktzugangs

8.3.2.1 Einleitung

Die unter 3.5.3 dargestellten Grundsätze der Meistbegünstigung und des Inländerprinzips sind im wesentlichen wirtschaftsvölkerrechtliche Ausprägungen der Rechtsgleichheit. Als solche sind sie grundsätzlich justiziabel, denn ob ein Verbot der wie im einzelnen auch immer umschriebenen Ungleichbehandlung verletzt ist oder nicht, ist ein Gericht in aller Regel ohne gesetzgeberische Präzisionen zu entscheiden in der Lage[706].

Freilich können Überlegungen betreffend die Organeignung dennoch zu richterlicher Zurückhaltung führen, etwa weil einem Gericht das Instrumentarium zur Ausübung von Regelungsermessen fehlt. Während es sehr einfach sein kann, das Bestehen einer Ungleichbe-

705 PETERSMANN, Duplik, S. 652. Illustrativ hierzu zudem die Darstellung der Praxis der GATT/WTO-Streitbeilegungsorgane zu den *Trade Related Environmental Measures* bei PETERSMANN, Dispute Settlement, S. 92 ff.

706 Dies zeigt sich beispielsweise in der ausserordentlich reichhaltigen Rechtsprechung des schweizerischen Bundesgerichts zu Art. 8 BV (Art. 4 aBV), vgl. dazu statt aller AUER/MALINVERNI/HOTTELIER, Band II, S. 475 ff., m.w.H.

handlung festzustellen, kann sich die Formulierung von diskriminierungsfreien Regeln als schwierig erweisen. In derartigen Fällen ist zu erwägen, ob diese Aufgabe nicht dem Gesetzgeber vorzubehalten ist[707]. Damit ist jedoch nicht die Justiziabilität einer Norm angesprochen, sondern die Eignung und Legitimation eines richterlichen Organs zur Entscheidungen in einem bestimmten Kontext.

8.3.2.2 Das Meistbegünstigungsprinzip: Art. I GATT, Art. II GATS, Art. 4 TRIPS

Das Meistbegünstigungsprinzip ist ausserordentlich klar und bestimmt formuliert (Art. I Abs. 1 GATT; Art. II GATS; Art. 4 TRIPS). Art. I Abs. 1 GATT verlangt ausdrücklich, die Meistbegünstigungsbehandlung habe „unverzüglich und bedingungslos“ zu erfolgen; diese Formulierung erscheint als hinreichend klar und bestimmt. Auch die zulässigen Ausnahmen, insbesondere von Art. XXIV GATT (vgl. auch die Vereinbarung zur Auslegung des Art. XXIV GATT) sind hinreichend präzise beschrieben[708].

CARREAU/JUILLARD lehnen demgegenüber die unmittelbare Anwendbarkeit von Art. I GATT ab mit der Begründung, es erfasse nur Waren, nicht Personen[709]. Dieses Argument erscheint semantisch, geht es doch beim Wirtschaftsecht letztlich immer um Interessen von Personen, nicht bloss um Waren.

Das GATS enthält in Art. II eine fast identische Meistbegünstigungsklausel wie das GATT. An der hinreichenden Bestimmtheit dieser Klausel ändert nichts, dass hiervon gemäss Art. II Abs. 2 GATS besondere anhand von Länderlisten ausgehandelte Ausnahmen zulässig sind, sofern sie in den entsprechenden Anhang aufgenommen wurden (Anlage zu Ausnahmen von Art. II)[710]. Auch die allgemeinen Ausnahmebestimmungen etwa gemäss Art. V GATS sind jenen des GATT sowohl inhaltlich als auch auch hinsichtlich der Bestimmtheit der Formulierung sehr ähnlich.

Noch stärker vom GATT inspiriert ist die Formulierung des Meistbegünstigungsgrundsatzes in Art. 4 TRIPS, der zudem die zulässigen

707 Vgl. unter 2.4.3.2.

708 COTTIER/NADAKAVUKAREN, Challenge, S. 360; KUSCHEL, S. 690; OTT, S. 225; SCHÄFERS, S. 776; ZULEEG, Innerstaatliche Anwendbarkeit, S. 351 f.

709 CARREAU/JUILLARD, S. 231.

710 OTT, S. 231. Für unmittelbare Anwendbarkeit hier auch CARREAU/JUILLARD, S. 233, da hier vom Text auch die Marktteilnehmer erfasst seien.

Ausnahmen abschliessend und durchaus detailliert regelt und damit ebenfalls als justiziabel erscheint[711].

Welcher legislativer Umsetzungsakte das Meistbegünstigungsprinzip bedürfe, um von einem Gericht angewendet werden zu können, ist nicht ersichtlich. Das Meistbegünstigungsprinzip hat deshalb m.E. als justiziabel zu gelten.

8.3.2.3 Prinzip der Inländerbehandlung

Das Prinzip der Inländerbehandlung findet seinen Niederschlag in Art. III GATT, Art. XVII GATS, Art. 3 TRIPS und Art. III GPA.

Art. III GATT verankert das Gebot der Inländerbehandlung bezüglich verschiedener Aspekte. Die wenig bestimmte und kaum an den Richter adressierte Formulierung von Abs. 1 („Die Vertragsparteien erkennen an, dass die inneren Abgaben und [...] nicht derart angewendet werden sollen, dass die inländische Erzeugung geschützt wird") sollte nicht darüber hinweg täuschen, dass in Abs. 2 (Gleichstellung eingeführter Waren hinsichtlich inneren Abgaben und anderen Belastungen) und Abs. 4 (Gleichstellung eingeführter Waren hinsichtlich von Normen über Verkauf, Angebot usw. im Inland) klare, umfassende und imperativ verfasste Gleichbehandlungsgebote verankert sind, die m.E. ohne weiteres von einem Gericht angewendet werden können[712].

Dies zeigt im übrigen auch die *„Fediol III"*-Entscheidung des EuGH, in welcher der EuGH Art. III materiell angewendet hatte, wenn auch bloss auf dem Wege mittelbarer Anwendbarkeit über das „Neue Handelspolitische Instrument"[713].

Im Anwendungsbereich des GATS gilt die Inländerbehandlung gemäss Art. XVII nur nach Massgabe der jeweiligen Verpflichtungsliste. So hat die EG die unmittelbare Anwendbarkeit für den Bereich

711 CARREAU/JUILLARD, S. 233; OTT, S. 241 f. A.M. MONCAYO VON HASE, S. 118 ff.

712 COTTIER/NADAKAVUKAREN, Challenge, S. 360; KUSCHEL, S. 690; MENG, Gedanken, S. 1085; OTT, S. 226; SCHÄFERS, S. 776; ZULEEG, S. 352; dagegen wiederum CARREAU/ JUILLARD, S. 237, mit derselben Begründung wie bezüglich Art. I GATT.

713 EuGH, Rs 70/87, Fediol III, Slg. 1989, S. 1781 ff., siehe unter 7.2.3. Vgl. demgegenüber den *„Kingston-Bier"*-Entscheid, in welchem das Bundesgericht eine unmittelbare Anwendung dieser Bestimmung unter Berufung auf den *„Maison G."*-Entscheid ablehnte (siehe unter 5.2.1.3.).

ihrer Verpflichtungen in der Liste ausdrücklich ausgeschlossen[714]. Die schweizerische Verpflichtungsliste enthält keine derartige Ausschlussklausel[715].

Eindeutig präsentiert sich die Lage hinsichtlich der Justiziabilität von Art. 3 TRIPS, der auch die zulässigen Ausnahmen vergleichsweise präzise regelt[716].

Mit Blick auf schweizerische Verhältnisse ist somit festzuhalten, dass das Prinzip der Inländerbehandlung durchwegs als justiziabel gelten darf.

8.3.2.4 Transparenzgebot

Das Transparenzgebot verleiht den Marktteilnehmern ein Recht auf Veröffentlichung der einschlägigen Normen (Art. X Abs. 1 GATT, Art. III Abs. 1 GATS), das angesichts seiner klaren und vollständigen Formulierung ebenfalls justiziabel sein dürfte[717].

8.3.3 Materielle Liberalisierungsnormen

8.3.3.1 Abbau tarifärer Handelshemmnisse

Der Abbau tarifarischer Handelshemmnisse, der gemäss Art. II GATT über die Listen der Zugeständnisse formalisiert wird, ist präzise fassbar: Die Zolltarife sind zahlenmässig festgelegt und justiziabel. Dass sie sich nicht aus Art. II GATT selbst ergeben, sondern erst in Verbindung mit den Listen der Zugeständnisse, tut dem keinen Abbruch, denn die Listen gehören gemäss Art. II Abs. 7 GATT als Anhänge zum Übereinkommen[718].

8.3.3.2 Verbot nichttarifärer Handelshemmnisse

Das in Art. XI GATT enthaltene Verbot mengenmässiger Beschränkungen dürfte als hinreichend bestimmt formuliert gelten, ebenso das Diskriminierungsverbot von Art. XIII GATT, das im Falle zulässiger

714 GATS, Verpflichtungsliste der EG und ihrer Mitgliedstaaten, zitiert bei EECKHOUT, S. 34; OTT, S. 230.

715 GATS, Suisse: Liste d'engagements spécifiques (GATS/SC/83).

716 CARREAU/ JUILLARD, S. 237; OTT, S. 242.

717 So für das GATS OTT, S. 231.

718 KUSCHEL, S. 690; ZULEEG, S. 352. Anders jedoch der Bundesrat, GATT-Botschaft 2, S. 1012; OTT, S. 226.

Ausnahmen zum Tragen kommt[719]. Andere Bestimmungen über nichttarifarische Massnahmen sind komplizierter. Hier müssen auch die zahlreichen Sonderübereinkommen beigezogen werden, die mit bezug auf die zulässigen Ausnahmen eine gewisse Klärung herbeigeführt haben[720].

An dieser Stelle sollen lediglich die einschlägigen Bestimmungen zu drei ausgesuchten Problemkreisen aus dem Bereich der nichttarifarischen Handelshemmnisse exemplarisch kurz auf ihre Justiziabilität untersucht werden. Es handelt sich dabei um die Themen Warendurchfuhr, Einfuhrlizenzen und Antidumping. Sie wurden ausgewählt, weil sich dazu in der schweizerischen Rechtspraxis bereits Anknüpfungspunkte finden lassen.

Mit Bezug auf Belastungen der Warendurchfuhr, wie sie dem *„leading case“ Maion G. Sprl.* zugrunde lagen, sind insbesondere Art. V Abs. 3 GATT und Art. VIII Abs. 1 GATT zu beurteilen. Art. V Abs. 3 GATT muss m.E. als justiziabel angesehen werden, denn er verbietet klar Durchfuhrabgaben und -belastungen, die den Verwaltungsaufwand und die Kosten der erbrachten Dienstleistungen übersteigen.

Mit Blick auf Art. VIII GATT über die Gebühren und Förmlichkeiten im Zusammenhang mit der Einfuhr und Ausfuhr ist festzuhalten, dass die diesbezüglich geltenden Grundsätze in Abs. 1 ausreichend präzise bestimmt sind. Sodann ist indessen Abs. 2 zu beachten, der die Vertragsparteien verpflichtet, „auf Antrag der VERTRAGSPARTEIEN die Anwendung ihrer Gesetze und sonstigen Vorschriften im Hinblick auf diesen Artikel zu überprüfen“. Gegner der unmittelbaren Anwendbarkeit würden diesen Passus wohl als Argument verwenden. Es ist indessen keineswegs so, dass sich daraus ein völkerrechtlicher Ausschluss der unmittelbaren Anwendbarkeit ergeben würde. Diese bleibt vielmehr über die minimale völkerrechtliche Überprüfungsverpflichtung hinaus nach Massgabe des Landesrechts erlaubt bzw. aufgrund der bundesgerichtlichen Rechtsprechung zur unmittelbaren Anwendbarkeit völkerrechtlicher Verträge angezeigt.

Nachdem die schweizerischen Gerichte mehrfach mit der GATT-Verträglichkeit von Systemen zur Verteilung von Einfuhrlizenzen befasst waren[721], ist hier festzuhalten, dass das einschlägige Überein-

719 Ott, S. 226.

720 Vgl. etwa das Übereinkommen über die Anwendung gesundheitspolizeilicher und pflanzenschutzrechtlicher Massnahmen, das Übereinkommen über technische Handelshemmnisse, das Übereinkommen über Einfuhrlizenzverfahren oder das Übereinkommen über Schutzmassnahmen.

721 Siehe unter 5.2 und 5.3.

kommen über Einfuhrlizenzverfahren, insbesondere in den Art. 2 und 3, sehr präzise formuliert ist und detaillierte Regeln für die Vergabe von Einfuhrlizenzen aufstellt, die m.E. klarerweise justiziabel sind. Dies belegt im übrigen auch der *„Bresaola"*-Entscheid des schweizerischen Bundesgerichts, in welchem die genannten Bestimmungen materiell sehr wohl zur Anwendung gelangten, obwohl ihre unmittelbare Anwendbarkeit vom Gericht explizit offen gelassen wurde[722].

Bezüglich Antidumping und Ausgleichszölle lässt sich sagen, dass Art. VI Abs. 1 GATT kein justiziables Verbot des Dumping entnommen werden kann. Die Vertragsparteien erkennen lediglich an, dass Dumping unter gewissen Bedingungen „zu verurteilen ist". Demgegenüber ist das Verbot überrissener Gegenmassnahmen in Art. VI Abs. 3-5 GATT wesentlich bestimmter[723]. Bemerkenswert ist in diesem Zusammenhang, dass in der Schweiz auf eine legislative Umsetzung des Antidumping-Übereinkommens verzichtet worden ist, wohl nicht zuletzt deshalb, weil es in den Augen des Bundesrates unmittelbarer Anwendung fähig ist, wie Bundesrat COTTI im Nationalrat bekannte[724].

Bedeutsam ist mit Blick auf potentiell kontroverse Konstellationen auch die Justiziabilität der Ausnahmebestimmungen, insbesondere von Art. XX GATT und den einschlägigen Normen in den Sonderübereinkommen wie etwa Art. 5 des Übereinkommens über die Anwendung gesundheitspolizeilicher und pflanzenschutzrechtlicher Massnahmen. Diese Bestimmungen, die dem Ausgleich und der Abwägung von Freihandelsprinzipien und anderen Politikzielen dienen, sind inzwischen durch die Rechtsprechung der Streitbeilegungsorgane wesentlich präzisiert und illustriert worden[725]. Sie dürften damit als justiziabel bezeichnet werden. Eine richterliche Beurteilung von derartigen Massnahmen entspricht im übrigen insoweit der traditionellen Auffassung von Gewaltenteilung, als es hier im Kern ja häufig um eine Verhältnismässigkeitsanalyse geht, die jener im Rahmen der – nota bene in richterlicher Rechtsprechung entwickelten – Schrankendoktrin bei den Freiheitsrechten nicht unähnlich ist.

722 Siehe unter 5.3.1.2.

723 CARREAU/JUILLARD, S. 246; OTT, S. 226 f.

724 Siehe unter 4.3.1.

725 Vgl. unter 3.5.5.

8.3.3.3 Marktzugang im Rahmen des GATS

Die im Rahmen des GATS gewährten Marktzugangsgarantien ergeben sich gemäss Art. XVI erst in Verbindung mit den Listen der Zugeständnisse der einzelnen Mitgliedstaaten. Das GATS folgt diesbezüglich der Systematik von Art. II GATT. Wie dort ist auch hier aus der Verweisungstechnik des Hauptabkommenstextes nicht auf mangelnde Justiziabilität zu schliessen, denn aus Art. XVI GATS und den jeweiligen Listen (die gemäss Art. XX Abs. 3 GATS „wesentlicher Bestandteil des Übereinkommens" bilden) ergeben sich klare Regeln, die richterlicher Handhabung durchaus fähig sind[726].

8.3.4 Spezifika des TRIPS

Für die Justiziabilitätsprüfung des TRIPS ist wiederum auf den besonderen privatrechtlichen Regelungsgegenstand dieses Übereinkommens hinzuweisen[727], der klar für die Justiziabilität zumindest gewisser seiner Bestimmungen spricht[728]. Wie bereits weiter oben erwähnt ist die Justiziabilität der grundlegenden Prinzipien der Meistbegünstigung und Inländerbehandlung gegeben.

Dasselbe gilt auch für eine Vielzahl von hier nicht einzeln zu nennenden Mindestschutz-Bestimmungen aus dem Teil II des Übereinkommens („Normen betreffend die Verfügbarkeit, den Umfang und die Ausübung von Rechten des geistigen Eigentums")[729].

Was Teil III („Durchsetzung der Rechte des geistigen Eigentums") anbelangt, so ist zwar zuzugestehen, dass sich die Formulierung von Art. 41 Abs. 1 TRIPS an die Vertratsstaaten als Gesetzgeber richtet („Die Vertragsstaaten stellen sicher, dass die in diesem Teil aufgeführten Durchsetzungsverfahren in ihrem Recht vorgesehen werden..."). Dennoch fällt auf, dass die nachfolgenden Verfahrensbestimmungen sehr detailliert und so m.E. auch justiziabel sind, wie dies seitens des

726 A.M. Ott, S. 231.

727 Vgl. unter 8.2.3.4.

728 GATT-Botschaft 1994, S. 287; Carreau/Juillard, S. 161 f.; Drexl, TRIPS, S. 785; Duggal, S. 103 f.; Ott, S. 239. A. M. Ullrich, S. 639 f., der die Interessen privater Wirtschaftssubjekte durch eine nichtreziproke, nur durch einzelne Staaten gewährleistete unmittelbare Anwendbarkeit des TRIPS gefährdet sieht.

729 GATT-Botschaft 1994, S. 287; Ott, S. 239.

Bundesrat in seiner Botschaft mit Bezug auf Art. 50 TRIPS auch vertreten wurde[730].

8.3.5 GPA

Das GPA enthält, neben konkretisierungsbedürftigen Grundsätzen, sehr detaillierte Regeln, insbesondere über die Ausschreibung und das Vergabeverfahren, die mindestens zum Teil justiziabel sind[731]. Daneben legt es für das Rechtsmittelsystem vergleichsweise ausführliche Standards fest, deren Justiziabilität jedoch – angesichts der Wortlauts von Art. XX Abs. II GPA wohl zu Recht – umstritten ist[732].

8.3.6 Ergebnis

Zusammenfassend ist festzuhalten, dass zahlreiche Bestimmungen der WTO-Übereinkommen justiziabel, d.h. hinreichend klar und bestimmt formuliert sowie an den Rechtsanwender gerichtet sind. Diese Bestimmungen sind somit richterlicher Anwendung grundsätzlich fähig. Dies gilt insbesondere mit Bezug auf wichtige Grundnormen wie Meistbegünstigung, Inländerbehandlung und Bindung an die Listen der Zugeständnisse.

8.4 Organeignung und -legitimation

Wie gezeigt sind im Zusammenhang mit den grundlegenden Bestimmungen des WTO-Rechts die allgemeinen Kriterien für die unmittelbare Anwendbarkeit völkerrechtliche Verträge, wie sie traditionellerweise formuliert wurden, erfüllt. Es wurde indessen bereits unter 2.4.3

730 GATT-Botschaft 1994, S. 287; COTTIER/GERMANN, S. 52.

731 GATT-Botschaft 2-1994, S. 1171; CLERC, S. 321 ff., insbes. Fn 246; GALLI/LEHMANN/RECHSTEINER, S. 2.

732 Befürwortend CLERC, S. 321 ff. und 332. Ablehnend die GATT-Botschaft 2-1994, S. 1171; GADOLA, S. 970. Differenziert das Basellandschaftliche Verwaltungsgericht in seinem *„Chienberg"*-Entscheid vom 29. September/ 4. Oktober 1999 in Sachen *A.C.* (Nr. 172), BLVGE 1998/1999, S. 295 ff. (siehe unter 5.6.4.2).

gezeigt, dass es damit nicht sein Bewenden haben kann. Vielmehr sind weitere Gesichtspunkte zu klären. Zunächst ist auf Fragen der Organeignung und -legitimität einzugehen[733].

Wie dargelegt geht es bei der Organeignung und -legitimation darum, ob ein Gericht im konkreten Einzelfall als geeignet und legitimiert erscheint, einen verbindlichen Entscheid zu treffen. Dies ist auch und gerade ein Problem der Gewaltenteilung und des Gesetzesvorbehalts, dem gemäss Art. 164 BV sind alle wichtigen rechtsetzenden Bestimmungen in der Form des Bundesgesetzes zu erlassen.

Es ist denkbar, dass einer richterlichen Entscheidung im Einzelfall aufgrund ihrer Tragweite als Präzedenzfall eine Bedeutung zukäme, die mit derjenigen von wichtigen rechtssetzenden Bestimmungen gleichzusetzen wäre. In diesem Fall ist u.U. richterliche Zurückhaltung angezeigt. Es ist unter 2.4.3.2 bereits gezeigt worden, dass diese Zurüchhaltung m.E. am ehesten über das Institut des Appellentscheids auszuüben ist.

Welches wären nun die Fälle, in denen eine derartige richterliche Selbstbeschränkung angezeigt wäre? Zu denken ist an Konstellationen, die angesichts ihrer politischen, wirtschaftlichen oder gesellschaftlichen Bedeutung nach einer generell-abstrakten, demokratisch unmittelbar legitimierten Normierung rufen.

Ein mögliches Beispiel wäre etwa ein vor Gericht geltend gemachter Konflikt zwischen den sektoriellen Abkommen zwischen der Schweiz und der EG auf der einen Seite und dem Meistbegünstigungsprinzip (Art. I) und den Regeln über Freihandelszonen (Art. XXIV) des GATT auf der anderen Seite. Nehmen wir an, ein rumänischer Agrar-Exporteur bestehe darauf, zum selben Zollsatz wie sein französischer Konkurrent in die Schweiz liefern zu können. Nehmen wir weiter an, er berufe sich dabei auf das Meistbegünstigungsprinzip und vertrete die Auffassung, zwischen der Schweiz und der EG bestünde keine Freihandelszone im Sinne von Art. XXIV Abs. 8 lit. b GATT, weil das FHA und die sektoriellen Abkommen nicht annähernd den gesamten Handel erfassten. Sollte das Gericht geneigt sein, den Ausführungen des Beschwerdeführers zu folgen, was m.E. unrealistisch ist, so hätte es wohl grösste Bedenken, die seitens der Schweiz hart erkämpften „Bilateralen" durch ein Urteil auf Angenörige von Drittstaaten politisch so fundamental in Frage zu stellen.

Weitere ähnlich konfliktträchtige Konstellationen könnten sich abzeichnen, wo wie im „Bananen"-Fall ganze Markt- oder Subventions-

733 Vgl. unter 2.4.3.2.

ordnungen wegen gerügter Unvereinbarkeit mit den einschlägigen Bestimmungen des WTO-Rechts angefochten würden.

Ein Appellentscheid könnte hier – zumindest vorübergehend – einen Ausweg weisen. Er würde jedenfalls die Legislative oder, wie im Bereich der Aussenpolitik, die Exekutive zum Handeln zwingen, denn ein derartiger Entscheid dürfte sich als wirksame Drohkulisse im Hintergrund, als eigentliches Damoklesschwert erweisen, zumal wenn aus dem Urteilstext hervorgeht, dass das Gericht lediglich vorübergehend bereit ist, sich dergestalt Selbstbeschränkung aufzuerlegen.

Festzuhalten bleibt einmal mehr, dass das Begehen von derartigen „Fluchtwegen" aus rechtsstaatlichen und grundrechtlichen Überlegungen auf besonders brisante Ausnahmefälle zu beschränken ist.

8.5 Das Streitbeilegungsverfahren und die Frage der unmittelbaren Anwendbarkeit

8.5.1 Die Verrechtlichung des Streitbeilegungsverfahrens durch das DSU

Die Darstellung der Rechtsprechung des EuGH zur Frage der unmittelbaren Anwendbarkeit des GATT 1947 hat deutlich gemacht, dass das frühere System der Streitbeilegung wegen seines wenig justizförmigen und stark auf politische Einigung ausgerichteten Charakters als eines der Hauptargumente gegen die unmittelbare Anwendbarkeit des alten GATT galt[734].

Das Streitbeilegungsverfahren ist nun aber im Rahmen der Uruguay-Runde wie gesehen stark verrechtlicht worden[735]. Dies hat das Argument, das System des GATT sei auf politische Flexibilität ausgerichtet und könne aus diesem Grund vom Einzelnen nicht vor Gericht angerufen werden, in den Augen vieler entkräftet[736].

734 Vgl. den Grundsatzentscheid EuGH, verb. Rs. 21-24/72, *International Fruit Company gegen Produktschap voor Groenten en Fruit*, Slg. 1972, S. 1219 ff., siehe unter 7.2.

735 Vgl. unter 3.4.2.

736 EuGH, Rs. C-53/96, *Hermès International*, Slg. 1998, S. I-3603 ff, Schlussanträge des Generalanwalts TESAURO, Rn 29; BEISE, S. 228 f.; COTTIER, Dispute Settlement, S. 335; DREXL, Unmittelbare Anwendbarkeit, S. 847 ff.; MAUDERER; S. 153 ff.; MENG, S. 1084 ff.; OPPERMANN, Die Europäische Gemeinschaft

Gewichtige Stimmen halten indessen auch die verbleibenden Elemente politischer Flexibilität im neuen System der Streitbeilegung für ein Indiz dafür, dass eine unmittelbare Anwendung des WTO-Rechts in den Mitgliedstaaten aufgrund des Gesamtzusammenhangs als ausgeschlossen oder doch unzweckmässig anzusehen sei. Auf diese Überlegungen ist im folgenden einzutreten.

8.5.2 Verhandlungs- und Flexibilitätselemente der neuen Regelung

Auch dem neuen Streitbeilegungsmechanismus sind die Aspekte der diplomatischen Flexibilität und der Wünschbarkeit politischer Verhandlungslösungen nicht fremd. Ziel der Streitschlichtung ist die Konfliktlösung, und diese soll wenn möglich eine einvernehmliche sein (Art. 3 Abs. 7 DSU). So stehen Konsultationen am Anfang des Verfahrens (Art. 4 DSU) und sind einvernehmliche Lösungen auch im Panel-Verfahren erwünscht (Art. 11 DSU). Zu betonen ist jedoch, dass derlei Verhandlungslösungen gemäss Art. 3 Abs. 5 DSU mit dem WTO-Recht im Einklang stehen müssen. Deshalb ist es – jedenfalls unter streng juristischem Gesichtspunkt – unrichtig zu sagen, die Rechte und Pflichten des WTO-Rechts stünden zur Disposition der Vertragsparteien[737].

Dennoch ist zuzugeben, dass sich zwischen dem Streitbeilegungsverfahren der WTO, das wie gesehen auch diplomatisch-politische Elemente aufweist, und einem gerichtlichen Verfahren auf nationaler Ebene Koordinationsprobleme ergeben können. Das Dilemma zwischen politischer Flexibilität nach aussen und gerichtlichem Rechtsschutz im Innern lässt sich wohl letztlich nicht auf eine theoretisch befriedigende Art und Weise ausräumen.

Zentral ist dieses Dilemma namentlich in der Rechtsprechung des EuGH zum neuen GATT, aus der deutlich die Furcht spricht, die Gemeinschaft werde in ihrer Verhandlungsfreiheit bei Konsultationen im Rahmen der Streitbeilegung eingeengt, falls die Einhaltung des WTO-Rechts im Innern der Gemeinschaftsrechtsordnung über den Weg der unmittelbaren Anwendbarkeit erzwungen werden könnte[738].

---

und Union, S. 924, 927 f.; PETERSMANN, Dispute Settlement, S. 194 ff.; STAEHELIN, TRIPS, S. 240.

737 So aber HIPPLER-BELLO, S. 416 ff.; SACK, S. 650. Ablehnend auch JACKSON, Misunderstandings, S. 60 f.; MAUDERER, S. 157; PETERSMANN, Duplik, S. 653.

738 Vgl. insbesondere den Entscheid EuGH, Rs. C-149/96, *Portugal/Rat*, Slg. 1999, S. I-8395, Rn. 36 ff., siehe unter 7.3. In diesem Sinne auch HILPOLD, S. 272 ff.;

Dieses Argument ist aus politischer Sicht verständlich, spricht in einer juristischen Betrachtung indessen nicht gegen die unmittelbare Anwendbarkeit des WTO-Rechts. Die richterliche Überprüfung von Rechtsakten auf ihre Übereinstimmung mit den Normen des WTO-Rechts durch nationale Instanzen und Verhandlungen im Rahmen eines DSB-Verfahrens haben unterschiedliche Funktionen und sind auseinander zu halten. Das innerstaatliche Verfahren dient in erster Linie der korrekten Anwendung des Rechts, auch desjenigen der WTO. Für Verhandlungen im Sinne des DSU ist in der Regel erst Bedarf, wenn die Differenzen auf dem Wege des gerichtlichen Verfahrens innerhalb eines Mitgliedstaates nicht ausgeräumt werden konnten. Das Streitbeilegungsverfahren der WTO ist dem mitgliedstaatlichen Gerichtsverfahren somit in der logischen Abfolge der Rechtsdurchsetzung nachgeordnet.

Der Grundsatz der zweistufigen Durchsetzung völkerrechtlicher Normen hat sich im Völkergewohnheitsrecht als *Exhaustion of local remedies rule* verfestigt[739]. Die Regel besagt, dass vor der Inanspruchnahme einer internationalen Streitschlichtungsinstanz zunächst die nationalen Rechtsschutzwege im Vertragsstaat auszuschöpfen sind, dem eine Vertragsverletzung vorgeworfen wird.

Gewisse Autoren haben diesen Grundsatz zur Lösung des angesprochenen Dilemmas herbeizuziehen versucht[740]. Dies ist nicht abwegig, denn das DSU äussert sich zu dieser Regel nicht explizit, weshalb zunächst davon auszugehen wäre, dass sie auch im Rahmen des DSU Gültigkeit hat. Das würde bedeuten, dass sich ein WTO-Mitgliedstaat gar nicht erst auf ein Streitbeilegungsverfahren einzulassen bräuchte, solange sein landesrechtliches Rechtsschutzsystem nicht ausgeschöpft worden wäre.

Die Geltung der *Exhaustion of local remedies rule* im WTO-Recht wird aber von gewichtigen Stimmen, insbesondere unter Hinweis auf die Staatenpraxis, abgelehnt[741]. Der Hinweis auf die Staatenpraxis ist indessen zu relativieren; es versteht sich, dass die Einrede der *Exhaustion of local remedies rule* unbeachtlich sein muss, solange die

---

DREXL, Unmittelbare Anwendbarkeit, S. 836 f.; KRENZLER, Rz. 85; LEE/KENNEDY, S. 87 f.; SACK, S. 650 f.; VON BOGDANDY/MAKATSCH, S. 266.

739 ICJ, *Interhandel, (USA v. Schweiz)*, ICJ Rep. 1959, S. 6, 24 ff.; Art. 22 des ILC Draft on State Responsibility, ILC Yearbook 1977 Vol. II Part 2, S. 30 ff.; KUIJPER, The Law of GATT, S. 233 ff.; DERS., Impact, S. 65 ff.; MONCAYO VON HASE, S. 129 ff.

740 KUIJPER, The Law of GATT, S. 233 ff.; MONCAYO VON HASE, S. 129 ff.

741 COTTIER, Dispute Settlement, S. 341 f.; HILF, The Role of National Courts, S. 335; PETERSMANN, Dispute Settlement, S. 240 ff.

unmittelbare Anwendbarkeit und somit eine gerichtsförmige Überprüfung der in Frage stehenden Übereinkommen im betroffenen Mitgliedstaat nicht möglich ist.

Gegen die Geltung der *Exhaustion of local remedies rule* spricht jedoch die Überlegung, unzulässige Handelshemmnisse rasch und auf hoher Ebene zu beseitigen, u.a. weil das DSB keine rückwirkende Entschädigung zusprechen kann. Dieses Rationale kommt auch darin zum Ausdruck, dass gemäss der Praxis der WTO- und teilweise schon der GATT 1947-Streitbeilegungsorgane bereits der Erlass von Gesetzen und nicht erst deren Anwendung als Verletzung des WTO-Rechts angesehen werden kann. Dies galt erst nur für zwingende Normen, bei deren Umsetzung die Verwaltung keinen Ermessensspielraum hatte[742], wurde aber kürzlich auch auf andere Gesetze ausgeweitet[743]. Im Ergebnis wird man also festhalten müssen, dass das Dilemma zwischen aussenpolitischer Flexibilität und landesrechtlichem Rechtsschutz nicht durch die *Exhaustion of local remedies rule* aufgelöst werden kann.

Ebenfalls nicht ganz zu befriedigen vermag das Argument, dass eine Exekutivbehörde in Verhandlungen nicht an Urteile ihrer nationaler Gerichte gebunden sei, was die Auslegung des WTO-Rechts anbelangt, denn für diese sei in letzter Instanz das DSB zuständig[744]. Dies kann m.E. nur *pro futuro* gelten. Überlegungen der Rechtssicherheit und des Gutglaubensschutzes gebieten klarerweise, dass ein zuvor von einer Einzelperson im Gerichtsverfahren erwirktes Urteil von abweichenden Verhandlungslösungen zwischen den betroffenen Staaten unberührt bleibt. Dies steht auch deshalb ausser Frage, weil die Ergebnisse des DSB-Verfahrens die Rechtskraft von schweizerischen Urteilen nicht berühren, wie dies bei Urteilen des Europäischen Gerichtshofs für Menschenrechte der Fall ist[745].

Im schweizerischen Kontext sind m.E. in einer pragmatischen Sicht trotz verbleibenden Unklarheiten in der Theorie kaum Friktionen zwischen einem gerichtsförmigen landesrechtlichen Verfahren und gleichzeitig laufenden Verhandlungen im Rahmen des DSB zu erwar-

742 *Argentina – Measures Affecting Imports of Footwear, Textiles, Apparel and other Items,* Bericht des Panels, angenommen am 22. April 1998 (WT/DS56/R), Ziff. 6.66 ff.; *US – Taxes on Petroleum (Superfund case)*, Bericht des Panels, angenommen am 17. Juni 1987, 34 Supp BISD, S. 136 ff. (1988).

743 *US-Sections 301-310 of the Trade Act of 1974*, Bericht des Panels, angenommen am 27. Januar 2000 (WT/DS152/1, 2000).

744 MAUDERER, S. 158 ff.; PETERSMANN, Die EWG als GATT-Mitglied, S. 119, 162 f.

745 Art. 139a Abs. 1 OG.

ten. Dies schon deshalb, weil man von einer gewissen, meist politisch motivierten Zurückhaltung der Mitgliedstaaten, auf das Streitbeilegungsverfahren gemäss DSU zurückzugreifen, ausgehen darf. Individualklagen vor nationalen Gerichten werden demgegenüber wesentlich häufiger sein. Sollten aber tatsächlich die Streitschlichtungsorgane der WTO und ein schweizerisches Gericht zur selben Zeit mit derselben Rechtssache befasst sein, so liegt die Lösung m.E. auf der Hand: Das schweizerische Gericht müsste seine Entscheidung aussetzen bis zu einer Klärung der relevanten Fragen auf internationaler Ebene[746]. Dies ergibt sich aus zwei Überlegungen. Einerseits liegt die Kompetenz zur Klärung von Fragen des WTO-Rechts primär bei den Streitbeilegungsorganen der WTO und nicht bei den Gerichten der Mitgliedstaaten. Im weiteren spricht – zumindest in Abwesenheit einer *Exhaustion of local remedies rule* – auch der Vorrang des Völkerrechts für die Primärzuständigkeit des internationalen Streitbeilegungsgremiums.

Diese Überlegungen zeigen, dass lediglich zwei Fallkonstellationen verbleiben, in welchen durch die unmittelbare Anwendbarkeit des WTO-Rechts im landesrechtlichen Kontext Verhandlungslösungen auf internationaler Ebene erschwert würden. Dies betrifft zum einen Verhandlungslösungen, welche sich entweder ausserhalb des Rahmens des WTO-Rechts bewegen[747], und zum andern solche, die sich über bereits ergangene Urteile nationaler Gerichte hinwegsetzen und Rückwirkung entfalten würden.

Kompromisse ausserhalb der einschlägigen Übereinkommensbestimmungen mögen politisch wünschbar sein. Für die rechtliche Frage der unmittelbare Anwendbarkeit des WTO-Rechts sind sie aber irrelevant, da sie durch Art. 3 Abs. 3 DSU als unzulässig bezeichnet werden. Zuzugeben ist aber, dass rechtswidrige Vereinbarungen erst auf Initiative verletzter Drittstaaten beseitigt werden können, was wohl nicht in allen Fällen realistisch ist[748].

Rückwirkende Verhandlungslösungen wären insofern fragwürdig, als sie ein ausgeprägt obrigkeitliches Staats- und Völkerrechtsverständnis zum Ausdruck bringen: Der Einzelne könnte sich in dieser Logik gar nicht auf einen Staatsvertrag verlassen, denn die ihm daraus aufgrund des Wortlauts zustehenden Rechte könnten durch die betroffenen Staaten jederzeit rückwirkend wieder abbedungen werden. Eine

746 So auch HILF, The Role of International Courts, S. 353.

747 MAUDERER, S. 159 f.

748 MENG, Verfahrensrechtliche Rechtsstellung, S. 84.

derartige Rückwirkung wäre angesichts des Rückwirkungsverbots auch landesrechtlich höchst bedenklich und ist deshalb abzulehnen.

8.5.3 Exkurs: Unmittelbare Anwendbarkeit von DSB-Entscheidungen?

Der je nach Betrachtungsweise mehr oder weniger schwer wiegende Konflikt zwischen den im DSU vorgesehenen Verhandlungsspielräumen und der unmittelbaren Anwendbarkeit von Normen des WTO-Rechts besteht nur in stark verminderter Form, soweit es sich bei letzteren um Entscheidungen des DSB selbst handelt, denn diese ergehen in der Regel erst, nachdem die Verhandlungen zwischen den Streitparteien gescheitert sind[749]. Zudem entfällt bei Vorliegen eines Panel- oder Appellate Body-Berichts das Argument der Flexibilität wichtiger Bestimmungen, denn der Bericht hat ja eine autoritative Entscheidung über eine Vertragsverletzung herbeigeführt, so dass diese nicht mehr unter Verweis auf die Flexibilität einer Regelung in Frage gestellt werden kann.

Vor diesem Hintergrund wird von Vertretern der Lehre – gleichsam als pragmatischer Mittelweg – vorgeschlagen, die unmittelbare Anwendbarkeit auf die Entscheidungen des DSB zu begrenzen. Das Primärrecht der WTO sollte also nach dieser Lehrmeinung nicht vor nationalen Gerichten angerufen werden können. Die nationalen Gerichte kämen erst nach der Feststellung einer Verletzung von WTO-Recht durch das DSB zum Zug[750]. Dies käme den Skeptikern einer dezentralen richterlichen Durchsetzung des WTO-Rechts entgegen, die bei einer Anwendung durch nationalstaatliche Gerichte um die Konsistenz der Auslegung besorgt sind.

Die unmittelbare Anwendbarkeit von DSB-Entscheidungen wirft ihrerseits schwierige rechtliche Fragen rund um die Rolle der Gerichte im Zusammenhang mit der mitgliedstaatlichen Umsetzung von DSB-Entscheidungen auf, die hier jedoch nicht erörtert werden können[751].

749 Anders liegen die Dinge nur, wenn sich die Streitparteien nach der Annahme des Panel- oder *Appellate Body*-Berichts auf dem Verhandlungsweg einigen.

750 EECKHOUT, S. 52 ff.; HILF, Meinrad, The Role of National Courts, S. 324, 341 f.; KUSCHEL, S. 691. Differenziert dazu COTTIER, Dispute Settlement, S. 369 ff.; DERS., A Theory of Direct Effect, S. 111 f.; COTTIER/ NADAKAVUKAREN, Relationship, S. 101; ZONNEKEYN, The Legal Status of WTO Panel Reports in the EC Legal Order, S. 713 ff.

751 Vgl. dazu ausführlich COTTIER, Dispute Settlement, S. 369 ff.; ALEX SCHINDLER, Kap. 11.

Im schweizerischen Kontext ist darauf hinzuweisen, dass sich der Bundesrat in der GATT-Botschaft gegen die unmittelbare Anwendbarkeit von Entscheidungen der WTO-Organe ausgesprochen hat[752].

M.E. ist die Frage nach der unmittelbaren Anwendbarkeit von DSB-Entscheidungen nicht von zentraler praktischer Bedeutung. Bejaht man nämlich, zumindest im Grundsatz, wie der Verfasser bereits die unmittelbare Anwendbarkeit des Primärrechts, so ist es nicht mehr von grosser Relevanz, ob neben den einzelnen Übereinkommensbestimmungen auch die DSB-Entscheide selbst unmittelbar anwendbar sind oder nicht. Klar ist hingegen, dass die DSB-Entscheide die Auslegung der Übereinkommen durch nationale Gerichte massgeblich beeinflussen müssen. So käme ein Gericht insbesondere nicht umhin, einen DSB-Beschluss in einem die eigene Rechtsordnung betreffenden Fall als verbindliche Auslegung der betroffenen Übereinkommensbestimmungen anzuerkennen.

8.5.4 Problem der Kompensationszahlungen und Aussetzung von Konzessionen (Art. 22)

Art. 22 DSU ermöglicht wie unter 3.4.2.4 beschrieben die Vereinbarung von Entschädigungszahlungen durch die Verfahrensparteien oder die Aussetzung von Konzessionen oder anderen Zugeständnissen durch den klagenden Mitgliedstaat mit Bewilligung des DSB, falls ein anderer Verfahrensbeteiligter Staat den Anordnungen des DSB nicht innert Frist Folge leistet. Dies ist bisher erst in wenigen, dafür aber umso prominenteren Fällen geschehen[753].

Diese Elemente des Streitbeilegungssystems werden in der wissenschaftlichen Diskussion teilweise als Argument gegen unmittelbare Anwendbarkeit des WTO-Rechts verwendet. Ein Staat, so die Überlegung, der zur Durchsetzung seiner Verpflichtungen aus dem WTO-Recht den Rechtsweg bereithält, verliert die Möglichkeit, vom DSB

752 GATT-Botschaft 1994, S. 418, zum Kontext dieser Ausführungen (Supranationalität, obligatorisches Staatsvertragsreferendum) vgl. unter 4.3.2.

753 *US – Tax Treatment for „Foreign Sales Corporations"*, Bericht des Arbitration Panels vom 30. August 2002 (WT/DS108/ARB); *Brazil – Export Financing Programme for Aircraft*, Bericht des Arbitration Panels vom 28. August 2000 (WT/DS46/ARB); *EC – Measures Concerning Meat and Meat Products (Hormones)*, Berichte des Arbitration Panels vom 12. Juli 1999 (WT/DS26/ARB (USA) und WT/DS48/ARB (Canada)); *EC – Regime for the Importation, Sale and Distribution of Bananas*, Berichte des Arbitration Panels vom 9. April 1999 (WT/DS27/ARB) und vom 24. März 2000 (WT/DS27/ARB/ECU).

festgestellte Verletzungen des WTO-Rechts aufrecht zu erhalten und kompensatorisch Entschädigungszahlungen zu leisten oder die Aussetzung von Konzessionen seitens der Gegenpartei in Kauf zu nehmen[754].

Dieses Argument ist m.E. abzulehnen, und zwar zunächst, weil es im Widerspruch zu den Regeln des DSU steht. Art. 22 DSU räumt dem obsiegenden beschwerdeführenden Staat gewisse Rechte zur erleichterten Durchsetzung seiner Ansprüche und zur Kompensation von Ausfällen ein. Dabei handelt es sich gemäss Art. 22 Abs. 1 DSU ausdrücklich um „vorübergehende Massnahmen", welche den unterlegenen Staat nicht von der Verpflichtung dispensieren, die durch das DSB festgestellten Verletzungen der Übereinkommen zu beseitigen. Einzuräumen ist, dass das DSU keine Sanktion vorsieht für den Fall, dass die betroffenen Parteien keine Anstalten treffen, den nur vorübergehend zulässigen Sanktionszustand durch Befolgung der DSB-Entscheide in die WTO-Rechtskonformität zu überführen[755].

Daraus ein Recht des vertragsbrüchigen Staates auf Kompensationszahlung resp. Hinnahme der kompensatorischen Aussetzung von Zugeständnissen zu konstruieren, das ihn von der Herstellung des rechtmässigen Zustandes „in natura" entbinden würde, wird m.E. der in Art. 22 DSU vorgesehenen Stufung von Umsetzungspflichten nicht gerecht. In erster Linie sind die festgestellten Verletzungen der einschlägigen Übereinkommen des WTO-Rechts zu beseitigen. Die vorübergehenden Massnahmen sind lediglich Sanktionsmittel, die dem klagenden WTO-Mitglied die Durchsetzung seiner vom DSB festgestellten Ansprüche erleichtern sollen. Insofern steht Art. 22 DSU der unmittelbaren Anwendbarkeit des WTO-Rechts – jedenfalls aus einem juristischen Blickwinkel – nicht entgegen[756].

An dieser Stelle ist ein weiterer Gedankengang darzustellen. Er soll zeigen, dass die Institute der unmittelbaren Anwendbarkeit und der vorübergehenden Massnahmen im Sinne von Art. 22 DSU weitgehend unterschiedliche Fragen betreffen und durchaus miteinander vereinbar sein können.

754 EuGH, Rs. C-149/96, *Portugal/Rat*, Slg. 1999, S. I-8395 ff., Rn 39 ff.; COTTIER/NADAKAVUKAREN, Relationship, S. 112 ff.; HILPOLD, S. 272 ff.; HIPPLER-BELLO, S. 416 f.; JACKSON, Misunderstandings, S. 60 ff.; KRENZLER, Rz. 85; SACK, S. 650; ULLRICH, S. 637 ff.

755 COTTIER, Dispute Settlement, S.374; HILPOLD, S. 272 ff.; JACKSON, Misunderstandings, S. 60 ff.

756 So auch EECKHOUT, S. 55; JACKSON, Misunderstandings, S. 60 f.; KUSCHEL, S. 647; MAUDERER, S. 41 ff., 160 ff.; PETERSMANN, Duplik, S. 653.

Ob das WTO-Recht innerstaatlich unmittelbar angewendet wird oder nicht, beschlägt nicht in erster Linie die Frage, wie ein renitenter Staat zur Einhaltung seiner Rechtspflichten angehalten werden kann, sondern entscheidet vor allem, in welchem Verfahren ein Staat intern die Einhaltung seiner Verpflichtungen aus dem WTO-Recht sicherstellen will.

Art. 22 der Vereinbarung über Regeln und Verfahren zur Beilegung von Streitigkeiten stellt demgegenüber besondere Regeln der Staatenverantwortlichkeit auf. Ob Massnahmen nach dieser Bestimmung zum Zuge kommen können oder müssen, ist folglich erst zu entscheiden, wenn nach Ausschöpfung der nationalen Instanzen, also etwa nach Ablehnung einer Staatsvertragsbeschwerde, eine Verletzung von WTO-Recht im Streitbeilegungsverfahren erstellt worden ist. Diesem Konzept folgt auch das GPA, das in Art. XX einen gerichtlichen Individualrechtsschutz vorsieht und in Art. XXII trotzdem auf die Regeln des DSU hinweist[757].

Somit ist die Frage nach unmittelbarer Anwendbarkeit derjenigen nach Massnahmen nach Art. 22 rechtslogisch und prozessual vorgelagert, weshalb sich aus den Regeln der Streitbeilegung für ihre Beantwortung nichts ableiten lässt. Es kann in diesem Zusammenhang auf die Ausführungen zum Verhältnis von nationalen Gerichtsverfahren und der Streitbeilegung im Rahmen des DSU in 8.5.2 verwiesen werden.

Angefügt werden sollte noch, dass die unmittelbare Anwendbarkeit des WTO-Rechts im Innern seiner Rechtsordnung auch für einen im DSB obsiegenden Staat, der Zugeständnisse gemäss Art. 22 DSU aussetzen möchte, kein Hindernis bildet. Die Versagung von Handelsvergünstigungen als *ultima ratio* der Streitbeilegung erfordert ohnehin einen spezifischen nationalen Rechtsakt, der die gewährten Vergünstigungen wieder zurücknimmt. Diese Rücknahme ist auch bei Anerkennung der unmittelbaren Anwendbarkeit zulässig, falls sie in Übereinstimmung mit Art. 22 DSU vorgenommen wird[758].

8.5.5 Ergebnis

Zusammenfassend ist festzuhalten, dass das DSU zwar immer noch durch gewisse Elemente politischer Flexibität geprägt ist, dass sich

757 Auf eine Erörterung von Art. XXII Abs. 7 GPA, der diesen Verweis präzisiert, kann hier verzichtet werden.

758 DREXL, TRIPS, S. 835; STAEHELIN, S. 241.

aus diesen Spezifika jedoch nicht ergibt, dass die unmittelbare Anwendbarkeit des WTO-Rechts ausgeschlossen oder besonders problematisch wäre. Allenfalls in Ausnahmesituationen wäre es denkbar, aus Rücksicht auf die Verfahrenskonstellation im DSB Einzelpersonen die Berufung auf das WTO-Recht im landesrechtlichen Gerichtsverfahren zu verweigern, etwa während laufender Verhandlungen zwischen den betroffenen Staaten.

Die Argumentation der Gegner einer unmittelbaren Anwendbarkeit dreht sich im Kreis, ist Teil eines *circulus vitiosus*: Die Ablehnung der unmittelbaren Anwendbarkeit wird mit der Schwäche des WTO-Streitbeilegungsmechanismus und seiner Anfälligkeit für politische Kompromisse begründet. Dabei wäre doch die unmittelbare Anwendung des WTO-Rechts in den Mitgliedstaaten gerade ein ausgezeichnetes Mittel zur Stärkung des *rule of law* und der Rechtssicherheit im Welthandelsrecht[759].

8.6 Unmittelbare Anwendbarkeit als Postulat der Konstitutionalisierung des Wirtschaftsvölkerrechts

8.6.1 Einleitung

Es ist bisher gezeigt worden, dass die unmittelbare Anwendbarkeit des WTO-Rechts in der Schweiz völkerrechtlich ebenso zulässig wie (im Kontext des DSU) praktikabel und angesichts der bundesgerichtlichen Rechtssprechung zur unmittelbaren Anwendbarkeit völkerrechtlicher Verträge nur konsequent wäre. Im folgenden ist auf Argumente eher rechtspolitischer oder diplomatischer Natur einzugehen.

Ein in unserem Zusammenhang sehr bedeutsamer rechtspolitischer Ansatz ist derjenige der Konstitutionalisierung des Völkerrechts, denn die Konstitutionalisierungslehre betrifft das Wirtschaftsvölkerrecht stark, und gewichtige Vertreter dieser Schule postulieren die unmittelbare Anwendbarkeit von Normen des WTO-Rechts im landesrechtlichen Kontext[760]. Deshalb soll hier einleitend eine kurze Annäherung

759 MENG, Verfahrensrechtliche Rechtsstellung, S. 85.

760 BENEDEK, Rechtsordnung, S. 91 ff.; COTTIER, Bedeutung, S. 162 ff.; FROWEIN, Konstitutionalisierung, S. 438 ff.; HILF, Role of National Courts, S. 348 ff.; KRAJEWSKI, Verfassungsperspektiven, S. 120 ff.; LANGER, S. 34 ff.; PETERSMANN, Constitutional Functions, insbes. S. 210 ff.; DERS., National Constitu-

an den Begriff der Konstitutionaliseriung gewagt werden, die sich jedoch auf einige wenige einleitende Hinweise beschränken muss.

Vorauszuschicken ist, dass es sich dabei um einen schwierigen und – gerade im Bereich des Wirtschaftsvölkerrechts – zuweilen auch missverständlichen Begriff handelt[761]. Auf die unterschiedlichen Strömungen, die sich hinter diesem Schlagwort verbergen, kann hier nicht eingegangen werden, sondern die nachfolgende Auseinandersetzung muss sich auf die Darstellung derjeniger Lehrpositionen beschränken, welche die Stärkung individueller Rechte in den Vordergrund der Konstitutionalisierung rücken.

8.6.2 Zum Begriff der Konstitutionalisierung

8.6.2.1 Allgemeines

Der Begriff „Konstitutionalisierung des Völkerrechts" bezeichnet ein Programm von Vertretern der Völkerrechtsdoktrin, welches dem Völkerrecht in einer blockfreien und globalisierten Welt eine neue Rolle zuzuweisen sucht und zu diesem Zweck Anleihen macht bei Kategorien, die bislang den Verfassungen von Nationalstaaten, allenfalls der Europäischen Union vorbehalten waren. Das Völkerrecht wird also auf eine neue Ebene gestellt und mit „Verfassungsfunktionen" versehen[762].

Es bedarf nicht der Erwähnung, dass im Rahmen dieser Arbeit der vieldeutige und umstrittene Begriff der Verfassung nicht geklärt werden kann[763]. Wenn hier von „Verfassungsfunktionen" des Völker-

---

tions, S. 3 ff.; DERS., Rights and Duties, S. 1087 ff.; STOLL, S. 83 ff.; THÜRER, Teilordnung, S. 41 ff.; TUMLIR, International Economic Order, S. 80 ff.

761 Vgl. DUVIGNEAU, S. 295 ff.; NETTESHEIM, S. 57.

762 Allgemein zur Konstitutionalisierung des Völkerrechts BIAGGINI, Idee der Verfassung, insbes. S. 467 ff.; CARRILLO-SALCEDO, S. 43 ff.; COTTIER/HERTIG, The Prospects of 21st Century Constitutionalism, S. 261 ff.; MICHAEL COTTIER, S. 403 ff.; DUPUY, Constitutional Dimension, S. 4 ff.; FROWEIN, Konstitutionaliserung, S. 427 ff.; MOSLER, Völkerrecht als Rechtsordnung; S. 31 ff.; ONUF, The Constitution of International Society, S. 1 ff.; PETERSMANN, Human Rights, S. 11 ff.; THÜRER, Internationales Rule of Law, S. 455 ff.; THÜRER, Wandel, S. 49 ff.; THÜRER, Bundesverfassung und Völkerrecht, N 4 ff.; TOMUSCHAT, Obligations, S. 216 ff.; TOMUSCHAT, International Law as the Constitution of Mankind, S. 37 ff.

763 Zum Verfassungsbegriff und seinen Deutungen vgl. nur BENEDEK, Rechtsordnung, S. 91 ff.; BIAGGINI, Idee der Verfassung, S. 445 ff.; FROWEIN, Wesentliche Elemente, S. 71 ff.; KRAJEWSKI, Verfassungsperspektiven, S. 120 ff.; JÖRG

rechts gesprochen wird, so ist gemeint, das Völkerrecht solle im Sinne eines internationalen *Rule of Law* der staatlichen Souveränität Schranken setzen und nicht mehr bloss als fremd rückgebundenes, durch die Souveränität der Staaten geschaffenes und bedingtes System erscheinen. Völkerrecht wird in dieser Sichtweise als eine – wenn auch erst in frühem Entwicklungsstadium befindliche – Verfassungsordnung internationaler Beziehungen begriffen, die eine internationale Ordnung mit verbindlichen grundlegenden Werten und eigenen Institutionen etabliert, den internationalen Verkehr regelt, staatliche Macht begrenzt und auch dem Individuum Rechte und Pflichten verleiht[764]. Insbesondere der letztgenannte Punkt lässt die unmittelbare Anwendbarkeit zu einer eigentlichen Nagelprobe für die Konstitutionalisierung des Völkerrechts werden[765].

8.6.2.2 Völkerrechtliche Postulate

Auf völkerrechtlicher Ebene bedeuten die Thesen der Konstitutionalisierung zum einen, dass seine Normen nicht zur Disposition der Akteure, also der Staaten, stehen. Vielmehr sind letztere an eine völkerrechtliche Grundordnung, an einen *minimal world order* gebunden. Insoweit ist auch das Konzept des *ius cogens* im Zusammenhang mit der Konstitutionalisierungslehre zu sehen, obgleich diese Begriffe nicht dasselbe meinen[766].

Es bedeutet zum andern, dass das moderne Völkerrecht die klassische Konzeption breitgefasster *domaines réservés*, d.h. Bereichen ausschliesslicher staatlicher Zuständigkeit, relativiert. Somit sind der Weiterentwicklung des Völkerrechts keine vordefinierten Grenzen gezogen, etwa nach Rechtsgebiet oder Regelungsgegenstand[767]. RUGGIERO spricht in diesem Zusammenhang von einem *„Process of moving inside the border"*[768], den man durchaus als ein völkerrechtliches

PAUL MÜLLER, Unentbehrliche Elemente, S. 133 ff.; ONUF, The Constitution of International Society, S. 7 f., 13 ff., jeweils mit zahlreichen weiteren Hinweisen.

764 MICHAEL COTTIER, S. 412 f.; THÜRER, Internationales Rule of Law, S. 456 f.

765 So insbesondere mit Blick auf das WTO-Recht NETTESHEIM, S. 62 ff.

766 Zum ius cogens vgl. Art. 53 WVRK; MICHAEL COTTIER, S. 413; HÄFELIN/HALLER, S. 509 f.; KADELBACH, S. 26 ff.; RHINOW, Grundzüge, S. 562 ff.; SALADIN, Völkerrechtliches ius cogens und schweizerisches Landesrecht, S. 67 ff.; THÜRER, Bundesverfassung und Völkerrecht, S. 12.; DERS., Internationales Rule of Law, S. 464.

767 MICHAEL COTTIER, S. 408 ff.; DELBRÜCK, S. 101 ff.

768 RUGGIERO, S. 135.

Pendant zur vielbeschworenen Entwicklung hin zur „Weltinnenpolitik" verstehen kann.

Schliesslich ist hervorzuheben, dass das Völkerrecht gemäss dieser Konzeption nicht eine reine Staatenangelegenheit ist, sondern – ein gemeinsam definiertes Gesamtinteresse vor Augen führend – sehr wohl auch auf die Ebene von Einzelpersonen „hinabwirken" kann. Darin kommt der vielbeschriebene Wandel vom Koexistenz- über das Kooperationsrecht hin zu einem Recht der internationalen Gemeinschaft zum Ausdruck[769].

8.6.2.3 Verfassungsrechtliche Postulate

Somit zeitigt der Konstitutionalisierungsgedanke Folgen auch für das Verfassungsrecht, denn vor diesem Hintergrund wird in der Lehre auch die unmittelbare Anwendbarkeit völkerrechtlicher Verträge gefordert. Das Völkerrecht übernähme also die „Verfassungs"-Funktion, dem Einzelnen grundlegende Individualrechtsgarantien zu gewährleisten und griffige Durchsetzungsmechanismen bereitzustellen. Als Musterbeispiel mag die EMRK dienen, die nun die Individualbeschwerde ausdrücklich vorschreibt[770]. Dem Verfassungsrecht seinerseits kommt in dieser Betrachtungsweise die Aufgabe zu, für die Einwirkungen des Völkerrechts auf die nationale Rechtsordnung offen zu sein und die entsprechenden Institutionen und Verfahren zur Verfügung zu stellen[771].

8.6.3 Konstitutionalisierung des Wirtschaftsvölkerrechts

8.6.3.1 Ökonomische Argumentationsgrundlagen: Freihandelsideal, Spieltheorie und Public Choice-Theorie

An dieser Stelle ist kurz die Verknüpfung von juristischen Postulaten und volkswirtschaftlichen Argumenten zu erwähnen, die den Konsti-

769 BREITENMOSER, Interdependenz, S. 53, 55 f.; MICHAEL COTTIER, S. 413 ff.; FRIEDMANN, S. 232 ff.; TOMUSCHAT, Verfassungsstaat, S. 50 ff.; WILDHABER, Wechselspiel, S. 11 (auch abgedruckt in SJIR 36/1980, S. 75 ff.).

770 Konvention zum Schutze der Menschenrechte und Grundfreiheiten vom 4. November 1950, Fassung gemäss Protokoll Nr. 11 vom 11. Mai 1994 (SR 0.101), Art. 34. Zum Ganzen vgl. HILF, The Role of National Courts, insbes. S. 334 f.

771 BIAGGINI, Öffnung, S. 957 ff.; COTTIER/HERTIG, Das Völkerrecht in der neuen Bundesverfassung, S. 30 ff.; PETERSMANN, Verfassungsentscheidung, S. 538 ff.; THÜRER, Bundesverfassung und Völkerrecht, S. 186 ff.

tutionalisierungsansatz im Bereich des Wirtschaftsvölkerrechts auszeichnet. Es bedarf keiner weiteren Erklärung, dass hier schlagwortartig nur ein paar wenige summarische Hinweise gegeben werden können und im weiteren auf die Literatur verwiesen werden muss.

Der Konstitutionalisierungslehre liegen zu einem wichtigen Teil liberale ordnungspolitische Vorstellungen zu Grunde. Vertreten wird das Ideal des Freihandels; protektionistische Handelshemmnisse werden grundsätzlich abgelehnt, da dadurch die Marktbedinungen verzerrt und damit das Risiko von Fehlallokationen und volkswirtschaftlichen Verlusten begründet würde, wobei die in Frage kommenden Handelshemmnisse je nach Art unterschiedlich beurteilt werden[772]. Eine liberale Aussenwirtschaftspolitik und insbesondere offene Wirtschaftsgrenzen werden – und dies ist verfassungsrechtlich bedeutsam – grundsätzlich auch binnenwirtschaftlich als vorteilhaft angesehen[773].

Vom Ideal des Freihandels abweichende protektionistische Politiken werden als *Government Failure*[774] begriffen; ihr Zustandekommen wird unter Rückgriff auf Aussagen der Spieltheorie sowie der *public choice*-Theorie erklärt[775].

Die Spieltheorie liefert Erklärungsansätze für das Verhalten von Regierungen auf dem Parkett der internationalen Wirtschaftsbeziehungen. Ihr entstammt die bekannte Figur des Gefangenendilemmas, die im Zusammenhang mit der Aussenhandelspolitik häufig beigezogen wird, um Abweichungen von einer als optimal vorausgesetzten liberalen Aussenwirtschaftsordnung nachvollziehbar zu machen[776]. Regierungen werden in dieser Hypothese mit isolierten Untersuchungshäftlingen verglichen, die eines gemeinsam begangenen Delikts beschuldigt werden und denen der Staatsanwalt je ein Angebot etwa des folgenden Inhalts unterbreitet: Wer gegen seinen Partner aussagt, geht straffrei aus, der Partner muss mit 3 Jahren Gefängnis rechnen. Belasten sich die Partner gegenseitig, müssen sie je 2 Jahre

772 MENG, Verfahrensrechtliche Rechtsstellung, S. 68; DERS., Gedanken, S. 1079 f.; PETERSMANN, Rights and Duties, S. 1100 ff.; SENTI, WTO, S. 211 ff.; YÜKSEL, S. 11 ff.

773 HAUSER, Foreign Trade Policy, S. 22 ff.; PETERSMANN, Constitutional Functions, S. 4 ff.; STOLL, S. 111 ff.

774 Vgl. unter 8.6.3.3.

775 HAUSER, Foreign Trade Policy, S. 22 ff.; DERS., Domestic Policy Foundation, S. 171 ff.; MENG, Gedanken, S. 1079 ff.; PETERSMANN, Rights and Duties, S. 1100 ff.; ROESSLER, S. 53 ff.

776 HAUSER, Foreign Trade Policy, S. 22 ff.; PETERSMANN, Rights and Duties, S. 1089, Fn 1. Zum „Prisoner's Dilemma" vgl. das gleichnamige Werk von POUNDSTONE, zur Spieltheorie im allgemeinen SCHWÖDIAUER.

Gefängnis gewärtigen, steigt jedoch keiner auf das Angebot ein, so kommen sie mit je einem Jahr Gefängnis davon[777]. Übertragen auf die Aussenhandelspolitik würde dies bedeuten, dass die Regierungen bedeutsamen Anreizen ausgesetzt sind, gegenüber ihren Partnern auf offene Märkte zu pochen, selbst jedoch eine protektionistische Politik zu verfolgen, woraus sich in der Summe nur suboptimale Resultate ergeben[778].

Die *public choice*-Theorie ihrerseits befasst sich mit dem internen Zustandekommen aussenwirtschaftsrechtlicher Entscheidfindung und Normsetzung im Innern des demokratischen Staates. Sie begreift politische Weichenstellungen als Ergebnisse eines sozialen Interaktionsprozesses, in welchem die verschiedenen Akteure ihre zumeist partikularen Interessen durchzusetzen versuchen (sogenanntes *Rent-seeking*). In diesem Prozess nun obsiegen häufig die Vertreter einer protektionistischen Politik (meist inländische Produzenten), und zwar selbst dann, wenn es sich bei ihnen, wie das regelmässig der Fall ist, um minoritäre Gruppen handelt. Die Begründung findet sich darin, dass die Vertreter eines minoritären Gruppeninteresses (gerade desjenigen der inländischen Produzenten) von den aussenwirtschaftlichen Weichenstellungen häufig in einschneidenderer Weise betroffen sind als die Mehrheit (in der Regel die Konsumenten, für welche die Vorteile einer liberalen Aussenhandelspolitik zwar offensichtlich, aber subjektiv nur schwach spürbar sind) und deshalb den politischen Entscheidfindungsprozess stärker beeinflussen können, weil es ihnen gelingt, ihre Interessen als akut gefährdet darzustellen[779].

8.6.3.2 Forderung nach Rule of Law

Der Konstitutionalisierungsgedanke beschäftigt die Doktrin des Wirtschaftsvölkerrechts in besonderem Masse, denn anders als etwa im Bereich des Menschenrechtsschutzes trifft er hier weitgehend auf ein verfassungsrechtliches Vakuum, da die Aussenwirtschaftsfreiheit in den nationalen Verfassungen regelmässig schwächeren Schutz ge-

777 POUNDSTONE, S. 116 ff.

778 HAUSER, Foreign Trade Policy, S. 22 ff.

779 BEHRENS, S. 8, 15 ff.; MENG, Gedanken, S. 1079 ff.; PETERSMANN, Rights and Duties, S. 1100 ff.; SCHLATTER, S. 62 ff. Allgemein zum Thema Public Choice vgl. etwa die Werke von GWARTNEY/WAGNER; HEINEMANN oder MUELLER. Dem Argument der schwachen politischen Vertretung von Freihandelsinteressen hält KRAJEWSKI entgegen, letztere würden inzwischen durch multinationale Unternehmen mit bedeutendem Gewicht vertreten (KRAJEWSKI, Democratic Legitimacy, S. 179, m.w.H.).

niesst als binnenwirtschaftliche Ausprägungen der Wirtschaftsfreiheit, was angesichts des eingeschränkten persönlichen Schutzbereichs und zahlreicher verfassungsrechtlich vorgesehener Interventionsmöglichkeiten auch in der Schweiz zutrifft; zudem hat die Wirtschaftsfreiheit auch kaum Eingang in die internationalen Übereinkommen zum Schutze der Menschenrechte gefunden[780].

Zugleich wird durch die Zunahme grenzüberschreitender Wirtschaftsaktivität und internationaler wirtschaftlicher Interdependenz die Trennung des Rechts- und Politikstoffes in Innen und Aussen illusorisch und gefährlich[781].

Die Vertreter des Konstitutionalisierungsgedankens im Wirtschaftsvölkerrechts, insbesondere dessen Begründer TUMLIR und PETERSMANN, reden vor diesem Hintergrund einer stärker regel- statt machtorientierter internationalen Wirtschaftsordnung das Wort. Sie stellen sich in die Tradition ordo-liberalen Verfassungsdenkens, das in der Gewährleistung bürgerlicher Freiheitsrechte und der Begrenzung staatlicher Macht durch *Checks and balances* die zentralen Verfassungsfunktionen erblickt, und fordern deren Geltung auch im Bereich der internationalen Wirtschaftsordnung ein[782].

Am herkömmlichen „diplomatischen“ Konzept der Aussenwirtschaftspolitik kritisieren sie als zentrale Schwäche deren schwache Bindung an die Verfassung und das Fehlen eines funktionierenden Individualrechtsschutzes, der allein das erfolgreiche Funktionieren rechtstaatlicher Verfassungssysteme garantieren könne. Die wesentlichen Prinzipien des Wirtschaftsvölkerrechts müssten als verfassungsähnliche Garantien verstanden werden, die vor Gericht geltend gemacht werden können und so die Aussenwirtschaftpolitik eines Staates an das einschlägige Völker- und Verfassungsrecht zu binden vermöchten[783]. TUMLIR bringt die Idee der konstitutionellen Verschränkung von Wirtschaftsvölkerrecht und Wirtschaftsverfassungs-

780 ANDRICH, S. 56 ff.; BIAGGINI, Wirtschaftsfreiheit, S. 780 f.; COTTIER/ARPAGAUS, Einleitung, S. 22 ff.; PETERSMANN, Human Rights, S. 6; RHINOW/SCHMID/BIAGGINI, S. 96, 107 f.

781 PETERSMANN, National Constitutions, S. 50 f.; DERS., Strengthening, S. 39 f.; SEILER, Die nationale Verfassung, S. 287.

782 HILF, Power, Rules and Principles, insbes. S. 120; PETERSMANN, Human Rights, S. 6; DERS., National Constitutions, S. 3 ff.; DERS., Rights and Duties, S. 1087 ff.; DERS., Strengthening, S. 51 ff.; DERS., How to promote, S. 78 ff.; TUMLIR, International Economic Order, S. 80 ff.

783 HUDEC, The Role of Judicial Review, S. 503, 508 ff.; PETERSMANN, Limited Government, S. 537, 551 ff.; DERS., Constitutional Functions, insbes. S. 459 ff.; TUMLIR, International Economic Order, S. 80 ff.

recht zum Ausdruck, wenn er festhält: „The international economic order can be seen as the second line of national constitutional entrenchment“[784].

8.6.3.3 Protektionismus als Government Failure

Die Garantie der Aussenhandelsfreiheit dient im Konzept der Konstitutionalisierung wie dargelegt der Verankerung ordo-liberaler ordnungspolitischer Vorstellungen, die wiederum als grundrechtlich geboten erscheinen. Protektionistische Massnahmen erscheinen in dieser Optik als *Government failures* (im Gegensatz zu den ebenfalls anerkannten *Market failures* wie bspw. Wettbewerbsverzerrungen durch Dumpingpraktiken) und werden angesichts des *Rent-seeking* bedeutender Interessengruppen, das hinter ihnen vermutet wird, auch als undemokratisch angesehen[785].

Dem Wirtschaftsvölkerrecht wird nun die Rolle zugewiesen, derartige *Government failures* durch verfassungsmässige Freihandelsprinzipien zu vermeiden und vermindern[786]. Die internationale Ebene wird zu diesem Zweck als geeigneter angesehen als die nationale, da sie weniger einer politischen Beeinflussung durch Partikularinteressen unterliege, eine reziproke und somit politisch leichter zu vermittelnde Marktöffnung ermögliche, und weil eine koordinierte Senkung von Handelsbarrieren die Anpassungskosten vergleichsweise tief halte[787].

Damit verbindet sich der an das Wirtschaftsvölkerrecht und insbesondere an das WTO-Recht gerichtete Anspruch, dieses müsse sich auch für andere Politikziele wie Menschenrechte, Umweltschutz und Entwicklung öffnen und Normen und Verfahren für eine Abwägung dieser Interessen und globalen Kollektivgüter auf internationaler Ebene bereitstellen[788]. Als Vorbild wird das europarechtliche System der

784 TUMLIR, International Economic Order, S. 80.

785 KRAJEWSKI, Verfassungsperspektiven, S. 137 ff.; MCGINNIS/MOVSESIAN, S. 511 ff.; PETERSMANN, Rights and Duties, S. 1105 ff.; DERS., Constitutional Functions, S. 96 ff.

786 BEHRENS, S. 18 ff.; HUDEC, The Role of Judicial Review, S. 503 ff.; MENG, Verfahrensrechtliche Rechtsstellung, S. 74; PETERSMANN, Rights and Duties, S. 1105 ff.

787 HAUSER, Domestic Policy Foundation, insbes. S. 184; PETERSMANN, Human Rights, S. 20; DERS., Rights and Duties, S. 1100 ff.; DERS., Strengthening, S. 63 ff.

788 BEHRENS, S. 10 f.; CHARNOVITZ, S. 17 ff.; COTTIER, Limits to International Trade, S. 221 f.; MARCEAU, S. 87 ff.; PETERSMANN, Rights and Duties, S. 1119 ff.; DERS., From „negative“ to „positive“ Integration, S. 1368 ff.; DERS., WTO Constitution,

vier Grundfreiheiten und der parallel dazu entwickelten differenzierten Schrankendoktrin angeführt[789]. PETERSMANN bringt diesen umfassenden Konstitutionalisierungsansatz wie folgt zum Ausdruck: „The globalization of international production, trade, investments and environmental problems needs to be coordinated in the WTO with the globalization of human rights and constitutional safeguards so that globalization does enlarge, rather than undermine, individual freedom, non-discrimination and social welfare, subject to more effective democratic and judicial controls“[790].

Einen anderen und etwas limitierteren, bescheideneren Ansatz verfolgt demgegenüber JACKSON, der mit *„constitution“* die *„institutional-legal structure“* der WTO und bereits des früheren GATT-MTN-Systems bezeichnete und dessen „Konstitutionalisierungsansatz“ entsprechend eine andere, stärker auf die WTO selbst bezogene und institutionell ausgerichtete Orientierung hat und für die Zwecke dieser Arbeit weniger interessant ist[791].

8.6.3.4 Forderung nach stärkerem Individualrechtsschutz

In verfassungsrechtlicher Hinsicht ist aus Sicht der Konstitutionalisierungstheorie eine stärkere Einbindung der Aussenwirtschaftspolitik, eine Domestizierung der Aussenpolitik ganz allgemein im Rahmen des demokratischen Rechtsstaats zu fordern[792].

Damit wird die weit verbreitete Ansicht herausgefordert, Aussenwirtschaftspolitik sei als Teil der Aussenpolitik weitgehend eine Angelegenheit der Exekutive, die zwecks bestmöglicher Wahrung natio-

---

S. 19 ff.; DERS. Human Rights, S. 25 ff.; TARULLO, S. 155 ff.; THÜRER, Teilordnung, S. 61 ff.

789 PETERSMANN, Rights and Duties, S. 1119 ff.

790 PETERSMANN., From „negative“ to „positive“ Integration, S. 1381.

791 JACKSON, The WTO „Constitution“, S. 67 ff.; DERS., Jurisprudence, S. 37 f.; DERS. World Trading System, S. 11, 339 ff.; DERS., Strengthening the International Legal Framework, S. 21 ff.; DERS., World Trade and the Law of GATT, S. 780 ff. Vgl. DUVIGNEAU, S. 300 ff.; STEGER, S. 135 ff. Interessant im weiteren PETERSMANN'S Beschreibung des JACKSON'SCHEN Ansatzes in PETERSMANN, Millennium Round, S. 111.

792 PETERSMANN, Constitutional Functions, S. 131 ff.; STOLL, S. 98 ff. Für eine verstärkte rechtliche Einbindung der Aussenpolitik im allgemeinen vgl. nur EHRENZELLER, S. 165 ff.; KÄLIN, Verfassungsgrundsätze, S. 273 ff.

naler Interessen im nicht primär rechtlich normierten internationalen Umfeld über einen weiten Ermessensspielraum verfügen müsse[793].

Die gewünschte Stärkung rechtsstaatlicher Prinzipien im Aussenwirtschaftsrecht findet ihren Ausdruck vor allem in der Forderung nach einer stärkeren grundrechtlichen Fundierung von aussenwirtschaftlich relevanten Aspekten der Wirtschaftsfreiheit. Diese Fundierung sei durch die Zuerkennung individueller verfassungsmässiger Rechte herzustellen. Dazu sollen die Aussenwirtschaftsfreiheit verfassungsrechtlich verankert und gestärkt und Ausprägungen einer liberalen internationalen Wirtschaftsordnung in internationalen Übereinkommen wie insbesondere denjenigen der WTO mit unmittelbarer Anwendbarkeit im landesrechtlichen Kontext ausgestattet werden[794]. NETTESHEIM prophezeiht dazu: „Mit der Konstitutionalisierung des WTO-Systems müsste und wird [...] der Schritt zur unmittelbaren Anwendbarkeit des WTO-Rechts einhergehen“[795].

Die postulierte Stärkung der Rechtsposition der am internationalen Wirtschaftsleben beteiligten Individuen könnte sowohl auf völker- als auch auf landesrechtlichem Wege verwirklicht werden. TUMLIR hat ein „GATT-Plus“ zwischen den grössten Handelsmächten vorgeschlagen, in welchem sich diese auf eine strikte Handhabung des Meistbegünstigungsprinzips und auf die unmittelbare Anwendbarkeit dieser Norm in landesrechtlichen Kontext zu verpflichten hätten[796]. Auch HAUSER sah darin eine geeignete Möglichkeit, die Verbindlichkeit des GATT zu stärken – unter Umgehung der von ihm befürchteten Nachteile einer allgemeinen Anerkennung der unmittelbaren Anwendbarkeit des GATT[797]. PETERSMANN hat vor dem Abschluss der Uruguay-Runde ebenfalls besonderes Gewicht auf die Forderung nach zusätzlichen und weitergehenden Bestimmungen über die Durchsetzung der GATT/WTO-Normen im landesrechtlichen Kontext (etwa

793 So BINDSCHEDLER, Zum Primat der Aussenpolitik, S. 27; im Ergebnis wohl ähnlich auch BORER, S. 430 ff. Vgl. EHRENZELLER, S. 165 ff.; KÄLIN, Verfassungsgrundsätze, S. 269 ff.

794 BEHRENS, S. 9 f., 23 f.; PETERSMANN, Constitutional Functions, S. 132 ff.; DERS., Limited Government, insbes. S. 547 ff.; DERS., Rights and Duties, S. 1121 ff.; STOLL, S. 136 ff.; TUMLIR, International Economic Order, S. 80 ff. JACKSONS institutionen-orientierter Konstitutionalisierungsansatz teilt die Forderung nach unmittelbarer Anwendbarkeit des WTO-Rechts hingegen nicht, vgl. JACKSON, World Trading System, S. 127 ff.; DERS. Status, S. 323 ff.

795 NETTESHEIM, S. 70.

796 TUMLIR, zit. bei HUDEC, The Role of Judicial Review , S. 507 f., 514.

797 HAUSER, Domestic Policy Foundation, S. 17.

von der Art von Art. X GATT) gelegt[798]. Er hielt fest, dass aus der Sicht des Völkerrechts nichts gegen derartige Abreden spreche[799]. Ein entsprechender Vorschlag der Schweiz wurde in der Uruguay-Runde allerdings wie bereits erwähnt verworfen[800].

Angesichts der Erfolglosigkeit dieser Bemühungen dürfte die unmittelbare Anwendbarkeit des WTO-Rechts im nationalen Recht derzeit den aussichtsreichsten Weg zur geforderten Stärkung der Rechtsposition des Einzelnen im Bereich der Aussenwirtschaft darstellen. Längerfristig wird sich die unmittelbare Anwendbarkeit in den Rechtsordnung der grossen Handelsblöcke wohl aber nur durchsetzen, wenn es gelingt, ihre Modalitäten auf internationaler Ebene auszuhandeln. Dies könnte durch eine entsprechende Ergänzung der Übereinkommen geschehen, was allerdings angesichts der qualifizierten Quora von Art. X des WTO-Übereinkommens nicht realistisch ist. Denkbar wäre aber auch, dass interessierte Staaten mit einer offenen Rechtsordnung ihre Rechtsschutzzusagen in die Form von Konzessionen kleiden und damit in die multilateralen Verhandlungen einbringen. Dies könnte neue Anreize zur effektiven Rechtsdurchsetzung schaffen[801].

8.6.3.5 Argumente der Konstitutionalisierungstheorie für die unmittelbare Anwendbarkeit des WTO-Rechts

Für die unmittelbare Anwendbarkeit des WTO-Rechts sprechen aus Sicht der Konstitutionalisierungstheorie mehrere Argumente unterschiedlicher Stossrichtung. Zwei grundlegende Gedankengänge sind bereits im Zusammenhang mit den allgemeinen Forderungen der Konstitutionalisierungslehre aufgezeigt worden: die Stärkung der völkerrechtlichen Position des Einzelnen einerseits und die effizientere Durchsetzung des WTO-Rechts als wichtiger Codex des internationalen Wirtschaftsvölkerrechts nach dem Motto „Wo kein Kläger, ist kein Richter“ andererseits. Neben diesen allgemeinen Argumenten sind an dieser Stelle mit Blick auf die unmittelbare Anwendbarkeit des WTO-Rechts einige spezifische Gesichtspunkte hervorzuheben.

798 PETERSMANN, Strengthening S. 81 ff.

799 PETERSMANN, a.a.O., S. 97 ff.

800 GATT-Doc. MTN.GNG/NG 8/W/67 vom 24.1.1990. Vgl. CARREAU/JUILLARD, S. 63 f.; DREXL, Unmittelbare Anwendbarkeit, S. 823, Fn 8; PETERSMANN, Dispute Settlement, S. 244 f.; vgl. unter 8.2.3.1.

801 COTTIER, A Theory of Direct Effect, S. 120 ff.

Aus einer verfassungsrechtlichen Optik wird u.a. für die unmittelbare Anwendbarkeit des WTO-Rechts argumentiert, weil so das im Aussenhandelsrecht kritisierte demokratische Kontrolldefizit wettgemacht werden könne. Angesichts der Delegation von weiten Ermessensspielräumen von der Legislative an die Exekutive sei in diesem Bereich staatlichen Handelns die machtbegrenzende Funktion von objektiven Verfassungsprizipien wie Legalität oder Gewaltenteilung nämlich in Frage gestellt[802].

Diese These ist hinsichtlich des schweizerischen Rechts wohl nicht von der Hand zu weisen. Als wichtigste Beispiele für ausserordentlich unbestimmte Delegationsnormen aus dem schweizerischen Aussenwirtschaftsrecht ist auf Art. 1 AWG und Art. 7 ZTG hinzuweisen[803]. Bedeutsam ist in diesem Zusammenhang, dass die auf derartige Delegationsnormen gestützten (und somit unselbständigen) Verordnungen des Bundesrates nur einer sehr eingeschränkten akzessorischen gerichtlichen Überprüfung durch das Bundesgericht zugänglich sind. Das Bundesgericht ist bei der inzidenten Normenkontrolle von unselbständigen Verordnungen des Bundesrates nämlich an den Ermessensspielraum gebunden, den das Bundesgesetz dem Verordnungsgeber einräumt[804]. Eine weitere Schwächung der richterlichen Gewalt ergibt sich aus Art. 100 OG, der die Verwaltungsgerichtsbeschwerde unter anderem gegen Verfügungen auf dem Gebiet der auswärtigen Angelegenheiten (Abs. 1 lit. a) und der Zölle (Abs. 1 lit. h) ausschliesst. Letztlich bedeutet dies, dass die Ausgestaltung der schweizerischen Aussenhandelspolitik in wesentlichen Bereichen ganz bundesrätlichem Ermessen anheim gestellt ist.

Die Befürworter der unmittelbaren Anwendbarkeit des WTO-Rechts argumentieren sodann häufig mit dem Wirtschaftsrecht der Europäischen Gemeinschaft, das sowohl materiell wie bezüglich seiner Geltungskraft und Geltungsweise in den Mitgliedstaaten als Vorbild beigezogen wird. Einerseits bestünden zwischen den wirtschaftsrechtlichen Grundnormen in den EGV- und WTO-Verträgen

802 HUDEC, The Role of Judicial Review, S. 515 ff.; PETERSMANN, National Constitutions, S. 34 ff.; TUMLIR, International Economic Order, S. 77 ff.

803 Bundesgesetz vom 25. Juni 1982 über aussenwirtschaftliche Massnahmen (AWG; SR 946.201), Zolltarifgesetz vom 9. Oktober 1986 (ZTG; SR 632.10); vgl. COTTIER, Structure-Substance Pairings, S. 413 ff.; RHINOW/SCHMID/BIAGGINI, S. 621 f.; WEBER, Das Bundesgesetz über aussenwirtschaftliche Massnahmen, S. 3 ff.

804 BGE 126 II 283, S. 290 (WWF Schweiz); HÄFELIN/HALLER, S. 620.

zahlreiche Parallelen; zudem sei die liberale Binnenmarktordnung gerade deshalb so erfolgreich, weil sie individuell durchsetzbar sei[805].

Beachtlich ist im weiteren das Argument, die unmittelbare Anwendbarkeit des WTO-Rechts gestatte eine „konstitutionelle Verschränkung“ zwischen Verfassungs- und Völkerrecht und fördere so die Kohärenz zwischen den beiden Rechtsschichten, was der Rechtssicherheit dienlich sei und die gegenseitige Stärkung nationaler und internationaler Garantien der Wirtschaftsfreiheit ermögliche (sogenanntes *plywood-principle*)[806].

In wirtschaftlicher Hinsicht schliesslich wird angeführt, die unmittelbare Anwendbarkeit des WTO-Rechts stärke die Rechtssicherheit im internationalen Wirtschaftsverkehr und fördere ihn dadurch entscheidend. Zudem ermögliche die unmittelbare Anwendbarkeit einen effizienten und dezentralen Schutz gegen protektionistische Handelsbeschränkungen, denn die wichtigsten Prinzipien des WTO-Rechts lesen sich wie ein Abbild einer freiheitlichen Wirtschaftsverfassung[807].

Derartige ordnungspolitische Argumente stehen bei DREXL im Vordergrund und werden gar zu einem eigenen, „privatrechtlichen (ordnungspolitischen) Ansatz“ verselbständigt[808]. Demgemäss sei nicht die Verfassung unter wirtschaftlichen Kriterien zu betrachten, sondern „der Blick von der Verfassung kommend auf die Wirtschaft zu richten“[809]. Im Ergebnis spricht sich auch DREXL für die unmittelbare Anwendbarkeit des WTO-Rechts aus, und zwar hauptsächlich gestützt auf das „Erstentscheidungsrecht der Marktteilnehmer“[810]. DREXL's Ansatz kann m.E., jedenfalls für die Zwecke dieser Arbeit, unter die Vertreter der Konstitutionalisierungsgedankens subsumiert werden, denn die Suggestion der Dichotomie zwischen „Verfassung“ und „Wirtschaftsordnung“ wirkt verfehlt. Sowohl bei PETERSMANN als auch bei DREXL sind grundrechtstheoretische Überlegungen und Argumente der Allokationseffizienz untrennbar miteinander verknüpft.

805 PETERSMANN, Strengthening, S. 60 ff.; DERS., National Constitutions, S. 49 ff.

806 KRAJEWSKI, Verfassungsperspektiven, S. 203 f.; PETERSMANN, Strengthening, S. 49; STOLL, S. 125.

807 PETERSMANN, National Constitutions, S. 25 ff.; DERS., Strengthening, S. 72 ff.

808 DREXL, Unmittelbare Anwendbarkeit, S. 838 ff.

809 a.a.O., S. 839.

810 a.a.O., S. 841 f., 850 f.

8.6.4 Kritik und Stellungnahme

Die soeben dargestellten Thesen der Konstitutionalisierungslehre sind umstritten, gerade auch im Bereich des Wirtschaftsvölkerrechts. Insbesondere PETERSMANN's grundrechtlicher Zugang zum WTO-Recht wird verschiedentlich ganz bestritten[811] oder als zu einseitig kritisiert[812] (vgl. die Darstellung der wichtigsten Kritikpunkte im nächsten Abschnitt).

Sicherlich ist zuzugeben, dass die Thesen der Konstitiutionalisierungsdoktrin derzeit eher Programm denn empirische Bestandesaufnahme sind. Nach wie vor dürfte zutreffen, dass völkerrechtliche Normen (noch) nicht dieselbe demokratische Legitimation, Regelungsdichte, Durchsetzbarkeit und Akzeptanz aufweisen wie die Normen einer Staatsverfassung, etwa der schweizerischen. Die Anlehnung an den Verfassungsbegriff ist wohl unter anderem deshalb ein wenig unglücklich, als sie suggeriert, im Wirtschaftsvölkerrecht seien gefestigte Strukturen der Machtbegründung, Gewaltenteilung und richterlichen Kontrolle in einem Masse ausgeprägt, wie es von nationalstaatlichen Verfassungen und der EU her bekannt ist. Dies trifft zweifellos nicht zu. Im weiteren fehlt eine kohärente Gesamtstruktur, die zentral gesteuert würde und letztlich die im Rahmen einer Verfassungsordnung zwangsläufig anstehende generell-abstrakte Interessenabwägung zwischen Freihandel und alternativen Politikzielen vornehmen könnte.

Eine allgemeine Erörterung der Fragen rund um die Konstitutionalisierung des Völkerrechts ist jedoch nicht Gegenstand dieser Arbeit. Auf einzelne Punkte der Kritik an den Thesen der „Konstitutionalisten" wird im nächsten Abschnitt etwas ausführlicher zu sprechen zu kommen sein, soweit sie die Frage nach unmittelbarer Anwendbarkeit des WTO-Rechts betreffen.

An dieser Stelle soll nur kurz zu den eben dargestellten Argumenten der Konstitutionalisierungsdoktrin für die unmittelbare Anwendbarkeit des WTO-Rechts Stellung bezogen werden.

M.E. kommt diesen Argumenten das grosse Verdienst zu, freiheitsrechtliches Denken für Fragen des Aussenwirtschafts- und Wirtschaftsvölkerrechts fruchtbar zu machen. Der individualrechtliche Ansatz besticht zunächst dadurch, dass er sich am einzelnen Men-

811 EECKHOUT, S. 49 f.; HOWSE/NIKOLAÏDIS, S. 227 ff., insbes. S. 236 ff.; SACK, S. 650; VON BOGDANDY/MAKATSCH, S. 266.

812 BENEDEK, Rechtsordnung des GATT, S. 84 ff.; KRAJEWSKI, Democratic Legitimacy, S. 178 ff.; DERS., Verfassungsperspektiven, S. 203 ff.; NETTESHEIM, S. 58 ff., 67 ff.; OKRUCH, Kommentar zu BEHRENS, S. 45.

schen orientiert, der dem Recht – ob unmittelbar anwendbar oder nicht – letztlich unterworfen ist. Er ermöglicht zweitens eine dringend erforderliche Verschränkung und Verzahnung zwischen Wirtschaftsvölkerrecht und Wirtschaftsverfassungsrecht, was insbesondere die Durchsetzung des Völkerrechts entscheidend stärkt und auf diesem Weg international Rechtssicherheit schafft. Drittens stellt er einen effizienten Schutzmechanismus zu Gunsten einer sowohl verfassungsrechtlich wie auch ökonomisch gebotenen liberalen Aussenwirtschaftsordnung zur Verfügung, der angesichts einer nur schwachen landesrechtlichen Verankerung der Aussenwirtschaftsfreiheit als erforderlich erscheint.

Zuzugeben ist indessen, dass im Rahmen einer „Konstitutionalisierung“ Institutionen und Verfahren zu konzipieren wären, die zur Vornahme umfassender Interessenabwägungen geeignet und legitimiert wären, d.h. die alle grundrechtlich relevanten Aspekte berücksichtigen und nicht einseitig und a priori Freihandelszielen den Vorrang einräumen würden. Insofern kann es nicht damit sein Bewenden haben, bloss die grenzüberschreitende Wirtschaftsfreiheit der Individuen „konstitutionell“ auf internationaler Ebene abzusichern; vielmehr müssen auch andere Grundrechte und Kollektivgüter wie etwa Umweltschutz und Sozial- und Umweltstandards in einen derartigen „Verfassungsrahmen“ Eingang finden[813].

8.7 Rechtspolitische Argumente gegen die unmittelbare Anwendbarkeit des WTO-Rechts

8.7.1 Einleitung

Dem Konzept der unmittelbaren Anwendbarkeit des WTO-Rechts erwächst aus unterschiedlichen Überlegungen Skepsis und Ablehnung. Diese sind zum Teil bereits punktuell angesprochen worden und sollen im folgenden, ohne Anspruch auf Vollständigkeit und wieder-

813 Vgl. COTTIER, Limits to International Trade, S. 221 f.; KRAJEWSKI, Verfassungsperspektiven, S. 212 ff.; LANGER, S. 251 ff.; TARULLO, S. 155 ff.; THÜRER, WTO-Teilordnung, S. 41 ff., aber auch PETERSMANN selbst, From „negative“ to „positive“ Integration, S. 1363 ff.

um nur soweit mit Blick auf die Fragestellung im schweizerischen Recht von Relevanz, kurz dargestellt und bewertet werden.

Die Einwände lassen sich grob danach gruppieren, ob sie die internationale oder nationale Ebene anvisieren, sowie nach der unterschiedlichen Gewichtung juristischer, politisch-diplomatischer oder wirtschaftlicher Gesichtspunkte. Es sind im wesentlichen auch die Argumente, die gegen die Konstitutionalisierung des WTO-Rechts vorgebracht werden.

8.7.2 Diplomatisch-pragmatische Argumente gegen die unmittelbare Anwendbarkeit

Dass die Gesichtspunkte der Reziprozität und der Flexibilität insbesondere in der Rechtsprechung des EuGH von grosser Bedeutung sind, wurde bereits dargestellt[814]. Auch Vertreter der Lehre argumentieren, durch eine einseitige Gewährung der unmittelbaren Anwendbarkeit wäre die „Waffengleichheit" zwischen den grossen Wirtschaftsmächten nicht mehr gegeben; es wird befürchtet, die unmittelbare Anwendbarkeit schränke die aussenpolitische Handlungsfähigkeit der Exekutive ein und schwäche sie so im Vergleich zu anderen Staaten, in denen die unmittelbare Anwendbarkeit nicht gegeben sei[815].

COTTIER/NADAKAVUKAREN weisen demgegenüber darauf hin, dass für mittelgrosse und international stark vernetzte Handelsnationen wie die Schweiz diese Argumente von geringerer Bedeutung seien und hier gewichtige Gründe für die unmittelbare Anwendbarkeit sprechen[816]. Dies vor allem deshalb, weil mittlere und kleinere Staaten stärker auf die Geltungskraft des Rechts angewiesen sind als Grossmächte. Diese Geltungskraft könne durch die Gewährung unmittelbarer Anwendbarkeit wesentlich erhöht werden, denn unmittelbare Anwendbarkeit schaffe Transparenz und Akzeptanz[817].

Die weiteren Argumente gegen die unmittelbare Anwendbarkeit des WTO-Rechts, die den Blick auf eine möglichst effiziente Umsetzung des WTO-Rechts gerichtet haben und in diesem Sinne von völ-

814 Vgl. unter 7.3 (Reziprozität) resp. unter 8.5 (Flexibilität).

815 BERKEY, S. 631 ff.; EECKHOUT, S. 48 f.; KUIJPER, Impact, S. 104 ff.; LEE/KENNEDY, S. 84 ff.; ULLRICH, S. 637 ff.; VON BOGDANDY/MAKATSCH, S. 266.

816 COTTIER/NADAKAVUKAREN, Relationship, S. 96 f.

817 COTTIER/NADAKAVUKAREN, Relationship, S. 96 f.; COTTIER, Bedeutung, S. 171 ff.

kerrechtlicher Warte aus vorgebracht werden, sind ebenfalls pragmatischer Natur.

JACKSON, der sich im allgemeinen für einen sehr pragmatischen Umgang mit den verschiedenen Fragen der landesrechtlichen Umsetzung von Völkerrecht auszusprechen scheint, hält viele Motive für die Verneinung von „direct applicability“ und „invocability“[818] für legitim, so die Präsiziserung von unklaren Vertragsbestimmungen, die Beschränkung der „direct applicability“ auf Teile des Vertrags, die Option, den Vertrag brechen zu können oder schlicht machtpolitische Auseinandersetzungen zwischen den Staatsgewalten[819]. Es könne, dies macht den pragmatischen Ansatz JACKSON'S aus, allemal besser sein, den Staaten derlei Spielräume zuzugestehen, als das Risiko in Kauf zu nehmen, dass sie ansonsten von einem Vertragsbeitritt gänzlich Abstand nähmen[820].

Ebenfalls einem pragmatischen Denken entspringt die Befürchtung, eine unabhängige Auslegung des WTO-Rechts durch verschiedene nationale und Gemeinschafts-Gerichte auf einer „day-to-day“-Basis würde die einheitliche Auslegung und damit die Durchsetzungskraft des WTO-Rechts gefährden[821].

8.7.3 Argumente der Demokratie und der Gewaltenteilung

Die konstitutionalistische Begründung der unmittelbaren Anwendbarkeit des WTO-Rechts wird auch aus demokratietheoretischer Sicht kritisiert. Diese Kritik hat zunächts vor allem die Ebene des Nationalstaates im Auge und argumentiert, durch eine Konstitutionalisierung von Freihandelsgarantien würden diese mit erhöhter Geltungskraft

818 JACKSON bedient sich einer anderen Terminologie als der hier verwendeten. Auf dualistischem Boden stehend, unterscheidet er bereits zwischen völkerrechtlicher und landesrechtlicher Geltung. Ist diese einmal erstellt, so bedeutet das gemäss Jackson noch nicht, dass dem Vertrag auch „direct applicability“ zukommt, verstanden als „statutelike status“. Von dieser „direct applicability“ ist wiederum die unmittelbare Anwendbarkeit im Sinne der hier verwendeten Terminologie zu unterscheiden, die Jackson als „invocability in municipal law“ bezeichnet (JACKSON, Status, S. 316 ff.).

819 JACKSON, Status, S. 325.

820 JACKSON, Status, S. 325; so auch BENEDEK, Rechtsordnung des GATT, S. 87; HAUSER, Domestic Policy Foundation, S. 17.

821 BENEDEK, Rechtsordnung des GATT, S. 87 f.; CROWLEY/JACKSON, S. 209; EECKHOUT, S. 40 f.

und Beständigkeit ausgestattet und damit wichtige Fragen der politischen, eben auch der demokratischen Auseinandersetzung entzogen[822].

Dies ist nicht ganz von der Hand zu weisen. Unmittelbar anwendbare Völkerrechtsnormen haben im Landesrecht eine starke Stellung, die sich logischerweise akzentuiert, wenn dem Völkerrecht im innerstaatlichen Recht zudem noch ein privilegierter Rang in der Normenhierarchie zugesprochen wird. Es ist verständlich, dass dies zum Teil als Bedrohung für die nationalstaatlich verfasste Demokratie gesehen wird[823]. In dieser Optik wird demokratisch erlassenes und im Regelfall als legitim akzeptiertes Landesrecht von internationalem Recht unterminiert. KRAJEWSKI spitzt dies in Anspielung auf das Schlagwort TUMLIR'S vom WTO-Recht als *„second line of constitutional entrenchment"*[824] auf die Formulierung zu, das WTO-Recht erscheine vielmehr als *„first line of constitutional endangerment"*[825].

Das *„constitutional endangerment"* wird natürlich als umso problematischer empfunden, als dem WTO-Recht selbst die demokratische Legitimation abgesprochen wird. Die Kritik ungenügender demokratischer Legitimation wird zunächst damit begründet, die Repräsentationskette vom Bürger bis zur WTO sei zu lang. Das WTO-Recht werde auf intransparentem und machtorientiertem Verhandlungsweg generiert und nicht in einer offenen und diskursiven Debatte wie nationales Recht gesetzt. Schliesslich seien die Einwirkungsmöglichkeiten der gewählten Parlamente ausschliesslich zu Beginn und bei Ratifikation von Verträgen ungenügend[826]. Derartige Argumente werden im übrigen dem Völkerrecht ganz generell entgegen gehalten[827]. Sie sprechen insofern gegen die unmittelbare Anwendbarkeit völkerrechtlicher Normen, als letzteren in der Praxis „die Zähne gezogen" werden könnten, indem ihnen die unmittelbare Anwendbarkeit abgesprochen würde.

Mit Blick auf die schweizerischen Verhältnisse ist diesen Überlegungen m.E. durch das Staatsvertragsreferendum sowie durch den Anwendungsbefehl in Art. 191 BV der Boden zum Teil entzogen, denn wie bereits weiter oben ausgeführt verleiht das Staatsvertragsre-

822 BARFIELD, S. 132 ff.; DUNKLEY, S. 225 f.; SEILER, Die nationale Verfassung, S. 287; TRACHTMAN, Bananas, S. 676 ff.

823 HOWSE/NIKOLAÏDIS, S. 237 f.; JACKSON, Status, S. 330 ff.; SEILER, Die nationale Verfassung, S. 283 ff.

824 TUMLIR, International Economic Order, S. 80.

825 KRAJEWSKI, Democratic Legitimacy, S. 183.

826 BARFIELD, S. 43 ff.; KEOHANE/NYE, S. 274; KRAJEWSKI, Democratic Legitimacy, S. 175 ff.; SCHOLTE/O'BRIEN/WILLIAMS, S. 118 ff.

827 SEILER, Die nationale Verfassung, insbes. S. 298 ff.

ferendum den ihm unstehenden Verträgen dieselbe demokratische Legitimität wie den Bundesgesetzen, allenfalls gar der Bundesverfassung[828].

Was bleibt, ist das weitverbreitete Postulat einer Demokratisierung und Öffnung der WTO, insbesondere der Verfahren, in welchen das WTO-Recht gesetzt und angewendet wird. Die in diesem Zusammenhang erhobenen Forderungen können hier nicht gebührend erörtert, sondern nur ganz kurz skizziert werden. Es wird zum einen verlangt, die WTO müsse transparenter werden, d.h. die politischen Debatten und etwa auch die Verhandlungen vor den Streitbeilegungsorganen seien öffentlich und unter Einbezug der Zivilgesellschaft zu führen, so sollen namentlich den NGO's bessere Möglichkeiten eröffnet werden, auf ihre Anliegen aufmerksam zu machen. Zum anderen wird zuweilen die Forderung nach einer Parlamentarisierung der WTO erhoben, was durch einen verstärkten Einbezug nationaler Parlamente oder aber durch die Schaffung eines parlamentarischen Organs innerhalb der WTO erreicht werden könnte[829].

Ohne diese Fragestellungen zu vertiefen kann immerhin der Hoffnung Ausdruck verliehen werden, dass eine derartige Demokratisierung der WTO den unter ihrer Ägide geschlossenen Übereinkommen eine erhöhte Legitimität und politische Akzeptanz verschaffen würde, was zweifellos der unmittelbaren Anwendbarkeit des WTO-Rechts dienlich wäre.

8.7.4 Souveränitäts- und Subsidiaritätsargumente

Wenn die unmittelbare Anwendbarkeit von völkerrechtlichen Normen diesen gegenüber dem betroffenen Staat eine erhöhte praktische Durchsetzbarkeit verleiht, so kann darin selbstverständlich eine Souveränitätseinbusse erblickt werden. Die Vorstellung von international gesetztem und innerstaatlich unmittelbar durchzusetzendem WTO-Recht erscheint als beachtliche Einschränkungen der nationalen Souveränität; das unmittelbar anwendbare Völkerrecht hat unbestreitbar eine intensivere Qualität als nur mittelbar anwendbares.

828 Vgl. unter 2.4.3.2.

829 BARFIELD, S. 135 ff.; ESTY, S. 87 ff.; HOWSE/NIKOLAIDIS, S. 245 ff.; KRAJEWSKI, Democratic Legitimacy, S. 185 ff.; PETERSMANN, Human Rights, S. 35 ff.; skeptisch zum verstärkten Einbezug der NGO's hingegen MARCEAU/PEDERSEN, S. 5 ff., 43 ff.

In der Literatur wird soweit ersichtlich selten direkt und im positiven Sinne mit dem Souveränitätsbegriff argumentiert, wenn für einen möglichst grossen Handlungsspielraum von Staaten optiert wird – wohl deshalb, weil das Souveränitätsargument als zu axiomatisch erscheint[830]. Geläufig ist jedoch der Begriff der Subsidiarität, aus welchem sich eine gewisse Skepsis gegenüber einer weiteren Stärkung der internationalen Rechtsebene – wie sie auch im Rahmen der WTO zum Ausdruck kommt – nährt[831].

Gerade angesichts des Subsidiaritätsprinzips lässt sich indessen auch für die unmittelbare Anwendbarkeit argumentieren, denn sie ermöglicht es einem Staat, der zwischenstaatlichen Streitschlichtung eine innerstaatliche Prüfung und mithin Auslegung des internationalen Rechts vorzuschalten. So kann wohl bereits eine grössere Anzahl von Streitigkeiten auf nationalstaatlicher Ebene erledigt werden – mit der Konsequenz, wahrscheinlich weniger häufig von „fremden Richtern" überstimmt zu werden. Insofern wirkt sich die unmittelbare Anwendung von internationalem Recht durchaus souveränitätsschonend aus.

8.8 Stellungnahme

In einer Gesamtwürdigung ergibt sich m.E., dass die Normen des WTO-Rechts, soweit sie – was regelmässig der Falle sein dürfte – justiziabel sind, einer unmittelbaren Anwendung im schweizerischen Recht grundsätzlich fähig sind. Völkerrechtlich besteht Anwendungsfreiheit, und verfassungsrechtlich wäre die unmittelbare Anwendung angesichts der monistischen und völkerrechtsfreundlichen Tradition der schweizerischen Rechtsordnung sowie des Fehlens eines gesetzlichen Anwendungsausschlusses systemverträglich, ja folgerichtig.

Aus einer ordnungspolitisch liberalen und grundrechtlich orientierten Sicht wäre die unmittelbare Anwendbarkeit als wohl effizientestes Instrument zur Durchsetzung der WTO-Übereinkommen und der darin verbrieften Grundsätze einer liberalen Weltwirtschaftsordnung zu begrüssen. Dies gilt auch, vielleicht gar insbesondere für die Schweiz, da das Aussenwirtschaftsrecht des Bundes der Exekutive ausseror-

830 Vgl. aber JACKSON, Status, S. 323.

831 DUNKLEY, S. 130 ff.; HOWSE/NIKOLAIDIS, S. 243 ff.; SEILER, Die nationale Verfassung, S. 302 ff.

dentlich weite Spielräume offenlässt und sich einer materiellen richterlichen Kontrolle weitgehend entzieht. Das Recht der WTO-Übereinkommen, mit unmittelbarer Anwendbarkeit versehen, könnte den Rechtsschutz in diesem Bereich auf willkommene Weise verbessern.

Die gegen die unmittelbare Anwendbarkeit vorgebrachten Argumente vermögen demgegenüber in einer Gesamtwürdigung nicht zu überzeugen, insbesondere nicht mit bezug auf die schweizerische Rechtslage: Einerseits verfügen die WTO-Übereinkommen angesichts des Staatsvertragsreferendums über eine hohe demokratische Legitimation, so dass das Argument mangelnder demokratischer Kontrolle über die völkerrechtliche Normsetzung trotz anerkannter Mängel wenig ins Gewicht fällt. Andererseits dürfte das Reziprozitätsargument in der Politik eines kleineren, stark vom Aussenhandel abhängigen Hochpreis-Landes nicht im Vordergrund stehen, denn wirtschaftliche Überlegungen sprechen für eine effiziente Durchsetzung der eingegangenen Marktöffnungsverpflichtungen, selbst wenn in anderen Staaten nicht dieselben Mechanismen zur Verfügung stehen.

In einer pragmatischen Sichtweise ist zudem hervorzuheben, dass die praktischen Auswirkungen der unmittelbaren Anwendbarkeit angesichts der nur spärlich ausgebauten Verfassungs- und Staatsvertragsgerichtsbarkeit auf Bundesebene vergleichsweise unspektakulär bleiben werden. Zudem kann durch die Möglichkeit eines bundesgerichtlichen Rückgriffs auf Instrumente richterlicher Zurückhaltung wie insbesondere den Appellentscheid verhindert werden, dass die unmittelbare Anwendbarkeit die Gerichte zu einer Entscheidung zwingen würde, für die sie wenig geeignet und legitimiert erscheinen. Dies sollte allerdings Ausnahmefällen von besonderer politischer Bedeutung vorbehalten bleiben.

Im Sinne eines Grundsatzes ist also festzuhalten, dass die unmittelbare Anwendbarkeit der WTO-Übereinkommen in der schweizerischen Rechtsordnung anerkannt werden sollte. Im folgenden ist auf mögliche Anwendungsfälle und Ausnahmen einzugehen.

9 Unmittelbare Anwendbarkeit des WTO-Rechts in der Schweiz – Ausblick

9.1 Einleitung

Es ist vorstehend gezeigt worden, dass das Recht der WTO-Übereinkommen in der Schweiz grundsätzlich als unmittelbar anwendbar gelten sollte. Dieser Grundsatz ist jedoch widerlegbar. So ist die unmittelbare Anwendbarkeit etwa denjenigen Normen des WTO-Rechts zu versagen, die mangels Bestimmheit nicht justiziabel sind. Weitere Ausnahmen werden zu diskutieren sein.

Zunächst ist jedoch aufzuzeigen, welches die Konstellationen sind, in denen sich die Frage der unmittelbaren Anwendbarkeit des WTO-Rechts möglicherweise stellen wird. Dabei ist von der Kompetenzaufteilung im schweizerischen Bundesstaat mit Blick auf die in den WTO-Übereinkommen normierten Bereiche auszugehen.

9.2 Mögliche Anwendungsfälle

9.2.1 Richterliche Überprüfung kantonaler Rechtsakte

Gegenüber kantonalen Erlassen und Verfügungen besteht mittels Staatsrechtlicher Beschwerde (Art. 84 ff. OG) ein umfassender Rechtsschutz; kantonale Erlasse können sowohl auf dem Wege der abstrakten wie auch der konkreten Normenkontrolle auf ihre Übereinstimmung mit dem Bundesrecht überprüft werden, wobei auch mögliche Verletzungen von Staatsverträgen geprüft werden[832].

832 Für die Abgrenzung zwischen Verfügungen des kantonalen Rechts und solchen des Bundesrechts ist die sogenannte Sollgrundlage massgeblich. Soweit sich Verfügungen eines Kantons auf Bundesrecht stützen oder stützen müssten, ist auch eine Verfügung einer kantonalen Behörde mit Verwaltungsgerichtsbeschwerde gemäss Art. 97 OG i.V.m. Art. 5 VwVG anzufechten. Vgl. BGE 118

Die umfassende Überprüfungskompetenz des Bundesgerichts gegenüber kantonalen Erlassen führt dazu, dass sich die Betroffenen gegen WTO-widriges kantonales Recht wirkungsvoll vor Bundesgericht zur Wehr setzen können, falls das WTO-Recht als unmittelbar anwendbar anerkannt würde.

In der Praxis denkbar sind hier zunächst Beschwerden aus dem Dienstleistungsbereich wegen Verletzung des GATS und zivilprozessuale Streitigkeiten im Zusammenhang mit dem Rechtsschutz im Immaterialgüterrecht wegen Verletzung des TRIPS, insbesondere der Rechtsschutzbestimmungen von Art. 42 ff. TRIPS. Letztere werden mit dem Inkrafttreten einer gesamtschweizerischen Zivilprozessordnung indessen dem Bundesrecht unterstehen.

Der vielleicht wichtigste vom WTO-Recht normierte Kompetenzbereich der Kantone betrifft das Beschaffungswesen. Hier sind Beschwerden wegen Verletzung des GPA denkbar, wobei aufgrund der bisherigen Erfahrung nicht damit zu rechnen ist, dass die GPA-Konformität der kantonalen Beschaffungsgesetze häufig streitig sein wird, da die meisten dieser kantonalen Gesetze in enger Anlehnung an das GPA erlassen wurden[833].

9.2.2 Richterliche Überprüfung von Rechtsakten des Bundes

Die richterliche Überprüfung von Bundesrechtsakten ist angesichts des Anwendungsgebots von Art. 191 BV stark eingeschränkt. Namentlich ist eine abstrakte Normenkontrolle von Bundeserlassen ausgeschlossen.

Verfügungen des Bundes Art. 5 VwVG sind jedoch gestützt auf Art. 97 OG mit Verwaltungsgerichtsbeschwerde anfechtbar. In diesem Verfahren der konkreten Normenkontrolle können auch Verletzungen von Staatsverträgen gerügt werden. Als erste Hürden stellen sich dabei dem Rechtssuchenden die Ausnahmekataloge der Art. 98 ff. OG in den Weg. Dadurch sind zahlreiche mögliche Anfechtungsobjekte vom Régime der Verwaltungsgerichtsbeschwerde ausgenommen. Einige Ausnahmen betreffen das Aussenwirtschaftsrecht (Art. 100 Abs. 1 lit. h, m, x OG). Hinzuweisen ist an dieser Stelle aber auf die zahlreichen eidgenössischen Rekurskommissionen, deren Zuständigkeiten spezialgesetzlich begründet werden, und die Verfügungen des Bundes

---

Ib 132; KÄLIN, Staatsrechtliche Beschwerde, S. 288 ff.; RHINOW/KOLLER/KISS, S. 287.

833 Vgl. unter 5.6.

ebenso auf ihre Konformität mit dem WTO-Recht überprüfen können wie das Bundesgericht[834].

Die Gerichte sind auch im Rahmen der konkreten Normenkontrolle an Art. 191 BV gebunden. So verfügt das Bundesgericht grundsätzlich nicht über ein akzessorisches Prüfungsrecht gegenüber Bundesgesetzen. Der Anwendungsbefehl von Art. 191 BV umfasst jedoch auch völkerrechtliche Verträge, denen die moderne bundesgerichtliche Rechtsprechung im Anwendungsfall in der Regel den Vorrang vor den Bundesgesetzen einräumt[835]. Somit erscheint eine wirksame Überprüfung von Verfügungen des Bundes auf ihre Verträglichkeit mit den WTO-Übereinkommen durchaus als möglich, sofern ihnen die unmittelbare Anwendbarkeit zuerkannt würde.

Auch Verordnungen der Bundesversammlung sowie des Bundesrates unterliegen bloss der akzessorischen Normenkontrolle. Dabei ist zwischen selbständigen und unselbständigen Verordnungen zu unterscheiden. In der akzessorischen Normenkontrolle von unselbständigen Verordnungen des Bundesrates prüft das Bundesgericht nur, ob sich die Verordnung im Rahmen der gesetzlichen Delegationsnorm bewegt. Frei überprüfbar sind demgegenüber die selbständigen, d.h. unmittelbar auf die Bundesverfassung gestützten bundesrätlichen Verordnungen. Die Verordnungen der Bundesversammlungen stellen eine neue Erlassform dar. Es ist davon auszugehen, dass für ihre richterliche Überprüfung dieselben Regeln gelten werden wie für Verordnungen des Bundesrates[836].

Aus diesen Überlegungen geht hervor, dass die unmittelbare Anwendbarkeit des WTO-Rechts vor allem zu einer verstärkten richterlichen Kontrolle bundesrätlicher Verordnungen führen dürfte. Namentlich wo sich diese auf ausserordentlich unbestimmte Delegationsnormen wie beispielsweise auf die vorliegend bedeutsamen Art. 1 AWG und Art. 7 ZTG oder unmittelbar auf die Verfassung stützen, könnte sich die unmittelbare Berufung auf das WTO-Recht als wirksame Rüge im Rechtsmittelverfahren erweisen. Dies ist sowohl aus Rechtsstaats- wie auch aus Gewaltenteilungsüberlegungen erwünscht.

834 Art. 71a ff. VwVG.

835 Vgl. unter 2.3.4.

836 HÄFELIN/HALLER, S. 618.

9.3 Mögliche Konsequenzen der unmittelbaren Anwendbarkeit von WTO-Recht

9.3.1 Einleitung

An dieser Stelle soll gefragt werden, welche Konsequenzen die hier im Grundsatz geforderte unmittelbare Anwendbarkeit des WTO-Rechts in der schweizerischen Rechtsordnung nach sich ziehen würde und in welchen Konstellationen allenfalls noch einer unmittelbaren Anwendung abzusehen wäre.

Einleitend kann festgehalten werden, dass die unmittelbare Anwendbarkeit völkerrechtlicher Verträge in der Schweiz nun wirklich kein Novum darstellen würde, sondern vielmehr fester Bestandteil des weitgehend problemfrei funktionierenden Interaktionssystems zwischen schweizerischem und internationalem Recht ist[837]. Insofern ist nicht mit neuen Herausforderungen von besonders bedeutendem Ausmass zu rechnen.

9.3.2 Normenkonflikte

9.3.2.1 Allgemeines

Wie bereits unter 2.3.4 angesprochen, führt die Aussage, eine staatsvertragliche Norm sei im landesrechtlichen Kontext unmittelbar anwendbar, unweigerlich zur Frage nach ihrem Rang und ihrem Verhältnis zu anderen im Rahmen der Rechtsordnung Geltung beanspruchenden Normen. Das WTO-Recht wirft hier keine besonderen Probleme auf. Im folgenden soll deshalb nur kurz auf einige mögliche Spannungsfelder hingewiesen werden.

9.3.2.2 Im Verhältnis zu anderen Staatsverträgen

In einer monistischen Rechtsordnung wie der schweizerischen ist es denkbar, dass sich die Parteien in einem gerichtlichen Verfahren auf unterschiedliche staatsvertragliche Normen berufen. Den WTO-Übereinkommen könnten also andere, ebenfalls unmittelbar anwendbare Vertragsnormen entgegen stehen. Die meisten in der Schweiz unmittelbar anwendbaren Verträge etwa in den Bereichen Menschen-

837 Vgl. unter 2.4.

rechtsschutz, internationales Zivil- und Zivilprozessrecht, Doppelbesteuerung oder Rechtshilfe[838] dürften diesbezüglich unproblematisch sein.

Probleme könnten sich jedoch aus dem Verhältnis zu anderen Handelsverträgen ergeben. Als aktuelles Beispiel ist die Kontroverse anzuführen, ob die Sektoriellen Abkommen zwischen der Schweiz und der EG (sowie im Fall des Personenfreizügigkeitsabkommens auch ihrer Mitgliedstaaten) vom 21. Juni 1999[839] mit den in Art. XXIV GATT niedergelegten Regeln über Freihandelszonen vereinbar ist[840]. Dies hängt davon ab, ob durch diese Abkommen „die Zölle und beschränkenden Handelsvorschriften [...] für annähernd den gesamten Handel mit den aus den teilnehmenden Gebieten der Zone stammenden Waren beseitigt werden“[841].

Würde dies abgelehnt – COTTIER/PANIZZON legen diesbezüglich einige „Flanken und Angriffsflächen“ offen[842] – so würde zwischen der Schweiz und der EG keine GATT-konforme Freihandelszone bestehen, und demzufolge müssten die zwischen der Schweiz und der EG eingeräumte Vorteile nach dem Grundsatz der allgemeinen Meistbegünstigung nach Art. I Abs. 1 GATT auf alle WTO-Mitglieder ausgedehnt werden. Bei gegebener unmittelbarer Anwendbarkeit des GATT könnte ein Nicht-EU-Bürger gestützt auf diesen Artikel eine Verletzung des Meistbegünstigungsprinzips rügen, falls ihm die vorteilhaftere Behandlung unter den sektoriellen Abkommen verweigert würde.

Wenn es auch als unwahrscheinlich erscheint, dass ein schweizerisches Gericht je zum Urteil gelänge, die Sektoriellen Abkommen begründeten keine Freihandelszone im Simme von Art. XXIV GATT und seien deshalb auf Angehörige von Drittstaaten auszuweiten, so macht dieses Beispiel doch deutlich, in welcher Weise die Stellung des GATT durch die Zuerkennung unmittelbarer Anwendbarkeit gestärkt würde.

9.3.2.3 Im Verhältnis zu Normen des Landesrechts

Auf die komplizierten Rangkonflikte insbesondere zwischen Staatsvertrag und Bundesgesetz, die beide vom Anwendungsgebot in

838 Vgl. unter 2.4.3.3.
839 BBl 1999, S. 6489 ff.
840 COTTIER/PANIZZON, S. 43 ff.; WEBER/SKRIPSKY, S. 65 ff.
841 Art. XXIV Abs. 8 lit. b GATT.
842 COTTIER/PANIZZON, S. 64 ff.

Art. 191 BV erfasst sind, ist unter 2.3.4 kurz Bezug genommen worden. Es ist auch bereits ausgeführt worden, dass zahlreiche Normenkonflikte über den Weg der völkerrechtskonformen Auslegung des Landesrechts gelöst werden können und nur im Falle eines offenen Widerspruchs zwischen Völkerrecht und Landesrecht auf die Regel vom Vorrang des Völkerrechts zurückgegriffen werden muss[843]. An dieser Stelle kann wiederholt werden, dass die WTO-Übereinkommen als völkerrechtliche Normen dem Landesrecht grundsätzlich vorgehen. Es versteht sich, dass dieser Vorrang durch die Zuerkennung unmittelbarer Anwendbarkeit bedeutsamer wird, ja seine praktische Relevanz erst damit entfalten kann.

Bereits weiter oben ist aufgeführt worden, dass die unmittelbare Anwendbarkeit des WTO-Rechts zu einer wesentlich stärkeren gerichtlichen Überprüfung insbesondere von Verordnungsrecht führen dürfte[844].

9.3.3 Denkbare Ausnahmekonstellationen

Wie bereits weiter oben dargelegt, kann das Zusammenspiel von unmittelbarer Anwendbarkeit und dem Vorrang staatsvertraglicher Normen in Einzelfällen der Judikative eine besonders prominente Rolle zuweisen, die im schweizerischen Staatsrecht herkömmlicherweise als der Bundesversammlung vorbehalten gilt[845]. Die in Kapitel 5 untersuchten Entscheidungen schweizerischer Gerichte zu den WTO-Übereinkommen sind in dieser Hinsicht durchaus illustrativ, denn in einigen dieser Rechtssachen ging es letztlich um die Rechtmässigkeit ganzer Marktordnungen. Es überrascht nicht, dass insbesondere die stark regulierten Märkte im Bereich der Landwirtschaft[846] sowie der Telekommunikation zu gerichtlichen Verfahren Anlass gaben[847].

Es ist bereits ausgeführt worden, dass sich eine gewisse richterliche Selbstbeschränkung aufdrängen kann, wenn durch einen richterlichen Entscheid rechtspolitisches Regelungsermessen ausgeübt und etwa

843 Vgl. unter 2.3.3.
844 Vgl. unter 9.2.2.
845 Vgl. unter 2.4.3.2. und 8.4.
846 Vgl. die bundesgerichtlichen Entscheide *Vilaclara* (BGE 122 II 411) und *„Bresaola“* (Bger 2A.496/1996), Entscheid der Rekurskommission EVD in Sachen *L. SA gegen Bundesamt für Aussenwirtschaft und M. SA gegen Bundesamt für Aussenwirtschaft* vom 27. September 1997 (VPB 62.69)
847 Vgl. die bundesgerichtlichen Entscheide *Sunrise* (BGE 125 II 293) und *Commcare* (2A.503/2000 und 2A.5050/2000).

ganze Marktordnungen normiert werden müssten. Ebenfalls ist ausgeführt worden, dass als Mittel dieser Selbstbeschränkung der Appellentscheid vorzuziehen ist[848]. Diese Figur ist indessen nur mit äusserster Vorsicht anzuwenden, denn sie stellt letztlich politische Überlegungen über die Herrschaft des Rechts. Zudem verhindert eine zu zurückhaltende Judikative eine effiziente Umsetzung der Verpflichtungen aus dem WTO-Recht, die letztlich dem gemeinsam als effizienzsteigernd anerkannten Prinzip der Marktöffnung dienen. Die Folge richterlicher Zurückhaltung ist nicht selten der Schutz ineffizienter Marktstrukturen, was dem Hauptzweck der WTO-Übereinkommen diametral widerspricht[849].

9.3.4 Mögliche Verschiebungen im Staatsgebilde und mögliche Gegengewichte

9.3.4.1 Allgemeines

Die unmittelbare Anwendung verleiht einem Staatsvertrag ein grösseres Gewicht im praktischen Rechtsleben. Dies gilt für die WTO-Übereinkommen in besonderem Masse, da sie durch die schiere Breite ihres inhaltlichen Spektrums zahlreiche Bereiche des Wirtschaftsrechts abdecken. Ein derartiger Bedeutungsgewinn bringt möglicherweise weitere Verschiebungen in der Rechtsordnung, mithin im Staatsgebilde mit sich. Diese sollen im folgenden kurz beleuchtet werden.

9.3.4.2 Verschiebungen im Verhältnis zwischen Bund und Kantonen

Es wird zuweilen argumentiert, durch die zunehmende Internationalisierung der schweizerischen Rechtsordnung gerate die herkömmliche Kompetenzaufteilung zwischen Bund und Kantonen unter Druck.

Hauptsorge der Kantone dürfte diesbezüglich sein, der Bund höhle durch Abschluss völkerrechtlicher Verträge im Kompetenzbereich der Kantone die ihnen verbleibenden Hoheitsrechte aus. Dass diese Befürchtungen nicht aus der Luft gegriffen sind, zeigt die über die letzten Jahre zu beobachtende Gewichtsverschiebung im WTO-Recht von der Fokussierung auf (ausschliesslich bundesrechtlich normierte) Zölle hin zu den nichttarifarischen Handelshemmnissen und Harmonisie-

848 Vgl. unter 2.4.3.2.
849 Vgl. als illustratives Beispiel den Entscheid *Commcare*, siehe unter 5.4.1.3.

rungsbestrebungen in den verschiedensten Bereichen, die sehr wohl die Kompetenzbereiche der Kantone betreffen können, wie etwa die Beispiele GATS und GPA zeigen.

Derartige Befürchtungen werden zusätzlich genährt durch die Stärkung staatsvertraglicher Normen im Gefüge der schweizerischen Rechtsordnung, wie sie unter anderem durch ihre unmittelbare Anwendbarkeit zum Ausdruck kommt. Eine unmittelbar anwendbare Staatsvertragsnorm kann gegen die Kantone wirksam geltend gemacht werden und erscheint so in der Praxis natürlich als eine einschneidendere Beschränkung kantonaler Hoheitsrechte.

Es ist nicht die Aufgabe dieser Arbeit, dieses wichtige Problemfeld auszuleuchten, denn der Bedeutungsverlust der Kantone stellt eine allgemeine staatsrechtliche Herausforderung im Rahmen der Internationalisierung des Rechts und keineswegs ein WTO-spezifisches Phänomen dar.

Klar dürfte sein, dass Gegengewichte zu diesem Bedeutungsverlust der Kantone am ehesten durch Verbesserungen ihrer aussenpolitischen Mitwirkungsmöglichkeiten auf institutioneller Ebene zu erreichen sind. Hier fehlt es nicht an Vorschlägen für neue Konsultations- und Einbindungsstrukturen im Verhältnis zwischen dem Bund und den Kantonen[850]. Denkbar wäre etwa ein verstärkter Einbezug der Konferenz der Kantone in die Aussenpolitik des Bundes oder besondere Konsultations- und Mitwirkungsverfahren in Konkretisierung von Art. 55 BV. Die Mitwirkung der Bundesländer in der europäischen Integration der BRD könnte dafür als Vorbild dienen[851].

9.3.4.3 Rolle der Bundesversammlung

Die Befugnisse der Bundesversammlung werden durch die unmittelbare Anwendbarkeit des WTO-Rechts nicht direkt berührt. Zu beachten ist jedoch, dass die viel brisantere Vorrangfrage erst mit der unmittelbaren Anwendbarkeit aktuell wird. Solange die WTO-Übereinkommen nicht unmittelbar anwendbar sind, kann die Bundesversammlung unter Inkaufnahme einer allfälligen völkerrechtlichen Verantwortlichkeit wirksam Gesetze erlassen, die mit den Bestimmungen der WTO-Übereinkommen unvereinbar sind. Die unmittelbare Anwendbarkeit ermöglicht demgegenüber eine gerichtliche Kon-

850 COTTIER/NADAKAVUKAREN, Challenge, S. 348; Bericht über die grenzüberschreitende Zusammenarbeit und die Mitwirkung der Kantone an der Aussenpolitik vom 10. Mai 1994, BBl 1994 II 620 ff.

851 Vgl. Art. 23 GG, inbes. Abs. 6.

trolle derartiger Bestimmungen im Einzelfall. Insofern kann gesagt werden, dass die unmittelbare Anwendbarkeit des WTO-Rechts, wie im übrigen jeglichen staatsvertraglichen Rechts, die faktische Autorität zumindest von völkerrechtswidrigen Bundesgesetzen schmälert. Zu beachten ist, dass es der Bundesversammlung unbenommen bleibt, die unmittelbare Anwendbarkeit zukünftiger WTO-Übereinkommen im Genehmigungsbeschluss auszuschliessen[852].

Ob der parlamentarische Einfluss auf die Führung der Aussenpolitik angesichts des zunehmenden Gewichts des WTO- sowie des Völkerrechts im allgemeinen einer Verstärkung bedarf, kann hier nur ganz am Rande erörtert werden[853].

Mit der Schaffung von Art. 47bis a GVG ist im Jahre 1991 bereits ein wesentlicher Schritt in diese Richtung unternommen worden[854]. Die zukünftige Diskussion dürfte sich vermehrt mit den Möglichkeiten aktiver Mitwirkung befassen, denn es wird – nicht nur im WTO-Kontext – vor allem kritisiert, dass sich die Rolle des Parlaments weitgehend auf passive Information über den Gang der Verhandlungen und auf die Genehmigung der Verhandlungsresultate beschränke, das Parlament am kreativen Prozess der Verhandlungen selbst aber nicht teilnehme[855]. So wird etwa erwogen, die Motion gemäss Art. 22 GVG auch als Instrument parlamentarischer Einflussnahme auf die Aussenpolitik verfügbar zu machen[856].

Grundsätzlich ist davon auszugehen, dass die WTO und die unter ihrer Ägide geschlossenen oder in Diskussion befindlichen Übereinkommen in den Debatten der Öffentlichkeit in Zukunft grössere Aufmerksamkeit erfahren werden. Die Ministerkonferenz von Seattle im Herbst 1999 vermittelte davon einen deutlichen Eindruck. Bereits gibt es Hinweise darauf, dass die Bundesversammlung die Verhandlungen der im Herbst 2001 angelaufenen Doha-Runde näher mitzuverfolgen gedenkt.

852 Vgl. unter 2.4.3.2, wo auch die damit verbundenen Probleme angesprochen werden.

853 Vgl. etwa die ausführlichen Darstellungen von EHRENZELLER, S. 1 ff.; WILDHABER, Aussenpolitische Kompetenzordnung, S. 121 ff.; ZELLWEGER, Staatsvertrag, S. 251 ff.

854 Zu ersten Erfahrungen vgl. COTTIER/NADAKAVUKAREN, Challenge, S. 346 f.

855 KRAJEWSKI, Democratic Legitimacy, S. 175 ff.; SEILER, Die nationale Verfassung, insbes. S. 298 ff.

856 COTTIER/NADAKAVUKAREN, Challenge, S. 345, Fn 39; EHRENZELLER, 571 ff.

9.3.4.4 Rolle der Zivilgesellschaft

Das Staatsvertragsreferendum (Art. 140 Abs. 1 lit. b, Art. 141 Abs. 1 lit. d, Art. 141 Abs. 2 und der neue Art. 141a BV,) stellt sicher, dass den Stimmbürgerinnen und Stimmbürgern der letztinstanzliche Entscheid über die Annahme qualifizierter völkerrechtlicher Verträge verbleibt. Das Staatsvertragsreferendum weist der Zivilgesellschaft eine wichtige Rolle beim Abschluss völkerrechtlicher Verträge zu, selbst wenn es letztlich gar nicht zum Tragen kommt, weil das fakultative Referendum gemäss Art. 141 Abs. 1 lit. d BV entweder gar nicht ergriffen wird oder aber nicht zustande kommt[857].

Es ist abzusehen, dass zukünftige WTO-Übereinkommen ohne weiteres als Verträge angesehen werden, die im Sinne von Art. 141 Abs. 1 lit. d Ziff. 3 BV „eine multilaterale Rechtsvereinheitlichung herbeiführen“ oder, gemäss der neuen Fassung dieser Bestimmung „wichtige rechtsetzende Bestimmungen enthalten oder deren Umsetzung den Erlass von Bundesgesetzen erfordert“[858] und deshalb dem fakultativen Referendum unterstehen werden[859]. Insoweit werden auch zukünftige WTO-Übereinkommen in der Schweiz über eine solide demokratische Legitimation verfügen.

Eine weitere Möglichkeit zur Einbindung weiter Kreise der Gesellschaft in die Diskussionen über neue Welthandelsverträge bietet der verstärkte Einbezug von NGO's in den Prozess der Vorbereitung und Begleitung internationaler Verhandlungen.

857 Zur Damokles-Schwert-Funktion des Referendums sowie zu Referendumsdrohungen im Zusammenhang mit GATT/WTO 1994 siehe COTTIER/ NADAKAVUKAREN, Challenge, S. 340 ff.

858 Bundesbeschluss über die Änderung der Volksrechte vom 4. Oktober 2002, BBl. 2002, S. 6485 ff.

859 Zur Referendumspflicht der GATT/WTO-Übereinkommen von 1994 vgl. Botschaft GATT/WTO 1994, S. 416 ff.

10 Zusammenfassung und Schlussfolgerungen

Das Thema der unmittelbaren Anwendbarkeit der WTO-Übereinkommen in der Schweiz bezieht seine Relevanz und Aktualität aus der zunehmenden Internationalisierung und Globalisierung der Wirtschaft und des Wirtschaftsrechts. Angesichts dieser Entwicklung fragt sich, wie nationales und internationales Recht verfassungsrechtlich miteinander verschränkt werden können. Die unmittelbare Anwendbarkeit der WTO-Übereinkommen wäre ein möglicher Weg der Verschränkung und ist deshalb Untersuchungsgegenstand dieser Arbeit (Kap. 1).

Eine Rekapitulierung der schweizerischen Praxis und Lehre zur unmittelbaren Anwendbarkeit völkerrechtlicher Verträge hat gezeigt, dass sich hierfür eine zweistufige Prüfung aufdrängt. In der Prüfung erster Stufe wird danach gefragt, ob sich die unmittelbare oder mittelbare Anwendbarkeit eines Staatsvertrags bereits aufgrund völkerrechtlicher Regeln ergibt. Ist dies nicht der Fall, so ist in einem zweiten Schritt nach landesrechtlichen Kriterien vorzugehen.

Gemäss der schweizerischen Praxis und Lehre können sich Einzelpersonen grundsätzlich auf Staatsvertragsnormen berufen, soweit sie justiziabel sind, d.h. soweit sie sich an den Rechtsanwender richten und hinreichend klar und bestimmt sind, um im Einzelfall Grundlage eines Entscheids bilden zu können. Allerdings können Überlegungen der Organlegitimation und -eignung im Einzelfall trotz gegebener Justiziabilität richterliche Zurückhaltung gebieten. Dies gilt vor allem da, wo rechtspolitisches Regelungsermessen ausgeübt und soziale Kompromisse geschmiedet werden müssen, wofür sich die Legislative besser eignet als die Judikative (Kap. 2). In diesen Fällen ist m.E. ein Appellentscheid angezeigt.

Die WTO-Übereinkommen, wie sie aus der Uruguay-Runde hervorgegangen sind, stellen den wohl wichtigsten quasi-universellen Normenkomplex der Wirtschaftsvölkerrechts dar. Sie verfügen in der 1994 gegründeten Welthandelsorganisation WTO erstmals in der Geschichte des GATT über eine solide institutionelle Grundlage. Das Vertrags- und Organisationsgefüge der WTO kann im Vergleich zum GATT 1947 als wesentlich verrechtlicht bezeichnet werden. Im Gegensatz zum politik- und machtorientierten alten System hat sich in der neuen WTO ein bemerkenswertes Mass an *Rule of Law* etablieren können.

Der Codex der WTO-Übereinkommen ist gegenüber dem alten GATT wesentlich ausgebaut worden. Dies betrifft zunächst den Anwendungsbereich, der neben dem Warenhandel (GATT) neu insbesondere auch den Dienstleistungsbereich (GATS) und Aspekte des geistigen Eigentums (TRIPS) erfasst. In materieller Hinsicht ist festzuhalten, dass neben den traditionellen Garantien des gleichberechtigen Marktzugangs (Meistbegünstigungs- und Inländerprinzip) und neben dem Abbau tarifärer Handelshemmnisse zunehmend weitergehende Verpflichtungen der Mitglieder im Vordergrund stehen, welche weit stärker in die nationalen Rechtsordnungen eingreifen. So sind das Verbot nichttarifärer Handelshemmnisse sowie neuerdings auch positive Integrationspflichten der Mitgliedstaaten ins Zentrum des Interesses gerückt (Kap. 3).

Die Schweiz ist dem GATT, im wesentlichen wegen landwirtschaftspolitischen Bendenken, nur zögerlich beigetreten. Erst 1966 erfolgte der Schritt zur Vollmitgliedschaft. Dcr 1994 ins Leben gerufenen WTO trat die Schweiz indessen rasch bei. Die Ratifikation der WTO-Übereinkommen hat zu umfangreichen Anpassungen des Landesrechts Anlass gegeben. So wurden 16 Bundesgesetze revidiert und ein neues Bundesgesetz über das Beschaffungswesen erlassen. Indessen fehlen legislatorische Umsetzungskate für so wichtige Übereinkommen wie diejenigen über Anti-Dumping oder Subventionen und Ausgleichsmassnahmen. Bundesrat und Parlament haben die Frage der unmittelbaren Anwendbarkeit anlässlich der Ratifikation der WTO-Übereinkommen schweizerischer Tradition entsprechend der Judikative überlassen. Aus den Materialien geht jedoch klar hervor, dass sie der Ansicht waren, mindestens einige Übereinkommensbestimmungen seien der unmittelbaren Anwendbarkeit fähig (Kap. 4).

Die Untersuchung der spärlichen Rechtsprechung schweizerischer Gerichte zum GATT 1947 hat gezeigt, dass dessen unmittelbare Anwendbarkeit mehrheitlich abgelehnt wurde. Als massgebliches Urteil muss der Entscheid „*Maison G. Sprl.*“ des Bundesgerichts aus dem Jahre 1986[860] gelten, welcher eine einlässliche Begründung für die Ablehnung der unmittelbaren Anwendbarkeit jedoch schuldig blieb. Dennoch wurde dieser Entscheid auch nach Inkrafttreten der neuen WTO-Übereinkommen nicht einer grundlegenden Überprüfung unterzogen.

860 BGE 112 Ib 183.

Zwar wurde der pauschale Ausschluss der unmittelbaren Anwendbarkeit des GATT in verschiedenen Urteilen mit einem Fragezeichen versehen, zu einer einlässlichen Neubeurteilung im Lichte des grundlegenden Veränderungen, die durch die Gründung der WTO eingetreten sind, kam es indessen nicht. Dieselbe Rechtslage herrscht im wesentlichen auch mit bezug auf das GATS, auf welches die bundesgerichtliche Rechtsprechung zum GATT ohne Differenzierung übertragen wurde.

Etwas anders präsentiert sich die Lage hinsichtlich des TRIPS. Die I. zivilrechtliche Kammer des Bundesgerichts hat die Frage der unmittelbaren Anwendbarkeit nicht problematisiert. Sie ist aber durchaus materiell auf das TRIPS eingetreten, wo dazu ein Anlass bestand. Dies rechtfertigt m.E. die Prognose, dass sich die unmittelbare Anwendbarkeit des TRIPS in der zukünftigen Rechtsprechung durchsetzen wird.

Das GPA, das als plurilaterales Übereinkommen im WTO-Gefüge einen anderen Status innehat als GATT, GATS und TRIPS, hat die schweizerische Rechtsprechung eindeutig am meisten beschäftigt. Die Frage der unmittelbaren Anwendbarkeit ist hier von den Gerichten bejaht worden, wenn auch kein herausragendes Grundsatzurteil zu erkennen ist. Angesichts der inzwischen flächendeckenden Beschaffungsgesetzgebung von Bund und Kantonen scheint die unmittelbare Anwendbarkeit des GPA in Zukunft nicht mehr von entscheidender praktischer Bedeutung zu sein.

Alles im allem erscheint die schweizerische Rechtsprechung zur unmittelbaren Anwendbarkeit der WTO-Übereinkommen als zurückhaltend, uneinheitlich und oberflächlich (Kap. 5).

Demgegenüber ist die Ablehung der unmittelbaren Anwendbarkeit der WTO-Übereinkommen in den USA und der EG inzwischen eindeutig. Für die USA ergibt sich dieses Resultat unmittelbar aus der *Uruguay-Round Agreements Act*, welche das Recht der USA sowie ihrer Gliedstaaten gegen Auswirkungen des WTO-Rechts weitestmöglich abschirmt und insbesondere individuelle Klagen ausdrücklich ausschliesst (Kap. 6).

Zu einem nicht minder eindeutigen Ergebnis führt auch eine Analyse der einschlägigen EuGH-Urteile. Der EuGH hatte bereits dem GATT 1947 den *direct effect* in der Gemeinschaftsrechtsordnung aberkannt. Massgeblich für die Begründung war dabei die grosse Flexibilität, welche das GATT namentlich im Bereich der Ausnahmebestimmungen und im Streitbeilegungsverfahren auszeichnete. Der Gerichtshof hat diese Rechtsprechung auch mit Blick auf die neuen WTO-Übereinkommen weitergeführt. Er hat indessen die Begründung modifiziert und an Stelle der Flexibilität das Reziprozitätsargument in den Vordergrund gestellt.

Eine gewisse Offenheit des EuGH lässt sich jedoch in seiner Rechtsprechung zu den gemischten Abkommen GATS und TRIPS erblicken. Hier scheint der EuGH bereit zu sein, die Frage den nationalen Gerichten zu überlassen, soweit nicht über Bestimmungen zu entscheiden ist, die in den ausschliesslichen Zuständigkeitsbereich der Gemeinschaft fallen (Kap. 7).

Eine Diskussion der rechtspolitischen Argumente, die in der Debatte um die Anwendung der WTO-Übereinkommen vorgebracht werden, zeigt auf, wie vielschichtig und kontrovers das Thema ist, und wie unterschiedlich die Zugänge zur Figur der unmittelbaren Anwendbarkeit sein können.

Eine Untersuchung der Übereinkommen selbst im Sinne der Anwendbarkeitsprüfung erster Stufe bringt keine Klärung. Für das GATT und das GATS dürfte Anwendungsfreiheit gelten, ebenso für das TRIPS, wobei die Inkorporation früherer (unmittelbar anwendbarer) Immaterialgüterrechts-konventionen im schweizerischen Kontext für den *self-executing* Charakter auch des TRIPS spricht. Demgegenüber ist m.E. in Art. XX GPA eine völkerrechtliche Anordnung zu Gunsten der unmittelbaren Anwendbarkeit der justiziablen Bestimmungen dieses Übereinkommens zu sehen.

Die Justiziabilitätsprüfung der fraglichen Normen fördert keine wesentlichen Probleme zutage. Insbesondere die zentralen Prinzipien wie Meistbegünstigung und Inländerbehandlung, aber auch die detaillierten Listen der Zugeständnisse sind ohne weiteres hinreichend klar und bestimmt und an den Rechtsanwender gerichtet. Auch die wichtigsten Ausnahmebestimmungen wie etwa Art. XX GATT, die vor allem für die Abwägung von Freihandelsinteressen und anderen Politikzielen von grosser Bedeutung sind, wurden in den vergangenen Jahren durch die Rechtsprechung des Dispute Settlement Body soweit präzisiert und konkretisiert, dass über ihre Anwendbarkeit durch richterliche Organe grundsätzlich keine Zweifel mehr bestehen sollten.

In einer Betrachtung des institutionellen Umfelds der Übereinkommen spielt das neue Streitbeilegungsverfahren eine wesentliche Rolle. Das System der Streitbeilegung im Rahmen der WTO ist gegenüber dem alten GATT stark juridifiziert worden und stellt die Herrschaft des Rechts über die früher dominanten Verhandlungs- und Machtelemente. Insbesondere ist bedeutsam, dass ein gerichtsähnliches zweistufiges Verfahren etabliert wurde, dessen Ergebnis nicht mehr die Zustimmung der unterliegenden Partei benötigt. Trotzdem werden die verbleibenden Verhandlungselemente des DSU sowie die Möglichkeit von Kompensationszahlungen und Aussetzung von Konzessionen teilweise als Hindernisse für die unmittelbare Anwendbarkeit gesehen. Eine Untersuchung der einschlägigen Bestimmungen des DSU zeigt jedoch, dass diese Einwände juristisch nicht stichhaltig sind.

Die unmittelbare Anwendbarkeit der WTO-Übereinkommen wurde in den letzten Jahrzehnten mit Nachdruck von Vertretern der Konstitutionalisierung des Wirtschaftsvölkerrechts gefordert. Sie gehen von einer grundrechtlichen Perspektive aus und sehen in individuellen Rechtsschutzansprüchen eine Voraussetzung zur effizienten Durchsetzung eines liberalen Wirtschaftsvölkerrechts, da Regierungen oft nicht in der Lage seien, gesamtvolkswirtschaftlich als sinnvoll angesehene Liberalisierungsschritte konsequent umzusetzen, wie namentlich die Untersuchungen der *public choice* – sowie der Spieltheorie zeigten.

Dieser liberalen und grundrechtlich geprägten Sichtweise ist von unterschiedlicher Seite Kritik erwachsen. Einerseits werden die grundrechtlichen Aspekte der WTO-Übereinkommen bestritten, andererseits Befürchtungen um die nationalstaatlich verfasste Demokratie und Souveränität geäussert. Vertreter einer pragmatischen Sichtweise schliesslich geben einer stärker diplomatisch und politisch gesteuerten Weltwirtschaftsordnung den Vorzug vor einer Verrechtlichung, wie sie unter anderem mit der unmittelbaren Anwendbarkeit der Übereinkommen einherginge.

M.E. überwiegen in einer Gesamtbetrachtung grundsätzlich die Argumente für die unmittelbare Anwendbarkeit der WTO-Übereinkommen in der schweizerischen Rechtsordnung. Erstens wäre sie ohne weiteres systemkonform, ja drängte sich angesichts des monistischen und völkerrechtsfreundlichen Systems geradezu auf. Zweitens vermöchte die unmittelbare Anwendbarkeit die beträchtlichen Rechtsschutzlücken im schweizerischen Aussenhandelsrecht teilweise zu schliessen. Dies wäre rechtsstaatlich zu begrüssen. Volkswirtschaftlich zu begrüssen wäre schliesslich, dass die Liberalisierung des schweizerischen Aussenhandelsrechts von den Verlierern protektionistischer Marktzugangsschranken auf gerichtlichem Weg vorangetrieben werden könnte. Demokratiepolitische Einwände fallen demgegenüber angesichts des Staatsvertragsreferendums, dem auch zukünftige WTO-Übereinkommen regelmässig unterstehen werden, bezüglich der schweizerischen Rechtslage nicht entscheidend ins Gewicht (Kap. 8).

Dennoch mag es Ausnahmekonstellationen geben, in welchen es sich aus politischen und Gewaltenteilungs-Überlegungen empfiehlt, auf eine unmittelbare und gegenüber dem Landesrecht vorrangige Anwendung von WTO-Recht zu verzichten. Dies dürfte dort der Fall sein, wo weites Regelungsermessen ausgeübt und soziale Kompromisse normiert werden müssten. Dazu ist die Legislative besser geeignet als die Gerichte. Letzteren stehen in derartigen Fällen als Instrumente richterlicher Selbstbeschränkung die Verweigerung der unmittelbaren Anwendbarkeit, der Rückgriff auf die *„Schubert"*-Praxis oder aber der sogenannte Appellentscheid zur Verfügung. Der Appellentscheid ist den anderen Konfliktvermeidungsstategien m.E. überlegen. Auch ihm ist aus rechtsstaatlichen Überlegungen jedoch mit grosser Zurückhaltung zu begegnen.

Die Folgen der unmittelbaren Anwendbarkeit der WTO-Übereinkommen auf das Rechtssystem der Schweiz können als moderat bezeichnet werden. Eine umfassende Normenkontrolle besteht nur gegenüber kantonalen Erlassen und Verfügungen. Demgegenüber schliesst Art. 191 BV eine abstrakte Normenkontrolle von Bundesgesetzen aus. Im Rahmen der konkreten Normenkontrolle ist jedoch durchaus damit zu rechnen, dass der Vorrang des Völkerrechts im Zusammenhang mit dem WTO-Recht zu neuen, politisch heiklen Kontroversen führen wird. Eindeutige Verbesserungen im Rechtsschutz ergeben sich zudem gegenüber von Verordnungen des Bundesrates.

Die unmittelbare Anwendbarkeit völkerrechtlicher Normen, dies ist kein WTO-Spezifikum, akzentuiert die Tendenz zur Internationalisierung des schweizerischen Rechts und führt zu Gewichtsverschiebungen im schweizerischen Staatsgefüge: von den Kantonen hin zum Bund und von der Bundesversammlung hin zur Exekutive. Dabei handelt es sich indessen um ein allgemeines Phänomen, dem durch institutionelle Gegengewichte begegnet werden kann (Kap. 9).

Durch die unmittelbare Anwendbarkeit von WTO-Recht würde die Schweiz zweifellos im internationalen Vergleich eine Vorreiterrolle übernehmen. Es ist nämlich nicht damit zu rechnen, dass sich diesbezüglich mit anderen Handelsnationen Reziprozität einstellen wird, insbesondere nicht mit den USA oder der EG. Das Reziprozitätsargument ist jedoch aus der Sicht eines international wirtschaftlich stark vernetzten, politisch vergleichsweise unbedeutenden Hochpreislandes wie der Schweiz stark zu relativieren, denn die Öffnung des Heimmarktes bringt auch der einheimischen Wirtschaft auf längere Sicht bedeutende Vorteile, indem der Wettbewerb gefördert wird und die

Konsumentinnen und Konsumenten von tieferen Preisen profitieren können.

Die unmittelbare Anwendbarkeit zwischen den grossen Handelsmächten wird demgegenüber entscheidend davon abhängen, ob sie völkerrechtlich wird abgesichert werden können. Dies dürfte nur gelingen, wenn griffige Mechanismen für einen umfassenden und von allen Seiten akzeptierten Ausgleich von Freihandelsinteressen und anderen Politikzielen bereitstehen. Die Schweiz als monistisches Land hätte immerhin die Chance, mit gutem Beispiel voranzugehen und zu zeigen, dass die unmittelbare Anwendbarkeit ein effizientes und gewinnbringendes Durchsetzungsinstrument im Dienste des Wirtschaftsvölkerrechts und seiner Ideale darstellt.

Studies in Global Economic Law
Studien zum globalen Wirtschaftsrecht
Études en droit économique mondial

Present and future economic, technological and societal changes and evolutions fundamentally affect traditional legal structures of the territorial state system. They increasingly call for global approaches and solutions, transgressing the tools of classical public international law. This trilingual series publishes monographs, studies and collected papers dedicated to these challenges. The contributions examine existing instruments, in particular within the framework of the international trading system. They explore new approaches and search for innovative solutions within the global process of legal integration. Research efforts are dedicated to different walks of life and areas of regulation, and to the quest for adequate constitutional structures of transnational and democratic processes.

Wirtschaftliche, technologische und gesellschaftliche Entwicklungen der Gegenwart und Zukunft bewirken tiefgreifende Änderungen traditioneller Strukturen des Rechts des Territorialstaats und rufen zunehmend nach globalen Vorgehensweisen und Lösungen, die oftmals über das Instrumentarium des klassischen Völkerrechts hinaus weisen. Die dreisprachige Reihe publiziert Monographien, Studien und Tagungsbände, die sich vertieft mit diesen Herausforderungen auseinandersetzen. Die Beiträge untersuchen das bestehende Instrumentarium namentlich im Rahmen des Welthandelssystems und forschen nach neuen Ansätzen und Lösungen im Rahmen des globalen Integrationsprozesses. Dazu gehören Studien zu den Regelungen einzelner Sach- und Lebensbereiche wie auch zu Fragen adäquater transnationaler demokratischer Verfassungs- und Entscheidungsstrukturen.

Les évolutions actuelles et futures sur le plan technique, économique et social ne cesseront d'influencer profondément les structures traditionnelles du droit de l'état territorial. Par conséquent, des approches et des solutions dépassant les instruments du droit international public classique deviennent de plus en plus nécessaires. Cette collection trilingue publie des monographies, études et actes de colloques qui analysent et font face à ces défis. Les contributions examinent les instruments existants, notamment dans la domaine du système commercial mondiale. Elles cherchent à développer des approches nouvelles et des solutions innovatrices dans le contexte du processus d'intégration globale en incluant des études de droit touchant aux différents secteurs et domaines de vie. De plus, les travaux de recherche seront également destinés à trouver les procédures constitutionnelles et décisionnelles les plus adéquates et démocratiques au niveau transnational.

Studies in Global Economic Law
Studien zum globalen Wirtschaftsrecht
Études en droit économique mondial

edited by THOMAS COTTIER

Vol. 1 MARTIN A. GIRSBERGER – Biodiversity and the Concept of Farmers' Rights in International Law, 1999

Vol. 2 DAVID WYSS – Bankdienstleistungen im Allgemeinen Dienstleistungsabkommen der WTO. Auswirkungen auf das schwiezerische Bankenrecht, 1999

Vol. 3 BENOÎT MERKT – Harmonisation internationale et entraide administrative internationale en droit de la concurrence. Droit du GATT/OMC, droit européen, accords bilatéraux et perspectives pour le droit suisse, 2000

Vol. 4 INGO MEITINGER – Der Schutz von Geschäftsgeheimnissen im globalen und regionalen Wirtschaftsrecht. Stand und mögliche Entwicklungen der internationalen und regionalen Rechtsharmonisierung, 2001

Vol. 5 JOËLLE DE SÉPIBUS – Die Umweltschutzsubvention im Gemeinschaftsrecht. Eine umweltrechtliche Kritik der europäischen Beihilfekontrolle, 2003

Vol. 6 BOBJOSEPH MATHEW – The WTO Agreements on Telecommunications, 2003

Vol. 7 LUKAS ENGELBERGER – Die Unmittelbare Anwendbarkeit des WTO-Rechts in der Schweiz. Grundlagen und Perspektiven im Kontext internationaler Rechtsentwicklung, 2004